LA ISLA
DE LA FANTASÍA

ED MORALES

LA ISLA DE LA FANTASÍA

EL COLONIALISMO, LA EXPLOTACIÓN Y LA TRAICIÓN A PUERTO RICO

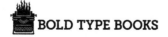

BOLD TYPE BOOKS

NEW YORK

Bold Type Books
116 East 16th Street, 8th Floor New York, NY 10003
www.boldtypebooks.org
@BoldTypeBooks

Publicado originalmente en inglés con el título *Fantasy Island: Colonialism,
Exploitation, and the Betrayal of Puerto Rico* © 2019 por Ed Morales bajo
Bold Type Books, un sello editorial de Perseus Books, LLC, la cual es una
subsidiaria de Hachette Book Group, Inc. Bold Type Books es una empresa
de copublicación de Type Media Center y Perseus Books.

El Hachette Speakers Bureau ofrece una amplia gama de autores
para eventos y charlas. Para más información, vaya a
www.hachettespeakersbureau.com o llame al (866) 376-6591.

La editorial no es responsable de los sitios web (o su contenido) que no sean
propiedad de la misma.

Primera edición en español: noviembre 2019

Traducción, corrección y diseño gráfico por LM Editorial Services |
lmeditorial.com | info@lmeditorial.com en colaboración con Belmonte
Traductores, Carmen Caraballo y Candace Ziegler. Ofrecemos todos los
servicios para su publicación en español.

ISBN 978-1-5417-6299-2 (tapa blanda) / ISBN 978-1-5417-3046-5 (libro
electrónico)

Impreso en los Estados Unidos de América
LSC-H
10 9 8 7 6 5 4 3 2 1

PARA MI MADRE Y MI HERMANA

ÍNDICE

Introducción 1

1 Una historia breve del colonialismo estadounidense
en Puerto Rico 25

2 Peligro claro y presente 65

3 El diablo en derivados 99

4 Emisión de bonos, corrupción y traición 140

5 Promesa = Pobreza 187

6 ¿Actualización del estatus? 224

7 El Huracán María destruye la fantasía del Estado
Libre Asociado 264

8 El factor Trump 303

9 El arte de la resistencia 337

10 Fin de la fantasía 375

Epílogo 405

Reconocimientos 415

Notas 420

INTRODUCCIÓN

La bandera de Puerto Rico en la playa de Piñones. © Joseph Rodríguez

Cuando el huracán María desató sus devastadores vientos huracanados de categoría 4 y las lluvias sobre la ya vulnerable isla de Puerto Rico, entendí casi de inmediato que era el desastre inevitable que había temido durante años. El gobierno colonial había estado acumulando cantidades de deuda precipitadamente durante diez años y había incumplido con ella, lo que provocó un congreso bipartidista para imponer una junta de supervisión y administración fiscal. La infraestructura eléctrica de la isla había comenzado a colapsarse, y recuerdo que el mes antes me había quedado atrapado en el tráfico, sin luces de semáforos, conduciendo por las carreteras sinuosas y oscuras hacia el interior montañoso de la isla. Sentía que me invadía un futuro distópico para mí, mi familia y todos los puertorriqueños.

Nací en Nueva York, y me consideraba un niño partidario de la ciudad. Crecí en el este del Bronx, y viví los años de la explosión artística en el bajo Manhattan y el aburguesamiento de East Village. Me reubiqué en el área de edificios de ladrillos rojizos de Brooklyn, y regresé como un hijo pródigo al extremo sur del Bronx en Mott Haven. Pero como la mayoría de los "nuyoricans", considero a Puerto Rico mi meca, el repositorio de mi ser espiritual y la historia interminable de mi familia extendida, que venía de dos áreas adyacentes a la región montañosa central de la isla. Durante las visitas de mi infancia, me sumergía en esas fincas de laderas, o granjas de subsistencia; veía cómo mi abuelo ordeñaba las vacas y perseguía a sus gallos, y recogía "mangoes" lo suficientemente maduros para comer que habían caído de los árboles. Cuando voy a nadar en el Balneario de Luquillo, nuestra playa local, me siento abrazado por el espíritu yoruba de Yemayá, y pido ser sanado de todas las veces que perdí los trenes del metro que salían de las estaciones, y de los editores que impidieron que mis historias se publicaran.

Para los puertorriqueños que viven en la isla y en los Estados Unidos, la crisis gemela de la deuda y la recuperación del huracán presentan una reevaluación fundamental de cómo se ven a sí mismos. Después de más de cien años desde que los Estados Unidos otorgaron a los puertorriqueños la ciudadanía estadounidense, se cuestiona el valor de esa identidad y se expone la fantasía de su promesa. Ahora se revela que Puerto Rico es lo que siempre fue: un satélite colonial, un vertedero de productos manufacturados en Estados Unidos, y un refugio fiscal o casino de inversión en una tierra tentadora para los turistas: playas de arena blanca, cocteles exóticos y hedonismo polirítmico. Ya había sido amenazada con décadas de contracción económica, la desocupación de sus residentes y la transformación de algo que se consumía, pero no moría, un cascarón vacío de sí mismo, un lugar para beneficio especulativo; una isla que no se asemeja a los sueños nacionalistas de un pueblo orgulloso.[1] Luego del huracán María, todos estos factores se agravarían, y los desafíos que enfrenta la reinvención de Puerto Rico son abrumadores.

El momento paralizante y destructor de esperanza de María, que pudo extenderse a semanas y meses inmediatamente pasada la tormenta, fue la gota final que dejó al descubierto la ilusión de la ciudadanía estadounidense que los isleños recibieron en 1917. Así es como explotó nuestro aspirante globo de fantasía estadounidense: A pesar de que se le negó el derecho a votar en las elecciones presidenciales y carece de representación electoral en el Congreso, muchos puertorriqueños pensaban por mucho tiempo que su ciudadanía, la cual se realizó con mayor detalle al emigrar a los Estados Unidos, incluía igualdad de protección bajo la ley. Los gritos de consternación que se escucharon una y otra vez en las semanas posteriores a María: «Somos ciudadanos de los Estados Unidos, ¿no es así?», reveló la naturaleza conmovedora de una ilusión.

A pesar de estas fantasías, la respuesta de los Estados Unidos al huracán María demostró, sin lugar a dudas, que los residentes de Puerto Rico nunca han sido realmente ciudadanos de primera clase. El despliegue lento y negligente de FEMA bajo la administración de Trump y la asistencia militar, junto con su descarada disposición de privatizar todos y cada uno de los esfuerzos de socorro, dejaron al descubierto el racismo colonialista con el que Estados Unidos a menudo ha administrado a Puerto Rico, el mayor de sus cinco principales "territorios no incorporados" habitables. Una investigación que hizo *Politico*, publicada en marzo de 2018, dejó esto increíblemente claro: de la asistencia individual aprobada en los nueve días subsiguientes a los huracanes, 141,8 millones de dólares fueron destinados a Houston, mientras que Puerto Rico recibió solo 6,2 millones.[2] La cantidad de personal y distribución de alimentos y agua, así como el número de lonas temporales para los techos, fueron al menos dos o tres veces mayores para Texas que para Puerto Rico. Aunque estos números se dieron a conocer meses después de la tormenta, los puertorriqueños pudieron percibir la horrible verdad de que se les estaba restando prioridad, y esto estaba teniendo resultados fatales.

La indiferencia insensible de la administración de Trump, de varios oficiales de FEMA y del ejército se demostró de muchas maneras; desde emplear ciertos términos en conversatorios de que hay «un océano realmente grande» que separa a Puerto Rico de Washington, y que la red eléctrica estaba «muerta antes de que la tormenta azotara», hasta tirar toallas de papel a una multitud de evangélicos cuidadosamente seleccionados en una iglesia en un suburbio acomodado, creyendo que eso constituía compasión. La indiferente condescendencia de Trump fue una prueba clara de que la ciudadanía otorgada a los puertorriqueños en 1917 siempre ha sido de segunda clase.

Los puertorriqueños han sido excluidos de la ciudadanía de primera clase a través de un proceso legal que demuestra el vínculo inseparable entre el colonialismo y el racismo. Este proceso se remonta al año 1901 en el caso de *Downes contra Bidwell*, decidido por algunos de los jueces que dictaminaron sobre *Plessy contra Ferguson*, cuando un nuevo giro colonial entró en el vocabulario estadounidense. Según *Downes*, Puerto Rico no debe considerarse adecuado para convertirse en un estado de la Unión, sino que sería un "territorio no incorporado" que "pertenece, pero no es parte" de los Estados Unidos. Que pertenece, pero no es parte. Separado, pero tampoco igual. Algo parecido.

Aunque la mayoría de los puertorriqueños crecen sin saber mucho sobre esta historia de mal gusto, el debate de 1900 en el Congreso sobre la posibilidad de que Puerto Rico se convirtiera en un estado, estuvo plagado de epítetos de que los puertorriqueños son "mestizos" y una "raza alienígena", incapaz de gobernarse a sí mismos.[3] Entonces, éramos cuerpos que no deberíamos mezclarnos con el cuerpo de la América blanca, aunque ya estábamos manchados con la mezcla, tanto de nuestras uniones consensuales y no consensuales, así como del legado de nuestros ancestros ibéricos que ya habían sido adornados con velos moros de origen incierto del norte de África. Cuerpos sin lavar, cuerpos indignos y, como el cuerpo de Homer Plessy, el pasajero criollo de Luisiana expulsado de la sección de trenes solo para blancos, cuerpos marcados para la exclusión o destrucción, objetos de violencia, tanto en sentido literal como figurativo.

María llegó apenas unas semanas después de lo sucedido en Charlottesville y de los muchos otros espectáculos de conflicto racial implícito y literal que habían marcado el primer año del reinado de Trump. Los medios de comunicación más importantes brincaban de un lado a otro apopléjicamente entre las protestas que Colin Kaepernick inspiró al arrodillarse durante el himno nacional, y la tragedia de decenas de miles de puertorriqueños. Estos estaban aún traumatizados y desesperados ante un paisaje de ramitas donde una vez crecieron árboles de ceiba, techos de zinc destrozados, y una marea creciente de agua nociva y contaminada que fluía a través de lo que una vez fueron pintorescos pueblos caribeños. Las protestas de los atletas afroamericanos arrodillados fueron un rechazo silencioso al colonialismo interno, mientras que el chocante complejo de doctrina militar-P3, que estaba a punto de apoderarse de Puerto Rico, fue el final de un siglo más o menos de colonialismo externo.

Hasta los puertorriqueños bien intencionados, orgullosos de haber servido en el ejército de los Estados Unidos, se quejaron de la lenta acción de Trump después de María, insistiendo en que su sacrificio merecía respeto. Pero parece que se olvidaron que cuando los soldados afroamericanos y mexicanos regresaron a la segregación y deshumanización de Jim Crow, luego de pelear la "Guerra buena" de la "Más grande generación" de Tom Brokaw, su decepción indignante motivó significativamente el Movimiento de los Derechos Civiles. El lenguaje de "pertenece, pero no es parte" y "separado, pero tampoco igual" nunca ha sido formalmente escrito en la narrativa de los Estados Unidos.

Así que, aquí estábamos, siendo vulnerables en nuestros

hermosos cuerpos color marrón, en la intersección entre el continente y la isla, la diáspora y la "isleñidad", y de lo que quizás sea la dialéctica dominante del sistema mundial del finado capitalismo: la *deuda* y la *crisis*. Toda la deuda, de casi 72 mil millones de dólares más 49 mil millones de dólares en obligaciones de pensiones no financiadas, es una especie de ficción, pero la crisis es completamente auténtica. El frenesí de privatización con el que PROMESA, la agencia de cobro de deudas del Congreso, se comprometió, ya ha comenzado a acelerarse a medida que la ruleta del gobierno-casino de Trump selecciona las ofertas ganadoras. Aviones repletos de boricuas desesperados llegarán a la Florida Central, Texas y más allá, mientras que multimillonarios como John Paulson devoran los bienes raíces de playa de primera al buscar lo último en paraísos fiscales elegantes.

En el mundo antiguo, como en la Edad Media y en los inicios de la Europa moderna, se celebraban jubileos de deudas, donde todas las obligaciones quedaban canceladas y la ciudadanía colectiva podía comenzar de nuevo. Pero, aparte de algunas propuestas progresistas por parte de Bernie Sanders y Elizabeth Warren, la mayoría de los demócratas se han enfocado en investigar el manejo inaceptable de María por parte de la administración de Trump, mientras que virtualmente ignoran las maquinaciones de la Junta de Supervisión y Administración Financiera (FOMB, por sus siglas en inglés) para Puerto Rico, conocida como "La Junta", que impone políticas de austeridad. Con los funcionarios de su gobierno local impotentes ante La Junta, Puerto Rico permanece atrapado en la impotencia de su estatus colonial y no puede encontrar un camino hacia la autodeterminación económica.

Aunque es la única solución humanitaria posible, perdonar

la deuda, o incluso una gran reducción de la deuda, parece muy poco probable, y el gobierno de los Estados Unidos utilizará el peso acumulado de la deuda para instituir un estado de crisis permanente. El endeudamiento de Puerto Rico se logró a través de una política sistemática entrelazada con el colonialismo. Después del fin de las economías esclavizadoras en el siglo diecinueve, los Estados Unidos y los países europeos han intervenido en las economías del Caribe, abrumando las monedas locales y aprovechándose del control de la producción agrícola, que crea las condiciones para la acumulación de la deuda. En la segunda mitad del siglo veinte, el sector financiero estadounidense ofreció el endeudamiento como una solución a la incapacidad de Puerto Rico para sobrellevar la recesión de la década de los setenta, creando las condiciones para la especulación sobre sus crecientes obligaciones.

La crisis de deuda representa un escenario estandarizado para que una colonia, o "territorio no incorporado", pueda operar cuando su economía ya no crea trabajos ni retiene beneficios por inversionistas externos. Un motivo importante de esta crisis es la infraestructura que, así como nuestros cuerpos fueron sometidos a la violencia, estaba expuesta y mal atendida. Los cables eléctricos, que corrían a lo largo de postes instalados al azar cruzando la isla y fallando constantemente durante años antes de la tormenta, ahora caían como víctimas masivas de la guerra. Derrumbada como esos globos de figuras que anuncian los lavados de autos, la infraestructura de Puerto Rico se encuentra embargada gravemente.

El estado de la infraestructura eléctrica está directamente relacionado con la forma en que el territorio de la isla quedó atrapado en una red de préstamos en forma de bonos municipales solo para pagar los gastos del gobierno.

Como la nómina y los pagos de pensiones por sus cientos de miles de trabajadores, así como costos operativos mínimos, absorbieron la mayoría de los fondos líquidos disponibles, se descuidó el mantenimiento de la infraestructura, incluidas las carreteras, los edificios públicos y otras áreas. El huracán María simplemente hizo visible lo que ya había sido evidente para los puertorriqueños: la isla en conjunto se estaba deteriorando, y el camino despiadado de destrucción creado por el desenlace de la crisis de deuda de Puerto Rico ya no podía cubrirse.

Entonces, ¿cómo llegamos aquí? Para mí, todo comenzó cuando fui a visitar a mi madre a la casa que ella y mi difunto padre construyeron en la década de los ochenta para su jubilación. Era finales de junio de 2015, y me encontraba mirando la televisión cuando el gobernador Alejandro García Padilla declaró que la deuda de 72 mil millones de dólares de la isla pagadera a una impactante gama de tenedores de bonos, era impagable. Las sirenas de advertencia de la crisis de deuda habían estado sonando durante un año, pero ahora, todos estábamos enfrentando un momento decisivo en nuestra historia, y la de Estados Unidos: la vida que habíamos vivido como pueblo de Puerto Rico, el Gran Experimento Democrático del Caribe, era una fantasía, y ahora todo había terminado.

La inminente crisis de deuda y las consecuencias del huracán había creado una enorme cantidad de dudas para muchos puertorriqueños en la isla, que esperaban vivir una vida sustentable con un trabajo estable, en una profesión viable, o comenzar y hacer crecer un pequeño negocio, y criar hijos. Ya en el 2006 se había iniciado un éxodo de profesionales calificados y trabajadores no calificados desde que la isla había entrado en recesión, y la aparente inevitabilidad de una prolongada contracción económica estaba creando una sensación de ansiedad sostenida sobre el futuro. Los anfitriones de programas de entrevistas, que una vez se habían enfocado en los chismes políticos con intensidad maníaca, comenzaron a caer en una especie de tono monótono, una voz de completa resignación, "ay bendito", recordando el lamento del jíbaro campesino de la montaña empobrecido repentinamente del compositor Rafael Hernández.[4]

Sin embargo, todas aquellas personas, cuyas esperanzas fueron frustradas por el incumplimiento, nunca habían reconocido completamente que se basaban en la fantasía de que la isla era un "estado libre asociado", con una posición en la órbita de Estados Unidos que *casi* la convirtió en uno de los "estados". En los últimos cuatro años, desde el anuncio del gobernador Alejandro García Padilla en el 2015 hasta la pesadilla de María en septiembre de 2017, vi ante mis ojos más de cien años del fallido experimento colonial de Estados Unidos: el desembarco de las tropas estadounidenses en el puerto de Guánica en 1898, la imposición del idioma inglés en las escuelas y en los tribunales, la masacre de los nacionalistas en Ponce, la falsa esperanza de la Constitución de 1952 y el estatus de estado libre asociado, la Gran Migración de los cincuenta y sesenta, *West Side Story*, Freddie Prinze, los Young Lords, los poetas "nuyoricans", Rita Moreno, Fort Apache del sur del Bronx, Roberto Clemente, Raúl Juliá, Rosie Pérez, Ricky Martin, Jennifer López, Marc Anthony y Daddy Yankee. Todo giraba ante nosotros, evadiendo nuestro alcance como el globo de nieve que se le cae de las manos del agotado Ciudadano Kane (protagonista de la película).

Claramente este era el comienzo del fin. Sin embargo, la historia completa, desde su prólogo extenso, nunca se había explicado adecuadamente. Pocos puertorriqueños, mucho menos ciudadanos del continente estadounidense, se habían dado cuenta de la realidad de que Puerto Rico es la colonia más antigua del mundo, que se remonta a su incautación por parte de los españoles en 1493. Y su historia es emblema de cómo el lado oscuro de la conducta colonizadora siempre ha contaminado la historia de los inicios de Estados Unidos: su declaración noble de independencia de una potencia colonial. En varios puntos de su historia, Puerto Rico ha servido como un puesto de avanzada militar, un laboratorio para experimentos de control de natalidad y una política de comercio libre como el Tratado de Libre Comercio de América del Norte (TLCAN, en inglés NAFTA). Ahora se convertiría en un campo de prueba de cuán lejos podría llegar una junta de supervisión fiscal para imponer la austeridad a un gobierno subordinado y extraer todo lo posible del pueblo puertorriqueño y sus instituciones públicas para satisfacer el pago de las deudas generadas por la especulación del Wall Street.

También es crucial comprender cómo el ciclo de la deuda de Puerto Rico es parte de un conjunto de relaciones económicas entre Europa y las Américas establecido desde hace mucho tiempo. El conocimiento común sobre esta parte de la historia mundial se centra en la historia del origen del capitalismo industrial en Europa y en cómo se desarrolló esa dinámica en los Estados Unidos. Sin embargo, la expansión del capital comercial y financiero, junto con la explotación masiva de esclavos, es clave para comprender el subdesarrollo del Caribe y de América Latina. El periodo del final del siglo diecinueve hasta el inicio del siglo veinte no solo representó las etapas finales del Destino Manifiesto; más bien, fue cuando Estados Unidos tomó el control de la actividad económica latinoamericana para su beneficio. Esta adquisición implicó no solo penetrar y controlar los sectores productivos de las posesiones y economías recién adquiridas, sino también imponer un nuevo régimen de cobro de deudas en el Caribe, incluidas las islas de República Dominicana y Cuba. A inicios del siglo veinte, los bancos de inversión de Wall Street como el City Bank, J.P. Morgan, Speyer, y Kuhn, Loeb & Co. comenzaron a prestar dinero a los países del Caribe y la colonia de Puerto Rico, resumiendo lo que el economista Peter James Hudson llama la confluencia de «el capitalismo financiero con el capitalismo racial».[5] Casi un siglo antes, en 1825, Francia exigió un pago de 150 millones de francos de Haití para compensar la pérdida de esclavos y tierras después de su revolución del siglo dieciocho. Esto ayudó a establecer un modelo que otras potencias europeas emularon rápidamente: contratar a los países latinoamericanos a través de la deuda. Los Estados Unidos simplemente decidieron asumir el papel de cobrador de deudas como una forma de eliminar la influencia europea.

Desde que quedó bajo el control de los Estados Unidos en 1898, Puerto Rico ha pasado de ser un sitio de dominación por parte de los productores de azúcar con sede en los Estados Unidos a ser un escaparate de mitad de siglo para el éxito del capitalismo industrial estadounidense en el Caribe. La última fase surgió como una reacción a las presiones posguerra de la ONU para la descolonización del mundo, la amenaza de un movimiento nacionalista puertorriqueño militante que pedía la independencia, y el deseo occidental de mitigar el optimismo sobre el experimento socialista de Cuba. No obstante, a medida que el optimismo generado por la industrialización de la isla en los cincuenta se desvaneció con la recesión que hubo en los setenta, el giro hacia la globalización y el libre comercio fue la clave para el fin del Puerto Rico moderno.

Como parte del esfuerzo de industrialización, eufe-
místicamente llamado "Operación Manos a la Obra", los
Estados Unidos les permitieron a las corporaciones establecerse en la isla libres de impuestos, emplear trabajadores
por debajo del salario mínimo, y acaparar el mercado para
venderles a los consumidores puertorriqueños. Pero cuando
comenzó la era del TLCAN en 1994, las empresas estadounidenses se fueron en manada a México, América Central,
y más lejos, donde los salarios y los costos operativos eran
una fracción a los de Puerto Rico, que ya no mantenían
un beneficio competitivo. Cuando una provisión del Servicio de Rentas Internas (IRS, por sus siglas en inglés) que
otorgaba exenciones fiscales a las corporaciones estadounidenses que operaban en Puerto Rico comenzó a eliminarse
progresivamente entre 1996 y 2006, se aceleró el éxodo
de corporaciones estadounidenses y la isla comenzó a caer
en una profunda recesión. El gobierno local, que ya había
tomado préstamos para cubrir servicios esenciales, participó
en una sociedad nebulosa con especuladores del mercado
de bonos municipales de Wall Street, agravando la acumulación de deuda, la cual eventualmente se convirtió en la
actual crisis de deuda por 72 mil millones de dólares.

La crisis era mayormente abstracta, y al principio casi
nadie parecía entenderla o importarle mucho. Sus comple-
jidades se expresaron en el lenguaje exótico de las finanzas:
intercambio de tasas de interés, instrumentos financieros
complejos, exenciones fiscales triples. El discurso político
de la isla se vio envuelto en su debate interminable sobre
el estado y un intercambio continuo entre sus dos principales partidos políticos, lo que favoreció la continuación del
Estado Libre Asociado o la solicitud de estadidad de los
Estados Unidos. La cobertura de los medios de comunicación se limitó a los periódicos locales de San Juan y los

medios de comunicación de negocios como el *Wall Street Journal* y *Bloomberg Business*, enfatizando al principio la difícil situación de los inversionistas familiares y, a medida que la crisis empeoraba, la amenaza al mismo mercado de bonos municipales. La acumulación de deuda tenía una moral ambivalente: la venta de bonos era irresponsable e imprudente, pero desde la perspectiva del gobierno de Puerto Rico, al menos podría justificarse mantener a flote los servicios públicos y salvaguardar los empleos de decenas de miles de puertorriqueños. A medida que el sector privado comenzó a tener problemas, el gobierno se convirtió en uno de los empleadores más confiables de la isla, apuntalando a su clase media débil.

La erosión lenta de la calidad de vida, la infraestructura y los servicios esenciales de la isla era el tema constante después de que se eliminaran gradualmente las exenciones fiscales a los impuestos corporativos federales del 1996 al 2006. Los empleos del sector privado se estaban evaporando a un ritmo récord y el gobierno implementó recortes de empleos por decenas de miles. Cientos de miles de puertorriqueños emigraron al continente, ya que la ciudadanía estadounidense les permitía hacerlo sin restricciones. Cuando el gobernador Padilla García determinó que la deuda era impagable, el Congreso se apresuró a aprobar un proyecto de ley llamado PROMESA, que el presidente Barack Obama promulgó en junio del 2016. Este proyecto imponía una junta de supervisión y administración fiscal no electa con la autoridad para controlar todos los aspectos de la política pública en la isla. PROMESA se instaló aparentemente como un mecanismo federal para restaurar la responsabilidad fiscal, con una misión moral de reducir los gastos e imponer un sentido de sacrificio compartido en el territorio de Estados Unidos. Sin embargo, los puertorriqueños lo vieron como una agencia de cobro de deudas muy cara, cuyo costo sería de 1,5 mil millones de dólares durante su periodo inicial de cinco años e incluso tendría que ser cubierta por las arcas del gobierno de la isla.

Nombrados por el expresidente Barack Obama basado en nominaciones hechas por republicanos y demócratas, la junta original de PROMESA tenía siete miembros, solo dos de ellos eran residentes de Puerto Rico, y todos pertenecían al sector financiero. El uso de las juntas de supervisión fiscal se remonta a la crisis financiera de Nueva York en la década de los setenta, y dichas juntas se utilizaron más recientemente para las crisis presupuestarias públicas en Detroit y Washington, DC. Pero esta junta de supervisión, que incluye a un exejecutivo del Banco Santander y un miembro del Banco Gubernamental de Fomento de la isla, instituciones que fueron ambas piezas clave en la formación de la crisis, es ampliamente percibida como un grupo de personas externas con intereses propios, una imposición obvia de la autoridad colonial. Es más, mientras los puertorriqueños sospechan cada vez más de la corrupción de sus funcionarios electos, muchos no están dispuestos a aceptar la culpa por la acumulación de deuda de la isla.

Más allá del trauma nacional que los puertorriqueños están experimentando, los cataclismos actuales también pueden provocar un golpe pernicioso en el mercado de bonos municipales de los Estados Unidos. Si bien, una de las narrativas sobre la acumulación de deuda de Puerto Rico le atribuye al gobierno de Puerto Rico el endeudamiento excesivo, que busca inculcar un sentimiento de culpa en toda la isla, la crisis financiera inevitablemente hará que los obstáculos del mercado salgan de las fronteras de la isla. La Junta de Supervisión y Administración Financiera tiene la intención parcial de prevenir cualquier efecto de la crisis de Puerto Rico que pudiera desestabilizar las crisis de deuda que se avecinan en algunos estados de la nación, como California, Nueva Jersey e Illinois, que, al igual que Puerto Rico, no tienen acceso a la protección de la ley de quiebra. Muchos economistas predicen que la recuperación lenta del desplome de 2008 probablemente signifique que habrá otra crisis financiera en el futuro, provocada por estados en quiebra y sus posiciones fundamentales en el mercado de bonos.

La relación deudora entre Estados Unidos y Puerto Rico, aunque siempre presente, ha estallado como un producto de la era neoliberal del libre comercio. Al eludir entre ser tratado como un estado de los Estados Unidos y una entidad territorial internacional, la isla se convirtió en un mercado de bonos municipales en rápida expansión, un escenario que podría pasar rápidamente de una inversión "segura" y de bajo riesgo a una deuda insolvente favorecida por inversionistas buitres. Toda esta actividad estuvo envuelta en un lenguaje misterioso y prácticas de finanzas extremas, mientras el puertorriqueño promedio solo podía posicionarse como un consumidor de productos estadounidenses o ser capaz de escapar de la isla para vivir como un ciudadano con derecho completo en uno de los cincuenta estados.

Aunque la situación de crisis de deuda de Puerto Rico, como resultado de su uso como laboratorio para la especulación de bonos y banca extraterritorial para la evasión fiscal, parece remota por su ubicación lejana en el Caribe, sin embargo, podría servir como un anticipo para la elaboración de problemas en los Estados Unidos. En el 2018, el Congreso hizo retroceder las medidas de Dodd-Frank diseñadas para regular las instituciones bancarias después de la crisis financiera de 2008, haciendo más claro que la crisis de deuda municipal, como la de Puerto Rico, sería cada vez más común en los Estados Unidos. La deuda que Puerto Rico había acumulado al pedir prestado por décadas, solo para cubrir los gastos del gobierno, se caracterizó como irresponsable, pero fue la misma estrategia de gasto público que la ciudad de Nueva York utilizó en los setenta, que causó procedimientos similares a la bancarrota en Detroit y Washington, DC, y actualmente amenaza a Illinois y otros estados con problemas.

En muchos sentidos, imponer la austeridad a Puerto Rico es una forma en que Estados Unidos puede externalizar su propio financiamiento inestable y crear su propio "excepcionalismo" al pedirle a su colonia que pague por sus propios pecados. Con la administración de Trump elevando la deuda nacional a 22 billones de dólares, es difícil argumentar que Estados Unidos es un parangón de responsabilidad financiera. Los puertorriqueños utilizan cada vez más eslóganes como: «esa deuda es inmoral», que los eximen de una deuda creada por un gobierno y un sector bancario élite en connivencia con Washington y Wall Street, lo que refleja que todos estos problemas aún pueden llegar a los hogares de Estados Unidos.

Un sonido débil que resuena por encima del lamento de los desastres naturales indica que las alarmas comenzaron a sonar en Puerto Rico. Su gobierno no ha podido recuperarse de ser percibido como corrupto e impotente, sumiendo a la sociedad civil en la incertidumbre, y muchos isleños se preparan para la resistencia activa en forma de protestas callejeras y huelgas generales. El espíritu colectivo de los puertorriqueños pronto podrá pasar de la culpa pasiva por la ineficacia de su gobierno al arrepentimiento aguerrido de no haber sido más rápidos en identificar y contrarrestar a los verdaderos autores de la decadencia de su país. Las líneas de batalla ya se han trazado en la lucha para salvar la universidad y el sistema de escuelas públicas, la infraestructura de las carreteras que decae rápidamente, y la red eléctrica que se muestra vulnerable a un colapso completo, particularmente después del huracán María. Hay una inminente crisis de atención médica, ya que cientos de médicos huyen diariamente de un sistema que lucha por atender a una población que envejece. Esta precariedad social, además de la vulnerabilidad a los nuevos desastres ecológicos, hará que cualquier recuperación sea larga, tortuosa y propensa a reveses.

Pero allende los mares, ¿qué tan pronto será antes de que los estadounidenses continentales se den cuenta de que la caída de Puerto Rico puede erosionar en gran medida el sueño americano desde adentro? ¿Cuánto tiempo pasará antes de que sea obvio que el sueño original de la emancipación estadounidense del control colonial europeo está inevitablemente relacionado con la subyugación de un pueblo multirracial y "extranjero" en los Estados Unidos? Cuanto más malas noticias sobre este paraíso tropical no incorporado se exponen bajo el microscopio de los medios de comunicación, mayor la amenaza de subvertir los mejores planes de una nación que se ve a sí misma como la luz del mundo. La imposición de PROMESA, su programa de austeridad, y la tensión que esto creará entre el pueblo puertorriqueño y los tenedores de bonos de los fondos de cobertura buitres, puede fracturar aún más la primacía financiera de los Estados Unidos si el mercado de bonos municipales, una pieza clave del capital financiero en todo el mundo, es cuestionado.

Incluso antes de María, el drama agitado por la imposición de La Junta, que tomó el poder en enero del 2017, se había intensificado. Las tensiones entre La Junta y el gobierno, encabezadas por el gobernador proestadidad,

Ricardo Rosselló, ya se están sintiendo en el proceso de creación de un presupuesto y un plan fiscal. Para complicar aún más las cosas, cuando el gobierno y La Junta solicitaron un procedimiento de quiebra modificado que PROMESA facilitó en mayo del 2017, una jueza del circuito de Brooklyn, Laura Taylor Swain, se convirtió en la tercera pieza clave que controlaba el destino de la isla.

A medida que se desarrolla el proceso PROMESA, el conflicto central se encuentra entre los representantes del gobierno de Puerto Rico, que administran diversos servicios e instituciones; la Junta de Supervisión y Administración Financiera, que tiene autoridad sobre todas las propuestas presupuestarias y las asignaciones de gastos; y los tenedores de bonos, que quieren la mayor rentabilidad de su deuda en incumplimiento. La Junta ejerce la aprobación final de todas las decisiones presupuestarias y representa al gobierno de la isla en el tribunal de quiebras. Las decisiones clave que tomen La Junta serán en torno a qué servicios se consideran "esenciales", que deban dejarse en gran parte intactos, y cuáles no, que puedan reducirse drásticamente. La tarea difícil de priorizar qué tenedores de bonos se pagan y a qué tasa será decisión de la jueza Taylor Swain. Para complicar aún más las cosas, los debates sobre qué servicios y empleos se reducirán solo se intensificarán, y qué autoridades del gobierno se privatizarán, también se cuestionarán; lo que está en juego puede ser la preciada universidad de la isla, las grandes propiedades públicas e incluso las colecciones de arte de su museo.

Han surgido dos electorados principales para brindar soluciones a largo plazo en nombre de los propios puertorriqueños. Primero, está el gobierno proestadidad y sus votantes, quienes continúan presionando al Congreso de los Estados Unidos para que acepte la petición de Puerto Rico de la estadidad. En segundo lugar, hay lo que yo llamaría la sociedad civil de Puerto Rico, una coalición de estudiantes universitarios, sindicatos y varios partidos políticos de izquierda que abogan por soluciones progresistas. Esto incluiría una auditoría de la deuda para reducirla potencialmente al alterar las negociaciones con los acreedores y abogar cada vez más por la independencia de los Estados Unidos. Este segundo electorado tiende a argumentar que la culpa por la deuda es ajena a los propios puertorriqueños y considera la liberación de la deuda de la isla como una forma de justicia social.

Estos dos electorados son, en cierto modo, paralelos al panorama político de los Estados Unidos en este momento, y representan fuerzas conservadoras y liberales que se han movido cada vez más a extremos políticos en el actual clima político global. Sin embargo, ambos están impulsados por un objetivo similar: la descolonización de Puerto Rico; ya sea por su plena aceptación en la Unión o por alguna forma de autonomía de los Estados Unidos; o ya sea por la independencia total o alguna variación del estado actual. La falta de soberanía que la isla ha vivido desde que los exploradores de Colón la tomaron en 1493, ha creado una pasión nacionalista que, en cierto sentido, trasciende las divisiones entre la derecha y la izquierda. Así que, incluso cuando el partido proestadista de centroderecha, el PNP (Partido Nuevo Progresista) abarca a los benefactores republicanos, todavía exigen la descolonización de la isla.

Este rápido conflicto se produce en el contexto de una isla calurosa, húmeda y superpoblada, con infraestructura en descomposición, y un paisaje de consumidores de centros comerciales al estilo estadounidense, restaurantes de comida rápida, viviendas en zonas suburbanas y cultura automotriz. La expectativa de un estilo de vida pseudoestadounidense se ha ido erosionando durante años, y una multitud multimillonaria de dinero nuevo junto con la pobreza urbana y rural generalizada está a punto de destruir la frágil clase media. Sin embargo, la política es el deporte para espectadores número uno de Puerto Rico, por lo que, más que el escapismo nihilista que ha infectado a la mitad de los estadounidenses, los nuevos enfrentamientos y tensiones se debaten intensamente en los medios de difusión locales, en varios periódicos competidores, y la creciente ola de discusión pública en las redes sociales donde todo el mundo se puede expresar.

Tras el huracán María, los puertorriqueños enfrentan un retablo completamente nuevo. Mientras que PROMESA fomentó una especie de deterioro lento, el huracán catastrófico aceleró la crisis y la convirtió en una amenaza inmediata para la vida. La emigración probablemente se duplicará o triplicará en los próximos años, y se producirán intensos debates sobre la cantidad de deuda que se pueda cobrar, si alguna, hasta que la isla vuelva a tener una apariencia de normalidad. La creciente amenaza de una privatización a gran escala y organizada rápidamente que beneficiaría a los llamados capitalistas del desastre se debatirá constantemente en los medios de comunicación y en la vida pública.

Si bien muchos puertorriqueños temen a un proyecto de aburguesamiento masivo, en el que los estadounidenses adinerados compran terrenos de playa donde alguna vez hubo un paraíso de chozas rentables a bajo costo para festejos, perfectas para agasajos con cerdo asado y tostones, que destacaban la música y las bebidas locales, otros apuntan a una oleada de iniciativas nuevas e innovadoras, como la microagricultura y nuevas empresas verdes, incluyendo la energía solar y la eólica, así como cooperativas de alimentos. Otros buscan aumentar los lazos con el resto de América Latina. Es imposible decir cómo terminará esto, pero Puerto Rico se está enfrentando al final de su estatus de fantasía como el Escaparate Capitalista del Caribe, con la posibilidad esperanzadora de que se inicie una especie de futurismo progresista. Aun así, el espectro de un nuevo autoritarismo para reprimir la disidencia impuesta por un elemento derechista en el partido proestadidad está en ciernes.

En las páginas de este libro, quiero llevarlo a un viaje que comienza y termina con preguntas sobre el sueño americano, sobre qué significa ser estadounidense, y qué significa ser un "otro" desde adentro de ese mundo. Ese ambiguo y ambivalente sentido de energía nacional caribeña es esencialmente donde está Puerto Rico y de dónde parten los puertorriqueños, ya sea que vivan en la isla o en otro lugar. La floración y desintegración de ese sueño es algo que he vivido en mi vida, que comenzó en un momento de optimismo posterior a la Segunda Guerra Mundial, cuando mis padres lucharon por la inclusión, solo para desvanecerse lentamente en la amarga realidad de que el destino de nuestra patria y, posiblemente, hasta nuestra cultura y tradición, morirían lentamente en una bancarrota.

Soy hijo de una generación que llegó a Nueva York durante la llamada "gran migración de puertorriqueños", como parte de la válvula de escape, de un campo rural desplazado para realizar los objetivos modestos de industrialización bajo Operación Manos a la Obra. Nuestra familia vivió la agitación de la era de los derechos civiles y el abandono en que participaron los blancos de Nueva York en los setenta, las identidades raciales católicas de la clase trabajadora, participando en la transición desde *West Side Story* hasta la década de los hispanos, pero sin perder el contacto con la isla que dejamos atrás. A mis padres les fue moderadamente bien como empleados del gobierno de cuello azul. Invirtieron en construir una casa en la isla, y regresaron después de jubilarse, solo para realizar que la fantasía de Puerto Rico como un puesto de avanzada de los Estados Unidos en el Caribe para la clase media, se esfumó en la incertidumbre. Su lucha me ayudó a entender cuando intenté aferrarme a mi identidad bicultural "nuyorican", una que nunca abrazó por completo la "americanidad" en un país que resistía enfáticamente la diferencia racial, viéndola cada vez más como un signo de deslealtad.

Mientras Puerto Rico se encuentra en ruinas, y tanto el programa neoliberal que creó La Junta como el neoautoritarismo de Trump redoblaron cruelmente en un ciclo de negligencia, me encuentro rastreando el arco narrativo de mi propia vida, y de alguna manera me siento agradecido de que la verdad haya sido expuesta. Nosotros, los puertorriqueños, nunca hemos sido realmente estadounidenses a pesar de ser ciudadanos por un siglo, aunque a menudo, somos tan auténticos como cualquier estadounidense. El sufrimiento y la lucha de los puertorriqueños son una evidencia colosal de la herida colonial que Estados Unidos ha infligido en la mayor parte de América Latina, y un presagio persistente del posible destino de los cincuenta llamados estados.

CAPÍTULO 1

UNA HISTORIA BREVE DEL COLONIALISMO ESTADOUNIDENSE EN PUERTO RICO

Estatua del gobernador de Puerto Rico, Luis Muñoz Marín, en Mayagüez.
© Joseph Rodríguez

Nunca hubo ninguna duda de que Estados Unidos "quería" a Puerto Rico para su propio uso cuando comenzó una guerra con España cerca del inicio del siglo veinte. Cuba había estado inmersa en guerras de independencia con España intermitentemente desde 1868, y el conflicto que comenzó en 1895 parecía estar maduro para que Estados Unidos le sacara partido. El hundimiento del *USS Maine*, un buque naval estadounidense destruido por una explosión mientras atracaba justo fuera de La Havana, impulsó la entrada estadounidense en la guerra. Aunque hay teorías contrarias sobre la fuente de la explosión, incluida la probabilidad de que fuera causada por un incendio espontáneo en su interior, la cadena de periódicos de William Randolph Hearst hizo estallar el incidente como el catalizador perfecto para que Estados Unidos entrara en el conflicto.[1]

Cuando Theodore Roosevelt entró en combate con su ejército de *Rough Riders**, todo el asunto llegó sin suponer ninguna sorpresa para nadie que hubiera estado prestando atención al deseo que por mucho tiempo habían expresado el ejército y los líderes del gobierno estadounidense de expandirse hacia el sur y el oeste. Y aunque la idea del Destino Manifiesto estaba en la primera línea del discurso político de este periodo, se observa con menos frecuencia que la mirada expansionista de Estados Unidos estaba saturada de lenguaje y actitudes raciales, al mismo tiempo deseadas y repelidas por la dinámica social del mestizo o mulato de América Latina. La Revolución Haitiana, al final del siglo diecinueve y comienzos del veinte, creó una obsesión estadounidense por Cuba y Puerto Rico, debido al potencial de una revuelta parecida dirigida por la raza

---

* Nota de traducción: *Rough Riders* fue el nombre que se le dio a la primera caballería de voluntarios estadounidenses [https://www.loc.gov/rr/hispanic/1898/roughriders.html].

negra en esas islas. En 1826, el senador de Virginia, John Randolph, temía que una revuelta así dejara vulnerable al sur de Estados Unidos de una invasión de cubanos que llegarían en botes de remos. Por eso, él objetó que Estados Unidos participara en el Congreso de Panamá de 1826, porque los diplomáticos estadounidenses tendrían que soportar el horror de que alguno de ellos tomara asiento en el Congreso «al lado de un africano nativo, sus descendientes americanos, las razas mezcladas, los indios, y las medias razas, sin ninguna ofensa o escándalo ante una mezcla tan variada».[2]

La lógica que impulsaba esta perspectiva subrayaba no solo la importancia de la esclavitud para el capitalismo emergente en el siglo diecinueve sino también, como destaca Matthew Karp en *This Vast Southern Empire* (Este vasto imperio sureño), el alcance hasta el cual los dueños de esclavos y sus representantes electos moldeaban desproporcionadamente la política exterior de Estados Unidos. Regresando hasta la Revolución Haitiana, el temor a una rebelión de esclavos exitosa en el recién formado Estados Unidos motivó grandemente a los políticos sureños. Como menciona Karp, hacia ese fin, los presidentes Madison y Monroe «utilizaron una fuerza abrumadora para destruir asentamientos de esclavos negros fugitivos en la Florida española». El temor a las rebeliones de esclavos también unió brevemente los intereses de dueños americanos de esclavos y élites cubanas que querían la independencia de España. No obstante, a finales del siglo diecinueve, después de la abolición, las fuerzas de Roosevelt lucharon en conjunto con ejércitos afrocubanos contra su enemigo común español.

El movimiento para arrebatar Cuba y Puerto Rico a España llegó cuando España finalmente había transigido en poner fin a la esclavitud como una concesión a los ejércitos de rebeldes afrocubanos que se habían formado para presionar por la independencia. En otro movimiento para apaciguar la agitación continuada en la isla, en noviembre de 1897, España firmó la "Carta Autonómica para Cuba y Puerto Rico", que daba una autonomía política limitada a los gobiernos de ambas islas. Puerto Rico obtuvo representación plena en las Cortes (el parlamento español) y podía vetar los tratados comerciales españoles que les eran desfavorables a la vez que retenía el derecho de establecer aranceles a las importaciones y exportaciones. De este modo, a los puertorriqueños se les otorgaba cierto tipo de ciudadanía que permitía el autogobierno, injertado en lo que quedaba de su sometimiento a España.

Sin embargo, el 25 de julio de 1898, ocho días después de la primera reunión del recién formado Parlamento puertorriqueño, llegaron tropas estadounidenses al puerto sureño de Guánica y sustituyeron la bandera española por la de estrellas y franjas. Esta fecha sería recordada más de cincuenta años después cuando Estados Unidos finalmente dio continuidad a un proyecto para permitir a los puertorriqueños tener autonomía y autogobierno limitados. Sin embargo, aquel momento fue el final de la "espléndida guerrilla" de Theodore Roosevelt y el inicio del dilema actual sobre qué haría exactamente con la isla el nuevo dueño colonial de Puerto Rico. Aunque los historiadores están de acuerdo en que no había ningún plan preexistente para designar el estatus de Puerto Rico, existía la creencia general de que Puerto Rico sería incorporado como territorio estadounidense. Esto condujo a muchos a suponer que seguiría un camino similar a la estadidad como hicieron los exterritorios de Florida y Louisiana. Al menos recibiría, al acceder al control militar, «las ventajas y bendiciones de la civilización tolerante y cultivada», como declaró Nelson A. Miles, primer gobernador militar de Puerto Rico, tres días después del arribo en Guánica.

Como Cuba estaba muy militarizado durante sus guerras de independencia, Estados Unidos decidió concederle soberanía nacional, pensando que aún podría ejercer un control considerable sobre la economía debido a intereses de negocios existentes y un conjunto ya preparado de consumidores cubanos, quienes estaban comprando el modelo Ford T. Pero, aunque Puerto Rico había experimentado revueltas antiespañolas a mediados del siglo diecinueve, en 1898 no tenía presente el mismo nivel de movilización armada. Por lo tanto, Estados Unidos se aferró a eso, particularmente debido a su ubicación geográfica, la cual concedía a Estados Unidos una fortaleza en la punta más oriental del archipiélago caribeño. Sin embargo, los resultados prácticos que acompañaban a Estados Unidos con Puerto Rico incluido en su "órbita" fueron que, como escriben José Ayala y Rafael Bernabe en su libro, *Puerto Rico in the American Century* (Puerto Rico en el siglo estadounidense): «La isla sufrió de este modo un ir y venir en direcciones contrarias; cada vez más unido a Estados Unidos y definido insistentemente como si no formara parte del país».

La adquisición de Puerto Rico, Cuba y las Filipinas presentaba problemas nuevos para Estados Unidos, que tenía un historial de aceptar en última instancia como estados territorios adquiridos anteriormente y, por consiguiente, otorgar a sus habitantes los derechos de plena ciudadanía. Por primera vez en la historia estadounidense, la adquisición de nuevos territorios no llegó con ningún compromiso a conceder la ciudadanía. Comenzando con el Tratado de París, que fue firmado al final de la guerra con España, siguiendo con la Ley Foraker de 1900 y alcanzando su punto culminante con los llamados Casos Insulares de 1901, una serie de decisiones legales crearon una nueva identidad para los puertorriqueños y otros sujetos colonizados adquiridos durante la creación de un nuevo Imperio Estadounidense.

> «La cuestión aquí es en cuanto al estatus legal de una gran masa coherente de personas civilizadas, que no pueden ser exterminadas, y desde luego no lo serán, y que no pueden ser asimiladas».
>
> —**Frederick Coudert**, procurador general, durante una vista ante la Corte, *Gonzales contra Williams*, 4 de diciembre de 1903

¿Cómo podía Estados Unidos resolver el problema de absorber de repente a una gran masa de sujetos coloniales que no eran racialmente aptos para la inclusión en los derechos otorgados a los ciudadanos estadounidenses? Creando una nueva identidad que los apartara en cierto sentido. Las raíces de esta nueva identidad podían encontrarse en el modo en que los negros fueron redefinidos durante la transición de la esclavitud a la era Jim Crow, cuando a los esclavos recién libertados se les negaron los derechos, y el modo en que se evitó a los asiáticos inmigrar mediante la Ley de Exclusión de Chinos. La decisión de *Gonzales contra Williams* afirmó que, debido a su adquisición mediante la guerra con España, los puertorriqueños habían adquirido la nacionalidad de los Estados Unidos y no serían "extranjeros", según la Ley de Inmigración de 1891. Esto significa que «los ciudadanos de Porto [*sic*] Rico, cuya lealtad permanente es hacia Estados Unidos; quienes viven en la paz del dominio de Estados Unidos... no son "inmigrantes extranjeros"».[3]

El concepto de "exclusión extranjera", que definía a ciertos grupos étnicos o raciales como "extranjeros" y, por lo tanto, no merecedores de derechos de plena ciudadanía, fue una invención necesaria de terminología legal que permitía a Estados Unidos absorber nuevos territorios para la explotación económica creando una oportunidad de mercado libre dentro de su territorio y, al mismo tiempo, sin violar su propia constitución con respecto a los derechos de los ciudadanos. El Departamento de Guerra estadounidense creó la Oficina de Asuntos Insulares para administrar asuntos con respecto a nuevos territorios, adoptando el término *insular* de una designación que España había dado a sus colonias en islas y territorios, y a los cuales había otorgado gobierno autónomo antes de la guerra de 1898. Insular significa "ser de una isla o relacionado con una isla".

Aplicar exclusión extranjera a Puerto Rico fue, según el erudito en derecho, Edgardo Meléndez, una «idea de que los pueblos de los territorios recién conquistados eran "extranjeros" en naturaleza y carácter para Estados Unidos y debían ser excluidos de la política estadounidense».[4] Meléndez observa que el debate sobre qué hacer con los nuevos territorios surgió de los debates entre los estadounidenses a favor del imperialismo y los antiimperialistas estadounidenses. «Aunque imperialistas y antiimperialistas diferían en muchos asuntos», escribió, «compartían la creencia en que los habitantes de los territorios conquistados eran racialmente inferiores y carecían de la capacidad para el autogobierno, y por lo tanto, no debían convertirse en ciudadanos estadounidenses».

Durante estos primeros años de un nuevo siglo estadounidense, las resoluciones tomadas por la Ley Foraker, que negaba la ciudadanía, y también los Casos Insulares establecieron que la ciudanía estaría "separada" del derecho a la participación política. La Ley Foraker, creada en gran parte por el secretario de guerra, Elihu Root, establecía una forma de gobierno en Puerto Rico que era ostensiblemente democrático y, sin embargo, tenía una asignación sobrecargada de supervisores coloniales a nivel ejecutivo. El gobernador y el consejo ejecutivo nombrados por Estados Unidos constaba del cuerpo superior de la legislatura y realizaba obligaciones ejecutivas y legislativas. Solamente cinco de sus once miembros podían ser nativos de Puerto Rico; un requisito que, más de cien años después, fue replicado casi exactamente en la Junta de Supervisión creada por PROMESA, que tenía intención de reestructurar la deuda de 72 mil millones de dólares de Puerto Rico.

La nueva idea de ciudadanía y de "americanidad" fue creada haciendo una distinción entre "territorios incorporados", que se reconocía que, en cierto modo, estaban en la senda hacia la estadidad, y "territorios no incorporados", que no lo eran porque se consideraban poblados por personas de una raza y cultura inferiores. Una penetración previa y toma del poder organizacional del gobierno y la infraestructura de un territorio por parte de anglosajones u otros europeos parecía ser un requisito previo para ser designado como territorio incorporado. Esto quedó demostrado por el hecho de que, aunque territorios como Alaska y Hawái no eran exactamente anglosajones en origen, ambos habían experimentado cierta toma del poder por parte de inmigrantes europeos que establecieron gobiernos "occidentales" en lugar de indígenas, por lo que así, no se consideraban una amenaza para el orden racial de Estados Unidos.

Cuando *Downes contra Bidwell* de 1901 afirmó que Puerto Rico pertenecía a Estados Unidos, pero no era parte de él, quedó codificada la naturaleza de la ciudadanía no incorporada. Estados Unidos no quería tener "súbditos" coloniales como hizo Europa y, por lo tanto, se sintió

obligado a conceder cierto tipo de ciudadanía en la cual se
hace referencia a puertorriqueños (y filipinos) como "nacionales". Estados Unidos retuvo así lo que se llamó un poder
"plenario" o absoluto sobre los isleños, a la vez que concedía ciertos privilegios de ciudadanía estadounidense. Entre
ellos se incluía poder viajar libremente a Estados Unidos, y
en casa poder estar, en general, protegidos por la Constitución estadounidense y sus leyes, incluido el disfrute de
los derechos proporcionados por el sistema judicial federal.
Los puertorriqueños nacionales podían entrar en Estados
Unidos como "extranjeros legales", pero no eran ciudadanos
de pleno derecho. Estados Unidos, mediante sus resoluciones en los Casos Insulares, ejercía lo que el erudito en
leyes, Efraín Rivera Ramos, denominó «el poder de poner
nombre» para «generar nuevas comprensiones y, por lo
tanto, nuevas realidades».

Estas nuevas comprensiones fueron hechas necesarias por el cambio que hizo Estados Unidos, como país y
como economía, pasando de una donde la acumulación de
capital se derivaba de los beneficios de la esclavitud y la
inversión en el capitalismo industrial que hacía posible la
esclavitud, a su entrada en la escena mundial como potencia imperial. Dos siglos de exterminio y desplazamiento de
pueblos indígenas y de esclavizar a afroamericanos, cuyo
carácter racial los hacía no aptos para la libertad estadounidense, dejaron clara la separación de grupos diversos en
Estados Unidos. No obstante, con la llegada de la fijación
del siglo en la ciencia racial, cuyos practicantes medían los
cráneos humanos para demostrar una jerarquía de "razas",
esta narrativa encontró maneras más sutiles y ambiguas
de excluir grupos y culturas de un modo que oscurecía, al
menos parcialmente, los aparentes excesos genocidas de
sus expansiones anteriores.

LA LEY JONES: CIUDADANÍA ESTADOUNIDENSE OTORGADA A PUERTO RICO

«Los puertorriqueños ni anhelaban la ciudadanía estadounidense, ni tampoco el Congreso tenía intención de
imponérsela. Como es a menudo el caso, la verdad se sitúa
en algún lugar entre tesis históricas contradictorias».

—**José A. Cabranes**, *Ciudadanía y el imperio
estadounidense: Notas sobre la historia legislativa de la
ciudadanía estadounidense de los puertorriqueños*

Cuando yo era pequeño, tenía una sensación clara de que
era ciudadano estadounidense. Como parte de una población rápidamente creciente de migrantes puertorriqueños,
vivía en Nueva York entre etnias europeas y afroamericanas, todos los cuales se sentían seguros con respecto a su
ciudadanía. Recuerdo la primera vez en que fui consciente
de los mapas del mundo, y descubrí Puerto Rico en el Mar
Caribe. Pero debajo de las palabras "Puerto Rico" había un
paréntesis que decía "(U.S.)". Pregunté a mi papá qué significaba que Estados Unidos estuviera debajo del nombre de
Puerto Rico, y él dijo: «Puerto Rico es parte de Estados
Unidos, pero somos una nación». En cierto modo supe que
ser una "posesión" negaba nuestra soberanía nacional, pero
él discrepó con vehemencia, insistiendo: «Puerto Rico es
mi país». Así comenzó mi relación peculiar con la ciudadanía estadounidense: Tenía un fuerte sentimiento del
significado de la nación puertorriqueña por la pasión que
había en la voz de mi papá y, sin embargo, estaba claro
que la cultura dominante para la cual yo era un objetivo
de asimilación lo consideraba una idea adicional bastante
carente de significado.

La concesión de la ciudadanía estadounidense a Puerto
Rico es un asunto controversial, que se utiliza con frecuencia para apoyar dos posturas retóricas opuestas sobre la

naturaleza moral de la implicación de Estados Unidos en Puerto Rico: o era inmoral imponer la ciudadanía a un pueblo, o era un acto que otorgaba un inmenso conjunto de protecciones legales y militares. La idea de que la ciudadanía fue impuesta a Puerto Rico sin el consentimiento de los puertorriqueños es, al pie de la letra, cierta, pero existen circunstancias atenuantes. Hubo muchos puertorriqueños que preferían la independencia y no querían la ciudadanía estadounidense, estaban quienes querían ser anexados como estado y tenían opiniones mezcladas sobre cómo sucedería eso, y también estaba la inmensa mayoría de los isleños que no favorecían las políticas que imponía Estados Unidos, que requerían que la mayoría de las instituciones educativas y legales realizaran sus funciones en inglés, pero que de otro modo se mantenían ambivalentes con respecto al estatus territorial de la isla.

En varias ocasiones, el Congreso estadounidense intentó conceder la ciudadanía a los puertorriqueños en las dos primeras décadas después de Guánica, y en la isla había normalmente una fuerte oposición. En 1914, la Cámara de Delegados puertorriqueña declaró que «con firmeza y lealtad mantiene oposición a ser declarados, desafiando nuestro deseo expreso o sin nuestro consentimiento expreso, ciudadanos de ningún otro país que no sea el nuestro». Quienes estaban en contra de la anexión incluso parecían aceptar estereotipos anglos afirmando que como eran «puertorriqueños, hispanoamericanos, de alma latina, imaginativos, muy nerviosos, ardorosos por motivo del sol de nuestro clima y por la sangre que corre por nuestras venas, separados de ustedes por más de cuatrocientos años y por más de cuatrocientas ligas, con un proceso histórico distinto, idioma diferente y costumbres diversas», no consentían la ciudadanía.[5]

Una de las principales voces políticas de la isla, Luis Muñoz Rivera del Partido Unionista, que estaba a favor de la confederación con Estados Unidos como estado pero, en su defecto, quería la independencia con la protección de Estados Unidos, objetó a la ciudadanía no porque estuviera en contra de la ciudadanía en principio, sino porque sabía que la ciudadanía que Estados Unidos ofrecía era un gesto simbólico, ya que la nación americana seguía sin interés alguno en aceptar a Puerto Rico como un estado de la Unión. Pero el debate en Puerto Rico, aunque con matices y análisis, siempre fue hipotético, con el control total de Estados Unidos. En 1917, tres años después de que la Cámara de Delegados de Puerto Rico demandara la independencia, la Ley Jones concedió la ciudadanía a todos los puertorriqueños. Estableció un comisionado residente y un representante del Congreso sin derecho a voto, y sujetó la isla a sus leyes marítimas, lo cual elevó permanentemente los precios de los productos enviados por mar a la isla.

La Ley Jones representó una evolución de la implicación estadounidense en Puerto Rico. Cuando Estados Unidos otorgó la ciudadanía, expuso inmediatamente a los residentes puertorriqueños al alistamiento en el ejército. Esto se ha utilizado como argumento para quienes favorecen la independencia, pero autores como Cabranes y Harry Franqui Rivera han destacado que incluso los no ciudadanos en territorios podrían ser reclutados.[6] El momento de este otorgamiento repentino de ciudadanía, sin embargo, siempre levantará sospechas no solo entre los nacionalistas que favorecen la independencia, sino también entre la mayoría de los puertorriqueños que desean desesperadamente cierto sentimiento de soberanía nacional.

Varios miembros de mi familia extendida han servido en las Fuerzas Armadas, comenzando con mi abuelo materno, quien fue ubicado en la zona del Canal de Panamá durante la Primera Guerra Mundial, hasta varios de mis tíos, quienes sirvieron en lugares como Surinam durante la Segunda Guerra Mundial y en diversas bases en Estados Unidos continental durante y después de la Guerra de Corea. Aunque ninguno de ellos vio una acción importante de combate, el tiempo que pasaron en el ejército sirvió para crear cierto tipo de lealtad dual, con los beneficios de la red de seguridad militar y su sello de legitimación, por una parte, y con la identidad y cultura nacional de Puerto Rico, por la otra. Servir en el ejército y ser denegada la ciudadanía plena ha sido históricamente una fuerza impulsora para quienes buscan derechos civiles, al igual que fue para los soldados afroamericanos y mexicanoamericanos que regresaron de la Segunda Guerra Mundial, solo para encontrar la misma ley Jim Crow y otras leyes de segregación que tenían que enfrentar ellos y sus familias.

La celebrada unidad de borinqueños que sirvió en la Guerra de Corea consiguió que sus hazañas quedaran plasmadas para el recuerdo en un documental de la PBS que describía cómo ellos desempeñaron un papel clave durante la batalla del embalse de Chosin. Allí, aparentemente tras haber sido desplegados como carne de cañón para ganar tiempo a la llegada de más tropas, presentaron una resistencia decisiva que desempeñó un papel importante para cambiar el curso de la guerra. Para mis familiares, esto sirvió para reforzar sus sensaciones de que, al haber jugado según las reglas, se merecían cierto estatus de respeto como "estadounidenses", aunque simultáneamente se consideraban a sí mismos esencialmente puertorriqueños, alineados con la cultura y el lenguaje nacionales, y un terreno tropical fértil.

Edgardo Meléndez argumenta que la ciudadanía se

trataba menos «de los estrechos intereses estratégicos generados por la guerra o el alistamiento militar de los puertorriqueños» que de recompensar la lealtad de los puertorriqueños y hacer de la isla «un puente hacia la raza latina y la mejora de las relaciones estadounidenses con América Latina». Franqui Rivera razona que la concesión de ciudadanía a cambio de lealtad ayudó a frenar una potencial interferencia alemana en el Caribe y proporcionó al presidente Woodrow Wilson cobertura para sus sentimientos abiertamente declarados de que Europa debería descolonizar sus posesiones.[7] Lo más probable es que haya algo de verdad en ambas perspectivas, pues la implicación estadounidense en Puerto Rico, al igual que en otras partes del mundo, ha sido con frecuencia una mezcla de paternalismo condescendiente y explotación controladora que puede tener resultados mezclados. Pero incluso si consideramos las intenciones de Estados Unidos bajo su luz más benevolente, no podemos eludir el contexto de que España había retenido a Puerto Rico como colonia por más de cuatrocientos años, y aún no había experimentado soberanía nacional. Por lo tanto, parte del carácter "nacional" de Puerto Rico era una mezcla ambivalente de extraer concesiones por parte de potencias coloniales a la vez que mantenía unos valores arraigados en palabras, cultura, sensaciones e interacciones con el entorno físico: un fuerte sentimiento de nacionalidad.

Es útil ver la relación entre Estados Unidos y Puerto Rico como recíproca y también desbalanceada, con varios intereses que se entrelazan a medida que Estados Unidos se convirtió en un actor en mundos fuera de sus fronteras originales del Manifiesto Destino. Entonces, al igual que en la actualidad, la participación estadounidense incluía racismo absoluto y acciones de explotación hacia Puerto

Rico a la vez que presentaba cierto tipo de justificación moral retorcida para su presencia allí. También implicaba buscar maneras nuevas de crear zonas de oportunidad económica, y en Puerto Rico, Estados Unidos encontró un modo de disfrutar de los beneficios económicos de incorporar nuevos territorios a la vez que negaba formalmente la incorporación política o territorial.

Con Puerto Rico, Estados Unidos creó un nuevo tipo de zona de libre comercio donde podría evitar obligaciones de importación a la vez que también imponía aranceles sobre su territorio no incorporado. La Ley Jones prohibía que Puerto Rico permitiera que ningún barco comercial que no hubiera sido construido en Estados Unidos y ondeara la bandera estadounidense atracara en sus puertos. Todas las importaciones a Estados Unidos desde Puerto Rico se volvieron libres de impuestos, lo cual beneficiaba a los consumidores estadounidense. Sin embargo, aunque los puertorriqueños, para justificar su falta de representación con voto en el Congreso, no pagaban impuestos federales de entrada, los funcionarios de hacienda federales experimentaron con métodos alternativos y explotadores de imponer impuestos en la isla. Durante la primera etapa de la ocupación estadounidense en Puerto Rico, leyes impositivas coloniales españolas, que utilizaban los impuestos indirectos mediante sellos y embargos, fueron ajustadas para incluir impuestos más directos y crear un clima más favorable para la operación de los intereses estadounidenses en la industria azucarera. La Ley Jones también proporcionó una exención triple de impuestos en la venta de bonos del gobierno que ayudó a crear la actual crisis de deuda. Este fue el momento crucial que presagiaba la futura crisis de deuda: la exención significaba que no podía imponerse ningún impuesto federal, local o estatal a los bonos, haciendo que fueran más atractivos que los emitidos por la inmensa mayoría de municipalidades estadounidenses.

En muchos aspectos, el estatus ambiguo de Puerto Rico que cimentó la Ley Jones preparó la escena para el futuro inestable de la isla. La poca disposición de Estados Unidos para hacer de Puerto Rico un territorio incorporado fue una señal fuerte de que el gobierno estadounidense pensaba que la isla tenía una incompatibilidad racial y cultural con el continente. Al mismo tiempo, quería demostrar que era un sueño colonial benevolente, que mediante la magia lingüística intentaba crear la ilusión de que no era un colonizador en absoluto. Desde el principio, Puerto Rico fue una fantasía estadounidense.

El trato de Estados Unidos hacia Puerto Rico comenzaba a reflejar la afirmación que hizo el fraile español Bartolomé de las Casas en el siglo dieciséis en su famoso debate con Ginés Sepúlveda. De las Casas argumentaba que los pueblos indígenas no debían ser considerados menos que humanos y no debían ser condenados a ser esclavos, sino meramente adoctrinados como cristianos y dirigidos a trabajar en el sistema de encomienda regimentada del trabajo agrícola. En lugar de ser condenados a la servidumbre, como España impuso originalmente a los pueblos indígenas del Nuevo Mundo, los puertorriqueños eran aptos en cierto modo para llegar a ser pseudoestadounidenses y podían aspirar a la ciudadanía plena si emigraban al continente y pasaban sus exámenes finales de asimilación y aculturación. El experimento puertorriqueño tendría éxito en la medida en que lo tuviera la americanización.

Había algunos beneficios indisputables que surgieron de la intervención estadounidense en la isla. Indirectamente, representó una revisión en la clase criolla gobernante, de piel más clara, del resto de puertorriqueños del régimen español, quienes no estaban interesados necesariamente en la expansión de oportunidades o la redistribución de riqueza hacia su mayoría de campesinos de piel más oscura. Entre los primeros estadounidenses que visitaron la isla llegó el gigante laboral estadounidense, Samuel Gompers, quien estableció un capítulo de la Federación Americana de Trabajo en la isla que tuvo el efecto positivo de alentar la fuerza laboral puertorriqueña a que se organizara. Más adelante, desde la década de los setenta en adelante, los migrantes que regresaron a Puerto Rico volvieron a implementar ideas sacadas del Movimiento por los Derechos Civiles en Estados Unidos.

Junto con una lealtad que se consolidaba, como deseaban el Congreso y la rama ejecutiva cuando otorgaron un autogobierno limitado, la ciudadanía condicional de Puerto Rico renovó esfuerzos para desalentar fuertemente, si no prohibir, cualquier discurso o fomento de la independencia de la isla. El gobernador nombrado por Estados Unidos, E. Montgomery Reilly, rechazó los intentos de algunos residentes de hacer ondear la bandera, que fue creada mediante un esfuerzo conjunto entre revolucionarios puertorriqueños y cubanos en Nueva York en 1895 durante la batalla con España, refiriéndose a ella en 1921 como un "trapo sucio". Aunque es cierto que Puerto Rico no fue tan virulento como Cuba en sus intentos por obtener la independencia de España, seguía habiendo una resistencia considerable cada vez mayor, ya que Estados Unidos estaba decidido a quedarse. La clave para su capacidad de hacerlo estaba en promover un programa de americanización que amenazaba la identidad nacional de la isla.

Uno de aquellos nacionalistas de Puerto Rico que había argumentado que la ciudadanía había llegado a los puertorriqueños por razones de guerra, concretamente la Primera

Guerra Mundial, fue Pedro Albizu Campos. Graduado de
Harvard, carismático y descendiente de africanos, Albizu
Campos era la definición misma de un instigador, exhor-
tando a menudo a las multitudes con discursos que eran
en parte oratoria, en parte sermón, y siempre implacable-
mente despiadados acerca de la presencia estadounidense
en su tierra natal. Albizu Campos era enigmático en cuanto
a esto. Por una parte, él llegó para personificar el corazón y
el alma del movimiento nacionalista de Puerto Rico, inamo-
vible en su oposición a cualquiera y todas las formas de
control que ejercía Estados Unidos en Puerto Rico; y, por
otra parte, debido a que pasó veintiséis años, una tercera
parte de su vida, en la cárcel, en última instancia estaba
desconectado del pueblo al que tenía intención de liberar.
Para mí, Albizu Campos es el símbolo supremo de nuestro desagrado con respecto a ser "poseídos". Como alguien
que se identifica como afrocaribeño en parte, de un estatus
social poco privilegiado, y el haber obtenido mi educación
universitaria en humanidades en una universidad privada
en Massachusetts, me conecté con su trayectoria hasta el
vientre de la bestia. Él era a la vez nuestro MLK (Martin
Luther King) y Malcolm X, que soportó una vida de lucha
y se encontró con una muerte prematura como resultado
de su activismo.

Las contradicciones de la vida de Albizu Campos reflejaban sus circunstancias. Como súbdito colonial en el Caribe,
afectado por el modo en que tales sociedades enmascara-
ban las desigualdades de poder raciales y sexuales, donde
ser blanco era un privilegio relativamente no declarado, y
las sociedades semejantes a castas ubicaban a los ciudadanos en jerarquías raciales y sexuales que a menudo
determinaban sus oportunidades profesionales, él también
fue bastante consciente del proyecto de imperialismo de

los bancos estadounidenses, los intereses industriales y el modo en que todas esas formas de control social y económico sirven para dejar una vida así de incertidumbre. El mensaje de Albizu Campos era muy claro: la presencia estadounidense en Puerto Rico era la raíz de todos los males de la isla; era el "asesino" de los ciudadanos cotidianos a todos los niveles, y lo hacía limitando mayormente la autodeterminación de los isleños. Las autoridades siempre se proponen silenciar, exiliar o encarcelar a los verdaderos revolucionarios. En el caso de Albizu Campos, eso sucedió relativamente temprano en su carrera, con su primer arresto en 1936.

La leyenda de los primeros años de Albizu Campos está bien documentada: era el hijo ilegítimo de un recaudador arancelario de descendencia española, acomodado y casado, que se negó a reconocerlo como su propio hijo, y su mamá era una mestiza natural de Ponce que perdió el buen juicio y murió mientras Albizu Campos era aún pequeño. La lucidez de su mamá se vio claramente afectada por el modo en que la sociedad puertorriqueña prohibía las relaciones sexuales extramaritales entre criollos de piel clara y mujeres de clase más baja y piel más oscura, sin ninguna consecuencia social para el padre y muchas otras para detrimento de las mujeres. Sin embargo, Albizu Campos se convirtió en un estudiante destacado en su ciudad natal y se le concedió una beca para la University of Vermont, la cual transfirió a Harvard y fue a la facultad de derecho, convirtiéndose en uno de sus primeros graduados puertorriqueños.

Se enlistó como voluntario en el ejército durante la Primera Guerra Mundial y fue testigo de primera mano del racismo en el sur estadounidense. Esta analogía del "vientre de la bestia" resulta familiar a muchos eruditos puertorriqueños, intelectuales y, sin duda, a miembros de las clases populares que pasan parte de su juventud en Estados Unidos. Cuando sienten la discriminación contra ellos, no sienten la necesidad de tragarse su experiencia del lado oscuro de Estados Unidos, porque no van en busca de residencia permanente o estatus de ciudadanía. Asimilan la experiencia de ser inmigrante sin los obstáculos legales de ser un inmigrante y disfrutan del lujo de poder crear una crítica de la hipocresía del país que afirmaba que estaba difundiendo democracia por todo el mundo.

En cierto sentido, esta narrativa se repitió en mi propia vida, cuando mi padre sirvió en el ejército en Louisiana y Missouri, y yo estudié en la Brandeis University, una universidad privada en las afueras de Boston que me permitió mezclarme con la élite de Harvard y el Instituto de Tecnología de Massachusetts (MIT, por sus siglas en inglés). Aunque mi padre se crió en una familia que idolatraba al Partido Liberal de Puerto Rico, que había consolidado su poder mediante Luis Muñoz Marín, el rival político de toda la vida de Albizu Campos, estaba fascinado, como la mayoría de los puertorriqueños, por los talentos de oratoria mesiánica de Albizu Campos y su llamado a demandar libertad. En mi adolescencia, mi padre trajo a casa un ejemplar de un libro de 1971 de Federico Ribes Tovar sobre Albizu Campos y, con algunas reservas, me impresionó que su voz fuera una síntesis esencial de nuestra identidad como puertorriqueños. Me aferré a ese libro como un trofeo, a pesar de haber quedado muy desgastado en mis años universitarios. Sin embargo, para mi padre, quien siempre había estado cautivo del moderado pragmático Muñoz Marín, Albizu Campos era una figura oscura cuyo mensaje estaba limitado por su intransigencia.

Mi padre no estaba solo. Albizu Campos sigue ostentando un estatus de veneración en Puerto Rico y más aún entre la diáspora en el continente, sin considerar la orientación política en los políticos estadounidenses o puertorriqueños. Su mayor fortaleza, quizá excesivamente, era su intenso nacionalismo. Al haberle sido denegada la soberanía nacional desde la llegada de los colonizadores españoles, Puerto Rico desea su identidad nacional de muchas más maneras que otros países e islas que tienen soberanía nacional. El deseo de estatus de Puerto Rico como nación es tan fuerte, que incluso los partidos que se identifican con un deseo de estadidad o estado libre asociado, una proposición difusa de una versión en evolución continua del estatus actual, utilizan en sus campañas políticas y anuncios símbolos de la nación como la bandera; "La Borinqueña", el himno nacional no oficial; y los equipos deportivos que la isla tiene permitido enviar a los Juegos Olímpicos cada cuatro años.

Las dotes de oratoria de Albizu Campos y su dedicación sacrificada a la independencia cimentó su legado, el cual, sin duda, tiene igualmente sus contradicciones. Incluso mientras era constante en su lucha con Estados Unidos, personificaba parte de las mismas ideas patriarcales sostenidas por aquellos a quienes quería desplazar. Aunque hizo causa común con los nacionalistas irlandeses, los Cadetes Nacionales que él ayudó a crear vestían camisas negras con cruces blancas que se parecían a la forma de cruz heráldica utilizada por los ejércitos cruzados y los austrofascistas, un gobierno católico autoritario de Austria que, al final, fue derrocado por los nacionales socialistas de Alemania. En su libro sobre Albizu Campos, Ribes Tovar dice que las camisas negras simbolizaban un estado de lamento por la cautividad colonial de Puerto Rico, un simbolismo que sería utilizado después del Huracán María en una representación de la bandera puertorriqueña toda en negro.

Albizu Campos estaba preocupado por los derechos de

las mujeres, a pesar de su fuerte afiliación con la moralidad católico romana. Aunque se oponía fuertemente al control de la natalidad y el aborto, él y su Partido Nacionalista fomentaban que las mujeres fueran parte de la lucha.[8] «Puerto Rico será soberano e independiente cuando las mujeres puertorriqueñas se sientan libres, se sientan soberanas, se sientan independientes», insistía en un discurso en 1933.[9] Albizu Campos estaba más interesado en la lealtad al catolicismo romano como pieza fundamental para el nacionalismo, similar al modo en que se utilizaba en el movimiento por la independencia irlandesa, de la manera en que el catolicismo podría percibirse para proteger la tradición local contra la fuerza globalizadora del protestantismo. Su reclutamiento de mujeres no se acercaba a ser tan radical como las tendencias anarquistas y socialistas de la organizadora sindical, Luisa Capetillo, quien murió en 1922, y su intolerancia hacia los homosexuales era obvia cuando dijo: «El sexo es un accidente biológico para la propagación de las especies, pero las personas a quienes hay que recordarles su sexo no se merecen compasión sino castigo».[10] Una vez más, a pesar de su enfoque intenso en la nación, su activismo político estaba en línea claramente con un marxismo de izquierda basado en las clases, a pesar de que él nunca lo reconoció como tal. Aunque la visión nacionalista de Albizu se enfocaba más en símbolos, tradición y ética religiosa, su participación en el activismo laboral subrayó su conciencia de la lucha de clases; y la manera en que demonizaba la presencia de Estados Unidos en Puerto Rico enfatizaba mayormente el modo en que se efectuaba la hegemonía económica.

Irónicamente, Albizu Campos intentó utilizar el mismo mecanismo en el que había participado Estados Unidos para involucrar a Puerto Rico y el Caribe en una relación de deuda, mediante la venta de bonos, para fortalecer la causa nacionalista. El partido comenzó a emitir bonos desde una propuesta Tesorería de la República de Puerto Rico para «establecer la República de Puerto Rico... educar a los puertorriqueños sobre su historia, y alentar a las personas a hacer un compromiso financiero y político con la independencia».

Los bonos se emitieron decorados con imágenes de figuras nacionalistas como Mariana Bracetti y Francisco Ramírez, líderes de la revuelta Grito de Lares; José de Diego; Emerio Ramón Betances y Eugenio María de Hostos; todos ellos líderes del movimiento de independencia de finales del siglo diecinueve. Cuando los bonos aparecieron en el parqué de Wall Street, fueron la primera motivación que consideró el gobierno estadounidense para presentar cargos contra él.[11]

Sin embargo, la amenaza más importante para Estados Unidos que planteaban Albizu Campos y los nacionalistas era su capacidad de aprovechar el descontento de los trabajadores, particularmente en la industria azucarera, que soportaban los costos más importantes de la anexión de Puerto Rico para obtener beneficios. Algunos relatos nacionalistas de la intervención económica estadounidense son demasiado simplistas, culpando únicamente a Estados Unidos de la concentración de capital en la industria azucarera, y sin reconocer que barones del azúcar isleños también se beneficiaban de la consolidación de la cosecha única. Sin embargo, es innegable que el desmantelamiento de cualquier posibilidad de crecimiento económico autónomo comenzó casi inmediatamente después de que la Marina estadounidense llegara a Guánica.

Un impacto inmediato fue que la economía puertorriqueña fue alejada de sus dos mayores colaboradores comerciales: España y Cuba. La Ley Foraker de 1900 obstaculizaba el crecimiento de una clase empresarial indígena que había surgido durante los últimos años de gobierno español y había participado en la producción de azúcar, en la cosecha de café, y en otras formas de industria a pequeña escala, al igual que sustituyó el peso por el dólar estadounidense, creando una inmensa ventaja para inversionistas externos.

La devaluación de la moneda local, un resultado inevitable de una economía dominante que entra en contacto con otra más débil, alentó rápidamente a inversionistas estadounidenses a comprar grandes propiedades de terreno. Esto impactó particularmente a la industria azucarera rentable de la isla, cuyo sistema interconectado en expansión de ingenios más grandes y cañaverales más pequeños quedó rápidamente consolidado. En el periodo entre 1898 y 1920 solamente cuatro firmas estadounidenses poseían más de la mitad de toda la producción azucarera puertorriqueña.[12]

Un mayor control estadounidense sobre la agricultura en la isla también hizo descarrilar la producción de café. El café de Puerto Rico se había vendido bien históricamente en Cuba y España debido a su calidad más oscura y su sabor más robusto, pero la intervención de Estados Unidos interrumpió esos mercados de exportación. Debido a que los consumidores de café estadounidenses estaban más acostumbrados a mezclas más suaves como las que se originaban en Brasil, el café puertorriqueño no fue favorecido como importación estadounidense. El golpe final fue el Huracán San Ciriaco, que causó un daño tan extendido a los cultivos de café que la producción de café local e independiente nunca se recuperó.

La relación entre Estados Unidos y Puerto Rico en la primera parte del siglo veinte adoptó un carácter que podría describirse mejor como imperial, en el cual una economía metropolitana, que poseía una moneda superior y también un aparato de producción y distribución, ejerció dominio sobre una economía inferior y periférica. Esto creó un modelo en el que casi toda la producción en Puerto Rico fue dirigida hacia la exportación a Estados Unidos, hasta el punto de que los alimentos y otras necesidades para el consumo local tenían que ser importados de Estados Unidos. Esta situación sigue en efecto en la actualidad, donde puede ser difícil encontrar aguacates, piñas, y otros frutos de cosecha local en los supermercados puertorriqueños, que están llenos de carne y pescado congelado que llegan desde el continente.

Como parte de su política colonial, Estados Unidos participó en una forma de "imperialismo tributario" en el cual reescribió antiguas leyes fiscales españolas «para proporcionar un ambiente ideal para que las grandes corporaciones estadounidenses hicieran negocios en la isla», escribe la erudita en leyes, Dianne Lourdes Dick. La dolorosa ironía aquí es que el sistema español de impuestos en Puerto Rico era parte de una economía lentamente creciente que no solo no tenía deuda externa cuando Estados Unidos llegó a la isla, sino que a su vez había estado prestando dinero a España para ayudar a financiar la represión del movimiento de independencia cubano. «Considerando que la principal reclamación de los Padres Fundadores con Gran Bretaña concernía a la imposición de leyes de impuestos que eran perjudiciales para los intereses de las colonias americanas», escribía Dick, «nuestras intervenciones posteriores en Puerto Rico, ya fuera impulsadas por malicia, codicia, negligencia o indiferencia, son especialmente preocupantes».[13]

Fue la Ley Foraker la que permitió a Estados Unidos eximir a los territorios no incorporados de cumplir estrictamente con el Servicio de Rentas Internas, liberando así a los puertorriqueños de pagar impuestos federales a la vez que imponía, como consideraba adecuado para proteger a las empresas estadounidenses, aranceles que habrían sido inconstitucionales entre estados. La frase famosamente ambigua en *Downes contra Bidwell*, afirmando que Puerto Rico sería "extranjero en un sentido doméstico", estaba en la raíz de esta política, la cual buscaba hacer de Puerto Rico una zona de libre comercio para las importaciones estadounidenses a la vez que encontraba otros medios para cobrar impuestos a los bienes importados a Puerto Rico desde Estados Unidos.

Albizu Campos es probable que entendiera gran parte de esta injusticia estructural y, junto con su incomodidad personal con lo que había experimentado en Nueva Inglaterra en la década de los veinte, se negó a permanecer en el vientre de la bestia, prefiriendo en cambio hacer que su meta en la vida fuera liberar a Puerto Rico de la sujeción de Estados Unidos. Cuando regresó a Ponce, se mantuvo ejerciendo la abogacía, estando en contacto estrecho con las luchas locales. Desde ese punto de vista aventajado comenzó a ver los efectos de cómo lidiaba Estados Unidos con la importante crisis de la Depresión de la década de los treinta. De este modo, Albizu Campos comenzó a ver con claridad la relación existente entre capital financiero global, representado por bancos de Wall Street como el City Bank de Nueva York y la industria de la caña de azúcar que controlaba. En un precedente que no se esperaba de las acciones que impuso La Junta en 2017, las grandes empresas comenzaron a recortar los salarios de los obreros de la caña de azúcar casi por la mitad.

La cadena de eventos que resultó de la formación del Partido Nacionalista fue decisiva a medida que Puerto Rico pasó de un dominio estadounidense casi total a su periodo semiautónomo de "Escaparate Capitalista del Caribe", que a Estados Unidos le resultó particularmente útil durante su Guerra Fría con la Unión Soviética. Según Nelson Denis, autor de *War Against All Puerto Ricans* (Guerra contra todos los puertorriqueños), Albizu Campos tuvo un almuerzo con E. Francis Riggs, jefe de la Policía de Puerto Rico y heredero de la fortuna del Banco Riggs con base en Washington, DC. Según Denis, Riggs ofreció a Albizu Campos el respaldo necesario para llegar a ser el primer gobernador nativo de Puerto Rico, si él dejaba su papel de liderazgo en el creciente ímpetu de las huelgas, que se habían extendido desde los obreros agrícolas hasta el tabaco, la industria de la costura, y otros trabajadores.

Según Denis, Albizu Campos respondió diciendo: «Puerto Rico no se vende, al menos yo no lo haré», un eslogan que los activistas siguen utilizando actualmente cuando protestan contra la potencial venta gubernamental de terrenos y recursos propiedad de Puerto Rico a inversionistas privados tras la secuela del Huracán María. Esta negativa a ceder condujo a una serie de confrontaciones violentas que dieron como resultado la muerte de Riggs a manos de nacionalistas, el encarcelamiento de Albizu Campos, y la infame Masacre de Ponce de 1937, durante la cual diecisiete civiles y dos oficiales de policía resultaron muertos. Las fotografías del internamiento en prisión de Albizu Campos y también sus numerosas hospitalizaciones, donde supuestamente estuvo sujeto a tratamientos de radiación, pasaron a dominar el modo en que Albizu Campos mantiene una presencia pública. Su legado estuvo entrelazado permanentemente con la violencia del movimiento nacionalista, incluidos los famosos tiroteos de la década de los cincuenta en Washington, DC: un intento de asesinato del presidente Truman en la Casa Blair y un ataque con disparos al Congreso mismo por parte de nacionalistas como Lolita Lebrón.

Es bien sabido que Albizu Campos dio su opinión sobre otra intervención estadounidense en Puerto Rico, una cuyos efectos dañinos quedaron enturbiados en el debate. En 1937 entró en efecto una ley de esterilización favorecida por el eugenista Clarence Gamble (de la afamada Proctor y Gamble) y la fundadora de Planned Parenthood, Margaret Sanger. Albizu Campos vio la disponibilidad creciente de métodos anticonceptivos y la esterilización a veces forzada de mujeres como un ejemplo de que Estados Unidos «intentaba invadir las entrañas mismas de la nacionalidad». La ley establecía un Consejo Eugenésico, y la erudita Laura Briggs afirma que, aunque hubo muchas esterilizaciones involuntarias de mujeres en Puerto Rico, la mayoría no fueron ordenadas por el Consejo Eugenésico creado por la ley de 1937.

Las raíces de la esterilización masiva en Puerto Rico pueden encontrarse en los pronunciamientos de Thomas Malthus sobre los pobres y la sobrepoblación. Algunos escritores, como Iris Ofelia López, han teorizado que Margaret Sanger vio el movimiento eugenésico como una oportunidad para apoyar el control de natalidad de las mujeres a la vez que también creaba una división racial y de clase entre mujeres blancas privilegiadas, quienes tenían la opción de utilizar métodos anticonceptivos, y las mujeres más pobres que no eran blancas al igual que algunas que eran "débiles", a quienes se alentaba a utilizarlos.[14]

La ambivalencia entre qué parte de esto era una trama genocida perniciosa y cuántas mujeres puertorriqueñas querían realmente aprovechar los métodos anticonceptivos sí que nubla el asunto: ¿Cuál es aquí el papel de la "americanización"? *La Operación,* un documental escalofriante de 1982 de la cineasta puertorriqueña, Ana María García, parece mostrar evidencia de que se dirigía a las mujeres hacia ser utilizadas como conejillos de indias para píldoras anticonceptivas que no habían sido probadas anteriormente. Hay una documentación considerable de campañas de esterilización verificables contra mujeres afroamericanas y mexicanas en California, que aprobó leyes de asexualidad amigables con la eugenesia, copiadas después por Virginia y Carolina del Norte. La consciencia de estos planes quizá se ha cruzado con el catolicismo en Puerto Rico y la esencia patriarcal de la administración latinoamericana para crear una narrativa militante de que la campaña Sanger/Gamble era de naturaleza genocida. Grupos nacionalistas puertorriqueños al igual que el Partido de los Young Lords, con base en Estados Unidos, ayudaron a acumular el ímpetu para condenar las prácticas de esterilización como intentos de "borrar" a los puertorriqueños.[15] Los datos que documentan los índices inusualmente elevados de esterilización y el hecho de que muchas de las píldoras anticonceptivas no habían pasado los análisis de la Administración de Alimentos y Medicamentos (FDA, por sus siglas en inglés) son evidencia del abuso de las mujeres puertorriqueñas.

Lo que quedó claro para el gobierno estadounidense a medida que el nacionalismo militante en Puerto Rico fue en aumento a finales de la década de los treinta e inicio de los cuarenta es que Estados Unidos estaba perdiendo su agarre sobre los corazones y mentes de los puertorriqueños. Gobernadores nombrados por Estados Unidos, como Robert H. Gore y Blanton Winship, eran objetos de mofa y burla por sus diversas tácticas torpes al buscar americanizar a los puertorriqueños y reprimir los paros laborales.

Como resultado, el presidente Franklin D. Roosevelt y el secretario de interior, Harold Ickes, plantaron las semillas de una nueva transición para el futuro sociopolítico de Puerto Rico.

En 1941, Roosevelt nombró como Gobernador de Puerto Rico a Rexford Tugwell, quien había trabajado en el Departamento de Agricultura bajo el ultraliberal Henry Wallace. Ganando favor con sus ideas más liberales y reformistas, Tugwell también trabajó para conseguir que nombraran a Jesús T. Piñero como el primer gobernador puertorriqueño en 1946.

Sin embargo, el nombramiento de Piñero conllevó una "ley mordaza" antinacionalista que estaba inspirada en parte por un nuevo e insidioso desarrollo en Estados Unidos: el "McCartismo". Según esta ley, conocida como La Mordaza, que defendía la acción violenta contra el gobierno puertorriqueño en palabras o escritura, se convirtió en delito grave, haciéndose eco de la Ley Smith de Estados Unidos (alias la Ley de Registro de Extranjeros) de 1940. La Ley Smith establecía penas criminales para cualquiera que defendiera el derrocamiento del gobierno estadounidense mediante fuerza o violencia, y también requería que todos los residentes adultos no ciudadanos se registraran en el gobierno federal. La Ley Smith o de Registro de Extranjeros fue una de las muchas herramientas de McCarthy durante las vistas infames en las que sacó a la luz y deslegitimizó a miembros o simpatizantes del Partido Comunista en los inicios de la Guerra Fría.

Aunque el texto de la ley convierte en delito grave «imprimir, publicar, editar, distribuir, vender o exhibir públicamente cualquier escrito que fomente, defienda, aconseje o predique la necesidad, deseabilidad o idoneidad de derrocar al gobierno insular», los oficiales la utilizaban también para intimidar a los puertorriqueños y que no tocaran "La Borinqueña", el himno no oficial que se tocaba en Ponce justo antes de la masacre, o mostraran la bandera puertorriqueña de una sola estrella que había sido concebida como un símbolo de colonialismo antiespañol a finales del siglo diecinueve.

Aunque ha sido denigrada, La Mordaza era parte de una estrategia que intentaba promulgar algo distinto a las formas pseudofascistas del McCartismo. Impulsado por el progreso del intervencionismo liberal de Roosevelt/ Ickes, Estados Unidos estaba decidido a ponerle un rostro humano a su experimento colonial. Con la cooperación de Luis Muñoz Marín, un miembro privilegiado de la élite puertorriqueña, a quien a veces se hace referencia como "poeta del café" debido a su periodo bohemio en Greenwich Village de Nueva York en la década de los treinta, fue creado un nuevo partido político llamado Partido Popular Democrático (PPD). Fusionaba elementos de políticas socialistas, independentistas y liberales para crear una narrativa diferente que pondría un lustre benefactor a la continuada posesión de la isla por Estados Unidos a la vez que también demonizaba permanentemente al nacionalismo militante.

En México, colonizadores españoles construyeron sus iglesias directamente encima de templos aztecas y mayas, eliminando su poder espiritual mientras al mismo tiempo promovían la creación de nuevos objetos sagrados de adoración que fusionaban el catolicismo con la religión indígena. La Virgen de Guadalupe, una versión mestiza de la Virgen María, se convirtió en uno de los símbolos religiosos más poderosos en México, porque ella inspiró exitosamente una sensación de orgullo nacional mexicano. Lo mismo sucedió cuando las administraciones de Roosevelt y Truman orquestaron el surgimiento de Luis Muñoz Marín, el hijo de Luis Muñoz Rivera, el tercer comisionado residente de Puerto Rico. Un orador mediocre con conexiones con la élite literaria y del gobierno de Estados Unidos, Muñoz Marín se convirtió en el portavoz moderado perfecto para un Puerto Rico que rechazaba la violencia nacionalista de Albizu Campos, quien llevaba en la cárcel desde 1936.

Apropiándose del eslogan revolucionario mexicano de "Pan, Tierra y Libertad", la vieja bandera nacionalista de una sola estrella (que había sido ensombrecida por el uso que hicieron los nacionalistas de Albizu Campos de la bandera de la "cruz" blanca y negra) y el sombrero de paja (pava) del jíbaro rural, Muñoz Marín creó un símbolo similar a la Virgen de Guadalupe para un nuevo Puerto Rico que creía en una coexistencia económica con Estados Unidos, que finalmente conduciría a la independencia. Para lograr esto, trabajó con la administración de Truman para crear un nuevo estatus carente de significado para Puerto Rico que no cambiaría nada con respecto a la "Cláusula Territorial" de la Constitución estadounidense, mediante la cual el Congreso seguiría teniendo una autoridad completa sobre los territorios.

Mediante los esfuerzos de Antonio Fernós Isern, quien tomó posesión del cargo con Piñero como comisionado residente en 1946, el Congreso puertorriqueño redactó la Ley Pública 600. Esta ley permitía a los puertorriqueños elegir una Asamblea Constitucional que redactaría entonces una constitución. Fernós y Muñoz Marín creían que el lenguaje utilizado en la LP 600 indicaba que la relación entre Estados Unidos y Puerto Rico sería cambiada sustancialmente. De hecho, el PPD situó gran parte de su *stock* político en esta idea hasta resoluciones recientes de la Corte Suprema con respecto a la capacidad de Puerto Rico de redactar su propia ley de bancarrota para renegociar su deuda.[16]

En realidad, el lenguaje de la LP 600 no hizo nada para cambiar algo de la Cláusula Territorial de la Constitución, que permite al Congreso un control completo sobre los territorios. La creación del Estado Libre Asociado puertorriqueño, o ELA, fue siempre una clase de fantasía cuyo propósito principal era el de resolver el problema nacionalista en Puerto Rico, y satisfacer los requisitos de la reciente formada Naciones Unidas (NU) para la descolonización. Esta fantasía era esencial para ayudar a los puertorriqueños a evitar la disonancia cognitiva entre la perspectiva que tenían de sí mismos y su estatus legal como súbditos coloniales con ciudadanía de segunda clase.

Sin embargo, hubo algunos aspectos positivos de la creación de la Constitución puertorriqueña. Contrario a la Constitución estadounidense, fue redactada después de la Declaración Internacional de Derechos Humanos y, por lo tanto, incluía algunas de sus provisiones, como una prohibición de la pena de muerte y una provisión explícita contra la discriminación por raza, color, sexo, nacimiento, origen o condición social, o ideas políticas o religiosas. Cuando los puertorriqueños eligieron a Muñoz Marín como gobernador, la isla parecía tener más autonomía y el espejismo de la autodeterminación. Pero, como era de esperar, hubo una considerable respuesta negativa del Partido Nacionalista.

En octubre de 1950 se produjo lo que muchos han descrito como una "revolución", pero quizá un término más preciso sería "insurrección" en Puerto Rico. Con la aprobación de la LP 600, el Partido Nacionalista comenzó a reforzar su retórica, amasar armas y programar un conflicto armado. Incidentes esporádicos como una fuga de la cárcel en Oso Blanco, la cárcel más grande de la isla y ubicada en Río Piedras en las afueras de San Juan, y el bombardeo de la casa de una líder nacionalista, Blanca

Canales, en la ciudad montañosa de Jayuya, se volvieron legendarios por su nivel de violencia. Pero los nacionalistas nunca tuvieron intención de ganar una pelea armada con la policía de Puerto Rico, la guardia nacional o el ejército estadounidense; más bien esperaban crear una crisis política que desalentara a las NU de reconocer el proceso que la LP 600 había puesto en marcha.

Entonces, cuando la Guardia Nacional de Puerto Rico y la Policía de Puerto Rico atacaron ciudades como Arecibo, Jayuya y Utuado, todas al oeste de San Juan, el centro de la batalla salió de la zona metropolitana. Albizu Campos había designado esas zonas occidentales, particularmente Utuado, como fortalezas en potencia, porque su base agrícola estaba intacta y era productiva, y porque cuando los caminos montañosos entre estas ciudades estuvieran asegurados, una revuelta podría controlar efectivamente el movimiento en la mitad occidental de la isla. En Jayuya, los nacionalistas declararon una República de Puerto Rico independiente, dando pie a que la Guardia Nacional bombardeara por aire la ciudad y, posteriormente, la ocupara.

Para la mayoría de los puertorriqueños, estos eventos que dieron como resultado veintiocho muertes, están olvidados casi por completo. No hay ningún día festivo nacional en memoria de ellos, ninguna visita histórica bien patrocinada de este periodo, ningún estadio o calle con el nombre de los protagonistas. Solo un documental independiente de 2018: "1950, La insurrección nacionalista", que habla al respecto y no se distribuye en los Estados Unidos.

Sin embargo, hay una innegable sensación entre el pueblo de que hubo quienes se sacrificaron por cierta idea sobre el honor nacional, algo que no puede alcanzarse bajo el Estado Libre Asociado o la estadidad. Es cierto tipo de memoria colectiva desenfocada que fue reactivada cuando un escuadrón del FBI mató a tiros al independentista radical, Filiberto Ojeda Ríos, de las FALN (Fuerzas Armadas de Liberación Nacional) en 2005 o cuando fue liberado Oscar López Rivera, otro miembro de las FALN, cuya sentencia fue conmutada por el presidente Obama en 2016. Los fines o consecuencias políticas, resistencia militar y un deseo de autonomía nacional, parecen radicales o inalcanzables, pero el deseo de un espíritu nacional se mantiene fuerte. En la mitad occidental de la isla en particular, su relativa independencia del control colonial aún resuena en la actualidad cuando los puertorriqueños hablan de tener raíces en la zona o comprar una propiedad allí. Cuando alguien sugiere que es de Utuado; o Lares, el lugar de la rebelión de 1868 contra España; o de San Sebastián; o de Cabo Rojo; o bien hacen un sutil gesto en clave o hablan abiertamente de que su ciudad tiene fuertes raíces independentistas. Tristemente, estas ciudades estuvieron entre las más golpeadas durante el Huracán María, dándole un golpe muy fuerte a las raíces revolucionarias en la tierra occidental del potencial de reactivar la acción política.

La constitución del nuevo Estado Libre Asociado fue puesta en vigencia el 25 de julio de 1952, que era también el aniversario cincuenta y cuatro de cuando la Marina estadounidense arribó en Guánica: el inicio de la ocupación estadounidense y su control territorial. Aquel día, Luis Muñoz Marín izó la bandera puertorriqueña de una sola estrella, antes prohibida, durante su discurso y eliminó efectivamente el poder simbólico de aquella ocupación estadounidense, que los nacionalistas habían utilizado como un grito de guerra para las protestas violentas en ocasiones. Cuando los remanentes del Partido Nacionalista o independentistas desafectos se reúnen en Guánica para conmemorar la invasión, las ceremonias realizadas para celebrar la Constitución de 1952 y el Estado Libre Asociado en San Juan distraen la atención de la mayor parte de la isla. Aunque se otorgó al nuevo Estado Libre Asociado un grado considerable de autogobierno autónomo, Muñoz Marín supervisó su creación, declarándolo un medio para que Puerto Rico construyera el tipo de economía que haría posible la independencia. La etiqueta de "estado libre asociado" tenía la intención de borrar el de "colonia", pero efectivamente aseguró que la isla siguiera siendo indefinidamente una colonia estadounidense. La economía que creó la colaboración entre Muñoz Marín y Estados Unidos se convirtió en una bonanza para las corporaciones estadounidenses, pero se reinvirtió poco localmente para asegurar la estabilidad y el crecimiento de la isla.

Parte de la creación del nuevo Estado Libre Asociado de Puerto Rico fue la implementación de la Operación Manos a la Obra, la cual transformó la economía agrícola de la isla convirtiéndola en una economía industrial. Muñoz Marín dirigió el esfuerzo para atraer la inversión empresarial estadounidense hacia la isla y establecer así operaciones de fabricación textil, de ropa y otras. Esta transformación económica también incluía un largo proceso de consolidación de la producción agrícola, el cual eliminó empleos y tierras para los residentes rurales, que estaban atados a ella mediante la paga laboral y una agricultura de subsistencia.

Aunque los estándares de vida mejoraron para muchos, el éxito de Manos a la Obra dependía de exportar a Estados Unidos el excedente de trabajo, y esto creó una oleada de obreros puertorriqueños migrantes hacia el continente. Las primeras migraciones habían visto a miles de personas migrar a Hawái para ser contratados por la Corporación Azucarera de California y Hawái, al igual que a Nueva York y Tampa (Florida) para trabajar como tabaqueros. Pero la Gran Migración de la era posterior a la Segunda Guerra Mundial fue definitiva para los puertorriqueños, porque los estableció firmemente como una población creciente en centros urbanos como Nueva York, Boston, Filadelfia y Cleveland.

La Gran Migración al norte para los puertorriqueños fue similar a la de los afroamericanos, ya que los puertorriqueños llegaron para vivir en grandes centros urbanos en el norte, al igual que unos años antes, los afroamericanos comenzaron su migración para escapar a las leyes Jim Crow. Puertorriqueños y afroamericanos se convirtieron en vecinos en las mismas zonas segregadas. Como muchos, si no la mayoría, de los puertorriqueños forzados a huir hacia el norte tenían la piel más oscura y no eran parte de la élite más blanquecina de la isla, se produjo cierta mezcla cultural entre los dos grupos: ambos enfrentaban formas similares de discriminación por raza, vivían en los mismos barrios o colindantes, y comenzaron a influenciar mutuamente sus culturas. Además, como los puertorriqueños ya eran ciudadanos estadounidenses, su experiencia se alineaba más con el estatus establecido de afroamericano de ciudadanía de segunda clase que con el de inmigrantes latinoamericanos de otros países.

Aunque hubo un intercambio considerable entre puertorriqueños y afroamericanos, actitudes racistas desde la isla crearon un tipo de ambivalencia que situó a los puertorriqueños en una clase inferior entre el blanco y negro. Anteriores inmigrantes cubanos, como el músico de jazz, Mario Bauzá, habían comenzado a fusionar técnicas de jazz afroamericano con otras afrocubanas, de modo que cuando llegaron los puertorriqueños, oyeron música que les permitía construir puentes con los afroamericanos. La

música de fusión como el "bugalú" combinaba música afro-
cubana con el R&B y era promovida principalmente por
grupos puertorriqueños. Pero las variaciones en los tonos
de piel de los puertorriqueños y su aspecto tenían tendencia a ser algo "distinto" a los afroamericanos, a la vez que
también los distinguía racialmente de los estadounidenses
blancos.

Mis padres fueron parte de esta migración, llegando a
Nueva York a pocos años de diferencia entre ellos a principios de la década de los cincuenta. Provenían de distintos
rincones de la Cordillera de Luquillo en la parte nororiental de la isla, siendo ambos hijos de granjeros rurales con
niveles un poco distintos de riqueza acumulada. La familia de mi papá era dueña de una finca grande y próspera
en una región montañosa al sur de la municipalidad conocida ahora como Canóvanas, hasta que un demandante
contrariado de uno de mis tíos, tal como lo describen mis
familiares, asesinó a mi abuelo. Sin mi abuelo, la granja
colapsó y tuvo que ser vendida, forzando a mi papá, uno
de catorce hijos de dos matrimonios, a vivir en condiciones difíciles en un barrio pobre de San Juan llamado Buen
Consejo. Mi mamá era una de nueve hijos y se crió en una
finca en la ladera de la montaña a poca distancia de lo que
llegaría a ser la única selva tropical en el Sistema Forestal
Nacional estadounidense, el Bosque Nacional El Yunque.
La finca de sus padres operaba más en el nivel de subsistencia, y mi mamá se crió en condiciones casi de pobreza
durante la Gran Depresión, que impactó seriamente a
los puertorriqueños rurales. A mi mamá le fue bien en la
secundaria y estudió en la Universidad de Puerto Rico con
una beca, donde se formó para ser maestra de escuela. Sin
embargo, las condiciones económicas en la isla seguían
siendo desesperadas, de modo que mis padres decidieron

aprovechar las bajas tarifas aéreas que proporcionaba la Operación Manos a la Obra para buscar trabajo en Ciudad de Nueva York.

Migrar o inmigrar a Estados Unidos desde Europa, Asia, África y América Latina ha sido un hilo constante en la historia estadounidense, una narrativa persuasiva mediante la cual el excepcionalismo estadounidense se fabrica y se celebra. Desgraciadamente, aunque esta narrativa habla a muchos y los alienta a sentirse esperanzados y orgullosos, no reconoce las narrativas de afroamericanos y americanos nativos: un grupo fue llevado allí forzadamente para ser esclavizado, y el otro fue expulsado de sus tierras y diezmado mediante prácticas y políticas genocidas. El caso del migrante puertorriqueño es en cierto modo único con respecto a que contiene un poco de todas esas narrativas, con un giro importante: la Gran Migración de Puerto Rico surgió de un problema anticipado con Manos a la Obra; habría demasiada fuerza laboral en la isla a medida que se hiciera la transición de una economía agrícola a otra industrial.

Igual que los eugenistas intentaron resolver el problema de la "sobrepoblación" en Puerto Rico aumentando el acceso a los métodos anticonceptivos y esterilizando a las mujeres, el patrón de la "guagua aérea", creado para transportar a los isleños al continente para prevenir los aumentos de "campesinos" sin tierras y sin empleo, era parte de un plan para imponer a un grupo de personas sometidas los espejismos de la ciudadanía estadounidense. Los vuelos desde San Juan a Nueva York eran muy baratos, llegando hasta 25 dólares, y los puertorriqueños se convirtieron rápidamente en el primer conjunto de inmigrantes a Estados Unidos que llegaron principalmente por avión. Además, como los puertorriqueños eran ya ciudadanos estadounidenses, no había ninguna restricción en sus viajes. Esto fomentó un patrón de migración circular que no se había oído entre otros grupos, que hacían todo lo posible para poder quedarse permanentemente. Debido a esta incertidumbre nómada, yo siempre he sentido una profunda ambivalencia sobre el viaje de mis padres aquí, aunque para ellos fue tan difícil e incierto como lo fue para otros migrantes e inmigrantes. Ellos fueron parte de un proceso que, en muy pocas décadas, vería a la población puertorriqueña en Estados Unidos sobrepasar la de la isla. Y con eso llegó una consciencia de una nación puertorriqueña que no necesitaba accesorios como soberanía nacional o incluso territorio nacional para florecer y prosperar.

CAPÍTULO 2

PELIGRO
CLARO Y PRESENTE

Preludio a la crisis

Un mural muy conocido en el viejo San Juan del líder del Partido Nacionalista,
Pedro Albizu Campos. © Ed Morales

Amediados del siglo veinte, Puerto Rico había estado agarrado firmemente de Estados Unidos por los últimos cincuenta años, experimentando en su relación modificaciones diseñadas para avanzar de una vez los intereses estadounidenses, a la vez que también ejercía cierto tipo de control social que sustituía la soberanía verdadera por un gobierno autónomo limitado y una presencia militar "protectora". La economía de la isla fue ajustada, de ser una economía basada en la industria agrícola de posesión familiar y agricultura de subsistencia, a una consolidación impuesta por Estados Unidos de agricultura monocosecha, poseída principalmente por grandes corporaciones, y después transformada por la Operación Manos a la Obra en una economía manufacturera y de turismo o servicios.

Esta restructuración causó agitación laboral, que condujo a la lucha de la clase trabajadora llena de una militancia nacionalista renovada. El alza de Puerto Rico en fervor nacionalista impulsó entonces a la administración de Roosevelt a crear una versión fantaseada de democracia "local" en la isla que transmitía el espejismo de soberanía nacional, sin cambiar en nada su estatus legal. Los llamados poderes plenarios de Estados Unidos sobre todo lo que sucedía en Puerto Rico, además de todas sus metas futuras, se mantuvo en efecto y sin cambios. La transición de esos cincuenta primeros años de "territorio no incorporado" con ciudadanía limitada incluso el Estado Libre Asociado de Puerto Rico, una nación imaginaria cuyo estatus territorial se mantuvo sin cambios, fue un nuevo rayo en la "fantasía de Puerto Rico".

Este consenso fabricado después de la guerra convirtió en "héroe nacional" al favorito de Roosevelt, Luis Muñoz Marín, mientras enterraba prácticamente todo el legado del líder Pedro Albizu Campos. Permitió a los puertorriqueños volver a izar su bandera nacional sin ninguna amenaza para la economía estadounidense, mientras la idea de una nación autónoma puertorriqueña seguía enterrada. También creó cierto tipo de doble consciencia modernista de identidad nacional que tanto isleños como quienes viven en el continente mantienen aún, para bien o para mal, y también una migración circular de la fuerza laboral. Esta migración circular llegó para predecir no solo patrones que otros inmigrantes latinos de ambos sexos, principalmente mexicanos y dominicanos, utilizarían posteriormente, sino también la naturaleza nómada del trabajo en la era de la globalización.

Mis padres llegaron a Ciudad de Nueva York a principios de la década de los cincuenta para escapar de las condiciones nefastas en Puerto Rico que fueron creadas en parte por la Operación Manos a la Obra, el plan iniciado por Estados Unidos para reorganizar la economía de Puerto Rico. Persistían condiciones de pobreza severa y falta de empleo a pesar de los esfuerzos reformistas de Tugwell y Muñoz Marín, y el empuje gravitacional hacia el norte era un efecto deseado del proyecto de industrialización Manos a la Obra. Mi papá y mi mamá llegaron a aeropuertos locales, gracias a los vuelos baratos y dinero prestado de familiares que estaban ya en Nueva York. Se establecieron inmediatamente en apartamentos abarrotados de familiares que vivían en malas condiciones, como sin calefacción ni agua caliente. Mi mamá pudo encontrar empleo como costurera, y mi papá detrás del mostrador de numerosas cafeterías en el centro.

Las hermanas de mi papá trabajaban en la misma fábrica de costura que mi mamá, y poco después la invitaron a una fiesta que tuvo lugar en casa de mi abuela paterna, donde ambos se conocieron. Su cortejo se desarrolló mientras los migrantes puertorriqueños comenzaban a dejar su huella en el tapiz cultural y político de Nueva York. Lolita Lebrón y el ataque nacionalista a la Casa Blair asombró a la mayor parte de mi familia extendida, y como muchos puertorriqueños en Nueva York en aquella época, sintieron que debían mantener un perfil bajo para evitar el clima creciente de sembrar miedo y sospecha impulsado por la era McCarthy. Ellos eran parte de la fuerza laboral manufacturera que estaba aún en expansión, lo cual le permitía avanzar socialmente, que era su objetivo. Su migración a Nueva York era parte de una válvula de escape planeada de Operación Manos a la Obra, que ayudó a crear las condiciones para el crecimiento de una nueva clase media de posguerra en Puerto Rico que vivía en comunidades suburbanas similares a las de Estados Unidos. Algunos de los nombres de estas nuevas comunidades fueron tomados de los que había en Long Island: Levittown y Floral Park.

Operación Manos a la Obra tuvo éxito del modo en que los economistas dominantes estadounidenses miden el éxito. Con su enfoque en la inversión externa que conduce a la creación de empleo, las cifras mostraban que los índices de beneficio en Puerto Rico alcanzaban como promedio dos o tres veces los índices de beneficio en Estados Unidos entre 1951 y 1984. Esto significaba que había una creación de empleo considerable, y muchos trabajadores pudieron aprovechar eso. Sin embargo, los índices de desempleo siguieron siendo más elevados que en Estados Unidos, y el sector manufacturero era muy volátil, dependiendo de cuán eficientes eran las corporaciones para aprovecharse de las exenciones tributarias. Las primeras inversiones en fabricación de cartón y botellas de cristal dieron paso al experimento petroquímico y la relativamente estable industria farmacéutica. El aumento de los salarios para los

trabajadores a menudo causaba que negocios estadounidenses se retiraran abruptamente de Puerto Rico, ya que
estaban allí solamente para una inversión a corto plazo. No
había casi ningún enfoque en el desarrollo económico indígena, y la planificación económica era inexistente fuera de
alimentar el modelo de inversión externa, con el ocasional
proyecto importante de infraestructuras gubernamentales
que proporcionaba cierto dinamismo doméstico, a pesar de
que también fomentaba importantes despilfarros.

La metodología dual de la Operación Manos a la Obra,
un cambio hacia la industrialización a expensas de la agricultura de subsistencia y acompañado por el fomento de
la migración masiva, tuvo éxito en gran parte a la hora de
crear el espejismo de que Puerto Rico se había convertido
en una economía próspera en el Caribe. La nueva economía industrial, impulsada por el crecimiento del sector
manufacturero, favorecía los intereses estadounidenses
al continuar con varios tipos de exenciones de impuestos
federales, una escala de salarios que en cierto modo era
más baja que en Estados Unidos, y la creación de exportaciones casi exclusivamente para el mercado estadounidense.
A medida que grandes grupos de campesinos rurales, que
relativamente carecían de educación y con frecuencia
no tenían el privilegio blanco otorgado a los mestizos en
Puerto Rico y la jerarquía racial curiosamente estratificada
de América Latina, se desplazaban hacia el norte, quienes se quedaron experimentaron una modernización de su
estilo de vida dirigida al consumidor que era similar a la
transformación estadounidense en una nación dirigida a
las afueras cuya cultura y política eran definidas cada vez
más por los habitantes de barrios suburbanos.

La sociedad que creó la intervención estadounidense en
Puerto Rico de la posguerra era una en la que la moralidad

de antes estaba en cierto modo suavizada, a pesar de la tradición católica relativamente conservadora de la isla; el consumismo estaba entrelazado en el tapiz de la vida cotidiana, impulsado por la disponibilidad de productos estadounidenses; y una pequeña clase media profesional y cualificada surgió de los restos de la élite metropolitana y el flujo suburbano de migrantes, cuyas raíces estaban con frecuencia en las culturas tradicionales de los campesinos llamados jíbaros. Los alimentos que antes habían producido los jíbaros en pequeñas parcelas de terreno estaban ahora, en su mayor parte, solamente disponibles vía importación desde Estados Unidos. Para 1956, por primera vez en la historia de la isla, los ingresos del sector manufacturero superaban la producción agrícola. El campo de Puerto Rico, que antes estaba salpicado de granjas de subsistencia, comenzó a perder población, con personas no cualificadas y que no eran dueños del terreno tomando la "guagua aérea" hacia Nueva York o reubicándose en barrios más pobres en los límites de San Juan y Ponce.

Sin embargo, el tipo de problemas que continuaron en Puerto Rico, como el alto desempleo de casi diez por ciento, la sobredependencia de la inversión externa que buscaba salarios más bajos, el apiñamiento de empleo industrial en zonas urbanas limitadas, en general no eran reconocidos, síntomas inquietantes del curso de colisión continuado de la isla con el desastre económico. «Lo inquietante», acerca de la transición a la Operación Manos a la Obra, dicen César Ayala y Rafael Bernabe en *Puerto Rico in the American Century* (Puerto Rico en el siglo estadounidense), «era la oportunidad perdida de crear una agricultura más diversificada y un vínculo más saludable entre el desarrollo rural y urbano en la isla».

El economista James Dietz otorga que «el cambio al

fomento del capital extranjero y la industrialización dirigida a la exportación creó un crecimiento estupendo; el
producto nacional bruto (PNB) aumentó a un índice anual
del 8,3% en la década de los cincuenta y al 10,8% en la de
los sesenta».[1] Y aunque esto condujo a grandes aumentos en
los ingresos disponibles para los puertorriqueños, incluso
esto era, por diseño, muy desfavorable para Estados Unidos.
Como los consumidores tenían a su disposición más dinero
para comprar productos fabricados en Estados Unidos, las
corporaciones podían vaciar en la isla gran parte de lo que
no podían vender en el continente, y la falta de un plan
para el crecimiento económico basado en negocios e industria con base local era un factor revelador. El aumento en el
PNB beneficiaba a los inversionistas estadounidenses, con
el producto interno bruto (PIB) quedando atrás y creando
una de las mayores brechas entre los beneficios generados en una ubicación y los beneficios retenidos allí. Según
Ayala y Bernabe, para 1990 «el flujo de beneficios y dividendos que salían de la isla estaba casi en 11 mil millones
de dólares o 35% del PIB insular». Esto hacía que la cifra
del PIB fuera engañosa, ya que la economía de Puerto Rico
estaba diseñada para crear beneficios para la inversión y los
intereses exteriores, y no para retener el porcentaje de creación de riqueza típico de las naciones soberanas. Esto se
reduce a que el modelo económico de Puerto Rico estaba
pensado para aumentar la producción y los beneficios para
las corporaciones estadounidenses, pero porcentajes marcadamente más bajos de ese beneficio se quedaban en la isla
para ser reinvertidos en la economía local.

Como resultado de la Operación Manos a la Obra, entre
1950 y 1959 el número total de empleos en Puerto Rico
disminuyó en sesenta mil. Esto obligó a que alrededor del
27% de la población de la isla migrara entre las décadas

de los cincuenta y setenta. Esta migración se solapó con el declive del sector industrial en la parte nororiental de Estados Unidos, donde se asentaron la mayoría de los migrantes. Su optimismo del principio pronto se convirtió en cierto tipo de trauma de guerra cuando los puertorriqueños en ciudades como Nueva York y Filadelfia comenzaron a entender que, en su mayor parte, a medida que se iban agotando los empleos industriales, ellos serían asignados a la clase baja urbana, que antes se denominaba el grupo de excedente de trabajo, frecuentemente sin empleo o con empleos precarios, y cada vez más dependientes de los beneficios del SSI (Seguro Social Suplementario) como ayuda social (*welfare*) y cupones de alimentos.

Yo me crié al final de un periodo en el que los puertorriqueños estaban emergiendo del anonimato, solamente para ser encasillados inmediatamente como problemas sociales. En un intento equivocado para darnos sentido, los medios de comunicación y Hollywood comenzaron a construir estereotipos que nos representaban como delincuentes juveniles y criminales callejeros. Muchas personas señalan al inicio de esta tendencia en películas como *Blackboard Jungle, The Young Savages* y, sin duda, *West Side Story*. La muerte en la vida real de dos adolescentes blancos en un parque de Hell's Kitchen por Salvador Agrón hizo nacer la leyenda del Capeman, que décadas después se convirtió en un musical de Broadway escrito por el cantante Paul Simon y el poeta Derek Walcott. El caso de Agrón en particular fue extraordinario en el modo en que él utilizó los medios de comunicación para dar glamour a su alienación disfuncional y presumir de asesinatos que más adelante afirmó no haber cometido. Menos conocida fue su relación en la cárcel con un grupo parecido a una secta y pseudomarxista llamado Partido Nueva Alianza y los montones de poesía no publicada que captaba su trauma transnacional, subrayándolo con un optimismo sorprendente.

La aculturación de migrantes puertorriqueños a Nueva York fue acompañada por el estatus incierto de su capacidad para quedarse en el continente. Eso quedaba determinado generalmente por la fría lógica de mantener un sobrante de ejército laboral en las grandes ciudades. A medida que las economías de la mayoría de los principales centros urbanos en Estados Unidos comenzaron a pasar del sector industrial al de servicios, desaparecieron rápidamente los empleos para trabajadores relativamente poco cualificados y con poca educación académica. Después de luchar por muchos años como trabajador de servicio de alimentos, mi padre se las arregló para conseguir un empleo de servicio civil en la Autoridad de Tránsito, y mi mamá entraba y salía de empleos en grandes almacenes y quedarse en casa con sus hijos. Sin embargo, en la década de los setenta, la mayoría de los puertorriqueños en Estados Unidos quedaron relegados en gran parte a empleos con salarios bajos o, incluso peor, el desempleo y una creciente dependencia de la ayuda gubernamental y la residencia a largo plazo en viviendas públicas que se desmoronaban. Y todo esto sucedía mientras se aceleraba la desinversión en programas del gobierno bajo regímenes económicos cada vez más conservadores.

Durante la década de los setenta, el boom económico de la posguerra comenzó a aquietarse a medida que ciudades importantes en Estados Unidos atravesaron cierto tipo de proceso de desindustrialización. Ciudades como Nueva York, que era el hogar de todo tipo de industria manufacturera, desde Swingline Staplers hasta Silvercup Bread, comenzaron a hacer la transición hacia una economía basada estrictamente en empleos de servicios y, sin duda,

la emergencia del sector financiero como el impulsor principal de su motor económico. Esta era fue un punto de
inflexión en el cambio desde el enfoque keynesiano de la
era de Roosevelt, de una economía gubernamental y de
inversión hacia lo que llegó a ser una ideología de "neoliberalismo" que favorecía recortar el gasto en programas
sociales y buscaba que el sector privado creara riqueza
social. Pero al mismo tiempo, la era neoliberal definió
el modo en que no solo estaba cambiando la relación de
Estados Unidos con Puerto Rico sino también, de manera
extraña, fundiéndose. No eran solamente los puertorriqueños quienes enfrentaban una crisis en Nueva York; Nueva
York misma estaba en crisis.

A mediados de la década de los setenta, cuando el alcalde
demócrata Abraham Beame sustituyó al último de los liberales republicanos, John Lindsay, Nueva York se encontró
enfrentando una grave crisis fiscal causada por beneficios menores de la base impositiva de la ciudad, a medida
que la clase media blanca se mudaba de allí a tropel. El
crecimiento de este sector financiero antes mencionado
era ejemplificado en muchos aspectos por el surgimiento
de Donald J. Trump, un magnate del sector inmobiliario,
anónimo, de la clase media de Queens, debido al modo
en que se aprovechó del deseo desesperado de Ciudad de
Nueva York, al fomentar inversiones de negocios ofreciendo
exenciones de impuestos, parecido al modelo de negocio
impuesto a Puerto Rico. En el exhaustivo estudio de Kim
Phillips-Fein de la crisis de deuda de Nueva York en la
década de los setenta, *Fear City: New York's Fiscal Crisis
and the Rise of Austerity Politics* (La ciudad del miedo: la
crisis fiscal de Nueva York y el aumento de las políticas
de austeridad), ella destaca que «Nueva York amplió sus
préstamos en un momento en que el debate público crecía

en todo el país, y los banqueros promocionaban de modo entusiasta a sus bonos y pagarés». Ella también describe una dinámica similar entre lo que sucedió en Nueva York a mediados de los años setenta y en Puerto Rico cuarenta años después: el sector financiero desempeñó un papel importante en el fomento de la acumulación de deuda, y esos tecnócratas emergentes que favorecieron el empuje hacia privilegiar intereses de negocios culparon entonces a los políticos "irresponsables" que incurrieron en la deuda.

Aunque los paralelismos entre la crisis fiscal de Nueva York y Puerto Rico son numerosos, también hay diferencias importantes. La más obvia era la posición de Nueva York como la capital financiera de Estados Unidos, su economía manufacturera previamente muy saludable, y su acceso a una base impositiva que incluía a algunas de las familias y negocios familiares más ricos en Estados Unidos. Sin embargo, la rápida erosión de su base industrial hizo que fuera más vulnerable de lo que se podría imaginar para la ciudad de los Rockefeller, Vanderbilt, y Astor. El colapso de la economía industrial condujo a una situación en la cual, prediciendo las acciones del gobierno de Puerto Rico cuando enfrentó su economía errática, Nueva York compensó la pérdida de empleos para los trabajadores empleando a un número máximo de neoyorkinos. A principios de la década de los setenta la ciudad daba empleo siete veces a más trabajadores que la empresa Telefónica de Nueva York.[2]

La base impositiva de la ciudad también se erosionó drásticamente como resultado no solo del cierre de fábricas y otros negocios, sino también la huida de profesionales de clase media y media alta, asalariados, y dueños de pequeños negocios que abandonaban Nueva York en busca del mismo estilo de vida suburbano que había atraído a los puertorriqueños desde zonas rurales. La decisión de la ciudad de incurrir en mayor deuda mediante la emisión de bonos estaba menos motivada por la mera supervivencia, como en el caso de Puerto Rico, que por mantener el contrato social que había establecido el *New Deal* (trato nuevo) con su clase trabajadora urbana: educación pública, instituciones culturales, parques, y programas sociales patrocinados por el gobierno se mantenían a toda costa para permitir la fantasía de que floreciera una clase trabajadora y media con plenos derechos.

En 1973 algunos especialistas estaban anunciando una eventual bancarrota, pero la llegada del alcalde Abraham Beame, sustituyendo al republicano de "limusina liberal" John Lindsay, marcaría un periodo de préstamo renovado y más desesperado, análogo al de principios de 2010 en Puerto Rico. Cuando el presidente Gerald Ford se negó a ofrecer a la ciudad un rescate financiero federal, que dio como resultado el titular del *Daily News* infame y "mal citado", "Ford a la ciudad: Cae muerta", comenzó el largo proceso neoliberal de apartar fondos e inversiones del gobierno y dirigirlos hacia el sector privado, particularmente el mercado inmobiliario.[3] El desmantelamiento final del sector público y la inversión en instituciones públicas y espacios públicos a la vez que se otorgaban exenciones fiscales a emprendedores en el mercado inmobiliario golpeó con toda su fuerza cuando una mayoría creciente de puertorriqueños en importantes zonas urbanas se encontraron en una espiral de movilidad descendente de la cual era difícil salir.

El crecimiento del mercado de bonos municipales fue una de las etapas de crecimiento espectaculares de la economía impulsada por el sector financiero que despegó en la década de los setenta y ochenta. A medida que las nuevas políticas económicas bipartitas impulsaron a la baja las tasas de interés, favoreciendo a los inversionistas de suministro, el volumen de emisión de bonos municipales aumentó desde 14 mil millones de dólares en 1971 hasta 222 mil millones de dólares en 1985. Un artículo del *New York Times* describía cómo las municipalidades se apresuraron a sustituir los bonos de alta rentabilidad por otros de menores intereses porque no estaban seguros del potencial de los cambios en la ley impositiva. Las municipalidades comenzaron a considerar que los bonos eran volátiles y a la vez senderos influyentes para asegurar financiación, en lugar de ser las inversiones sensibles de antaño que desempeñaban papeles poco glamurosos en el financiamiento de infraestructuras. «Multitud de firmas y bancos de inversión entraron en el campo», decía el artículo. «Los alcaldes y jefes de autoridades del poder ya no podían encontrar lugar en sus calendarios para todos los agentes de bonos que se morían por invitarlos a almorzar».[4]

Los eventos en Nueva York y Puerto Rico activaron un nuevo movimiento de política radical que surgió para contrarrestar el inicio de la nueva austeridad al igual que las contradicciones inherentes en la política exterior estadounidense en todo el mundo. El periodo de recesión de la década de los setenta en Nueva York estuvo marcado en algunos frentes por el declive de grupos políticos y culturales de izquierdas, que a veces eran acosados por informantes encubiertos del FBI mientras que otros eran las víctimas de la confusa evolución de facciones maoístas radicales que dominaban el discurso de izquierdas. Pero esta época también vio el florecimiento de una identidad bilingüe y bicultural que adoptó el nombre de "nuyorican" para describir a un nuevo tipo de ciudadano estadounidense, una identidad híbrida que abrazaba ambos mundos.

Los "nuyoricans" operaban en tres esferas: la política radical de los Young Lords, quienes representaban el momento contemporáneo; el estallido etnomusical de la salsa, que priorizaba el uso del idioma español en un intento de reformular el pasado; y los poetas bilingües "nuyoricans" futuristas cuyo trabajo anticipaba no solo el *hip-hop* y la representación de la palabra hablada, sino también las florituras en espanglish que cambiaban códigos.

De este modo, los puertorriqueños en Nueva York y en la isla vivían cierto tipo de explosión cultural modernista en los albores del posmodernismo y la globalización/transnacionalismo, pero estos dos grupos pronto tomarían rumbos diferentes. A medida que comenzó a intensificarse el activismo político en la isla, el movimiento en el continente giró hacia políticas electorales más convencionales. La década de los setenta vio el aumento de nuevas redes de profesionales, oficiales electos, y "guerreros por la justicia social" en Nueva York, Boston, Filadelfia y Chicago, mientras que en la isla tenía lugar una forma intensificada de nacionalismo militante mientras el sueño de Manos a la Obra comenzaba a deteriorarse tras los efectos secundarios de la recesión estadounidense.

En las décadas de los sesenta y setenta cobró fuerza un nuevo movimiento proindependencia en la isla, organizando acciones de protesta entre grupos de estudiantes y obreros. Como se documentó en *Guerra contra todos los puertorriqueños* de Nelson Denis, el FBI trabajó muy de cerca con la Policía de Puerto Rico para tener archivos de cualquiera que simpatizara con la proindependencia. Estos archivos infames, conocidos como carpetas, eran una forma temprana de vigilancia generalizada de civiles por parte del gobierno, y funcionaba como un freno no declarado al pensamiento político. Pero en la Universidad de

Puerto Rico se intensificó el activismo, conduciendo en varias ocasiones a actos de violencia de la policía sobre los manifestantes. En 1978, un informante del FBI infiltró a un grupo de activistas proindependencia que planeaban manifestarse e interrumpir los negocios como era usual, pero la policía de Puerto Rico mató a dos de ellos durante un intento abortado de sabotear una torre de televisión en Cerro Maravilla. Durante la década de los ochenta, el caso se convirtió en un tema muy polémico, y una serie de vistas relacionadas con una investigación de posible delito en los asesinatos se convirtió en un importante evento pop-cultural en Puerto Rico. Las vistas a estilo Watergate presentaban una representación dramática por parte del fiscal principal Héctor Rivera Cruz y se convirtieron en un programa televisivo que era obligado ver, cierto tipo de espectáculo de la vida real que combinaba elementos de *Judge Judy* o *Caso Cerrado*, con cobertura de telenovela y tabloide de crímenes televisivo. También dañó por muchos años al Partido Nuevo Progresista (PNP), partidario de la estadidad, ya que Carlos Romero Barceló, el gobernador de turno durante los eventos en cuestión, llegó a ser relacionado con el clásico arquetipo latinoamericano del caudillo u hombre fuerte anticomunista.

Mientras tanto, en Nueva York y Chicago un nuevo grupo militante, las FALN (Fuerzas Armadas de Liberación Nacional), comenzó una campaña de ataques con bombas para forzar el diálogo sobre la independencia. Una de sus demandas iniciales era la liberación de Lolita Lebrón y sus compañeros encarcelados que fueron arrestados como resultado de los ataques de 1954 en Washington, DC. Las FALN, que estaban activas en Puerto Rico y en Estados Unidos continental, simbolizaban un tipo distinto de militancia nacionalista, forjada por la experiencia de migrantes puertorriqueños impactados directamente por el racismo, la segregación, y la injusticia social al igual que por el activismo antirracista del Movimiento por los Derechos Civiles y la protesta contra la Guerra de Vietnam. Otro grupo contemporáneo, Los Macheteros, también activo en la isla y en Nueva York, era igualmente radical y a veces más violento, atacando bases militares y plantando ocasionalmente bombas en el distrito financiero conocido como la Milla de Oro, en el distrito financiero surrealista con edificios de cristal de Hato Rey.

Como los Weathermen, una rama de la nueva organización de izquierdas, Estudiantes para una Sociedad Democrática (ESD), las FALN creían en la confrontación armada con el gobierno estadounidense y las corporaciones multinacionales. Y como el Ejército Republicano Irlandés, las FALN consideraban que sus miembros tenían derecho a la lucha militar por la soberanía nacional, distinguiéndolos de las búsquedas nihilistas de los llamados grupos terroristas. Su primera acción (bombardeos coordinados de edificios de Exxon, Union Carbide y el Banco de la Reserva Federal, entre otros objetivos) llegó el día antes de una convocatoria proindependencia que iba a realizarse en el Madison Square Garden por una coalición de grupos proindependencia izquierdistas y tres días antes de las vistas sobre el estatus colonial de Puerto Rico en el Comité Especial de Descolonización de las Naciones Unidas. Aunque al principio el Partido Socialista puertorriqueño objetó al uso de la violencia por parte de las FALN, aunque en su mayor parte era "simbólico" y enfocado en la propiedad en lugar de en personas como objetivos, hubo un cambio estratégico entre los movimientos nacionalistas puertorriqueños hacia la idea de que miembros de las FALN encarcelados eran "guerreros por la libertad" y "patriotas", y comenzaron a granjearse simpatías de un electorado puertorriqueño unificado en Nueva York.

Este cambio creó un consenso público inusual que, en cierto sentido, solo podía suceder en un entorno colonial. Pese al hecho de que la mayoría de los activistas militantes habían participado en actividades que al menos serían cuestionables en términos de fomento de la violencia y filosofías terroristas, una gran franja, si no una mayoría, de puertorriqueños los apoyaban en su búsqueda de libertad del encarcelamiento estadounidense. Incluso a miembros del PNP, normalmente derechista y proestadidad, les ha resultado necesario apoyar nominalmente la causa de los prisioneros políticos encarcelados, aunque solo sea para señalar que, si Puerto Rico fuera aceptado como estado y, por lo tanto, obtuviera la ciudadanía y derechos políticos plenos, tales movimientos serían innecesarios.

A medida que pasaba la década de los setenta, la naturaleza muy lenta y a veces en declive de la economía de Puerto Rico tuvo un fuerte efecto en su política interior. El largo periodo de dominio que disfrutó el Partido Popular Democrático (PPD) de Luis Muñoz Marín comenzó a declinar, esencialmente porque la resolución final del estatus de Puerto Rico seguía confusa. La narrativa que creó Muñoz Marín en 1952 era que, con la ayuda de la Operación Manos a la Obra, la economía de Puerto Rico evolucionaría hasta el punto en el que sería robusta y lo suficientemente independiente para que la isla considerara finalmente la independencia. La dinámica política que creó la Operación Manos a la Obra, sin embargo, favoreció el crecimiento del recién organizado Partido Nuevo Progresista (PNP). El PNP prefería la estadidad, y a pesar de su uso de la palabra *progresista*, se inclinaba hacia las tendencias de centroderecha del Partido Republicano de Estados Unidos.

Hubo muchos factores que condujeron a la emergencia del PNP: el mensaje del PPD comenzaba a sonar estancado y obsoleto; el sustituto de Muñoz Marín, Roberto Sánchez Vilella, era considerado demasiado caprichoso y tendente a la izquierda; y había una inquietud creciente entre la nueva clase media de Puerto Rico que era similar a la inquietud de la clase media estadounidense a finales de la década de los sesenta; como la mayoría del electorado católico con voto tenía miedo al radicalismo político y el surgimiento de los movimientos por los derechos de las mujeres y la liberación sexual, muchos se vieron motivados a buscar una plataforma de un partido más conservador socialmente. Quizá más importante, a nivel de economía básica y salarios, algunos de los obreros de Puerto Rico tenían miedo a la independencia debido a la pobreza relativa de sus vecinos caribeños. En cambio, querían derecho a la plena ciudadanía porque la economía de Puerto Rico estaba aún muy por detrás de la del continente y era codependiente de Estados Unidos; no había modo alguno de estar seguros de poder mejorarla después de obtener la independencia.

A mediados de la década de los setenta, un estancamiento económico que condujo a la recesión amenazaba la era de dominio global estadounidense, y al igual que durante la Gran Depresión de la década de los treinta, la economía de Puerto Rico soportó efectos incapacitantes. En 1974, la estrategia para atraer inversión exterior y reducir el desempleo a toda costa había dado como resultado que inversionistas exteriores poseyeran el 70% de toda la riqueza productiva en Puerto Rico, según el economista James Dietz.[5] La recesión estadounidense había impactado con fuerza la economía puertorriqueña, causando caídas abruptas en el PIB, un aumento del desempleo hasta casi el 20%, y un gran aumento en pagos de transferencias federales en forma de sellos de alimentos y otros derechos de asistencia gubernamental.

En 1974, el gobernador del PPD, Rafael Hernández Colón, nombró una comisión dirigida por el profesor James Tobin de la Yale University, quien había sido miembro del Consejo de Asesores Económicos del presidente Kennedy, para que reuniera un reporte con recomendaciones para la economía puertorriqueña. Como muchos economistas progresistas, a Tobin le preocupaba que Puerto Rico estuviera en un estado de dependencia, ya que inversionistas exteriores poseían la mayor parte de los bienes financieros de la isla, y los beneficios generados no eran reinvertidos localmente. Incluso hizo referencia a la marcada brecha existente entre el PNB y el PIB. Sin embargo, las recomendaciones de Tobin parecían contradecir su postura liberal y estaban entre la primera evidencia de una emergente solución neoliberal para economías deprimidas con un crecimiento negativo y elevado desempleo.

Tobin era un keynesiano devoto, lo cual significaba que creía firmemente que la inversión del gobierno en proyectos de obra pública y programas sociales sostendría el crecimiento económico. Había pasado gran parte de su carrera batallando con el infame Milton Friedman y su suministro de los Chicago Boys de la University of Chicago, cuyo lugar en la historia económica quedó asegurado por su dura privatización de la economía de Chile después de la sustitución patrocinada por la CIA del presidente socialista, Salvador Allende, por el militarista autoritario, General Augusto Pinochet, el 11 de septiembre de 1973. Sin embargo, Tobin creía que uno de los principales problemas de Puerto Rico era que el salario mínimo de Estados

Unidos aplicado allí, que era de 2,30 dólares por hora en aquel tiempo, era demasiado elevado para atraer la inversión estadounidense. Aunque era cierto que Puerto Rico ya no era el único juego en la ciudad para manufactureros extraterritoriales y que otras islas y naciones vecinas habían comenzado a atraer inversión mediante la promesa de salarios más bajos, el análisis de Tobin no tomó en cuenta el impacto que tendrían los salarios deprimentes sobre los puertorriqueños, quienes aún seguían siendo ciudadanos estadounidenses nominalmente; en cambio, se centró más en los impactos potenciales sobre los inversionistas.

La recomendación de Tobin de recortar salarios se haría eco más adelante en el Reporte Krueger de 2015, publicado cuando los vientos turbulentos de la crisis de deuda comenzaban a soplar en Puerto Rico. Simbolizaba una vez más las distinciones que establece Estados Unidos cuando lidia con el territorio: "pertenece, pero no es parte" significa que en ciertos aspectos está bajo las leyes y protecciones federales, pero en otros aspectos pueden trazarse distinciones entre Puerto Rico y Estados Unidos continental según las necesidades particulares del gobierno federal en momentos concretos. Sus recomendaciones reflejan el balance de cómo externaliza Estados Unidos a Puerto Rico: las soluciones económicas deben considerar primero la estabilidad del capital de inversión estadounidense, y el derecho a la prosperidad económica de los puertorriqueños es secundario.

Como respuesta, sin embargo, oficiales electos puertorriqueños necesitan atender a la conclusión, que es su reelección, y más allá de eso, las metas finales de los tres partidos principales: una continuación del Estado Libre Asociado, o colonia con autogobierno limitado; pedir la estadidad al Congreso; o la independencia, ostensiblemente con alguna forma de relación amistosa con Estados Unidos.

En 1976, un año electoral, el gobernador Hernández Colón empujó al Congreso a reevaluar sus políticas impositivas hacia Puerto Rico de modo que estabilizaran la economía de la isla. El Congreso reaccionó creando la Sección 936 del Código de Impuestos Internos, que permitía a las corporaciones trasladar beneficios a bancos continentales en cualquier momento. Bajo el sistema anterior, definido por la Sección 931, solo estaba permitido realizar transferencias a otros territorios o en la liquidación de una empresa. Además, según Ayala y Bernabe: «Las corporaciones 936 podían trasladar, y lo hacían, ingresos generados fuera de Puerto Rico, evitando así el pago de impuestos empresariales federales», lo cual permitía que empresas como Pepsi, Union Carbide y Abbott Laboratories registraran en cualquier lugar del 25% al 71% de sus ingresos en el territorio sin tener que invertir en obreros puertorriqueños o en la comunidad más amplia.[6]

La economía puertorriqueña estaba ahora completamente inmersa en un modelo muy distanciado del ideal gubernamental de un gobierno autónomo limitado. Mientras que "el Estado Libre Asociado" era una fantasía débilmente cumplida de "la asociación libre", las políticas económicas implementadas implicaban una subyugación y una dependencia casi absolutas. Las áreas prósperas de la economía se fueron centrando gradualmente en empresas farmacéuticas, las cuales podían transferir beneficios de la propiedad intelectual y las patentes a la isla y que contrataban a relativamente a menos trabajadores; el turismo; y un abanico de negocios de banca y bienes inmuebles que esencialmente actuaban como intermediarios para inversionistas estadounidenses interesados en la isla, de modo similar a las clases criollas que administraban los intereses del imperio español.

Un experimento con el desarrollo industrial petroquímico fracasó desastrosamente después de que la consolidación de la Organización de Países Exportadores de Petróleo (OPEP) elevaran los precios del crudo. Los herrumbrosos vestigios de plantas petroquímicas a lo largo de la costa sureña de la isla son tristes recordatorios de eso. Quizá no con ironía, arruinan el horizonte cercano a la ciudad de Guánica, la cual albergó en un tiempo una importante refinería de azúcar y fue también el lugar de la llegada de la Marina estadounidense en 1898.

EL EXTRAÑO CASO DE LA ELIMINACIÓN DEL DERECHO DE PUERTO RICO A BANCARROTA

«¿Por qué el Congreso puso a Puerto Rico en esta tierra de ensueño? ¿A qué se debe? ¿Qué explica que el Congreso quiera situar a Puerto Rico en esta posición anómala de no poder reestructurar su deuda?».
—**Jueza Ruth Bader Ginsburg**, hablando en una vista en la Corte Suprema considerando una resolución de *Franklin California contra el Estado Libre Asociado de Puerto Rico, et al.,* julio de 2015

Otro episodio curioso, en 1984, llegaría a significar problemas para Puerto Rico y sus finanzas. Debido más probablemente a los cambios neoliberales en la política económica, el Congreso llegó a obsesionarse con reformar leyes impositivas a principios de los años ochenta. Según el erudito en derecho, Stephen J. Lubben, las nuevas reformas dieron como resultado que Puerto Rico (y el Distrito de Columbia), que previamente no habían sido definidos como estados para propósitos de leyes de impuestos, fueran excluidos repentinamente de la protección de bancarrota al ser considerados un estado, lo cual no está cubierto por el capítulo 9 de la ley de bancarrota. «Las razones son inciertas», escribió él, «ya que la nueva definición fue añadida como parte de una multitud de adiciones nuevas».[7]

Cierto tipo de teoría difusa de conspiración invoca a Strom Thurmond, el legendario conservador y, algunos podrían decir, al senador supremacista blanco de Carolina del Sur, cuyo nombre salió a relucir en una vista en la Corte Suprema para decidir el destino de *Puerto Rico contra Franklin California Tax-Free Trust*, que desafió el intento de la isla de redactar su propia ley de bancarrota en 2015. Se dijo que Thurmond introdujo el cambio en el lenguaje impidiendo que Puerto Rico fuera considerado un estado para los propósitos del capítulo 9 de bancarrota (entre muchos otros cambios). El dramaturgo y autor de *Hamilton*, Lin-Manuel Miranda, que nació en Nueva York de padres puertorriqueños, incluso aludió a esto en un episodio en abril de 2016 del programa de John Oliver, *Last Week Tonight*.

Muchos comentaristas respetados, como Juan González y Nelson Denis, han mencionado el historial segregacionista de Thurmond como un factor motivador, y sin embargo, el hecho de que DC fue incluido complica este argumento. La crónica también muestra que Thurmond introdujo formalmente los cambios junto con Bob Dole y Howell Heflin, quienes, aunque eran republicanos, no encajaban en el perfil más extremista de Thurmond. Pero este cambio aparentemente arbitrario fue hecho a mediados de la Revolución Reagan, con el control republicano del Congreso decidido a reducir la regulación del sector financiero y liberar capital de tributación para así poder utilizarlo para especular en mercados como el de bonos municipales que crecía rápidamente. Independientemente de si el cambio fue intencional, sin duda sirvió a un propósito al aumentar el interés especulativo en los bonos de Puerto Rico, ya que ahora era legalmente imposible que el territorio buscara ayuda por bancarrota.

Excluir al Distrito de Columbia del capítulo 9 tendría sentido si fue debido a un deseo de "controlar la deuda" e imponer estrictas medidas de control financiero en DC negándole el acceso a los trámites de bancarrota. Puerto Rico ya había sido establecido como un refugio extraterritorial para esconder ganancias, de modo que las reformas significaban que sus bonos municipales, que ya estaban exentos de impuestos, pudieran venderse al inversionista como infalibles. La constitución puertorriqueña, como la de otros estados, no solo limitó el ritmo de los préstamos a niveles "responsables"; sin protección de bancarrota, Puerto Rico no podría nunca no pagar los bonos, pues siempre se requeriría que fueran reembolsados en su totalidad.

El cambio en la ley de bancarrota significaba que Puerto Rico quedó establecido para convertirse en una temible maquinaria de emisión de bonos. La combinación de su triple exención fiscal de impuestos urbanos, estatales y federales y su incapacidad de declarar bancarrota garantizaban básicamente que los inversionistas se alegrarían de comprar cualquier bono en oferta, y el papel cada vez mayor del gobierno como uno de sus principales empleadores proporcionaba un fuerte incentivo para emitir los bonos. Como Hernández Colón, sucesivos gobernadores puertorriqueños recurrieron cada vez más a pedir préstamos en forma de emisión de deuda para garantizar no solo las operaciones esenciales, sino también el espejismo de que Puerto Rico era un lugar estable y viable para vivir y trabajar. Igual que la isla había sido apoyada como un paraíso ilusorio de los trabajadores de clase media para compararla favorablemente con resultados logrados por la Revolución Cubana, la economía de la posrecesión de Puerto Rico era un artificio, un refugio extraterritorial para almacenar beneficios, y un vertedero para productos de consumo estadounidenses. Y estaba a punto de recibir otro golpe a su estabilidad.

Durante la década siguiente, la combinación resultante de los bienes inflados que se guardaban en bancos de la isla y las pérdidas de renta para el Tesoro estadounidense, que aumentó el déficit federal sin donar nada para ayudar a Puerto Rico, hizo que fuera casi insostenible que la Sección 936 continuara. Como argucia tributaria, la 936 se había convertido más en un modo de evadir impuestos que de crear una economía autosostenible. La administración de Clinton, con todo su enfoque neoliberal en balancear el presupuesto y recortar en gastos federales, aprovechó la oportunidad y decidió eliminar la provisión para desgravación empresarial.

En su discurso sobre el estado de la Unión de 1993, Clinton dejó claro que tenía ganas de estimular los ingresos públicos para reducir el déficit estadounidense. El paso lento de la administración de Clinton hacia la derecha se trataba cada vez más de favorecer el emprendimiento y demonizar a las masas crecientes de desempleados o los pobres subempleados. Aunque su decisión de recortar estaba motivada por disciplinar a las empresas que evitaban impuestos, finalmente tuvo el efecto de situar a Puerto Rico para ser demonizado como una población pobre y no blanca dependiente de los programas de ayuda del gobierno. Los diez años de eliminación gradual de la Sección 936 fue incorporada adecuadamente en la Ley de Protección del Pequeño Comercio de 1996, y estaba preparada la escena para el declive final de la economía de Puerto Rico.

Los diez años de eliminación gradual de la 936 se relacionan a menudo con cierto tipo de teoría de conspiración que implica a Bill Clinton y al entonces gobernador de Puerto Rico, Pedro Rosselló, el padre del actual gobernador puertorriqueño. La lógica que hay detrás de esta teoría es que al poner fin a la Sección 936, la farsa de la economía puertorriqueña bajo el Estado Libre Asociado sería sacada a la luz como la simulación que era, causando que los votantes puertorriqueños abandonaran el PPD, aceptaran permanentemente al PNP, y aprobaran un referéndum pidiendo al Congreso que lo añadiera como estado. Objetivamente, sin embargo, gobernadores del PNP, desde Luis Ferré hasta Barceló y Rosselló, habían apoyado todos ellos la Sección 936 como un modo de que el dinero siguiera moviéndose hacia el Banco Gubernamental de Fomento para Puerto Rico y también a los principales bancos de la isla, como Banco Popular, Scotia Bank y Doral Bank, todos los cuales contaban con eventuales miembros de administraciones del PNP como empleados.

Parecía suicida que quienes apoyaban la estadidad fomentaran el fin de la 936, incluso si había una posibilidad de que su eliminación forzara la mano de Estados Unidos sobre el estatus de Puerto Rico. Los impuestos federales que los puertorriqueños tendrían que pagar como residentes del estado número cincuenta y uno no estarían parejos al aumento masivo en gasto federal que resultaría. El libro de Bob Woodward, *The Agenda: Inside the Clinton White House* (La agenda: Dentro de la Casa Blanca Clinton) habla de cómo Clinton se preocupaba con Daniel Moynihan por escenarios del fin del mundo en torno a la eliminación de la Sección 936. El senador advirtió que hacer eso redoblaría el desempleo y aumentaría la migración a Nueva York, y que la presión resultante en los costos de los servicios sociales haría que fueran irrelevantes los beneficios obtenidos por la eliminación de la 936. Existe aún otra teoría de que Clinton finalmente acordó firmar la ley que requería su eliminación como un compromiso con Newt Gingrich y el Contrato Republicano con la agenda de Estados Unidos para balancear el presupuesto.

Cualquiera que sea la razón, Clinton sí convirtió en ley la eliminación de la 936 con diez años de eliminación gradual, y sucedió en una relación casi de sinergia con uno de los eventos más importantes del siglo veinte: la implementación del Tratado de Libre Comercio de América del Norte (NAFTA, por sus siglas en inglés), que fue convertido en ley dos años antes. El NAFTA señaló una nueva dirección para la economía mundial erosionando el nacionalismo económico en favor de una política globalista de libre comercio. La implicación para Puerto Rico fue que ya no disfrutaría de una relación exclusiva de libre comercio con Estados Unidos y, por lo tanto, perdería su ventaja competitiva con el Caribe y los vecinos de América Latina.

Desde el principio de la relación de Puerto Rico con Estados Unidos, este último protegió sus propias exportaciones a la isla mediante los requisitos de envío de la Ley Jones a la vez que importaba libremente desde Puerto Rico mediante sus propias empresas. Tras la Segunda Guerra Mundial, sin embargo, mediante la Operación Manos a la Obra, Puerto Rico fue utilizado como laboratorio para las corporaciones estadounidenses que querían emplear directamente fuerza laboral civil de un lugar que no compartía el territorio y la cultura continentales. Cadenas de grandes almacenes, restaurantes de comida rápida, y empresas de renta de vehículos que en raras ocasiones tenían obreros contratados directamente que no fueran aculturados como "estadounidenses" comenzaron a ver que eso era posible fuera de los cincuenta estados.

La relación económica de posguerra entre Estados

Unidos y Puerto Rico era básicamente un ensayo para lo que iba a llegar con el desarrollo de la zona de libre comercio liberal impulsada por las exportaciones. Durante la era Reagan, políticas como el programa Iniciativa de la Cuenca del Caribe, que otorgaba exenciones de libre comercio y aranceles a países del Caribe y América Central, predecían claramente el NAFTA. Al mismo tiempo, la expansión de estas políticas a zonas como México ya comenzaba a minar gravemente el atractivo del trabajo puertorriqueño para las empresas estadounidenses. Sin embargo, irónicamente, precisamente la política impositiva de la 936 que acompañaba a este estilo de desarrollo y explotación era claramente incompatible con iniciativas futuras de zona de libre comercio.

La combinación mortal de diez años de eliminación gradual de la Sección 936 y la implementación del NAFTA fue devastadora para Puerto Rico a medida que se acercaba el fin del milenio. Mientras Puerto Rico disfrutaba de la presencia de importantes sindicatos estadounidenses, el derecho a las negociaciones colectivas, y la capacidad de litigar dentro del marco de los mecanismos regulatorios de la Agencia de Protección Medioambiental (EPA, por sus siglas en inglés), otros países en la región se iban convirtiendo en las principales opciones para inversionistas de corporaciones estadounidenses, y destruían efectivamente la demanda de fuerza laboral puertorriqueña. La lógica insular detrás de instrumentos como la Sección 936 era contraria al compromiso neoliberal de las zonas de libre comercio y la libre circulación de capital de inversión. Aunque empresas farmacéuticas y tecnológicas como Microsoft siguieron acumulando beneficios por propiedad intelectual en Puerto Rico, la mayoría de los inversionistas buscaban zonas con salarios más bajos y menos protecciones laborales y medioambientales.

En 1996, Puerto Rico se encontraba abocada a un largo y lento descenso hacia la crisis fiscal, lo que el gobernador Alejandro García Padilla denominó una "espiral de muerte" en 2015 cuando anunció que la deuda de la isla era impagable. Pero los puertorriqueños en la isla que no eran economistas, en líneas generales no entendieron la realidad de este destino inminente. Los puertorriqueños continentales lo entendieron menos aún, y estaba totalmente fuera del radar para los estadounidenses comunes.

Cuando Clinton firmó la ley para eliminar la Sección 936, mis padres ya habían regresado a Puerto Rico, habiendo renunciado al sueño americano al no comprar una casa en la zona de Nueva York en favor de disfrutar una vida relativamente cómoda en la isla. Tenían un acceso razonablemente bueno a la atención sanitaria y podían comprar en la mayoría de las cadenas de grandes almacenes estadounidenses salpicados por la isla en tristes plazas comerciales y también en ambiciosos centros de compra como Plaza Carolina y Plaza Las Américas, un centro comercial en expansión, el más grande en el Caribe, indistinguible de otro en el Valle de San Fernando cerca de Los Ángeles o el Westchester County de Nueva York. Iban a ver películas a una de las cadenas de cines Caribbean Cinemas, y mi papá jugaba al golf en centros turísticos hoteleros y también en otro más asequible dirigido y mantenido por la Roosevelt Roads Naval Station en una ciudad llamada Ceiba en la costa oriental de la isla.

Cuando yo visitaba a mis padres, ellos se habían vuelto tan obsesionados por el consumo y dirigidos por Home Depot como cualquier estadounidense de los suburbios. Se suscribieron a una empresa de televisión por cable que finalmente proporcionó internet a alta velocidad, y sin embargo, seguían siendo capaces de comer cocina indígena criolla e ir a bailes de salsa en pequeños salones diseñados para la gente de más de cincuenta años. Su nueva vida en el rincón nororiental de la isla proporcionaba todas las comodidades suburbanas que nunca habían tenido cuando vivían en apartamentos en el Bronx. Ellos me alentaban a que los visitara con frecuencia para poder darme el gusto de cierto tipo de vida tropical suburbana de fantasía que me permitiría compensar las molestias de vivir en el sobrepoblado paisaje urbano cubierto de mugre de la altamente competitiva ciudad de Nueva York.

Pero ellos no tenían idea del patrón cada vez mayor y aparentemente fuera de control de la emisión de deuda, además de las advertencias de comentarios de radio pesimistas, que eran de un perfil muy elevado y parte del espíritu del tiempo de finales del siglo veinte de la isla. Ellos no entendían que su fácil acceso a camisetas de golf de la marca Lacoste y variedades exóticas y nuevas de helados pronto se vería gravemente amenazado. El comentario radial sobre la isla se había vuelto cada vez más importante, ya que cadenas estadounidenses en idioma español como Univision y Telemundo se habían quedado a cargo de estaciones de televisión dirigidas localmente. Presentadores como Luis Fernando Ojeda eran escépticos rigurosos que arengaban a políticos cuyas acciones fueron sacadas a la luz como ineficaces por el destino en declive de la isla; su estilo de predicación rural captaba la energía de la inmensa mayoría que no eran miembros de la élite de San Juan.

Pese al hecho de que era obvio para todos que Puerto Rico era una colonia dependiente que no podía desarrollar su propia economía, la fantasía excéntrica que era el Estado Libre Asociado de Puerto Rico había enterrado la vieja idea del Puerto Rico retrasado y semifeudal. La gente creía que la isla seguiría sobreviviendo del modo que lo había hecho Nueva York tras la crisis fiscal de 1975. Siempre habría dinero del gobierno y préstamos, y proyectos de infraestructura y nuevas empresas esperando para amasar ganancias rápidas pagando salarios más bajos y utilizando leyes existentes para acumular beneficios.

También estaba, sin duda, el turismo y las playas impolutas que aún estaban protegidas contra la competición de las de Cuba mediante las restricciones de viajes basadas en el embargo al igual que las bases navales en Roosevelt Roads y Vieques, que también proporcionaban un gran capital de consumo para grandes y pequeños negocios, particularmente en el rincón nororiental donde ellos vivían. El supermercado en la plaza comercial Fajardo acumulaba todas las últimas revistas estadounidenses y europeas y licores de primera, mientras que las concesionarias de autos seguían haciendo una venta tras otra de los nuevos vehículos deportivos utilitarios, Jeeps y, desde luego, sedanes Chevy y Ford.

Pese al hecho de que mi padre se sentía a menudo discriminado en Nueva York y que Estados Unidos se aseguró de que yo aprendiera a leer y escribir con un inglés perfecto para protegerme de eso, él no pudo ver que el destino de Puerto Rico estaba unido a la "lógica racial del capitalismo global", como lo expresaron los profesores Paula Chakravartty y Denise Ferreira da Silva.[8] Debería haber sido obvio desde el principio, siguiendo la lógica racial de la exclusión implícita en los Casos Insulares, que Puerto Rico era un estado cuando necesitaba serlo y no era un estado cuando eso era más conveniente. Y estaba claro que los buitres de deuda de Wall Street tomaron como presa la isla del mismo modo que los préstamos *subprime* (de alto riesgo) de bancos estadounidenses tuvieron como objetivos personas negras pobres y color marrón a principios de los años dos mil.

Tampoco el resto de la clase media puertorriqueña en masa reconoció lo que Vijay Prashad denominó el "asesinato del Tercer Mundo" mediante la deuda o, incluso más adelante, la imposición de medidas de austeridad que se habían innovado en Argentina a principios de la década de los ochenta y fueron resucitadas en Puerto Rico en 2017.[9] El gobierno del juego del capital financiero determina cuánta pérdida será compartida entre sociedades, y aquellos escogidos para soportar su carga son principalmente personas de color. «¿Por qué... deberían los tenedores de la "hipoteca de alto riesgo" pagar los exorbitantes tipos de interés vinculados a sus préstamos?», preguntan Chakravartty y Ferreira de Silva. «¿Por qué debería esperarse de los desfavorecidos económicamente que tomen el riesgo asumido por quienes, capacitados por la privatización de la vivienda pública y la desregulación de los mercados financieros, apostaron contra ellos?».

La diferencia racial siempre ha determinado la relación de Puerto Rico con Estados Unidos, y la historia de la isla está escrita por políticas liberales y conservadoras para borrar la carga o reimponerla a la fuerza. Cuando el control autocrático de los gobernadores militares y las corporaciones azucareras se volvió demasiado antiestético, nació el Estado Libre Asociado para crear una apariencia de gobierno autónomo y esperanza para un futuro económico positivo. El decrecimiento que adoptaron las economías de la posrecesión en la década de los setenta había puesto en marcha los efectos irreversibles de lo que algunos llamarían neoliberalismo, y otros, capitalismo tardío. Cuando surgió la burbuja especulativa del sector financiero en forma de incumplimiento de los bonos municipales de Puerto Rico, se impuso la austeridad para proporcionar un remedio al inversionista. Al final se trataba de quién controlaba los beneficios y las pérdidas, y cómo ciertos momentos en la historia permiten que personas diferenciadas racialmente compartan temporalmente el superávit a la vez que se les endosan las pérdidas cuando la economía chisporrotea inevitablemente.

A medida que Puerto Rico se dirigía hacia un futuro incierto, Estados Unidos también estaba en el proceso de asignar responsabilidad por las pérdidas económicas a su propio pueblo y establecer batallas entre el capital financiero y las municipalidades y estados endeudados. En muchos aspectos, estas historias caminaban en paralelo y eran un reflejo unas de otras. La crisis de las hipotecas de alto riesgo de 2008 fue un presagio de lo que sucedería en Puerto Rico, pero la bajada de la deuda y la imposición de austeridad iniciadas en Grecia y Argentina afectaron mucho el discurso sobre Puerto Rico, aunque estas prácticas no impactaron, en última instancia, las estrategias legales y políticas escogidas de Puerto Rico.

Incluso cuando la crisis real comenzó a aumentar en Puerto Rico, no se hizo obvia en Estados Unidos en gran parte porque tradicionalmente no ha habido casi ninguna cobertura de la isla en los medios fuera de la oleada ocasional de crimen o de un huracán. De hecho, la consciencia de la crisis sería generalizada al principio solamente mediante la prensa económica, que vio una amenaza no solo para los inversionistas estadounidenses, sino también para el mercado de deuda municipal. Pero la consciencia popular de los puertorriqueños como un pueblo y una nación ha creado un discurso formidable, uno que emergería de repente para interrumpir los marcados silencios y para recordar de manera directa o indirecta a América que la pérdida que Wall Street y el Congreso habían trabajado tan duro para externalizar no será mudada tan fácilmente cuando las personas que deben pagarla no están tan "separadas" como se pensaba. Mediante la crisis de deuda, por mucho que Estados Unidos intentara mantener su distancia, Puerto Rico se convertiría finalmente en un problema permanente e interno.

CAPÍTULO 3

EL DIABLO EN DERIVADOS

Préstamos para satisfacer las necesidades básicas

Oficinas centrales del Banco Popular en San Juan. © Joseph Rodríguez

«Si todas las deudas están garantizadas, ¿por qué deberían los prestamistas prestar responsablemente?».
—**Yanis Varoufakis**, *Adults in the Room: My Battle with the European and American Deep Establishment*

«El hecho mismo de que no sepamos qué es la deuda, la flexibilidad misma del concepto, es la base de su poder».
—**David Graeber**, *Debt: The First 5000 Years*

A principios de los años dos mil, tras años de experimentar a Puerto Rico como turista o como un hijo pródigo, visitando la isla solamente para ver a la familia y sin hacer ningún esfuerzo serio para participar en una cultura que yo había reclamado como parte de una identidad subalterna y "minoritaria" en Nueva York y el vasto imperio de Estados Unidos continental, intenté cambiar un poco las cosas. Organicé una intervención para promocionar *Living in Spanglish* (Vivir en espanglish), un libro que había escrito teniendo en mente a una amplia franja de latinos estadounidenses, en la librería Borders en Plaza Las Américas, el mayor centro comercial en toda la cuenca caribeña. Sabía que no habría una gran recepción para un libro escrito en inglés por un "nuyorican" que parecía tener más afinidad con un movimiento cultural bilingüe con base estadounidense que con la cultura de la isla, pero yo no había ido a vender libros; llegué para reconectar con algo que había perdido mucho tiempo atrás, un misterio enterrado profundamente en mi niñez.

Poco después del evento en Borders, con poca asistencia, seguí en contacto con personas que había conocido durante la semana del evento (reporteros locales para la estación de televisión dirigida por el gobierno WIPR, y músicos de plena y sus amigos) deteniéndome en lugares locales como El Boricua, un ruidoso bar universitario con botellas de Medalla (la cerveza ligera de la isla) a dos dólares. Comencé a hacer visitas frecuentemente, quedándome en un apartamento en la zona de San Juan y haciendo cada vez más amigos y conocidos, periodistas, músicos, gente del teatro, activistas políticos, mientras las semanas se convertían en meses. Con gran dificultad y el máximo esfuerzo amplié mi vocabulario de "español puertorriqueño" y mejorar mis habilidades con clichés locales, y refiné mi pronunciación y dicción hasta el punto de que comencé a aproximarme a un boricua auténtico. Iba a obras de teatro, recorría inauguraciones de arte, y comencé a pasarme por barsuchos como El Balcón del Zumbador, una taberna sin pretensiones parecida a una cabaña en una franja en una zona rústica cerca de San Juan llamada Piñones, donde se tocaba bomba y plena en directo para bailarines febriles hasta altas horas de la madrugada.

A pesar de mi conexión recuperada nuevamente, siempre había algún alboroto de baja intensidad que yo captaba y que parecía impregnar la isla: un vecino que perdía su empleo y se retrasaba en el pago de su hipoteca, el cierre repentino de un restaurante local prometedor, el lento deterioro del campus principal de la Universidad de Puerto Rico en Río Piedras, la ineludible propagación de baches enormes, y los números cada vez mayores de mendigos con caras pálidas por abuso de sustancias y adicción. Yo sentía todo aquello como parte de una ansiosa sensación de precariedad que había estado aumentando en la isla. Era como si la isla estuviera comenzando a despertar de su espejismo de ser el Escaparate del Caribe para darse cuenta del despliegue de la trampa de deuda del neoriberalismo. Los puertorriqueños estaban quedando atrapados por lo que David Harvey denomina la era neoliberal de la «acumulación por desposesión», entendido generalmente como centralizar la riqueza y el poder en menos manos arrebatando tierras y propiedades al sector público. Esta estrategia se logra forzando a las localidades a privatizar recursos de tenencia pública como el petróleo nacionalizado, financiar economías locales atrapándolas en un círculo de deuda, y sacar el máximo rendimiento al manejo de crisis meteorológicas como el Huracán María.[1]

Harvey cree que la «acumulación por desposesión» es una progresión lógica de un sistema mundial capitalista cuya reacción a crisis de producción, que ya no producía tasas de beneficio rentables y fiables, debería remediarse privatizando recursos públicos y una "financialización" cada vez mayor de economías locales y globales. Estas cosas están entre los principios básicos del neoliberalismo. Elevados costos laborales alcanzados mediante los sindicatos son remediados cada vez más utilizando un trabajo con menores salarios en países en desarrollo mediante políticas de libre comercio, transformando las economías estadounidenses y europeas en industrias del sector financiero y de servicios. Esto marca a las regiones metropolitanas acomodadas (por ej., Estados Unidos, Europa y partes de Asia) contra lo que muchos han denominado el Sur Global (América Latina, África y Sur de Asia).

El Sur Global está compuesto casi en su totalidad por personas de color, que viven en países que fueron descolonizados en los siglos diecinueve y veinte. Sus materias primas fueron extraídas antes y después de su colonización, y sus economías han sido consideradas por mucho tiempo "dependientes" de las economías de países desarrollados. La idea del Sur Global es poderosa porque nos recuerda las fuerzas de la colonización y el imperialismo que crearon una ventaja económica para países de Occidente y dejaron atrapados a países "sureños" en un círculo de subdesarrollo.

Como un territorio no incorporado a la deriva en el Caribe, Puerto Rico siempre ha sido parte efectivamente del Sur Global, aunque el espejismo temporal del Estado Libre Asociado lo protegía de esa realidad. Pero con la llegada del nuevo milenio, la isla regresaba a su verdadero estatus con una inquietud medida.

Es imposible hablar de lo que ha sucedido en Puerto Rico sin abordar el neoliberalismo, que puede describirse sencillamente como el abandono de los principios económicos de la era del *New Deal* (sostenidos por estrategias de inversión guiadas por el gobierno y bosquejadas por John Mayner Keynes) en favor de erosionar la inversión pública, desintegrar los sindicatos, y fomentar el crecimiento no controlado del sector financiero. El neoliberalimo sostiene que el crecimiento económico puede ser impulsado eliminando barreras a la exportación de la fabricación mientras que también requiere una expansión masiva de deuda individual privada "no asegurada" del consumidor debido a recortes en programas del gobierno y el estancamiento de lo que los economistas llaman "salarios reales": salarios ajustados a la inflación. Como vimos en capítulo anterior, el neoliberalismo despegó en Nueva York como una serie de reformas políticas que resolverían una crisis de deuda intratable, pero la Nueva York que creó fue un terreno de cultivo casi irreconocible para la "financialización" donde los trabajadores en barrios bajos eran sustituidos físicamente por los ricos dueños de terrenos y sus altos edificios siempre en expansión que albergaban no solo al uno por ciento, sino también a los bancos y casas de inversión que los crearon.

Puerto Rico en general había vivido una realidad político-económica que era un simulacro desleal de democracia capitalista. También había estado en cierto modo distante de los debates en torno a la reforma política continental, en gran parte debido a su naturaleza insular que estaba caracterizada por el hecho de que opera en un lenguaje y cultura decididamente diferentes de los de Estados Unidos. Sin representación en el Congreso y una clase intelectual pública que producía obra en inglés, los puertorriqueños siguieron estando fuera de la conversación mientras su sistema económico pretendía ser lo bastante dinámico para apoyar a una clase media con empleos estables pero que en realidad era un mecanismo para sacar las rentas de la isla a la vez que proporcionaba poca reinversión local.

Pero los debates que se centraban en el cambio de estatus dejaron inmersos a los isleños en una pelea de suma cero por las posibilidades de algo que solo podía ser otorgado por un Congreso indiferente en Washington. Pese a las divisiones bastante claras y basadas en políticas liberales y conservadoras, la cuestión había evolucionado hacia una arena perfecta para el intento de los grupos de presión de vender algo que nunca llegaría a aprobarse. Los republicanos, algunos de los cuales estaban implicados insinceramente en apoyar al movimiento proestadidad, nunca votarían por la estadidad puertorriqueña porque eso aumentaría el gasto federal en programas sociales (los subsidios de Puerto Rico están sujetos actualmente a un techo de gasto debido a su estatus territorial) y también porque su población, que sería el estado más pobre en la Unión, probablemente se inclinaría hacia los demócratas, añadiendo automáticamente al Congreso dos senadores y quizá cuatro o cinco representantes a expensas de otros estados, cuyos representantes disminuirían, probablemente sustituyendo a republicanos.

Al comienzo del milenio permanecía una constante en la vida posmoderna en Puerto Rico: su economía estaba encogiendo rápidamente debido a un profundo declive en el sector manufacturero, atribuible al final de la Sección 936 y también al declive general de la manufactura globalmente. Lo único que sostenía la economía era el empleo público y el préstamo para asegurar la continuación de servicios esenciales, como policías, bomberos, hospitales municipales y la red eléctrica.

Los muchos dilemas que enfrenta Puerto Rico señalan de nuevo hacia el modo profundamente antidemocrático en el que el Congreso definió Puerto Rico como un estado para algunos propósitos y como un territorio para otros, utilizándolo como un laboratorio para imponer prácticas no democráticas a ciudadanos estadounidenses. El economista James Dietz resume la disfunción económica de Puerto Rico: «La estrategia de desarrollo de Puerto Rico carecía de enfoque en el apoyo sistemático o el fomento de emprendedores locales y fuentes locales de financiación», lo cual condujo al resultado inevitable de que los emprendedores, obreros calificados y avances tecnológicos puertorriqueños que de otro modo podrían haberse dirigido hacia un progreso económico consistente, habían sido sofocados, evitando así que la isla creara crecimiento.[2] Además, las decisiones en torno a inversiones del gobierno estaban mucho más centradas en intereses a corto plazo, como pagar salarios y contribuciones a las pensiones, posicionamiento de las empresas solo para exportar capital al continente, lo cual condujo al deterioro de escuelas y universidades públicas, instituciones culturales, el sistema de atención sanitaria, e infraestructuras como carreteras, alcantarillado y, quizá más significativamente, la electricidad. Aunque parece ilógico que el gobierno de Puerto Rico apoyara a empresas que alentaban la huida de capital, los empleos que producían eran cruciales para asegurar que el gobierno no necesitaría absorber mayor parte de la fuerza laboral y sostener a una población creciente y dependiente de derechos sociales como el Seguro Social y cupones de alimentos.

Hasta la llegada del NAFTA y otros tratados de libre comercio, la relación entre Estados Unidos y Puerto Rico se había basado en un intercambio económico desigual, con los trabajadores con menores salarios de Puerto Rico forzados a proporcionar mano de obra barata y consumir dólares para negocios estadounidenses continentales, conduciendo a un aumento de los diferenciales PNB/PIB. Esto significa que la riqueza creada por los puertorriqueños no se quedaba en la isla. A medida que floreció el neoliberalismo, el método de explotación de Estados Unidos cambió y pasó a conceder crédito.[3] Sin embargo, el mero volumen de las transferencias de pagos del gobierno federal no era suficiente para mantener a flote el barco, de modo que la relación de deuda explotadora se amplió exponencialmente. Esto difería del modo en que el capital global dominante era capaz de explotar a estados débiles como Argentina y Grecia, que podían ajustar los tipos de cambio de sus monedas y tomar préstamos del FMI (Fondo Monetario Internacional), porque Puerto Rico no tenía soberanía de estado o a un FMI para rescatarlo, lo cual indicaba un resultado catastrófico.

Las señales de que Puerto Rico podría estar avanzando hacia un punto de crisis comenzaron a proliferar a principios de los años dos mil. A medida que la economía decrecía y desaparecía como resultado de ser una economía dependiente, la eliminación gradual de la Sección 936 hizo entonces que todo empeorara. Comenzó a emerger una percepción pública de una sociedad con poca oportunidad, y una serie de oleadas de crímenes que iban desde robos de vehículos hasta mayor violencia en torno a puntos de tráfico de droga, avivó actitudes racistas de la vieja escuela en Puerto Rico. Como si esto fuera poco, el gobernador proestadidad Pedro Rosselló y el presidente Bill Clinton comenzaron el uso experimental de miniestaciones de policía como parte de una iniciativa de Mano Dura Contra el Crimen dentro de los muchos desarrollos de vivienda pública de la isla, llamados caseríos. Esas miniestaciones desempeñaron su papel en el desarrollo posterior de una explosión musical afrocaribeña de resistencia.[4]

Todo el peso de la crisis inminente aún tenía que sentirse en Puerto Rico cuando comenzó la segunda década de los años dos mil, pero estaba claro que el modelo de gobierno del Estado Libre Asociado, que había sostenido sus propios retos contra la proestadidad a lo largo de los años, iba perdiendo credibilidad ante los ojos de los votantes puertorriqueños. La pérdida de empleos comenzó a aumentar asombrosamente, y el gobierno federal se convirtió en el mayor empleador de la isla.

Desde el comienzo de esta recesión particular, desatada por la eliminación gradual de la Sección 936, cuando corporaciones estadounidenses salieron de Puerto Rico en busca de salarios más bajos, incluso Wall Street expresó preocupación. Incluso antes de que se aprobara la ley de rescate, un artículo de agosto de 1996 en el periódico *Bond Buyer* citaba al calificador de bonos de Moody, Steve Hochman, diciendo que la eliminación progresiva crearía «un impacto negativo a largo plazo. Esta acción dañará el potencial de crecimiento económico de la isla».[5] Las agencias de calificación y las instituciones de inversión en compra de bonos, que regularmente consideraban aceptables las calificaciones a pesar de las señales inquietantes en las economías que emitían bonos, mostraron una miopía generalizada en el periodo previo a la crisis de la deuda, se puede decir que hasta el punto de ser un factor destacado en la acumulación de deuda. Sin embargo, la clase empresarial y gubernamental en Puerto Rico no tenía ningún problema en seguir el juego.

En los años que condujeron a la crisis, después de que fuera anunciado en la prensa cada giro inesperado, hubo una explosión en el uso de instrumentos financieros y el desarrollo de nuevos caminos para evitar los requisitos constitucionales para los techos de deuda, creando a su vez un nuevo optimismo en el mercado de bonos. En los diez años entre 1996, cuando comenzó la eliminación gradual de la 936, y 2006, cuando el gobierno aprobó una ley que permitía la emisión de bonos a ser respaldados por un impuesto a las ventas y el uso (bajo el infame acrónimo de COFINA: Corporación del Fondo de Interés Apremiante), la economía de Puerto Rico se transformó de ser un estado del bienestar fallido a ser otro absorbido totalmente por los mecanismos avanzados de Wall Street para evitar riesgos. Al financiar su creciente deuda con un impuesto a las ventas, Puerto Rico pasó directamente la carga de deuda al consumidor promedio, quien estaría pagando una tasa cada vez mayor durante una cantidad de tiempo indeterminada. Sin embargo, en los medios de comunicación e incluso el análisis académico de las razones de la crisis de deuda, la narrativa estaba delineada por el escenario de caso especial de un territorio caribeño no incorporado, con el gobierno de la isla estructurado como un prestatario extralimitado, si no irresponsable, metido hasta el cuello en una actividad legítima que es una parte esencial de la financiación de municipalidades y estados dentro de Estados Unidos continental.

La idea de que Puerto Rico era "irresponsable" en la

administración de sus finanzas es legítima en el sentido de que su aparato del gobierno actuó de manera corta de vista para asegurar la viabilidad de sus operaciones y mantener intacto un sistema de apoyo y a veces corrupción que siempre ha sido parte del paisaje estadounidense continental. Por el modo en que está construida la narrativa en torno a cómo y por qué Puerto Rico llegó a deber setenta y dos mil millones de dólares en deuda además de unos cincuenta mil millones de dólares en obligaciones de pensiones está estructurada firmemente mediante tropos racistas y clasistas, como los inventados en la era de Reagan sobre el gasto despilfarrador de las reinas de los beneficios sociales al igual que la estigmatización de finales de la década de los dos mil, de personas que tomaron hipotecas de alto riesgo que estaban dirigidas principalmente a personas de color. Cuando esas deudas de riesgo fueron empaquetadas juntamente con otras que variaban en riesgo, el colapso resultante en los precios fue una de las causas fundamentales de la recesión de 2008.

La "financialización" de las economías occidentales, una característica central del neoliberalismo, fue una parte crucial de la resolución de las restricciones de la década de los setenta. Estas economías batallaban con condiciones en las cuales los productos manufacturados superaban la demanda efectiva, creando márgenes de beneficio decrecientes, pérdida de empleos, y tendencias de inflación exacerbadas por el mayor poder de la Organización de Países Exportadores de Petróleo (OPEP) y el aumento resultante en los precios del crudo fósil. Economistas marxistas o neomarxistas explicaban esas recesiones como crisis inevitables generadas por la naturaleza misma del capitalismo; se esfuerza por expandirse agotando mercados hasta que su rentabilidad llega a su techo y también concentra la riqueza y, de ese modo, limita su propia circulación.

Fuentes que varían desde Oxfam hasta la revista *Forbes* calculan que desde siete hasta treinta y dos billones de dólares están guardados en paraísos fiscales extraterritoriales, dinero que podría utilizarse para reparar infraestructuras, contratar trabajadores, y permitir que los consumidores mantengan dinámicas las economías. Independientemente de si creemos en el análisis económico marxista, está claro que un grupo de economistas liderados por Friedrich Hayek y Milton Friedman de la University of Chicago avanzaron exitosamente la idea de que las políticas keynesianas de inversión dirigida por el gobierno y regulación financiera, que permitieron que la economía estadounidense se revitalizara tras la Gran Depresión de la década de los años treinta, eran las culpables del estancamiento de los años setenta y que la respuesta a este problema era fomentar y despejar el camino para el libre capitalismo. Este cambio desde el liberalismo del *New Deal*, en el cual la financiación pública y las instituciones serían la piedra angular de la sociedad, hasta identificarlo como la fuente de todo lo que retenía el progreso fue el mayor logro de la escuela de Chicago.

Estos desarrollos ideológicos crearon un nuevo impulso para desregular la industria y el financiamiento, un patrón defendido por Ronald Reagan y la primera ministra británica Margaret Thatcher, quienes contrataron a Friedman como asesor económico principal. Esto creó un nuevo mundo feliz en el que las economías ya no serían dependientes de la fabricación industrial, sino que también, de modo cada vez más abstracto, comenzarían a alejar el riesgo de acumulación de capital y de beneficios de la producción física y la empresa hacia los consumidores. Las pensiones financiadas por el empleador fueron sustituidas por planes de pensiones privados como los IRA y 401(k), cuyo crecimiento estaba vinculado al ascenso y la caída de los mercados de acciones, bonos y productos básicos, y los salarios siguieron estancados, lo cual alimentó el crecimiento del crédito personal, con tipos de interés que estaban al capricho de cómo reaccionaba la Reserva Federal al capital financiero internacional.

Desde allí fue una diversión rápida, desde el cambio sutil hasta la avaricia empresarial personificada por Charlie Sheen y Michael Douglas en la película *Wall Street* y hasta los excesos maniáticos de Leonardo DiCaprio en *El lobo de Wall Street*. Aunque estos clichés pop-culturales son eficaces a la hora de dibujar un retrato cinematográfico del movimiento de la actividad productiva desde la manufactura hasta el sector financiero, no arrojan mucha luz acerca de las prácticas concretas que permitieron la creación de tal riqueza. En muchos aspectos, ese es el punto. El mundo de la financiación especulativa fue inventado en parte para ocultar los mecanismos de ganancia y pérdida financiera. Cada vez más, la creación de beneficio fue cambiando desde algo que era tangible y podía medirse hacia un ambiente enrarecido de artilugios esotéricos para crear beneficio, esencialmente un conjunto de tipos de interés y márgenes de beneficio fluctuantes. Esto dio a la ganancia de beneficios un tipo de valor añadido a la "financialización" que era en sí mismo una atracción. Solamente aquellos que estaban formados especialmente o fueron contratados por instituciones bancarias de élite, ellos mismos los productos de la escuela de negocios de élite, realmente entendieron cómo navegar por el sistema.

Uno de los instrumentos clave que utilizó Wall Street para expandir el atractivo de la inversión fue lo que llegó a conocerse como *derivadas financieras*. El concepto esencial tras la creación de instrumentos financieros complejos es algo que todo el mundo parece saber y sin embargo evita casi automáticamente, ya que parece implicar conocimientos de cálculo. Una derivada financiera es un contrato entre las partes que las protege contra el riesgo de cambios en el precio; en cierto sentido está relacionado en significado con la derivada en el cálculo, la cual mide los cambios en la relación entre funciones matemáticas.

La práctica original de derivadas se utilizaba para proteger a agricultores e inversionistas contra rendimientos inconsistentes en las cosechas. A largo plazo, ayudó a debilitar los precios de los productos básicos en el Sur Global y aumentó la ventaja competitiva de las potencias dominantes en la economía mundial. Desplazar el riesgo a la agricultura latinoamericana debilitó estas economías y las hizo vulnerables a ser atraídas ellas mismas hacia trampas de deuda. Su posicionamiento en los mercados de productos básicos les dio parte de la ventaja competitiva obtenida durante los años de recesión, pero el colapso de los precios en esos mercados erosionó rápidamente esa ventaja.

La forma de derivadas implicada en la crisis de deuda de Puerto Rico se utilizó en la banca en lugar de en los mercados de productos básicos. Un grupo de banqueros de inversión de J. P. Morgan inventó estos "instrumentos financieros" en 1994 en un fin de semana de trabajo en Boca Raton, Florida, una manera de compartir el importante riesgo de las inversiones empresariales con otros bancos.[6] Los primeros acuerdos de derivadas llegaron más adelante este año, cuando Exxon pidió una nueva línea de crédito para cubrir daños de hasta cinco mil millones de dólares del vertido del Valdez. El miembro del equipo de J. P. Morgan, Blythe Masters, propuso que Morgan trasladara el riesgo de la línea de crédito de Exxon al Banco Europeo de Reconstrucción y Desarrollo (EBRD, por sus siglas en inglés), que sería el dueño si Exxon no podía pagar. A cambio, el EBRD recibiría un pago de J. P. Morgan. Lo denominaron "permuta de riesgo crediticio".

La permuta de riesgo crediticio de Morgan fue la primera vez que la deuda o el riesgo habían sido intercambiados como una mercancía, y abrió las compuertas para la especulación. Ahora era posible invertir en el éxito y también el fracaso de una empresa o de otra entidad. Los bancos podían disociarse del riesgo redactando permutas en conjuntos de deuda, desarrollando así portafolios de riesgo crediticio, que estaban categorizados en diferentes niveles. Esto creó un mercado totalmente nuevo de permuta de mercancía, donde el crédito de mayor riesgo era empaquetado con otros préstamos de menor riesgo como "obligaciones de deuda garantizada" y eran recompensados con beneficios más elevados.

A medida que aumentó la demanda de productos financieros complejos, las instituciones bancarias vieron el potencial no solo de permitir la acumulación de beneficios cada vez mayores, sino también de tener el control de los mecanismos dominantes de la economía global emergente. Comenzaron a resistirse a la regulación de las permutas y derivadas, ya que la naturaleza misma de las derivadas estaba pensada para evitar la revelación de las cosas a tiempo real demorando las obligaciones de deuda hacia más adelante en el futuro. A medida que el capital financiero fue aumentando cada vez más el mercado de derivadas, aumentó la presión sobre los legisladores en Washington para que eliminaran más restricciones, lo cual dio como resultado la derogación de la Ley Glass-Steagall (o Ley de Bancos). Esto permitía que los bancos ya no se restringieran a sí mismos a la banca individual y empresarial; ahora podrían participar plenamente con la nueva frontera de los instrumentos financieros complejos. Al deshacer la separación entre banca de inversión y comercial, se crearon instituciones "súper bancarias" que participaban en asumir un mayor riesgo ofreciendo paquetes y asegurando conjuntos de dinero prestado y cargando tasas de evaluación de riesgo en cada etapa de su proceso de ventas de este instrumento financiero.[7]

A medida que los estadounidenses comenzaron a adaptarse al nuevo escenario de neoliberalismo y globalización, el cual, como hemos observado, también se benefició mucho de las zonas de libre comercio que deprimieron el valor del trabajo en el Sur Global y desencadenaron una migración masiva que sigue estando en efecto, comenzaron a desarrollar una idea distinta de cómo se veía la estabilidad de la clase media. Aunque las dinámicas de esta nueva narrativa estaban ocultas en cierto modo, se hizo obvio para la mayoría de los estadounidenses que no podían depender ya de la seguridad de un empleo indefinido y los planes de pensiones tradicionales, que siguen siendo una característica de algunos empleos del gobierno federal, estatal y local. Los estadounidenses de clase media comenzaron a entender que sus intereses habían comenzado a estar más alineados con los "mercados de activos" que con sus ingresos reales, transformándolos, como observaba Robert Reich, de ser "ciudadanos" en una sociedad definida por el capitalismo y la democracia a ser "inversionistas" interesados en los precios de los activos y el valor de los accionistas.[8] En 1997, el mercado estadounidense de bonos municipales era el más grande del mundo, con 1,2 billones de dólares en deuda pendiente.

Esta nueva dirección para los estadounidenses continentales tenía un tipo de encaje perverso en el modo en que la situación económica de Puerto Rico había estado evolucionando desde la Ley Jones de 1917. Individualmente o mediante quienes estaban a cargo de sus pensiones, los inversionistas estadounidenses buscaban cada vez más lugares dónde invertir su dinero, pero solamente los bonos municipales locales ofrecían exenciones de impuestos, y en muchos casos los bonos locales no eran tan competitivos como los que ofrecían municipalidades exteriores. Los bonos de Puerto Rico estaban exentos de todos los impuestos, y el gobierno de Puerto Rico estaba desesperado por conseguir compradores, ya que la economía era dependiente estructuralmente y no era probable que generara crecimiento sin ayudas impositivas atrozmente generosas.

La relación de deuda entre Estados Unidos y Puerto Rico, como exploramos en el capítulo 1, había seguido el patrón que los bancos de Wall Street habían comenzado desde el inicio de la era del intervencionismo estadounidense en las economías latinoamericanas que despegó tras la Guerra Hispanoamericana. A fin de contener la especulación excesiva, se impusieron algunas reglas nominales, como sucedió con varios estados y municipalidades en Estados Unidos. La Ley Jones establecía: «No debería hacerse ninguna partida de gasto público que exceda la renta total proporcionada para tal partida o gasto, a menos que la legislatura instituya un impuesto para pagarlo dentro de un año fiscal dado». Similares a leyes que gobiernan los estados, estos límites tenían la intención de prevenir los préstamos irresponsables, pero como Puerto Rico era, por ley, menos que un estado, un lugar donde podía aplicarse la Constitución estadounidense de modo diferente para adaptarse a los intereses estadounidenses, era vulnerable al abuso mediante la manipulación financiera.

Treinta y cinco años después, la Constitución de Puerto Rico expresaba de modo parecido: «Las partidas asignadas para cualquier año fiscal no excederán los ingresos presupuestarios totales, incluyendo el superávit disponible, calculados para tal año fiscal a menos que se provea por ley la imposición de impuestos suficientes para cubrir tales partidas». Sin embargo, a medida que pasaron los años e independientemente de lo que sucedió con la economía de Puerto Rico, como consolidar terrenos para la agricultura, transformar la industria unido a la migración forzosa mediante la Operación Manos a la Obra, implementar y finalmente eliminar la Sección 936 del Código de Ingresos Domésticos, el último recurso era siempre encontrar maneras de evitar los límites para vender bonos. Esto tuvo el resultado inevitable de situar a Puerto Rico más profundamente en la deuda. Es difícil concebir una senda diferente para la isla, ya que no tenía la capacidad de desarrollar una economía independiente de los intereses empresariales estadounidenses y buscaba el préstamo como el único modo de cubrir rápidamente los déficits.

En 1961, el Congreso modificó una ley de 1950 llamada Ley de Relaciones Federales de Puerto Rico, poniendo fin al límite de deuda impuesta federalmente a falta de un voto sobre una enmienda constitucional con un nuevo lenguaje de límite de deuda. El nuevo lenguaje permitía a las municipalidades tomar préstamos en sus propios intereses sin exceder los límites de deuda del estado libre asociado. La enmienda también impuso un tope del 15% en el pago de la deuda, o el pago mínimo requerido para mantener el interés y los pagos principales actuales, dando a las ramas ejecutiva y legislativa luz verde para pedir prestado más dinero si aumentaban las tasas impositivas. Debido a que el nuevo límite de préstamo se aplicaba solamente a «bonos y pagarés para el pago de los cuales se garantizará la plena fe y crédito y el poder impositivo del Estado Libre Asociado», se abrió una puerta para crear la emisión de bonos respaldada impositivamente conocida como COFINA en 2006, que permitía que las emisiones de bonos fueran respaldadas por los ingresos de impuestos.[9]

Cuando Sila Calderón, la primera gobernadora de Puerto Rico en la historia, asumió el cargo en 2001, hubo una mezcla de señales sobre el futuro de la isla. La administración de Pedro Rosselló había creado un nuevo estilo de política proestadidad abandonando a los republicanos izquierdistas y forjando nuevos vínculos con Bill Clinton y el Partido Demócrata dominante. Estos vínculos tenían que ver más con la necesidad de no interrumpir las transferencias federales de pagos que irían hacia el Seguro Social, Medicare, y cupones de alimentos para residentes con derecho, que con el compromiso ideológico de cualquier parte. El acuerdo entre Rosselló y Clinton para eliminar la Sección 936, según algunos una táctica del PNP para forzar una nueva organización político-económica con la esperanza de que la estadidad quedara como la única opción viable, dio comienzo al lento descenso de la isla hacia un crecimiento económico negativo. Cuando Calderón asumió su cargo, también se avecinaba el fenómeno creciente de resistencia neonacionalista en Vieques, una pequeña isla frente a la costa oriental de la isla. Como la vecina Culebra, Vieques es una municipalidad puertorriqueña y por años albergó una base naval estadounidense cuyos bombardeos implacables de las playas de la isla durante simulaciones de guerra causaron un daño medioambiental a largo plazo, y sus efectos aún se sienten en la actualidad.

En la primavera de 1999, David Sanes Rodríguez, un civil que trabajaba en la base naval de Vieques, resultó muerto por una bomba perdida mientras formaba parte de un equipo de seguridad. La injusticia de su muerte reavivó protestas en la isla, que había sido el escenario de campamentos de ocupantes ilegales que se remontaban a las décadas de los setenta y los ochenta (residentes de la vecina isla de Culebra se las habían arreglado para suspender las prácticas navales allí en 1975). Esto creó un renacimiento del activismo nacionalista que en cierto modo había estado inactivo desde los malos tiempos de antaño de las protestas de la UPR y las bombas de los Macheteros en los ochenta. Los campamentos atrajeron a manifestantes que formaron parte de la farándula puertorriqueña, desde los cantantes pop, Robi "Draco" Rosa y Ricky Martin, hasta el boxeador, Félix "Tito" Trinidad, Robert Kennedy Jr., Al Sharpton y Jesse Jackson.

Este foco repentino sobre la política de Puerto Rico coincidió con el final del segundo y último mandato de Bill Clinton, cuando decidió adquirir cierto capital político para la carrera de su esposa al Senado en Nueva York tomando en serio el problema en Vieques. Cuando llegó el momento de sus indultos finales, ordenó la liberación de doce nacionalistas encarcelados, para ganar puntos para Hillary Clinton con los puertorriqueños en Nueva York. Uno de esos nacionalistas, Oscar López Rivera, rechazó el trato e insistió en permanecer en prisión hasta que fueran liberados los quince, consiguiendo finalmente que su sentencia fuera conmutada por Barack Obama en 2017.

Pero aparte de considerar que esas acciones tenían motivos políticos, es importante recordar que la acción de Clinton fue obviamente bien recibida por la comunidad puertorriqueña que favorecía el nacionalismo y la independencia. Aunque López Rivera se aferró a sus principios y siguió en la cárcel, activistas como Dylcia Pagán, nativa de Nueva York y que tiene seguidores devotos, y Elizam Escobar, destacado pintor, han podido vivir vidas productivas en Puerto Rico.

Calderón asumió su cargo durante un periodo de mejora estadística temporal de la economía puertorriqueña. El índice de desempleo, en el 11%, era tres veces el de Estados Unidos, pero también había bajado desde el 16,5% que había en 1992. La administración de Rosselló también pudo aumentar significativamente la recaudación de impuestos, desde 649 000 retornos en 1993 hasta 861 000 en 1998. Estos cambios sin duda estaban vinculados al repunte económico de la presidencia de Clinton y a una modernización quizá inevitable de la sociedad puertorriqueña, en la que trabajadores en zonas metropolitanas dejaban atrás el *statu quo* de evasión de impuestos que se remontaba hasta la colonización española. Aun así, los ingresos per cápita se mantuvieron en torno a diez mil dólares al año, casi la mitad de los de Mississippi, el estado más pobre en Estados Unidos.[10]

La meta central de Calderón al asumir el cargo era

intentar restaurar de algún modo los créditos impositivos de la 936 y rescatar parte del legado del crecimiento de la producción. Pero esto demostraría ser extremadamente difícil de lograr políticamente a pesar de los intentos de Clinton en los últimos años de su presidencia para conseguir que se ampliara el periodo de eliminación de la 936. Un factor fundamental en este esfuerzo fue la oportuna conexión entre el PNP y el Partido Demócrata estadounidense que se había desarrollado durante la administración de Clinton. Los intereses de Rosselló y de Clinton convergieron en la eliminación de la 936 debido al deseo del primero de mover la aguja hacia la estadidad, y el interés del segundo de aparecer como un reformista demócrata decidido a cerrar resquicios impositivos exóticos incluso mientras en su propio país recortaba privilegios gubernamentales.

Calderón asumió el cargo con fuerzas políticas opuestas en juego. En primer lugar, los demócratas bajo Bill Clinton habían aprovechado el final de la 936 y no era probable que quisieran restaurarla. Les gustaba cómo cerraba resquicios impositivos y no dañaba la economía estadounidense, pues sus políticas coincidían cada vez más con el empuje republicano hacia el achicamiento o reducción del gobierno. En segundo lugar, no era probable que los republicanos le hicieran favores a Puerto Rico debido a su aparente deslealtad cuando rechazó la presencia de la base naval de Vieques. Finalmente, en el complejo mundo de los grupos de presión, el miembro principal de presión del PPD en Washington era Charles Black, un veterano cuya firma incluía a socios de Trump llenos de escándalos como Roger Stone y Paul Manafort. Black y otros miembros del Partido Republicano habían apoyado en diversos momentos los planes de los partidos por la estadidad y el estado libre asociado.

La administración de Calderón mantuvo a flote a Puerto Rico en muchos aspectos sin cambiar el *statu quo* en cuanto a la política gubernamental y la economía. Ella se propuso poner en marcha investigaciones para desarraigar la corrupción, pero al final fue acusada de desempeñar un papel en la acumulación de deuda pública, la cual aumentó casi en quince mil millones de dólares. Algunos comentaristas miraban con escepticismo la relación de Calderón con Melba Acosta, quien sirvió como presidenta del Banco Gubernamental de Fomento para Puerto Rico (BGF) bajo Calderón, y más adelante, con Alejandro García Padilla. También señalaron el hecho de que su hijo trabajaba para Goldman Sachs, una firma que ganó lucrativas tasas de evaluaciones de riesgo cuando se reestructuraron las deudas de bonos existentes. Aunque la Marina finalmente abandonó Vieques en 2003, también retiró la base naval relativamente grande de Roosevelt Roads en la ciudad de Ceiba en la costa oriental de la isla, dañando la economía de las ciudades vecinas de Fajardo, Luquillo y Río Grande. El Centro Comercial Fajardo, como muchos otros negocios cercanos a la casa de mis padres, experimentó cierres de tiendas y también pérdidas de empleo y de beneficios.

En 2016, meses después de que se revelara que la deuda de Puerto Rico era impagable, Calderón admitió en una entrevista con *El Nuevo Día* que su administración era responsable de sumar más de seis mil millones de dólares a la deuda, que suponía el 8,8% de los setenta y dos mil millones. Aunque la historia parece demostrar que ella no soportó la mayor parte de responsabilidad en la acumulación de la deuda y las alegaciones de corrupción no prosperaron, en 2003 la exalcaldesa de San Juan anunció su intención de no presentarse a un segundo mandato, decidiendo en cambio casarse con uno de los miembros de su gabinete y llegar fácilmente a la jubilación.

El sucesor de Calderón, Aníbal Acevedo Vilá, fue elegido gobernador en 2004. El abogado que estudió en Harvard creó un ambicioso plan económico que parecía encajar bien en el globalismo neoliberal a estilo Clinton. Muchas de las expresiones en boga del grupo de Davos estaban en el plan: él quería enfocarse en "la economía del conocimiento", áreas como biociencia, tecnología y computación, y quería diversificar la economía, apuntalar el crecimiento de la empresa local, y mejorar la educación pública. Augurando problemas que llegarían a ser más destacados diez años después, Acevedo Vilá quería mejorar los procesos burocráticos que demoraban las cosas, como los reportes financieros. También quería reparar la infraestructura y reducir el costo de la energía, consciente ya de los problemas intratables que enfrentaba la Autoridad de la Energía Eléctrica, que era totalmente dependiente de los combustibles fósiles para crear electricidad.

Acevedo Vilá, como muchos oficiales electos globalistas de Estados Unidos, Europa y América Latina, quería aumentar el uso de las sociedades público-privadas (PPP, por sus siglas en inglés) para avanzar con proyectos financiados parcialmente como la construcción del puerto de última generación Las Américas; la construcción de un nuevo centro de convenciones, que estaría ubicado en una zona anodina al sur del centro colonial de San Juan; y como Baltimore, Nueva York y

Boston, la remodelación de la zona litoral. Sin embargo, en una entrevista conmigo en su oficina en San Juan, se quejaba de que sus propuestas quedaron sin implementar en gran parte debido a lo que él denominó "legislatura obstrucionista".[11]

Este lamento, aunque quizá un tópico en nuestra época de gobierno improductivo, sí señalaba algo importante: la lenta emergencia de un elemento de extrema derecha en el PNP que llegaría al poder en años posteriores, semejante al renacimiento republicano en Estados Unidos y quizá con un gran impulso proporcionado por el ala Cheney-Rumsfeld-Rove de la administración de George W. Bush. Tras un periodo de relativo centrismo durante el gobierno de Pedro Rosselló en la década de los noventa, figuras de línea firme como Thomas Rivera Schatz, secretario general del PNP durante el mandato de Acevedo Vilá y que llegó a ser presidente del Senado; el senador Larry Seilhamer; y Jenniffer González, actual comisionada residente y ardiente defensora de Trump, cimentaron todas ellas su poder en esta época.

En 2005, una operación inesperada llevada a cabo por el FBI sin la cooperación anticipada de la policía local, resultó en la muerte del líder de las FALN, Filiberto Ojeda Ríos, quien había estado escondido durante meses en la ciudad montañosa de Hormigueros en la parte occidental de la isla. Ojeda Ríos había sido un fugitivo por veinte años desde 1990, cuando se quitó una pulsera de monitoreo electrónica y se escondió mientras esperaba el juicio por un robo a Wells Fargo en 1983 en West Hartford, Connecticut. Por mucho tiempo se rumoró que había estado viviendo en Cuba y una vez fue un objetivo muy buscado del FBI, pero hacía mucho tiempo que había desaparecido del ojo público. Aunque los Macheteros, como eran conocidos los miembros de las FALN, no habían cometido un acto de violencia en más de veinte años, una unidad del FBI con base en Atlanta trazó un plan para su captura, y después de una breve vigilancia, rodeó su casa de repente con artillería pesada. Los confrontaron a él y a su esposa, y al final Ojeda Ríos cayó muerto en una balacera. Según la investigación realizada por la Comisión de Derechos Civiles de Puerto Rico, la unidad del FBI negó la atención médica, permitiendo en cambio que muriera desangrado.[12]

Una investigación posterior de la Comisión de Derechos Civiles de Puerto Rico determinó por los estudios forenses que los agentes del FBI «querían matar» a Ojeda Ríos y que sus actos fueron ilegales debido a una «falta de intención de arrestar» a Ojeda Ríos, la naturaleza y cantidad de fuerza que los agentes federales utilizaron contra él, la falta de disponibilidad de atención médica adecuada, un eficaz apagón de los medios de comunicación, y la aparente conformidad del gobierno local. Uno de los agentes del FBI a cargo de la operación era José Figueroa Sancha, quien más adelante fue nombrado superintendente de la Policía de Puerto Rico. En los días posteriores al incidente, Acevedo Vilá reaccionó con indignación, diciendo en una conferencia de prensa que «la sospecha que tenemos muchos de nosotros es que esta persona [Ojeda Ríos] fue herida y murió, porque a nadie se le permitió entrar en la escena cuando, si hubiera recibido atención, podría haber sobrevivido».[13]

El reporte presentado por la oficina del Inspector General y el Departamento de Justicia, solicitado por Robert Mueller, que en ese momento era el director del FBI, concluía que los tres disparos hechos por uno de sus oficiales, uno de los cuales causó la muerte de

Ojeda Ríos, no violaron la política de fuerza mortal de la organización. «En el momento en que el agente hizo esos disparos», concluye el reporte, «tenía una creencia razonable en que Ojeda suponía un peligro de muerte inminente o graves daños para sí mismo y otros agentes».[14] Estos argumentos son los que han utilizado los cuerpos policiales para justificar una letanía de disparos mortales y el uso de la fuerza. Además, el derecho a la sospecha razonable es fundamental para muchos argumentos sobre el uso excesivo de la fuerza en actividades de la policía. Evidencia de que Ojeda Ríos iba armado y en cierto momento respondió con disparos no es sorprendente para alguien que había sido el líder de un grupo que había utilizado medios violentos, bien que en la lucha por la autodeterminación. Sin embargo, la negligencia intencional por parte del FBI parece haber causado su muerte.

La muerte de Ojeda Ríos se convirtió en un asunto que pasó más allá de ser un sencillo reporte forense de la escena del crimen y el debate sobre el futuro estatus de Puerto Rico, o incluso de las acciones de una persona cuando participaba en una pelea letal con agentes del FBI. Más bien fue un ejemplo de la total incapacidad del pueblo puertorriqueño para regular dentro de sus propias fronteras la incursión del FBI, actuando aparentemente fuera del consentimiento de los residentes locales o el gobierno. De ese modo, representaba la impunidad con la cual Estados Unidos ejerce autoridad sobre su territorio no incorporado. Esta impunidad, junto a la falta de cualquier respeto por la soberanía nacional, unió a los puertorriqueños de todas las creencias políticas en una sensación de indignación. La violación de la soberanía en un lugar que nunca la ha tenido, al menos no desde la era del descubrimiento de la colonización europea, es algo que siempre abre una herida colonial gigantesca.

Un año después, durante una serie de redadas del FBI pensadas para reunir información sobre posibles simpatizantes de los Macheteros, agentes atacaron una torre de apartamentos en la zona de San Juan para confiscar materiales en el apartamento de un activista comunitario y organizador sindicalista. Cuando una multitud de periodistas comenzaron a reunirse en la entrada del edificio, el FBI y la policía de Puerto Rico les negaron rápidamente el acceso, y finalmente los rociaron con gas pimienta y golpearon a algunos con porras mientras se retorcían en el piso por los efectos del gas. José Figueroa Sancha, quien más adelante llegaría a ser el superintendente de la policía bajo el gobernador Luis Fortuño cuando asumió el cargo en 2009, estaba en la escena como agente especial del FBI a cargo. En los meses siguientes, la Asociación de Periodistas Profesionales de Puerto Rico presentó una demanda, y pareció haber comenzado una nueva era de represión contra cualquiera que se atreviera a cuestionar el poder de la autoridad estadounidense, incluso de miembros de los medios que intentaran cubrir una redada del FBI.

La carrera en 2008 para gobernador adoptó un carácter nuevo cuando los beneficios fiscales de la Sección 936 entraron en su último año de eliminación progresiva. La muerte de Ojeda Ríos por el FBI había asombrado a muchos puertorriqueños y también se polarizó, vigorizando los aspectos derechistas por mucho tiempo inactivos del PNP. Así, el PNP se vio atraído de nuevo hacia una política de ley y orden de "mano dura" a medida que empeoró el sistema económico. También fueron vigorizados por una administración de Bush que no solo era neoconservadora y militarista, sino que también disfrutaba de un apoyo mensurable de los hispanos conservadores en Estados Unidos, desde cubanos anticastristas en Florida hasta mexicano-americanos moderados en Texas, que era el estado natal de adopción de Bush. Su partido de oposición, el PPD, debilitado por años de una respuesta inadecuada a las señales crecientes de recesión causadas por el final de la 936 al igual que la obstrucción del PNP en la legislatura, se tambaleaba.

El oponente de Acevedo Vilá, el comisionado residente Luis Fortuño, había establecido vínculos desde hacía mucho tiempo atrás con los republicanos conservadores. Había sido un miembro de la Asociación por la Estadidad de Puerto Rico, un grupo universitario proestadidad que dio votos al derechista Carlos Romero Barceló y también estaba muy relacionado con la administración de Bush. La presidenta de su campaña gubernativa de 2004, Annie Mayol, pasó a trabajar para Karl Rove en la Oficina de Asuntos Políticos, el controvertido despacho de propaganda y relaciones públicas. Sin embargo, se levantaron pocas cejas fuera de Puerto Rico cuando, en la cúspide del escándalo del Fiscal Federal que vio al exgobernador de Alabama, Don Siegelman, encarcelado porque era una "amenaza política", Rosa Emilia Rodríguez fue nominada por el fiscal general de Bush, Alberto Gonzales, como fiscal federal de Puerto Rico en 2006.

El escándalo del fiscal federal fue un escándalo grave, si no pasado por alto, durante una administración presidencial cuyo fracaso más evidente fue comenzar una guerra en Irak cuando ninguno de los secuestradores del 11 de septiembre tenía vínculos con ese país y finalmente no se encontró ninguna de las armas de destrucción masiva citadas como la razón principal para la invasión. En 2006, la administración de Bush despidió a nueve fiscales federales, un movimiento que se sospechó ampliamente que era para impedir investigaciones de oficiales electos republicanos en varios estados. Un reporte en 2008 del Inspector General descubrió que la mayoría de los despidos tuvieron motivación política y fueron improcedentes.[16] Correos electrónicos mostrados después de que Rove dejó su cargo revelaron que él, desde su posición como director de la Oficina de Asuntos Públicos de la Casa Blanca, había estado involucrado en la purga de los fiscales federales.[17]

En una entrevista conmigo en 2011, el senador de Puerto Rico, Eduardo Bhatia, producto de la facultad de Derecho de Princeton y Stanford, dijo que desde un principio había considerado que Fortuño estaba adulando a líderes republicanos derechistas.[18] El fiscal general de Estados Unidos, Alberto Gonzales, nombró a Rodríguez en 2006, y tras un largo periodo en el que el Senado se negó a confirmarla, ella finalmente asumió el cargo en octubre de 2007. «Cuando [Rodríguez] llegó a Puerto Rico, una semana después de eso, comenzó a haber filtraciones sobre investigar al gobernador, y me resultó muy claro que había una agenda política igual que la hubo con Siegelman y otros fiscales estadounidenses en todo Estados Unidos», declaró Bhatia.

Cinco meses después, el gobernador Acevedo Vilá fue acusado de diecinueve cargos criminales, incluyendo fraude fiscal y utilización de dinero de la campaña para pagar vacaciones familiares en Miami, Orlando y China, además de facturas por una cantidad de 57 000 dólares en ropa de lujo y tarjetas de crédito. Fue la primera vez que un gobernador de turno había sido acusado, y sucedió cuando quedaban solo ocho meses hasta las

elecciones en noviembre. El gobernador emitió inmediatamente una declaración diciendo que los cargos estaban
«motivados políticamente», y su abogado Thomas C.
Green informó: «Esto es una intrusión sin precedentes e
inmerecida por parte del gobierno federal en los asuntos
y los procesos electorales en el estado libre asociado».[19]
En marzo de 2009, cuatro meses después de perder las
elecciones, un jurado de Filadelfia declaró a Acevedo
Vilá inocente de todos los cargos, aunque varios de sus
asistentes se declararon culpables y fueron sentenciados.
Su equipo de defensa tenía tanta confianza en su caso
que ni siquiera llamaron a un solo testigo. Pero el daño
ya estaba hecho, ya que indudablemente, debido a los
efectos secundarios de la acusación, Luis Fortuño fue
elegido gobernador en noviembre. La elección dio como
resultado que el PNP controlara las dos cámaras de la
legislatura. En cierto tipo de inversión de lo que había
sucedido en Estados Unidos con la elección de Barack
Obama, quien asumió el cargo con pleno control demócrata de ambas cámaras, Puerto Rico se había situado
de repente bajo el control de un gobierno derechista que,
aunque se enfocaba en demandar consideración por la
estadidad mediante el uso de reducir el gobierno para
impresionar a los republicanos en el Congreso, estaba
interesado principalmente en consolidar su poder.

En cuanto asumió su cargo, Fortuño formó un comité
de capitanes de la industria privada llamado CAREF
(Comité Asesor de Reconstrucción Económica y Fiscal),
que excluyó completamente al sector público y los sindicatos, con el objetivo de formular recomendaciones para
una nueva política económica para tratar la recesión
continuada de la isla. Entonces, la legislatura controlada
por el PNP aprobó la infame Ley 7, cuyo título se tradujo

a la ley especial declarando un estado fiscal de emergencia y estableciendo un plan integrado de estabilización fiscal para salvar la solvencia crediticia de Puerto Rico.

Fortuño firmó la Ley 7 el día 9 de marzo de 2009, cuando llevaba pocos meses en su puesto, estableciendo el tono de su estilo de gobierno. Declarar un estado de emergencia era una táctica que había permitido al gobierno preparar el escenario para implementar severas medidas de austeridad, entre las que se incluía el despido de veinte mil funcionarios del gobierno. Los cuerpos policiales incluso podían utilizar el lenguaje de la ley para justificar acciones más extremas para preservar el orden. Aunque esta acción alarmó gravemente a los sindicatos y a un gran segmento de la fuerza laboral, que en Puerto Rico está centrada en el sector público, pocos observaron que debido a la "emergencia", el gobierno podía reservarse el uso de la fuerza para "proteger la vida, la salud y el bienestar del pueblo".

En agosto de 2009, tres meses después de una manifestación masiva el Día de los Trabajadores (*May Day*) para protestar contra los despidos inminentes de trabajadores puertorriqueños, se produjo un inquietante incidente de violencia policial cerca del campus de la Universidad de Puerto Rico. Tras una escaramuza inicial con un hombre borracho en un bloque flanqueado por bares universitarios, la unidad táctica de la policía conocida también como Fuerza de Choque utilizó garrotes para golpear a transeúntes inocentes. El incidente llegó a su clímax a las tres de la mañana cuando un oficial de policía lanzó un bote de gas que golpeó a una estudiante, Michelle Padrón Gauthier, que estaba de pie en un patio cercado de la universidad. Cuando otros estudiantes se apresuraron para ayudarla, los oficiales dispararon otros dos botes, emitiendo nocivos gases lacrimógenos.[20]

En abril de 2010, alarmados por los despidos obligatorios de veinte mil funcionarios del gobierno, acciones policiales de mano dura, y la intención de la junta directiva de la universidad (llena de seguidores de Fortuño) de privatizar y vender grandes sectores de la universidad a la vez que aumentaban las tasas de matrícula, una coalición de estudiantes decidió intervenir. Planearon una gran acción de protesta frente al Capitolio en el Viejo San Juan, un edificio de estilo colonial que alberga la legislatura puertorriqueña. El movimiento de la Universidad de Puerto Rico había incubado un nuevo grupo de estudiantes radicalizados, inspirados por el movimiento de indignados en ciudades españolas. Se organizaron en una estructura horizontal y estaban acostumbrados a asistir a varias reuniones plenarias donde se tomaban decisiones sobre cómo proceder de una manera muy democratizada y por votación nominal. El movimiento puertorriqueño, con veteranos líderes de protestas universitarias como Xiomara Caro, Giovanni Roberto y Arturo Ríos Escribano presentándose para ayudar, era un predecesor no reconocido del movimiento *Occupy Wall Street*, que no comenzó hasta el otoño de 2011.

La manifestación masiva en el Capitolio se realizó en junio de 2010. Comenzó como un conglomerado pacífico de estudiantes, miembros de sindicatos, y otros que se oponían a los cambios que había planeado la administración de Fortuño. Pero los ánimos cambiaron de repente cuando la policía atacó violentamente a los manifestantes, con la Fuerza de Choque dirigiendo la acción. La violencia comenzó dentro del vestíbulo, donde periodistas independientes estaban haciendo una sentada para demandar acceso a las galerías de la legislatura para los visitantes. Irónicamente, el Senado, dirigido por Thomas Rivera Schatz, estaba discutiendo una ley para prohibir tal acceso. Entre quienes hacían la sentada en el vestíbulo estaba Rachel Hiskes, originaria de un suburbio de Hartford (Connecticut), y un graduado de la Temple University de Filadelfia que había llegado para estudiar en la UPR a instancias de uno de sus profesores. Una presencia de altura y llamativa cuyo aspecto estadounidense dominante era fácilmente reconocible, sin embargo, Hiskes se integró muy bien en el tejido estudiantil, hablando con un acento puertorriqueño impecable.[21]

«Ellos se percataron de mí desde que aparecí para protestar contra las vistas de confirmación para aprobar a José Figueroa Sancha como superintendente de la policía», me señaló ella en una entrevista en 2011, refiriéndose a oficiales de seguridad y policía que estaban monitoreando la protesta. Hiskes y otro reportero de *Rumba Alterna*, el periódico alternativo para el que ella escribía, formaron un pequeño grupo que insistía en que les permitieran entrar a las vistas.[22] Tras varios minutos de tensión con los manifestantes gritando e insistiendo en que les permitieran la entrada, las Fuerzas de Choque entraron en la zona, y el grupo comenzó una sentada. Un observador de Amnistía Internacional, que había estado presente debido a previos incidentes de violencia que implicaban a la policía y a estudiantes manifestantes, anunció que dejaba de ser observador y decidió unirse a los manifestantes en su sentada.

Entonces llegó el gas: a sus ojos, su cabello, sus cuerpos. Y cuando los manifestantes comenzaron a moverse hacia la puerta de salida, el exobservador comenzó a retorcerse en el piso. En ese momento, un miembro de la

Fuerza de Choque se acercó y lo pateó. Hiskes reportaba después: «Así que lo estaban pateando, y entonces el tipo que estaba a mis espaldas comienza a patearme, y perdí mis zapatos; hay una parte que ni siquiera recuerdo bien porque me enfurecí mucho, y más adelante me di cuenta de que yo le lancé mi botella de agua».

Ante eso, el agente dio una patada a Hiskes, empujándola brutalmente por la puerta y enviándola casi volando por las escalinatas del Capitolio. Aunque temió por su vida durante las volteretas, Hiskes salió de aquello relativamente bien, con magulladuras y grave incomodidad por los efectos del gas pimienta en su piel. A otros, sin embargo, no les fue tan bien. Omar Rodríguez, un miembro de la popular banda de reggae Cultura Profética, y el líder estudiantil Giovanni Roberto tenían cortes en la cabeza que sangraban.

Carmen Yulín Cruz, la actual alcaldesa de San Juan, conocida por su fuerte crítica sobre cómo ha manejado la administración de Trump la situación del Huracán María, era entonces una representante en la Cámara. Asombrosamente, también ella fue atacada. «Había estado fuera del Capitolio y después demandé el derecho a entrar como miembro de la legislatura», dijo Cruz en una entrevista en 2001.[23] «Me rociaron con gas pimienta, y algunos estudiantes se arrodillaron para protegerme. Los tipos de la Fuerza de Choque me empujaban, y golpeaban a otros estudiantes que me rodeaban. Me quité mi placa y me rociaron todo el cuerpo con gas pimienta. Comencé a recibir golpes, y alguien me dijo que no respirara. Terminé visitando a un ortopeda que me dijo que tenía ligamentos rotos en mi cavidad torácica. Llevé un yeso por seis semanas, tenía magulladuras en mi pecho, las piernas y las caderas».

Lo más aterrador sobre el ataque para Cruz fue que aparentemente no fue accidental. Cruz atestiguó que el escuadrón antidisturbios sabía quién era ella: «Cuando yo estaba en el vestíbulo, uno de los tipos de seguridad dijo: "Esto es para usted, Carmen Yulín", y comenzaron a golpearme. Más adelante, un miembro de la administración me dijo que ellos [la Fuerza de Choque] no iban a descansar hasta que me abrieran el cráneo en ese acto».

El día después del acto, con la prensa y la mayoría de la clase dirigente política en armas por la muestra de violencia de la Fuerza de Choque, la estación local de Univision entrevistó al superintendente de la policía, Figueroa Sancha. Él miró a la cámara de modo espeluznante y señaló con efecto mientras decía: «Siempre he mantenido la misma línea... mientras se obedezcan las leyes, todo el mundo tiene derecho a protestar. En cuando la gente quebranta, asalta, vandaliza, destruye, entonces la policía actuará. Y yo diré eso hoy, mañana, en el pasado, y el mes próximo».[24]

Aunque el gobernador Fortuño no aprobó directamente las acciones de la policía, después evitó asignar responsabilidad a la policía y en cambio intentó culpar a los estudiantes de lanzar piedras y no respetar las perspectivas de los demás.[25] De modo alarmante, también señaló a un grupo de "socialistas", su término generalizado para describir a manifestantes de grupos de oposición, a quienes acusó de anunciar que querían tomar por la fuerza el Capitolio. Fortuño se refirió a panfletos que un grupo había distribuido. El Movimiento al Socialismo expresó un sentimiento de retomar el Capitolio. Esta referencia tenía intención de ser un llamado para el pueblo recuperara la legislatura después de que el presidente del

Senado, Thomas Rivera Schatz, hubiera estado negándoles el derecho de entrar y observar el proceso legislativo.

Fortuño se tomó libertades con la frase "retomar el Capitolio", cambiándolo por "tomar por la fuerza el Capitolio", lo cual implica un uso de la fuerza que en significado está cercano a una turba que da un golpe de estado. Tanto Fortuño como el superintendente de la policía, Figueroa Sancha, utilizaron esa frase para justificar el uso de la violencia de la Fuerza de Choque, que sin lugar a dudas fue iniciada por la Policía de Puerto Rico y no por los manifestantes. Defensores de la libertad de expresión como William Ramírez, presidente de la sección de la Unión Estadounidense por los Derechos Civiles (ACLU, por sus siglas en inglés), insistió en que el gobierno estaba más interesado en impedir la protesta mediante la intimidación: «Si sales a manifestarte», me dijo Ramírez, «te golpearán y te rociarán con gas pimienta. En la ley constitucional llamamos a eso un efecto desalentador».[26]

Las manifestaciones en las calles siguieron molestando a la administración de Fortuño, y a medida que siguió emanando violencia de la Policía de Puerto Rico, el Departamento de Justicia nombró a Tom Perez, el actual presidente del Comité Nacional Demócrata, para investigar a la Policía. Un incidente de violencia repetido en el Capitolio en 2011 y en el campus de Río Piedras de la Universidad de Puerto Rico impulsaron acusaciones de que la policía estaba utilizando llaves al cuello. Una estudiante que se manifestaba, llamada Ariadna Mulero, me dijo que, durante el curso de participar en la resistencia pasiva adyacente a las puertas de entrada de la universidad, un oficial de la Fuerza de Choque le aplicó presión en el cuello.[27] «La cantidad de dolor me sorprendió, no esperaba que me doliera tanto», me dijo. Miembros de la oficina en Puerto Rico de la ACLU especularon que la táctica quizá fue aprendida del Departamento de Policía de Nueva York, ya que fue implementada poco después de una visita de representantes de las fuerzas de Ray Kelly.

El intento de Luis Fortuño de revivir tácticas de Mano Dura ya desgatadas no parecía llegar a ninguna parte. La economía en Puerto Rico seguía fracasando, con el único y notable crecimiento del empleo generado por los fondos de estímulo otorgados por Obama, que se iban agotando rápidamente. El economista puertorriqueño, José Alameda, declaró que la Ley 7 era un fracaso, diciendo que «la medicina ha matado al paciente».[28] Debido a los aumentos de las matrículas impuestos por Fortuño, las matrículas en la UPR habían caído en más de cinco mil estudiantes, cumpliendo una agenda del PNP de una reducción planeada para recortar los gastos del gobierno.[29]

Otro proyecto funesto de Fortuño fue el Gasoducto, una tubería de gas natural de noventa y dos millas (148 kilómetros) ampliamente condenada que disminuiría los costos eléctricos que estaban en escalada. Además de ser una amenaza para el medioambiente como la tubería Keystone XL, a la cual se habían opuesto con fuerza los manifestantes, la tubería generó una controversia adicional cuando Víctor Suárez, el secretario general del PPD, acusó al buen amigo de Fortuño, Pedro Ray Chacón, de aceptar doce millones de dólares por un diseño de la tubería aunque nunca antes había diseñado un proyecto de esa magnitud.[30] Aún más, la Autoridad de Energía Eléctrica de Puerto Rico había contratado a la influyente firma de Wilmer & Hale al costo de un millón de dólares, presumiblemente para presionar y obtener los permisos necesarios que tenía que otorgar el Servicio de Pesca y Vida Silvestre, para acelerar el proyecto del Gasoducto. Correos electrónicos obtenidos mediante una ley de libertad de información hecha por abogados de la Casa del Pueblo muestran a Fortuño reclamando ansiosamente una audiencia con el Secretario de Interior, Ken Salazar.[31]

Por último, activistas medioambientales comprometidos como el equipo de padre e hijo de Alexis y Arturo Massol, quienes dirigen la organización comunitaria autosuficiente y sede Casa Pueblo, ayudaron a matar el proyecto. Todo el episodio del Gasoducto, sin embargo, aparte de ser un ejemplo más de favoritismo y la incapacidad de los líderes gubernamentales para imaginar maneras nuevas de proporcionar energía a Puerto Rico fuera de la generación eléctrica impulsada por gasolina, serviría como un presagio del desastre que enfrentó la Autoridad de Energía Eléctrica de Puerto Rico (AEEPR) cuando explotó la crisis de la deuda en 2015. La AEEPR, sin duda, llegaría a ser muy conocida como uno de los mayores deudores implicados en la deuda de setenta y dos mil millones de dólares, declarándose en bancarrota en 2017 con una deuda de más de nueve mil millones de dólares.

Mientras tanto, casi fuera del escrutinio público, el gobierno de Luis Fortuño utilizaba cada vez más el mercado de bonos municipales y las soluciones creativas de Wall Street para mover dinero y evitar el riesgo. Esto se hizo como un modo no solo de financiar déficits del gobierno sino también para mantener contentas a agencias de calificación de crédito como Moody's y continuar con el "acceso a los mercados de crédito" de Puerto Rico mientras se hundía aún más en la deuda y el crecimiento económico negativo. Tras dejar su cargo en 2013 participó en un síndrome de "puerta giratoria" común a San Juan y Washington, entrando en un puesto en el despacho de abogados Steptoe and Johnson después de que la firma hubiera sido recompensada con 22,8 millones de dólares en contratos durante su administración.[32]

Trasladar a empleados entre bancos como el Banco Popular, Banco Doral, Banco Santander y el Banco Gubernamental de Fomento para Puerto Rico (BGF) desempeñó un importante papel en las etapas finales de la crisis que explotaría años después de que Fortuño abandonara su cargo. Cuando un ejecutivo de un banco como el Santander, por ejemplo, se trasladaba a un puesto en el BGF, tenía un incentivo para iniciar emisiones de deuda que podían beneficiar a su lugar de trabajo original, lo cual era también una ventaja si decidía regresar a su antiguo empleo. Fue un periodo en el que los calificadores de bonos sobrestimaron el valor de los bonos emitidos continuamente. Igualmente, los inversionistas en esos bonos cambiaron de la pensión diaria y los fondos mutuos de inversión manejados por el inversionista a los operadores de fondos cubiertos y buitres que se escabulleron casi desapercibidos a sus posiciones cuando finalmente se hizo el llamado a saldar la deuda en 2015.

En 2013, Fortuño se vio obligado a dejar su cargo después de perder contra el candidato del PPD, Alejandro García Padilla. En un sentido, la elección fue una gran sorpresa. García Padilla había comenzado la campaña como un candidato relativamente impopular debido a su falta de dinamismo percibida y su habilidad para inspirar a los votantes. Sin embargo, Fortuño, su administración y sus amigotes, tipificados por el superintendente de la policía, Figueroa Sancha, el autoritario presidente del Senado,

Thomas Rivera Schatz, y el abrasivo jefe de personal, Marcos Rodríguez Ema, habían creado un ambiente de autoritarismo que fue aislando cada vez más a los puertorriqueños.

Quizá el golpe mortal para Fortuño fue una serie incesante de anuncios de estilo propagandístico que instaban al público a apoyar una resolución que negaría la fianza a quienes fueran acusados de delitos violentos. Los anuncios presentaban grabaciones de un incidente infame en el cual un joven traficante de drogas se reía a la cara de la policía mientras lo arrestaban. Los votantes puertorriqueños parecieron rechazar la descarada manipulación del anuncio, y una serie de manifestaciones contra Fortuño cerca del día de las elecciones y también la percepción de que la isla se estaba convirtiendo en un terreno de batalla interminable para peleas entre manifestantes y la policía parecieron sellar el trato contra Fortuño.

La derrota de Fortuño provocó alegría espontánea en las calles de San Juan, con muchos que estaban indignados por los recortes en la universidad, y algunos graduados también, gritando el epíteto local tan idiosincrático "¡Puñeta!" como su grito de guerra. Sin embargo, la nueva administración de García Padilla no inspiraba asombro, y el futuro no estaba claro. Y la mayoría de los puertorriqueños no eran conscientes de que, a pesar de su derrota ignominiosa, Fortuño y sus amigotes habían estado asegurándose discretamente puestos clave que les permitirían beneficiarse potencialmente y escapar de ser culpados de la grave crisis económica que estaba por llegar.

CAPÍTULO 4

EMISIÓN DE BONOS, CORRUPCIÓN Y TRAICIÓN

Cómo dos gobiernos le fallaron a Puerto Rico

Carteles de protesta contra el IVA al frente del Capitolio de Puerto Rico en San Juan.
© Joseph Rodríguez

«Esto no es política, es matemática pura».
—**Alejandro García Padilla**, gobernador de Puerto Rico,
23 de julio de 2015

«Los problemas de Puerto Rico no comenzaron recientemente. Más que nada fueron autoimpuestos, el resultado
de acciones por parte de una camarilla de administradores
del gobierno y capital financiero y sus intermediarios en la
isla. En lugar de crear desarrollo, mantienen un sistema de
extraer superávit que es compartido por hombres de negocios locales e intereses globales».
—**Argeo Quiñones**, economista de Puerto Rico,
entrevista en 2014

A mediados de esta década, tuvo lugar una serie de
acontecimientos que revelaron la profundidad de la
crisis económica de Puerto Rico y el alcance hasta
el cual su creación y su causa habían sido ocultados a sus
ciudadanos. Estos acontecimientos pusieron fin a lo que
quedara de la fantasía que tenían los isleños sobre la autonomía política y la soberanía parcial. Surgieron un par
de narrativas opuestas, una que culpaba al colonialismo
estadounidense y la otra que culpaba a la corrupción y la
ineficacia del gobierno de Puerto Rico. Sin embargo, nunca
tuve la sensación de que cualquiera de esos dos argumentos
fuera abrumadoramente cierto por méritos propios. Como
he vivido en los Estados Unidos continental, al igual que
la mayoría de la diáspora puertorriqueña, tiendo a situar
la mayor parte de la culpa en Washington debido a las
razones que he delineado en los primeros capítulos. Pero
quienes están en la isla, que viven el circo diario de la política local mientras están en su mayor parte apartados de la
caja de resonancia de los medios estadounidenses, tienden
a adoptar una postura más dura sobre el gobierno colonial.

Aun así, aunque es evidente que el gobierno de Puerto Rico asume gran parte de la culpa por la crisis de deuda, dada su relación colonial con Estados Unidos es difícil imaginar que actúe de un modo diferente. Un mandato colonial estableció el Estado Libre Asociado de Puerto Rico y su gobierno, y aunque pensadores isleños redactaron su constitución, la potencia colonial dirigió totalmente su implementación. La clase gobernante y empresarial que creó la Constitución puertorriqueña debería considerarse como una consecuencia necesaria del colonialismo. Incluso si fuéramos a considerar corruptos a los gobiernos sucesivos del PPD y el PNP, esta corrupción es inevitablemente un producto de la colaboración y la subyugación a un sistema de gobierno colonial.

El gobierno de Puerto Rico ha hecho poco para retirarse de las opciones restrictivas que se le dio para desarrollar su economía. Por ejemplo, hasta que se vio forzado por un movimiento de protesta creciente, el gobierno hizo poco para objetar a la base naval estadounidense en Vieques. En un sentido, incluso el movimiento proestadidad está condicionado por el colonialismo, ya que carece de cualquier crítica de la adquisición estadounidense de Puerto Rico en un principio, y mucho menos su intervención continuada económicamente y mediante supervisión o prácticas del FBI en la isla. De ese modo, la imposibilidad de desconectar al gobierno local de Puerto Rico de sus dueños coloniales en cuanto a cómo entendemos la situación en la que estamos es también cierta, contrario si consideramos cómo la propia democracia de Estados Unidos continental y su práctica democrática son inseparables de su sistema económico y su política exterior explotadora.

Mi interés en la política de Puerto Rico y su estatus soberano precario fue reavivado con la salida de Luis Fortuño en 2012. La indignación justa por su implementación de medidas de austeridad y su uso de toscas tácticas de mano dura por parte de los cuerpos policiales que él empleaba para respaldarlas produjo su sorprendente derrota. Aunque pocos en la isla veían a su sucesor, Alejandro García Padilla, como un candidato impresionante, la gente veía la interrupción de una vena autoritaria creciente en la corriente principal del PNP como un paso adelante positivo. Aun así, se establecieron algunos mecanismos inquietantes durante el régimen de Fortuño que sucedían de manera inadvertida junto con los espectáculos de la mala publicidad creada por la investigación del Departamento de Justicia a la Policía de Puerto Rico y las medidas severas del gobierno contra las protestas en las calles y la desobediencia civil.

En cuanto Fortuño asumió el cargo como gobernador en 2009, nombró a Carlos M. García como presidente del Banco Gubernamental de Fomento. García, expresidente del Banco Santander, dotó de personal al banco con actuales o anteriores ejecutivos del Santander y alentó a los compradores de bonos a adquirir una forma de bono creada en 2006 llamado COFINA, que se suponía más seguro porque estaba respaldado por pagos que llegaban directamente de un impuesto a las ventas.

El COFINA fue creado como un modo de evitar requisitos constitucionales sobre el límite de deuda obligado que comenzaba a hacer que fuera difícil aumentar las ventas de bonos. Estos bonos debían ser financiados exclusivamente al imponer un impuesto a las ventas llamado IVU (impuesto sobre ventas y uso), que comenzó en el 5,5%, con una opción municipal para otro 1,5% adicional. Fueron ubicados en una categoría diferente de lo que había llegado a conocerse como los bonos de Obligación General, que estaban dentro de los requisitos legales de la constitución.

Los bonos COFINA, que llegaron a 15,2 mil millones de dólares emitidos entre 2006 y 2013, se vendían con frecuencia como bonos de apreciación de capital y presentaban cambios de tasas de interés. Un reporte del grupo investigador independiente Hedge Clippers descubrió que la cantidad total de deuda emitida «donde el Santander jugó un papel de suscripción» era de hasta 61,2 mil millones de dólares, con más de mil millones de dólares de esa cantidad que se dirigieron a gastos pagados al Santander y a otros bancos.[1]

Es esencial entender la naturaleza destructiva y explotadora de los bonos de apreciación de capital (CAB, por sus siglas en inglés) e intereses capitalizados, incluso sin los efectos agravantes de los cambios abusivos de tasas de interés. El Proyecto Refund America ha calculado, por ejemplo, que 33,5 mil millones de dólares de la deuda de Puerto Rico es en realidad interés a una tasa efectiva del 785%.[2] Los CAB son esencialmente una manera de mover pagos de deuda hacia el futuro sin eliminar el interés efectivo sobre el préstamo, creando un tipo de sacudida económica cuando vence la tasa de interés repentinamente inflada. Es en cierto modo similar a la práctica utilizada en las hipotecas de interés variable, que permitieron que muchos prestatarios sin cualificación se enfrentaran a grandes deudas, creando la materia prima de los paquetes de bonos que se venderían como instrumentos financieros, solo para colapsar cuando estalló la burbuja inmobiliaria que causó la Gran Recesión en 2008.

El interés capitalizado y las tasas de emisión de bonos se calcula que han supuesto 3,2 mil millones de dólares de la deuda de Puerto Rico, aproximadamente de setenta y dos mil millones de dólares.[3] Esto resulta de tomar prestado dinero para pagar intereses. Años antes, cuando el Estado

Libre Asociado comenzó a lidiar con los años de préstamos en los que se había metido, no vio ninguna otra opción sino la de seguir pidiendo préstamos. Pero su decisión sirvió meramente para demorar e intensificar el inevitable ajuste de cuentas, incurriendo en más deuda aún sin tener ningún plan previsible de salida.

Como dijimos anteriormente, el primer traspié del préstamo público, que se extendió hasta mediados de la década de los setenta, fue aumentar el préstamo para cubrir gastos esenciales en lugar de generar fondos mediante proyectos de mejora del capital y de infraestructura. En teoría, nuevos proyectos de infraestructura y capital podrían generar crecimiento económico, pero al mismo tiempo el gobierno pidió préstamos para evitar graves crisis sociales. Pero comenzando con la recesión causada por la eliminación gradual de la Sección 936 de exenciones tributarias para corporaciones, el gobierno de Puerto Rico comenzó cada vez más a pedir préstamos solo para pagar los costos de los préstamos pedidos años atrás.

En un sentido, la administración de Fortuño suavizó el declive de Puerto Rico empujándolo hacia un aparato gobernante que rápidamente se convertía en un modelo económico en Estados Unidos: gobierno más reducido, recortes presupuestarios, militarización del cuerpo policial. La administración creó una sinergia entre política de puertas giratorias, favoritismos, la consolidación del conservadurismo social entre la base de derecha religiosa de Fortuño, y la subyugación final de la economía al sector financiero de Wall Street. El Banco Gubernamental de Fomento no solo llevó a cabo acuerdos para mantener la solvencia del gobierno y favorecer a ciertos jugadores bien situados, sino que también oscureció los detalles de las transacciones creando una impresión de que realmente se estaba produciendo desarrollo económico. Durante su administración, Fortuño repartió 9,3 mil millones de dólares en contratos privados, en gran parte a sus aliados y socios de negocios, incluyendo gastos para publicidad, formación, tasas de consultoría, y servicios personales. Mientras tanto, añadió dieciséis mil millones de dólares a la deuda de la isla y supervisó un presupuesto que dedicaba el 42% de su liquidez a reembolsar la deuda pendiente.

Inmediatamente después de perder las elecciones gubernamentales, Fortuño se convirtió en socio del despacho de abogados Steptoe and Johnson LLP, y el año siguiente dio una conferencia en una reunión para posibles compradores de deuda en las oficinas de Lazard Capital en Nueva York.[4] Siguió aquello haciendo un viaje a través del país para dirigirse a veinticinco inversionistas en una reunión organizada por el Odeon Capital Group de Los Ángeles. Estas reuniones, como una organizada anteriormente por banqueros en Morgan Stanley y Citigroup, estaban pensadas para atraer inversionistas que se especializaban en "deuda en situación crítica".[5]

Es entonces cuando los fondos buitre, una variante oscura de los fondos de cobertura, llegaron a participar en las finanzas de Puerto Rico. Representan a inversionistas que quieren hacer uso de la deuda de alto riesgo repartida por instrumentos financieros comprando bonos municipales a dieciocho entidades públicas diferentes y, en el caso de Puerto Rico, crearon entidades públicas por separado. Junto con los fondos de cobertura, que son un poco más reacios a asumir el riesgo extremo que asumen los fondos buitre, estos últimos comenzaron lentamente a comprar el total de inversiones de bancos de inversión más convencionales, como Franklin Templeton Funds, firmas que manejan fondos de jubilación de maestros y otros profesionales.

Los fondos buitre y los de cobertura crean beneficio avivando emoción en torno a la inversión de alto riesgo, tentando con beneficios rápidos y elevados del nueve por ciento a medida que los bonos pasan por las manos de varios especuladores. El beneficio relativamente alto en cada transacción estimula a especuladores e inversionistas. En el caso de los inversionistas de Puerto Rico, atraídos además por las inversiones en bonos de triple exención de impuestos y la falta de protección a la bancarrota, volaron en círculo como buitres, oliendo "la sangre y el miedo", como lo expresó el analista de mercado de bonos municipales Richard Larkin en un artículo en 2013 en el *Wall Street Journal*.[6] Todos estos elementos convergieron cuando la calificación de deuda de Puerto Rico se balanceaba al borde de ser declarada basura. Aun así, había tiempo y oportunidades suficientes para hacer una fortuna.

Varios personajes comenzaron a juntarse en esta coyuntura que desempeñaron sus papeles en la escena final de los intentos de Puerto Rico por sostenerse haciendo malabarismos con instrumentos financieros complejos. Estos personajes fueron Fortuño, quien continuó ofreciendo consultoría de inversión como socio en Steptoe and Johnson, los oficiales del Banco Gubernamental de Fomento de Puerto Rico, David H. Chafey, Jr. y su segunda al mando, Melba Acosta, y Antonio Weiss de Lazard Capital, cuya firma fue la anfitriona de la reunión de Fortuño en octubre de 2013 sobre oportunidades de bonos en Nueva York y que poco después hizo un traslado controvertido,[7] hacia el Departamento del Tesoro estadounidense. Estos personajes estuvieron implicados en esfuerzos sucesivos, en algunos casos detalles ocultos sobre las emisiones de deuda, en otros al fomentarlas, y finalmente en negociar acuerdos de acreedores implicados en la orgía especulativa que lo creó.

En 2013, quizá con un ojo en la restructuración de la
deuda de dieciocho mil millones de dólares de Detroit, el
gobierno de Puerto Rico suspendió las ventas de bonos. Pero
en enero del año siguiente, Morgan Stanley y Barclays estaban lanzando ofertas de bonos de hasta dos mil millones
de dólares.[8] Un impulsor importante del interés renovado fue la emergencia de los fondos buitre y de cobertura
como jugadores en el mercado de bonos municipales, en
parte porque los bonos municipales estaban consiguiendo
mejores resultados que los bonos del tesoro en una época
de elevadas tasas de interés. El refrán común aquí era la
desesperación por encontrar un modo para que el gobierno
y el BGF reestablecieran la capacidad de vender bonos, que
sigue siendo la meta declarada de la Junta de Supervisión y
Administración Financiera de PROMESA en la actualidad.

Con la ayuda de sus facilitadores en Wall Street, Puerto
Rico y su Banco Gubernamental de Fomento preparaban lo que llegaría a convertirse en las ofertas de bonos
municipales más masivas que se hicieron jamás. En este
punto, el servicio de calificación de crédito de Moody
instaba a Puerto Rico a pedir más préstamos con la esperanza de que hacerlo aliviaría la presión de la liquidez y
evitaría la inevitable rebaja de su calificación de bono. La
prensa económica dibujó una imagen ambivalente de lo
que estaba sucediendo con Puerto Rico y sus finanzas. Por
una parte, existía la creencia en que Puerto Rico había
hecho «progreso a la hora de cerrar su brecha presupues-
taria crónica [y]... mejorado los datos financieros», y había
una «sensación generalizada de alivio porque el estado libre
asociado seguía teniendo acceso al mercado de deuda».
Pero como advierte el mismo artículo en la sección Deal
Book del *New York Times*, el BGF acababa de contratar
a Millco Advisers, un afiliado de Millstein & Company,

que había supervisado varios años atrás la remodelación de AIG, la compañía de seguros a la que el gobierno estadounidense había rescatado financieramente después de la crisis de 2008.[9] La contratación de una firma especializada en restructuración creó «preocupación entre algunos inversionistas de que Puerto Rico esté sopesando una reforma de su carga de deuda existente, incluso mientras se prepara para recaudar fondos nuevos».

Se podría pensar que la contratación por parte de un banco gubernamental de una empresa de restructuración de deuda crearía un freno a la compra de parte de su nueva emisión masiva de tres mil millones de dólares, pero el *Times* aseguraba que «en el momento, muchos inversionistas parecen estar dispuestos a pasar por alto el espectro de la reforma al igual que los actuales problemas de liquidez de Puerto Rico». Quizá fue porque el *Wall Street Journal* había reportado unos días antes que un portavoz del BGF dijo: «Podemos decir claramente que no hemos contratado a nadie para aconsejar sobre restructuración».[10] El BGF también había contratado en enero de 2014 a los despachos de abogados Cleary Gottlieb Steen & Hamilton y Proskaeur Rose, ambos expertos en restructuración de deuda, pero no fue reportado hasta abril de 2014.[11] Proskaeur Rose continúa asesorando a PROMESA durante el proceso del Título III, con su abogado principal, Martin Bienenstock, habiendo invertido 1,3 millones en tasas hasta agosto de 2018.[12]

Enterradas entre las páginas de élite de lo que leen los inversionistas de mucho empuje, muchas de estas maquinaciones sucedieron fuera de la consciencia prevaleciente, tanto en Estados Unidos como en Puerto Rico. El cambio del escepticismo hasta la confianza repentinamente aceptada de hacerse cargo de los bonos municipales de Puerto

Rico fue reportado en la prensa económica como negocios al modo de siempre, con poca previsión. La reacción fue completamente diferente a lo que sucedió tres años después cuando, tras saltar la noticia de que la ciudad de Hartford (Connecticut) había contratado a Greenberg Traurig, otra firma relacionada con la restructuración, la agencia Standard & Poor's devaluó los bonos de Hartford Stadium Authority a la categoría de bono basura. Pero incluso más evidencia condenatoria sobre la disfunción del mundo de los bonos municipales fue evidente en la oferta misma de bonos de Puerto Rico.

En el documento de oferta de bonos, con fecha de 11 de marzo de 2014, con el visto bueno de Barclays, Morgan Stanley, Goldman Sachs, J.P. Morgan, Santander Securities, Merrill Lynch, y otras firmas de Wall Street al igual que el gobernador García Padilla, su gabinete, el presidente del Senado de Puerto Rico y el presidente de la Cámara de Puerto Rico, el director de Management and Budget, y el presidente interino del BGF, hay una declaración clara sobre la fragilidad de los bonos, que serían pagaderos en el año 2035. Comenzaba con declaraciones sencillas sobre "factores de riesgo".

Con respecto a los riesgos pertinentes al estado financiero de Puerto Rico, la oferta de bonos admite que «el Estado Libre Asociado tal vez no pueda honrar su obligación de pagar la amortización de la deuda sobre los bonos» porque enfrenta «un número de retos fiscales y económicos que, ya sea individualmente o en el agregado, podrían afectar negativamente la capacidad del Estado Libre Asociado de pagar la amortización de la deuda sobre los bonos a su vencimiento».[13]

La oferta concede además que, aunque la Constitución de Puerto Rico protegería legalmente los bonos, bajo "ciertas circunstancias" el gobierno podría no ser capaz de honrar su obligación de reembolsar el principal y los intereses «en su totalidad o de modo puntual». Advierte que la degradación de los bonos por parte de las agencias de calificación podría influir en la posibilidad de obtener más préstamos y que si «el Estado Libre Asociado es incapaz de obtener fondos suficientes de esta y otras ofertas de deuda futuras, quizá no tenga liquidez suficiente para cumplir con sus obligaciones cuando llegue su vencimiento».

Finalmente, la oferta afirma claramente que Puerto Rico tenía intención de seguir pidiendo préstamos para refinanciar sus deudas y «mejorar su posición de liquidez a corto plazo». Comprometía al gobierno a equilibrar su presupuesto para 2015, pero que no habría «ninguna seguridad de que un presupuesto equilibrado será, de hecho, adoptado, o si se adopta, que será implementado exitosamente». No habría ninguna seguridad de que cualquiera de estas medidas sería sostenible. En lenguaje llano, las advertencias en este documento son más extensas y premonitorias que el listado promedio de posibles efectos secundarios en un anuncio de medicamentos de vanguardia para enfermedades importantes.

Había claras advertencias en esta declaración de que Puerto Rico quizá no pudiera reembolsar los bonos, no solo debido al estado actual de su economía sino también a sus probabilidades económicas en el futuro. El papel de las agencias de calificación también se presentó ambiguamente, suplicando la pregunta: ¿qué acciones podrían adoptar las agencias y por qué? ¿Acaso las agencias de crédito no eran conscientes ya del estado de la economía de Puerto Rico, y si era así, por qué siguen sosteniendo el valor de los bonos? Esta emisión de bonos se produjo tres años después de un reporte de un subcomité del Senado que indagó en las causas de la crisis financiera de 2008.

Según el reporte, una razón importante para la imprecisión de las calificaciones de crédito fue un «inherente conflicto de intereses que surge del sistema utilizado para pagar las calificaciones de crédito». Las principales agencias de calificación de crédito son financiadas por las mismas firmas de Wall Street que se benefician de los productos financieros que son calificados. Las agencias de calificación a su vez dependían de que firmas de Wall Street las sostuvieran, y eran «vulnerables a amenazas de que las firmas se llevarían su negocio a otro lugar si no obtenían las calificaciones que querían». Estos conflictos se mostraron para erosionar los estándares de las agencias de calificación y crearon una competición para mantener elevadas las calificaciones para sostener el negocio y el volumen de cuota de mercado. El resultado, decía el reporte, «fue una carrera hasta lo más bajo».[14]

Con Morgan Stanley y Barclays engrasando los engranajes para la nueva emisión masiva, que finalmente llegó a un total de 3,5 mil millones de dólares, la prensa económica preparó al mercado de compra de bonos con eslóganes sobre la esperanza y oportunidad que proporcionaba la nueva emisión. Esto creó una sinergia de intereses en el cual capital nominal persigue un beneficio nominal, el dinero regresa en forma de evaluación de riesgo y días de pago potenciales, y los políticos evitan el desastre fiscal. Pero había un solo problema: un mes después de la venta en marzo, los réditos de los bonos de Puerto Rico comenzaron a desplomarse. Una oleada de incertidumbre comenzó a descender sobre el futuro de la isla que parecía ir más allá del típico malestar de una economía en declive.

EL ENFOQUE DEL ACTIVISMO
COMIENZA A CAMBIAR

La política de la diáspora puertorriqueña a mediados del 2014 estaba consumida por campañas recurrentes que instaban a la liberación del prisionero político Oscar López Rivera. López Rivera había rechazado las condiciones del acuerdo que liberó a muchos de sus compañeros, miembros de las FALN con base en Chicago y Nueva York a principios de la década de los ochenta, como un resultado de una oferta de clemencia en 1999 por parte de Bill Clinton. Yo entrevisté a Filiberto Ojeda Ríos mientras estaba siendo retenido en el Centro Correccional Metropolitano en Manhattan y también a Juan Segarra Palmer en su casa cerca de Hartford (Connecticut) en 1989. Debido a nuestro contacto cara a cara, pude comprender mejor quiénes eran ellos y cuáles eran sus motivaciones.

Ojeda Ríos, antes trompetista, era impresionante con su aparente disposición a sacrificarse a sí mismo por la independencia puertorriqueña, a pesar de lo que uno pudiera sentir sobre su lealtad doctrinaria al marxismo cubano. Y Segarra tenía una inteligencia razonada cuya ambivalencia sobre su propia experiencia en la *Ivy League* se identificaba con la mía propia sobre la educación universitaria de élite. Para mí estaba claro que el dinamismo y el carisma de independentistas puertorriqueños disidentes eran importantes para la campaña continuada por la soberanía de Puerto Rico, retratándolos como luchadores por la libertad y no meramente antagonistas nihilistas a Estados Unidos.

Con frecuencia, la preocupación puertorriqueña continental con la condición puertorriqueña había sido moldeada por sentimientos de frustración compartidos y en cierto modo abstractos acerca de la ciudadanía de segunda clase y el estatus colonial. Pero como yo había visitado la isla regularmente para ver a mi familia extendida, había comenzado a observar una sensación de incertidumbre y preocupación a medida que la recesión era más profunda, y zonas que antes eran prósperas, o lo que se entendía por prósperas, comenzaban a perder población y actividad comercial. El análisis final de la economía, o lo que algunos podrían llamar el estudio de la economía política, se había vuelto cada vez más importante en analizar lo que estaba sucediendo en Puerto Rico. Pero sin duda, siempre lo había sido.

Visité a San Juan solo unas semanas después de que el Senado aprobara la Ley 71 a finales de junio de 2014, quizá la primera señal fuerte de que el gobierno de Alejandro García Padilla veía llegar el desastre. La ley se denominó Ley para el Cumplimento con las Deudas y para la Recuperación de las Corporaciones Públicas de Puerto Rico, y permitía que ciertas corporaciones públicas en Puerto Rico restructuraran sus obligaciones de deuda. En veinticuatro horas, los fondos de cobertura Franklin Templeton y Oppenheimer Funds desafiaron la constitucionalidad de la ley, y pronto los acompañó el fondo de cobertura Blue Mountain Capital, que había invertido fuertemente en bonos de la AEEPR, incluso cuando las agencias los degradaron. García Padilla intentaba implementar una estrategia desesperada para mantener a flote su gobierno, insistiendo en que Puerto Rico tenía aún soberanía o autodeterminación suficiente para redactar su propia ley de bancarrota a pesar de la peculiaridad aparentemente arbitraria en 1984 que había eliminado esa capacidad.

En un restaurante de estilo cafetería llamado Zayas, justo al salir de la Placita Roosevelt y cercano al distrito financiero de San Juan, me senté durante horas con Argeo Quiñones, un economista con formación de la Umass Amherst que había estado enseñando por décadas en la Universidad de Puerto Rico. «Los problemas de Puerto Rico no comenzaron recientemente», dijo, peleando con su plato de guineos verdes. «Y no fueron impuestos por los monstruos de Wall Street. Más que nada fueron autoimpuestos, el resultado de acciones por parte de una camarilla de administradores del gobierno y capital financiero y sus intermediarios en la isla. En lugar de crear desarrollo, mantienen un sistema de extraer superávit que es compartido por hombres de negocios locales e intereses globales».

La perspectiva de Quiñones no era única, como no es inusual para los isleños locales que han sido testigos de primera mano de una letanía de decisiones del gobierno insular que no solo refuerzan el neoliberalismo impuesto desde fuera, sino que también lo hacen para proteger su posición de clase social. Esta narrativa es comprensible, pero también plantea la pregunta de si la corrupción estructural de un sistema económico político determina la lógica de autopreservación de los colaboradores locales. Quiñones llegó incluso a invocar el texto de 1967 de G. William Domhoff, *Who Rules America?* (¿Quién gobierna a Estados Unidos?), que se considera con frecuencia una influencia temprana sobre la idea del "estado profundo", donde gobiernos en la sombra o procesos corruptos, en lugar de los votos de los ciudadanos estadounidenses y los oficiales electos, estaban gobernando realmente América.

Charlamos sobre problemas sistémicos que habían plagado Puerto Rico desde que fue eliminada gradualmente la Sección 936. Estaba el colapso inminente de la burbuja inmobiliaria, quizá facilitado por un periodo de consolidación bancaria, donde cerraron varios bancos importantes como el WesternBank. El gobernador Pedro Rosselló había comenzado una tendencia de limitar cada vez más los derechos de los trabajadores cuando dio el paso aparentemente positivo de sindicalizar a los empleados públicos, pero le negó el derecho a la huelga. Quiñones también era escéptico acerca del impacto de las restricciones marítimas de la Ley Jones, conocidas también como leyes de cabotaje. Él culpó a los negocios locales de carecer de la iniciativa de utilizar otros puertos de entrada para el comienzo de procesos de producción, lo cual podría dar como resultado menores costos de producción a pesar de los aranceles de la Ley Jones. Más importante, él también criticó duramente los recortes de Fortuño en empleos públicos, no simplemente debido a la pérdida inmediata de empleo sino también por el efecto multiplicador sobre la economía, donde los negocios locales sufrían falta de ingresos disponibles que de otro modo habrían tenido los trabajadores empleados por el gobierno.

La ley de bancarrota de García Padilla, conocida coloquialmente como La Ley de Quiebra Criolla, también estaba abierta al ridículo de Quiñones porque debilitaba uno de los principales puntos de venta de los bonos en primer lugar. Ya había comenzado la conversación sobre privatizar la autoridad eléctrica, y aunque Quiñones no creía que en general fuera una idea terrible, veía claramente que reducir costos de personal para hacer que la venta fuera más atractiva para posibles inversionistas ya estaba pasando factura a la eficacia del sistema. Estaba perdiendo personal cualificado y la capacidad de proporcionar mantenimiento esencial y cuidado del sistema.

«Si me dijeran que esta ley es parte de un contexto en el que hay una reforma importante del sistema político y económico y de las relaciones sociales, entonces yo diría: "esto se parece al proceso de Argentina"», me dijo Quiñones. «Pero esto se parece más a Detroit. Su estrategia es cortar drásticamente los fondos de jubilación». El gobierno de Puerto Rico, a diferencia del de Argentina, se mostraba mucho menos dispuesto a confrontar la injusticia de la hegemonía económica de Estados Unidos y mucho más dispuesto a seguir el modelo neoliberal de traspasar la carga a los trabajadores. Pero contrariamente a Detroit, Puerto Rico no podía declarar la bancarrota.

Una propuesta hecha ese verano por la organización filantrópica de Puerto Rico, Fundación Francisco Carvajal, sugirió que la Ley de Reserva Federal pudiera permitir a la Fed comprar muchos de los bonos emitidos por el gobierno y entidades públicas de modo que no se considerara un rescate per se. «Sería una inyección de liquidez muy necesaria. Si dieron ochenta y cinco mil millones de dólares al AIG [un banco demasiado grande para caer], ¿por qué no cuatro mil millones de dólares a Puerto Rico?», señaló Juan Aponte, quien ayudó a escribir el reporte.[15] Esto se convirtió en la semilla de más propuestas progresistas lanzadas más adelante durante la campaña presidencial de Bernie Sanders en 2016, pero en ese momento no cobró ímpetu porque ambas partes tenían miedo al indeseado "rescate".

A primera vista, el fantasma de un rescate financiero parecía ser principalmente una aversión a sus implicaciones políticas, donde la era Reagan de ayudar a las "reinas de la asistencia pública" no merecedoras no era solamente opuesto a un presupuesto balanceado, sino que también alimentaba una narrativa racista subliminal. Pero mientras más profundizamos en las motivaciones fundamentales de Wall Street, los mercados de bonos municipales y, cada vez más, sus sustitutos en deuda en el Congreso, parece como si la necesidad de preservar la naturaleza frágil del sector financiero altamente especulativo fuera el motivador principal. Hay varios factores que lo señalan: el sector financiero explica un porcentaje creciente de productos corporativos y producto bruto interno; las instituciones implicadas han sido designadas como "demasiado grandes para caer" desde la crisis de 2008; y las compañías de seguros que respaldan gran parte de la inversión para que no haya incumplimiento pueden causar una grave reacción en cadena negativa si se ven forzadas a amortizar cantidades masivas a acreedores por incumplimiento.

Las prescripciones neoliberales para enderezar el rumbo de la economía de Puerto Rico siguieron siendo debidamente consistentes. Un reporte de 2014 del Banco de la Reserva Federal de Nueva York sugería algunos «pasos hacia la sostenibilidad fiscal», incluyendo estimular el crecimiento económico, reformar el sistema de recaudación de impuestos (Puerto Rico tiene una vasta economía sumergida), tomar medidas contra corporaciones del sector público y, sin duda, esforzarse hacia un presupuesto balanceado.[16] Pero estos consejos, al igual que la oposición de la administración de Obama a un rescate financiero (que apenas habría arañado la superficie como una forma de reparaciones), pasaban por alto la peligrosa realidad de la deuda insostenible.

Quiñones sugirió algo diferente: «Tenemos que crear crecimiento económico sostenible, intervenir en las prácticas de evasión locales y de bancos públicos, refiriéndome a su falta de transparencia, y el trato preferencial dado al sector comercial, y el fin de la puerta giratoria entre el gobierno, sus agencias, el mundo financiero, y despachos de abogados colectivos». Estas ideas básicas sobre desarrollo económico y recuperación parecían desconocidas para la agenda neoliberal, la cual ha priorizado las necesidades de un sistema financiero global y su agenda a corto plazo de maximizar beneficios por encima de crear condiciones para un crecimiento económico sostenible.

El avance para la administración de García Padilla era un enigma imposible. Para que el gobierno siguiera operando, necesitaría pensar en más maneras de cambiar las obligaciones de deuda; sin embargo, todos los mecanismos que se habían utilizado parecían estar llegando a su límite. La narrativa con la que contaba García Padilla estaba construida sobre una lógica circular que equivalía a un oscurecimiento casi total de los muchos problemas que le ocupaban. Él emitió bonos por un valor de 3,5 mil millones de dólares, declarando abiertamente que el gobierno podría tener problemas importantes para reembolsarlos mientras que al mismo tiempo hacía afirmaciones públicas de que los pagos estaban garantizados teóricamente debido a la barrera legal para declarar la bancarrota.

García Padilla hizo declaraciones públicas elogiando la reducción en el déficit presupuestario; estas afirmaciones tenían la intención de comunicar al consumidor de noticias típico que se estaba reduciendo la deuda, cuando en realidad aumentaba. Intentó recurrir a la idea del nacionalismo puertorriqueño mediante el aparente mecanismo de semiautonomía que permite ser un estado libre asociado. Su intento legal de establecer el derecho de bancarrota, una ley redactada por abogados de Proskauer Rose, fue una última cuchillada dramática a la autodeterminación. Pero en realidad, su economía se había sometido completamente a las metas neoliberales de recortes de gasto a la vez que erosionaba los derechos de los trabajadores y permitía que se deterioraran las infraestructuras y los servicios esenciales.

La administración de García Padilla había estado continua y descaradamente a favor del negocio: en una conferencia en abril de 2014, el **secretario** del Departamento **de Desarrollo** Económico y Comercio (DDEC), Alberto Bacó, pujó por Puerto Rico como un refugio tributario para multimillonarios renegados, ofreciéndolo como el "Singapur del Caribe". Abrir la isla a más capital de inversión exterior había sido también una de las prioridades centrales de la administración de García Padilla. La cumbre de Puerto Rico en febrero de 2015, pensada para atraer a inversionistas estadounidenses, presentó como su primer orador al exalcalde de Nueva York, Rudolph Giuliani, vendiendo su consultoría Giuliani Partners. La aparición de Giuliani, según Bacó, «reforzó el reconocimiento intencional del compromiso de nuestro gobierno con el crecimiento económico».[17]

A medida que se fueron desenredando los hilos de la crisis de deuda de Puerto Rico, García Padilla dio el discurso quizá más importante de un gobernador puertorriqueño desde el discurso de Luis Muñoz Marín proclamando el Estado Libre Asociado en 1952. Pero esta vez no sería sobre el comienzo de una nueva era prometedora para Puerto Rico; sería sobre su espiral inevitable hacia la ruina económica. Apareciendo en la televisión en toda la isla mientras los puertorriqueños se reunían para cenar o en un bar y restaurante local, García Padilla, utilizando sus tonos más practicados de solemnidad, anunció que la deuda de setenta y dos mil millones de dólares era impagable. El momento para curar esta herida, para unirse como ciudadanos y con el gobierno federal y Wall Street para encontrar una solución, había llegado.

Sin embargo, Puerto Rico no tenía acceso al tribunal de bancarrota como hizo Detroit, ningún recurso para presionar al Fondo Monetario Internacional (FMI) como hicieron Argentina y Grecia, ninguna herramienta en su bolsillo trasero para retener el pago en un juego de cobro de deudas. García Padilla estaba haciendo su parte para establecer una narrativa que intentaba justificar parte del lenguaje que se utilizaba para describir la crisis, términos como "espiral de muerte" y una necesidad de "sacrificio compartido". A la prensa económica le gusta caracterizar la deuda municipal masiva citando cifras per cápita, como: «La aplastante carga de deuda de la isla, que incluye 123 mil millones de dólares en bonos y obligaciones de pensiones sin fondos... supone 34 000 dólares por persona».[18] Este tipo de lenguaje crea la impresión de que todos los puertorriqueños residentes implementaron y acordaron el amasar la deuda, lo cual es cierto tipo de idea fácil de asimilar para los estadounidenses, quienes podrían compararlo desfavorablemente con el promedio de deuda por tarjetas de crédito por familia, que está en torno a 8000 dólares.[19] Con su lenguaje daba a entender que los acreedores tenían que aceptar "recortes" (reducciones negociadas en el principal de la deuda) sobre los balances debidos, pero también incluyó a los ciudadanos en esa obligación compartida, tocando teclas familiares para una población en gran parte católica y preparada para ideas de confesar, apropiarse de los errores y aceptar el concepto de sacrificio compartido.

Sin embargo, dos señales muy inquietantes acechaban en el trasfondo de la admisión pública de García Padilla. En primer lugar, David H. Chafey, Jr., el presidente del Banco Gubernamental de Fomento, dimitió, quizá señalando involuntariamente que el banco mismo estaba cerca de autoimplosionar. En segundo lugar, el no poder reembolsar el pago de bonos a la Autoridad de Energía Eléctrica de Puerto Rico, vencería en unos pocos días, presagiaba el incumplimiento generalizado. Fue como si todas las feas y graves realidades de la profunda disfunción de la deuda

de Puerto Rico, al igual que su balanceo sobre el precipi-
cio de la infraestructura desastrosa, estuvieran quedando
expuestas.

UN DOBLE CONTRATIEMPO NEOLIBERAL

Lo que García Padilla había puesto en movimiento era un
desenlace para la crisis de deuda de Puerto Rico que amenazaba con ser menos una solución que un camino hacia la
deuda perpetua y una sentencia de muerte para cualquier
semejanza de desarrollo económico autosostenido. Aunque
la narrativa que se fusionó en torno a la crisis se centraba
en las acciones del gobierno de Puerto Rico, representantes
del gobierno estadounidense estaban tomando dos medidas importantes y, al menos en teoría, también el sistema
económico global. Cómo estos dos elementos digresivos se
unieron representaba la creciente sinergia entre políticos
estadounidenses y el sistema financiero global.

La primera señal se produjo cuando se publicó el Reporte
Krueger.[20] Realizado por Anne Krueger y excolaboradores
del FMI, estaba pensado aparentemente para preparar a
Puerto Rico para un futuro de austeridad que sería necesario para mantener actualizados los pagos de deuda mínimos,
sin considerar si estaba garantizada cierta forma de bancarrota. Entre otras cosas, el reporte recomendaba reducir el
tamaño del gobierno, disminuir el salario mínimo, y recortar derechos federales, Medicaid y Medicare incluidos, lo
cual sería un paso particularmente extremo ya que dos
millones de personas, o cerca del sesenta por ciento de los
residentes de Puerto Rico, dependían de esos programas.
El reporte también recomendaba dificultar la obtención
de prórrogas de pago. Irónicamente, se publicó la misma
semana de julio en que el presidente Obama amplió las

prórrogas de pago para los trabajadores estadounidenses continentales.

En sus comentarios sobre el reporte, hechos durante una vista pública en Puerto Rico, Krueger observó que el salario mínimo de la isla, que estaba en 7,25 dólares por hora, es el 88% de su salario medio, argumentando: «La mayoría de los economistas concluyen que la mitad de esa cantidad sería beneficioso». Esta declaración ignoraba totalmente los elevados niveles de pobreza ya existentes (46,2% en 2014) y el índice de desempleo (12%); un recorte del 50% en los salarios sería devastador en esa atmósfera. La lógica del reporte parecía un intento de generar una transición para Puerto Rico, pasando de escaparate colonial privilegiado del Caribe con estándares de vida relativamente altos a una competición abierta con sus vecinos caribeños. Cambiaría el modelo salarial de Puerto Rico de ser uno que ensombrecía al de Estados Unidos (algo comparable a cómo sus derechos como el SIS y Medicare están limitados y no plenos, como en Estados Unidos) a otro que situara a la isla a merced de disminuir su salario mínimo a niveles cercanos a los países en desarrollo en la región caribeña. La fantasía de la isla de ser un "estado americano" extraterritorial pseudoautónomo iba a ser transformada en una zona desprotegida de explotación laboral, incurriendo en todos los peligros de la independencia económica sin una soberanía real o la capacidad de desarrollar su propia economía.

Estas evaluaciones dejaban al desnudo la debilitada promesa del estatus de Puerto Rico como una estrella no incorporada en la órbita de red de seguridad de Estados Unidos. En cierto sentido, los derechos federales otorgados a los puertorriqueños eran parte del acuerdo que compensaba su ciudadanía diluida, al menos durante los años del boom de posguerra. Pero ahora que modelos de libre

comercio reinaban en medio de una Gran Recesión que
aún pesaba significativamente sobre el continente, Estados Unidos ya no podía permitirse apoyar los estándares
de vida de la isla y necesitaba deferir a sus necesidades del
sistema de banca desregulada, la cual requería ubicar la
isla en su contexto caribeño "apropiado".

Otro de los argumentos del Reporte Krueger sugería
que los pagos de los beneficios sociales eran «muy gene-
rosos relativamente a sus ingresos per cápita», lo cual,
según su lógica, causaba un desincentivo al trabajo por un
salario mínimo. Sin embargo, como argumenta correctamente el PNP proestadidad, tales pagos están limitados a
niveles significativamente menores de lo que los residentes recibirían si Puerto Rico fuera un estado; la falta de
pleno derecho de la isla es una de las razones por las que
los puertorriqueños son ciudadanos de segunda clase. Los
argumentos del reporte concordaban con el razonamiento
duro de los neoconservadores y los neoliberales acerca de
privilegios como la transferencia de pagos de beneficios
sociales: los privados del derecho son demasiado seduci-
dos a aprovecharse de eso y no tienen ningún incentivo
para trabajar, de modo que la solución es reducir los pagos
en lugar de presionar a los "creadores de empleo" a que
aumenten los salarios.

Mientras tanto, los sectores de izquierdas y progresistas
ya estaban construyendo una narrativa de que la acumulación de la deuda era "premeditada" e "inmoral", como
insistía Rafael Bernabe, el candidato a gobernador en la
línea del relativamente nuevo Partido del Pueblo Trabajador,
en cierto modo similar al movimiento socialista demócrata
estadounidense y no enfocado en el cambio de estatus.
Bernabe estaba entre los primeros en la esfera política en
presionar a favor de una auditoría de deuda ciudadana,

algo que se había hecho en Grecia para obtener presión en las negociaciones. Aún más, mientras se restructuraba la deuda de Detroit, se habían utilizado también argumentos legales en torno a los abusos de instituciones bancarias en circunstancias limitadas para obtener acuerdos más favorables. Fue también en junio de 2015, el mismo mes del anuncio de la "deuda impagable", cuando el gobernador García Padilla ordenó una comisión multisectorial para realizar una auditoría de deuda, nombrando al líder sindical Roberto Pagán como presidente de un grupo de no políticos con ganas de investigar la deuda.

Como se esperaba, dados los problemas de movimiento de efectivo de Puerto Rico y la poca disposición del gobierno y de la industria financiera a mirar demasiado cerca el castillo de naipes que habían construido, la comisión para la deuda quedó tristemente subfinanciada. De hecho, batalló en su trabajo, completando lo que denominaron un estudio "preauditoría" la primavera siguiente, que reveló evidencia importante de prácticas inadecuadas por parte del gobierno y de la industria bancaria. Durante los seis meses siguientes, la batalla por la deuda y lo que constituía una auditoría o análisis adecuados llegó a ser disputada incluso más acaloradamente. El modo en que funciona y se acumula la deuda tiene todo que ver con el tiempo, y la insistencia en que el tiempo estaba en la esencia del avance hacia una solución o restructuración se volvió fundamental para el debate.

En el periodo previo a 2016, que era año electoral, debido en parte a esfuerzos de grupos como Hedge Clippers y el Centro para el Periodismo de Investigación de Puerto Rico, quedó claro que la deuda había cambiado de manos, de inversionistas tradicionales a fondos buitre y de cobertura de alto riesgo. La mayoría de los compradores originales de bonos de Puerto Rico eran fondos municipales tradicionales, como Oppenheimer Funds, un "gerente de activos globales" que no progresaba con transacciones de alto riesgo, tenía un brazo filantrópico, y se convirtió en uno de los actores en el reto legal exitoso a la ley de bancarrota de García Padilla.[21] Pero el paisaje cambió en la secuela de la emisión de bonos municipales en marzo de 2014 del BGF, de unos inauditos 3,5 mil millones de dólares. Fondos buitre como Blue Mountain Capital y Stone Lion Capital, que comenzaron a comprar bonos lentamente cuando surgieron señales de peligro en 2011, eran ahora los actores principales.[22]

Bajo la administración de Fortuño, la legislatura de Puerto Rico aprobó dos leyes, la Ley para Fomentar la Exportación de Servicios y la Ley de Inversionistas Individuales. Otorgaban a los gerentes de fondos de cobertura un cuatro por ciento de tasa impositiva como incentivo para mover operaciones a Puerto Rico, y también ofrecían a los inversionistas exenciones fiscales completas sobre dividendos, intereses, y ganancias de capital, dado que vivieran en la isla al menos durante medio año.

La investigación del Centro para el Periodismo de Investigación de Puerto Rico reveló que muchos de estos fondos buitre y de cobertura habían incursionado en compras de alto riesgo en lugares problemáticos como Grecia, Argentina y Detroit. Tres fondos (Aurelius Capital, Monarch Alternative Capital y Canyon Capital) habían estado implicados en los cuatro, mientras que Fir Tree Partners y Marathon Asset Management, entre otros, tenían un triplete de Puerto Rico, Grecia y Argentina.[23] John Paulson, que posee el hotel más caro en el exclusivo distrito del Condado en San Juan, al que puso el adecuado nombre de Vanderbilt, también ha invertido fuertemente en bancos griegos.

No solo eso, sino que los síntomas de Puerto Rico

comenzaban a parecerse mucho a lo sucedido en la crisis de las hipotecas en 2008. Double Line Capital, de Jeffrey Gundlach, duplicó sus holdings de bonos calificados basura en mayo de 2014. En una entrevista para *Bloomberg News*, él comparó el potencial de inversión en deuda de Puerto Rico con el de los mercados hipotecarios estadounidenses en 2008, evocando las condiciones de tormenta perfecta que ayudaron a disparar la Gran Recesión.[24] Double Line Capital, Blue Mountain y Pine River Capital, entre otros, se organizaron ellos mismos como el Ad Hoc Group, representando a treinta y cinco inversionistas y 4,5 mil millones de dólares en bonos, y el Grupo AEEPR, que negoció directamente con la Autoridad de Energía Eléctrica.

El Centro para el Periodismo de Investigación de Puerto Rico publicó también un artículo explosivo que sacaba a la luz que representantes de fondos buitre y de cobertura visitaban constantemente los despachos de legisladores en el Capitolio. Según el reporte, a veces eran acompañados por miembros de grupos de presión, como el miembro del partido proestadidad PNP, Kenneth McClinton, y el del PPD, Roberto Prats; el segundo también resulta ser un importante recaudador de fondos demócratas y presidente del Partido Demócrata en Puerto Rico.[25] Sin embargo, las fuentes del artículo para estas revelaciones, el senador del partido del Estado Libre Asociado, Ramón Luis Nieves y Melba Acosta, afirmaron en su mayor parte no recordar o conocer los nombres de los fondos de cobertura o sus representantes.

Hacia el final del verano, el *New York Times* presentó un artículo sobre el futuro pospresidencial del presidente Obama. Comenzaba con una descripción de una cena en la Casa Blanca que incluía a Toni Morrison, Malcolm Gladwell y Eva Longoria, y también a alguien que no llegaba a tener el estatus de celebridad de ellos, pero sin duda presumía de estar en esos círculos: Marc Lasry, cofundador y presidente ejecutivo del fondo buitre y de cobertura Avenue Capital Group, un importante tenedor de deuda de la AEEPR.[26]

Lasry fue quizá más famoso cuando, en 2014, se convirtió en el copropietario del equipo de la NBA, los Milwaukee Bucks, un acontecimiento que fue tan vigorizante para el gobernador de Wisconsin, Scott Walker, que firmó una propuesta de ley en agosto de 2015 que subvencionaba un nuevo estadio para el equipo. El mismo le costó al público el doble de lo proyectado originalmente. Avenue Capital parecía estar de acuerdo con Candlewood Investment Group, Fir Tree Partners y Perry Corp., que habían formado lo que se conoce como el BGF Ad Hoc Group: una coalición de fondos buitre que tenían bonos emitidos por el BGF.

El BGF Ad Hoc Group había contratado al despacho de abogados de Davis, Polk & Wardwell para representarlo en sus batallas con el gobierno de Puerto Rico, esperando recuperar su inversión. Este era el mismo despacho de abogados que ayudó a orquestar el rescate del gobierno estadounidense a AIG, la maquinaria de hipotecas malas e intercambio de deuda que estuvo en el centro de la recesión de 2008. Obama, quien favoreció el rescate financiero de AIG, no había insinuado si ofrecería un rescate financiero a la isla llena de problemas, y en cambio hizo que su oficina diera declaraciones imprecisas dando a entender que permitiría cierta forma de procedimientos de bancarrota.

Los vínculos de Lasry con la política demócrata se remontaba muchos años atrás. Un artículo en marzo de 2010 en el *Wall Street Journal* lo describía almorzando con el entonces jefe de personal de la Casa Blanca, Rahm Emanuel, en parte para asesorar a Emanuel sobre si los bancos habían

comenzado a prestar de nuevo tras la estela de la crisis de
2008.[27] Un artículo de 2012 en el *New York Times* reportaba que «en torno a 50 personas pagaron 40 000 dólares
cada una para agolparse en una habitación llena de arte»
en el apartamento de Lasry para oír hablar a Obama y Bill
Clinton.[28] Hacía diez años atrás, Avenue Capital de Lasry
incluso dio empleo a Chelsea Clinton, cuyo esposo fracasó
haciendo malas inversiones en Grecia mientras dirigía su
propio fondo de cobertura.[29]

Lasry, quien había sido un humilde conductor de UPS
hasta que sus padres lo convencieron para que estudiara
derecho, se graduó como un inversionista capaz de tirar
los dados con cualquiera en el juego global de los fondos
de cobertura de Wall Street, al igual que con dueños de
casinos, como Donald Trump. Esta colaboración, que se
remonta hasta la bancarrota en 2009 del casino Atlantic
City de Trump, finalmente dio como resultado que Lasry
le comprara su parte y se convirtiera en el presidente de
Trump Entertainment Resorts en 2001, un puesto del que
Lasry al final dimitió.

Parecía desconcertante que alguien con un valor de 1,87
mil millones de dólares, según la revista *Forbes*, a quien la
prensa económica dibujaba como un jugador astuto, creyera
que economías que están en una "espiral de muerte" iban
a recuperarse milagrosamente. Era improbable que Lasry
tuviera fe en una economía puertorriqueña que no había
mostrado señal alguna de crecimiento en décadas y estaba
impulsada en gran parte por el empleo público. En cambio,
probablemente apostaba a que la incapacidad de la isla
para declarar la bancarrota produjera un beneficio mayor
cuando llegara el incumplimiento, ya que estaría expuesta
a un trámite legal sin protecciones de bancarrota. Estos
trámites tienden a favorecer al deudor, y Avenue Capital

Group era uno de muchos buitres que comenzaron a volar por encima de Puerto Rico a finales de 2013, cuando los bonos de la isla que tendían a ser bonos basura comenzaron a tentar a los buitres.

Un artículo en julio de 2016 del *Wall Street Journal* sobre la crisis de Puerto Rico daba una posible explicación al interés de Lasry en contrarrestar la bancarrota o una restructuración de la deuda que proporcionara alivio a Puerto Rico y a su gente.[30] Bajas tasas por incumplimiento en la deuda corporativa habían conducido a tales especialistas en deuda en peligro a enfocarse en cambio en gobiernos de alto riesgo y cortos de dinero como Grecia, Argentina y Puerto Rico que proporcionarían un beneficio mayor en el proceso de recaudación de deuda. Pero mientras que los precios de los bonos griegos y argentinos tocaban fondo en menos de veinte centavos de dólar en la cumbre de sus crisis de deuda, gran parte de la deuda de Puerto Rico se cambiaba aún entre cincuenta y setenta centavos, según datos de la Junta de Reglamentación de Bonos Municipales (MSRB, por sus siglas en inglés). Si un fondo buitre compraba una deuda por dos millones de dólares que originalmente era de diez millones de dólares, podía estar satisfecho con una restructuración de deuda que requiriera un pago de seis millones de dólares. El precio más elevado para los bonos de Puerto Rico significaba que, para recibir un beneficio, los fondos buitre necesitarían recuperar más en una restructuración en Puerto Rico de lo que recuperaron los especuladores en los incumplimientos de Grecia y Argentina.

Aún en noviembre de 2017, Lasry seguía teniendo una cantidad importante de deuda de Puerto Rico, pese a haber dejado más de cincuenta millones de dólares de esa deuda. Quizá retenía sus habilidades de juego astuto, o quizá sabía que podría valer la pena esperar al proceso de restructuración de deuda, cuyas estrategias ya estaban siendo diseñadas en Washington y en Wall Street.[31] El modo en que se había establecido PROMESA, pensada para favorecer el mejor acuerdo para los inversionistas en lugar de los deudores, tal vez era suficiente para que Lasry se mantuviera firme. Estas estrategias habían de ser defendidas e implementadas por el secretario del Tesoro y el confidente de Obama, Jacob Lew, cuyo currículum incluía haber trabajado para la administración de Clinton (como director de la Oficina de Administración y Presupuesto) y Citigroup, y haber reclutado a Antonio Weiss del Banco de Inversión Lazard para el Departamento del Tesoro.

SORPRESA EN OCTUBRE

En el verano de 2015, la crisis de deuda de Puerto Rico había comenzado a emerger como un problema grave en lugar de ser un peligro nebuloso que habría que enfrentar en algún momento más adelante. Cuando la presidencia saliente de Obama pasó a control de crucero, rumores en el Congreso comenzaron a confrontar el asunto. Obama y Jeb Bush, quien estaba acelerando su campaña presidencial con un ojo hacia los votantes latinos en Florida, acordaron que debería permitirse a Puerto Rico una forma estructurada de bancarrota, y los senadores demócratas Charles Schumer y Richard Blumenthal anunciaron su apoyo a la legislación que permitiría un proceso similar a la bancarrota del capítulo 9. Pero a medida que el verano dio lugar al otoño el proceso se fue enfangando, y varias posturas contradictorias de las partes parecían indicar que había en juego una agenda oculta.

El 23 de octubre, un titular burlón en *Politico* establecía el tono para la tormenta política que se avecinaba. Anunciaba un nuevo plan de la administración de Obama llamando a un proceso de "súper capítulo 9" pensado para permitir a Puerto Rico un tipo distinto de proceso de bancarrota que permitiera la restructuración de la deuda.[32] El súper capítulo 9 permitiría que Puerto Rico pasara por trámites de bancarrota como territorio no incorporado, o un estado, algo que anteriormente había sido inconstitucional. Sugiriendo que ese podría ser un trámite modelo para otros territorios no incorporados, la administración proponía una solución alternativa para la misteriosa descalificación en 1984 de Puerto Rico del capítulo 9. Pedro Pierluisi, en su puesto como comisionado residente, quedó atrapado en el medio. Como demócrata y defensor de la estadidad quería situarse junto a Obama, pero sabía que ese súper capítulo 9 minaba la postura de los defensores de la estadidad.

El exgobernador Fortuño, quien había sido muy activo en establecer ventas de bonos cuando era gobernador y más adelante también como abogado de mucho empuje, se oponía fuertemente al plan. Afirmaba que le preocupaba que, si se producía el capítulo 9, podría establecer un precedente y ser extendido a los estados mismos, que no tienen permitido presentar la bancarrota. Sin embargo, al año siguiente se supo que una empresa de consultoría financiera creada por la esposa de Pierluisi, quien resulta ser la hermana del presidente de La Junta, José Carrión, había estado asesorando a un fondo de cobertura que participó en la notoria emisión de bonos por 3,5 mil millones de dólares. Los ingresos generados por la empresa dieron a la pareja un incremento del 2700% en sus ingresos promedio. Con Fortuño participando también en este tipo de asesoría, el motivador principal era establecer acuerdos, con la política de la estadidad que parecía encogerse hasta la irrelevancia.[33]

Estas posturas extrañamente contradictorias arrojaron luz sobre el modo en que múltiples afiliaciones entre demócratas y republicanos, y quienes apoyan el Estado Libre Asociado y la estadidad, parecen paralizar el sentido común, y revelan una agenda que pasa por alto la política real y avanza hacia la política de clientelismo. En muchos aspectos, los políticos puertorriqueños y sus afiliaciones reflejaban el declive de la política estadounidense, donde la legislación y el liderazgo se intercambiaban por el tráfico de presiones e influencia. Esto queda más evidenciado aún por la persona que redactó la propuesta del súper capítulo 9: Antonio Weiss. El Departamento del Tesoro acababa de contratarlo pese a una fuerte oposición de la senadora Elizabeth Warren, a quien le dio una mala impresión el paraguas de oro de 21,2 millones de dólares que Weiss recibió de inversiones de Lazard en su salida.

El lenguaje de la propuesta era revelador en el sentido de que parecía ofrecer un tipo de benevolencia ética corporativa mientras al mismo tiempo establecía los parámetros de lo que iba a llegar: una junta supervisora fiscal.[34] A la vez que declaraba que la crisis económica en Puerto Rico estaba en peligro de convertirse en una "crisis humanitaria" y utilizaba lenguaje solidario con respecto a los «3,5 millones de estadounidenses que viven en Puerto Rico y tienen que soportar el estancamiento», el "Mapa de Ruta para la Acción del Congreso" subraya que se estaba agotando el tiempo de una manera que favorecía a los acreedores. Esto debilitaba la lógica de que Puerto Rico podía sencillamente continuar con su política de incumplir los pagos y utilizar sus fondos restantes para pagar servicios esenciales, apostando a que Estados Unidos actuaría para evitar las malas relaciones públicas de su colonia que se hundía en el caos.

Además, el rumbo de acción propuesto no solo fortalecía en parte la "disciplina financiera", sino que también insistía en que estas soluciones podían llevarse a cabo mediante «fuerte supervisión fiscal» para «fortalecer la gobernanza fiscal de Puerto Rico». Estas dos últimas frases presagiaban claramente la creación de La Junta que llegó a ser conocida como La Junta, aunque las conversaciones sobre una junta de control fiscal para Puerto Rico se remontaban hasta 2013 en la prensa económica. Sin embargo, no llegaban tan lejos como para anticipar que La Junta «fortalecería la gobernanza fiscal» eliminando casi por completo el poder a los brazos legislativo y ejecutivo de Puerto Rico.

A medida que pasaban los meses, la estrategia del gobierno de renegociar los pagos que iban a vencer continuó. El Congreso avanzaba lentamente hacia una propuesta para el alivio de la deuda o la restructuración, pero finalmente las vistas sobre la crisis de deuda aceleraron su ritmo, particularmente en el Comité de Recursos Naturales de Rob Bishop. A principios de junio de 2016, la mayoría de los observadores estaban convencidos de que el gobierno de Puerto Rico incumpliría un pago de 800 millones de dólares hacia bonos de obligación general (OG), uno de los dos tipos principales de deuda que tenían. Mientras tanto, el Comité de Recursos Naturales estaba trabajando a favor de varias reiteraciones de lo que había llegado a conocerse como la Ley PROMESA. La administración de Obama había anunciado que no estaban considerando un rescate financiero. Este se consideró el curso de acción más lógico en un año electoral, ya que "rescate" se había convertido en una palabra sucia, y un recordatorio de que el conservadurismo fiscal era tan fuerte que los demócratas estaban reacios a oponerse. Era ese mantra que decía: «¿por qué dar a los republicanos algo que puedan utilizar en su campaña?», y que había justificado la falta de acción valiente entre los demócratas por casi una generación.

Algunos de los tenedores de deuda, incluidos grupos afiliados de Koch Brothers que poseían deuda OG, seguían oponiéndose a PROMESA porque requeriría más recortes de los que ellos deseaban. Estos inversionistas de línea dura han continuado defendiendo ruidosamente medidas mercenarias para asegurar el pago total incluso en mitad del trámite de bancarrota modificada que creó el Título III de la ley. La batalla por PROMESA fue enmarcada, así como un conflicto entre los intereses de los tenedores de deuda y los políticos, quienes intentaban balancear la necesidad de algún tipo de restructuración con cualquier apoyo que los acreedores pudieran tener por el apuro de los puertorriqueños.

El negociador principal en este esfuerzo, o al menos el ideólogo que buscaba crear un camino medio imaginado entre la controversia, fue Antonio Weiss. Su conducta regular y sus jugadas para humanizar su agenda fueron acentuadas por cierto tipo de firmeza paterna cuando pretendió hacer entender un punto sobre la necesidad de sacrificio y compromiso. Su enfoque en la crisis de Medicare, en la cual los pagos a la isla estaban siendo demorados o eliminados causando la partida de cientos de médicos, fue admirable, y sus llamados a mayor financiación para los créditos por Ingreso del Trabajo y Tributario Adicional por Hijos para familias en la isla y abordar así el problema de la pobreza también dio la impresión de humanitario. Sin duda, sus vínculos de toda la vida con la élite financiera hicieron que fuera difícil para muchos creer que él actuaba en favor de los mejores intereses de la gente.

El problema de la deuda finalmente comenzaba a entenderse fuera de la isla, y no menos entre los miembros de la diáspora puertorriqueña en Estados Unidos. En el espacio de un par de semanas, a finales de mayo y principios de junio de 2016, tuvieron lugar dos reuniones clave para hablar de estrategias. Una, realizada en las oficinas del edifico SEIU en Midtown Manhattan, estaba dirigida hacia respuestas progresistas a la crisis. Entre ellas se incluía utilizar el argumento legal de la deuda insoportable, en la cual podría afirmarse que una deuda era ilegítima porque es una carga en lugar de beneficiar a un pueblo, como parte de una estrategia para demandar una auditoría de deuda por parte del ciudadano. El argumento de la deuda insoportable fue formulado para el caso de Puerto Rico por Natasha Lycia Ora Bannan, presidenta del Gremio Nacional de Abogados (National Lawyers Guild), quien argumentó que hay una posibilidad de obtener «un fundamento moral para eliminar, en su totalidad o en parte, la continuidad de las obligaciones legales donde la deuda en cuestión fue contraída y utilizada de maneras que no fueron beneficiosas o fueron realmente dañinas para los intereses de una población».[35] Irónicamente, el principio de la deuda insoportable fue planteado por primera vez cuando Estados Unidos se negó a asumir las deudas adquiridas por España cuando cedió la soberanía de Cuba, Puerto Rico y las Filipinas a Estados Unidos tras la Guerra Hispanoamericana. Estados Unidos utilizó el concepto para librarse legalmente de la deuda en la que había incurrido Cuba en lugar de asumirla.

En Estados Unidos se promovieron los inicios del activismo en torno a convencer a los trabajadores para que desinvirtieran de sus fondos de pensiones que eran administrados por agencias de inversión que habían comprado deuda de Puerto Rico. El grupo que organizó la reunión, "Vamos4PR", era una coalición de sindicatos, grupos activistas como el grupo de defensoría comunitaria sin fines de lucro, Make the Road, académicos y abogados, logrando un momento único en la colectividad de la diáspora. Por una vez, el debate no fue sobre tropos nacionalistas en torno a prisioneros políticos o retórica a favor y en contra de la estadidad, la independencia y el estatus de estado libre asociado.

Aproximadamente al mismo tiempo finalmente estaba emergiendo un tipo de análisis político-económico que abordaba la realidad económica de la dominación colonial de Estados Unidos sobre Puerto Rico. En una presentación impresionante, el profesor César Ayala mostró una gráfica que ilustraba cómo el índice de PNB-PIB de Puerto Rico estaba entre los menores en el mundo; en cierto momento a mediados de los años dos mil solamente Irak, ocupada por Estados Unidos, tenía un índice más bajo. Situar en el foco central la relación económica colonial entre Estados Unidos y Puerto Rico creó también una corriente en torno a asuntos como la Ley Jones, que limitaba la actividad marítima de un modo que creaba costos adicionales considerables a los consumidores puertorriqueños. El asunto de la Ley Jones resonó bien en los activistas porque era fácil concientizar con ella porque se aprobó en 1917, el mismo año que la ciudadanía estadounidense fue impuesta a los residentes de Puerto Rico, y estaba llegando a su centenario.

Aunque hubo mucha discusión de la Ley Jones y su efecto perjudicial sobre la capacidad de Puerto Rico para sostener una economía en desarrollo, su impacto se exageraba a menudo, particularmente afirmaciones de que hacía que todos los productos de consumo fueran más caros. Mientras que los precios promedio eran cerca del 21% más altos en Puerto Rico que en Estados Unidos, se comparaban favorablemente con zonas metropolitanas como Nueva York y Miami, cuyos índices de pobreza son del 19% y el 24% respectivamente. Aun así, el índice de pobreza de la isla, del 41% (comparado con el promedio del de Estados Unidos del 14,3%) representaba un porcentaje mucho más elevado de la población que lo pasaba mal a la hora de comprar simplemente comida.[36] Este índice más alto refleja la concentración de pobreza que uno esperaría ver en zonas periféricas de ciudades estadounidenses, mostrando cómo se reproducen problemas socioeconómicos "estadounidenses" en un territorio isleño aislado.

Igual que prestamistas hipotecarios sin escrúpulos habían visitado con ruina a personas pobres de color explotando sus sueños de ser dueños de una casa y concediendo hipotecas que estaban destinadas al fracaso, la deuda de Puerto Rico había sido impulsada por el hambre feroz de capital especulativo. Pero mediante la Ley Jones, el cambio inexplicado en la ley de bancarrota, la triple exención impositiva, y la corrupción de una clase política inefectiva por diseño, el estatus colonial de Puerto Rico agravó el daño. Esto debería haber conducido a un fuerte movimiento de presión para que hubiera una auditoría de deuda, como se había hecho en naciones soberanas como Grecia y Argentina. Pero en cambio, lo que emergió fue retórica sobre que Puerto Rico era "salvado" por una colaboración benevolente entre el gobierno federal y la clase bancaria, quienes conjuntamente tenían el objetivo final de recuperar el acceso de Puerto Rico a los mercados de crédito, sin considerar que lo que necesitaba Puerto Rico eran condiciones para construir una economía estable. Esto era típico de la política del Partido Demócrata: anteriores intentos de extender la protección por bancarrota a Puerto Rico habían estado dirigidos principalmente a lograr que la colonia se recuperara lo suficiente para así poder tomar prestado más dinero. El acceso a los mercados de crédito era el mantra, con ninguna sensación de que tomar prestado debería estar reservado para proyectos de capital importantes como infraestructuras y no utilizado para mantener en marcha servicios esenciales clave. Lo único que importaba era que los inversionistas pudieran recuperar inversiones que estaban impulsadas en gran parte por el conocimiento de que los bonos de Puerto Rico tenían una triple exención de impuestos y que no tenía protección por bancarrota.

El grupo investigador independiente, Hedge Clippers, publicó un reporte sobre Weiss en septiembre de 2015 que contenía varias acusaciones contra él: algunos casos de culpabilidad por asociación, pero muchos basados en claros conflictos de interés. En primer lugar, su empresa anterior, Lazard, estuvo implicada en dar publicidad a la deuda de Puerto Rico a los fondos de cobertura en 2013. En segundo lugar, Lazard Asset Management tenía fuertes inversiones en Blue Mountain Capital, que poseía bonos OG, y Pine River Capital Management, que poseía bonos COFINA. Finalmente, tan lejos como en 1993, uno de los banqueros principales de Lazard, Richard Poirier, hizo grandes contribuciones a la campaña del entonces gobernador Pedro Rosselló a cambio de preferencia sobre acuerdos sobre seguros municipales. Poirier fue acusado más adelante de fraude cibernético y conspiración por actividad de mordidas similares en el Condado de Fulton (Georgia).[37]

Weiss instó a la gente a pensar de la legislación que estaba siendo concebida en el Congreso como legislación de emergencia: "necesaria, pero no suficiente". Él tenía intención de establecer una junta supervisora "independiente" para "proteger servicios esenciales" durante la permanencia del litigio, que suspendería toda la acción legal pendiente para reunir deudas y se ejecutaría con la aprobación de lo que llegaría a ser la ley PROMESA. Sin embargo, parecía tener poco interés en determinar si el alivio de la deuda podría lograrse mediante una auditoría detallada. Cuando el periodista, Juan González, le preguntó en un foro realizado en el Hunter College of Social Work de Nueva York en la primavera de 2016 sobre si la deuda era legal, Weiss rehusó dar una respuesta clara. «Existen teorías legales sobre la legalidad de la deuda, y las teorías legales pueden interpretarse en un proceso judicial, y es posible que se pudieran seguir casos legales que no proporcionarían protección para los servicios esenciales», expresó. «Hay que decidir los casos, y apelarlos, y a menudo son revocados. Con frecuencia terminan... en la Corte Suprema. Nos hemos quedado sin tiempo. No nos queda tiempo. Si el Congreso está preparado para promulgar legislación que permita que la deuda sea reducida a una cantidad que la economía pueda sostener, necesitamos perseguir eso porque cualquier cosa que se desarrolle en un proceso judicial tomará, a nuestro juicio, una década».[38]

Invocar un límite de tiempo fue revelador. Weiss amenazaba con que ya no había tiempo para Puerto Rico y su capacidad de continuar con los pagos mínimos. No realizar esos pagos significaría entrar en incumplimiento, lo cual desencadenaría un flujo interminable de demandas por parte de los tenedores de bonos. Situaciones similares se habían desarrollado en Grecia y Argentina, países que en diversos momentos suspendieron pagos, renegociaron, les impusieron austeridad, acudieron a juicios realizados en el bajo Manhattan, y utilizaron su soberanía para seguir frenando el desastre total. Pero la razón por la que Puerto

Rico no tenía tiempo no era porque no le quedaran estrategias para seguir intentando negociar para disminuir la deuda; aunque estaba gravemente limitado por la falta de protección de bancarrota y falta de soberanía, aún podría haber presionado al gobierno estadounidense con argumentos humanitarios. Puerto Rico se había quedado sin tiempo para el espejismo de que tenía autonomía sobre sus asuntos, que sus residentes tenían ciudadanía estadounidense plena, que tenía cualquier cosa parecida a una economía autodirigida.

Aún había algunos argumentos legales teóricos que se podrían haber explotado potencialmente para cambiar la marea en favor de Puerto Rico. Estaba pendiente una apelación a la Corte Suprema sobre la resolución del tribunal de circuito que derribó la Ley de Quiebra Criolla, o la Ley de Bancarrota de Puerto Rico, la cual fue aprobada anteriormente en la administración de García Padilla, al igual que otro caso, *Puerto Rico contra Sánchez Valle*, que invocaba el principio legal de no ser juzgado dos veces por la misma causa para mostrar que si alguien podía ser juzgado en Puerto Rico al igual que en Estados Unidos, entonces Puerto Rico tenía cierta forma de pseudosoberanía. Finalmente, el exgobernador Acevedo Vilá propuso la teoría de que, si Puerto Rico incumplía en su deuda, los tenedores y acreedores podrían considerar responsable, y lo harían, al gobierno estadounidense. Acevedo Vilá había ido a Washington con el exgobernador Hernández Colón para reunirse con Weiss y hacer presión contra la aprobación de PROMESA, con la esperanza de evitar la paralización gubernamental que resultaría de los desacuerdos entre La Junta y el gobierno local. También preguntó sobre la potencial responsabilidad por las deudas de Puerto Rico. «Antonio Weiss me admitió que, si íbamos al incumplimiento, entonces ellos también serían demandados», dijo.[39] Acevedo Vilá había estado hablando de esto al menos por dos años, cuando comenzó a referirse a un oscuro caso de la Corte Suprema sobre Guam llamado *Limtiaco contra Camacho*. El caso implicaba una emisión de bonos hecha por Guam, que es también un territorio estadounidense no incorporado, y que sobrepasó el límite legal. La procuradora general de Guam, Alicia Limtiaco, rehusó aprobar la emisión y fue demandada por el gobernador, Feliz Camacho, quien ganó. Limtiaco perdió en la apelación, pero la Corte Suprema oyó el caso y falló a favor de la procuradora general. La decisión del tribunal incluía estas líneas: «El Gobernador argumenta erróneamente que debemos deferencia a la interpretación de la Corte Suprema de Guam de la Ley Orgánica... La provisión de limitación de deuda protege a los ciudadanos de Guam y a los estadounidenses de las consecuencias potenciales de la insolvencia territorial. Así, este caso no es cuestión de interés local puramente».[40] Estas palabras parecen indicar que la responsabilidad de la deuda no puede ser limitada legalmente a su origen territorial; sin embargo, no se siguió seriamente nada de este discurso. No destacaba en el debate principal del Congreso sobre PROMESA, ni en el activismo que lentamente se estaba fusionando en torno al asunto de la crisis de deuda.

De hecho, la corriente principal demócrata, empleando cada vez más al liberal predilecto y dramaturgo de *Hamilton*, Lin-Manuel Miranda, quien ofrecía a los miembros republicanos del Congreso entradas gratis para su obra en Broadway a cambio de legislación sobre Puerto Rico, aceptaron el proyecto de ley PROMESA voluntariamente, aunque con cierta renuencia, como la única solución posible en el momento.[41] Apareciendo en el popular programa de HBO presentado por John Oliver, Miranda sugirió que el proyecto de ley PROMESA, «si se hiciera bien», salvaría a Puerto Rico. «La parte difícil es convencer al Congreso de que Puerto Rico importa para que su corazón esté en la lucha por la ayuda [...] no un rescate sino solo ayuda [...] una fe en que pueden aprobar una legislación para aliviar nuestro dolor», dijo Miranda improvisando. No especificó cuáles serían o deberían ser los términos de esa ayuda.

Se aproximaba el 1 de julio y estaba claro que Puerto Rico iba a ir al incumplimiento de un pago de amortización de deuda de dos mil millones de dólares, un momento que una vez más sería anunciado como una señal de que Puerto Rico se había quedado sin tiempo. Los días anteriores a la celebración anual de la independencia de la nación fueron también los últimos días que el Congreso siguió en sesión antes de las vacaciones de verano. Al menos una demócrata, la senadora por Washington, Maria Cantwell, argumentó que la fecha límite era artificial e injustificada en su urgencia. «Hay mucha discusión sobre que el 1 de julio es en cierto modo una fecha mágica», razonó ella mientras sus colegas se preparaban para invocar el cierre del debate, o poner fin a cualquier otro debate y pasar a la acción de aprobar la versión final de PROMESA. «El 11 de julio es la siguiente vista legal programada sobre esto, y eso supone tiempo más que suficiente para que el Senado sopese algunas maneras de mejorar esta legislación y asegurarnos de no estar aplazando la constitución de Puerto Rico en el proceso... ¿Por qué es importante esto? Porque hay por ahí fondos de cobertura que tomaron deuda de Argentina y tomó casi una década alcanzar una resolución».

Los senadores Durbin y Reid también aludieron al peligro de los fondos buitre y de cobertura, pero fue en vano. El senador por Nueva Jersey, Robert Menéndez, señaló:

«Llegué a esta cámara en septiembre y diciembre del año pasado para hacer sonar las alarmas sobre lo que estaba sucediendo en Puerto Rico. La mayoría mantuvo la pelota y agotó el tiempo de ataque y lanzamiento, intentando silenciar la voz en este debate de 3,5 millones de ciudadanos estadounidenses que viven en Puerto Rico».[42] El argumento de Menéndez parecía bastante compasivo al decir que, técnicamente, cualquier juicio que se lograra mediante litigio con el acreedor sería inaplicable mientras el Congreso continuara con su postura retroactiva sobre el litigio. En otras palabras, aún había tiempo para debatir o incluso reconcebir fundamentalmente PROMESA, porque el Congreso podía seguir otorgando aplazamientos sobre acciones de recolección de deuda en el tribunal. Sin embargo, él no objetó en principio a la junta supervisora propuesta, la cual arrebataría todos los poderes legislativos a los oficiales electos puertorriqueños y costaría cientos de millones de dólares para los puertorriqueños.

Ninguna de estas disputas legales explicaba el porqué, después de tantos años de crisis económica en Puerto Rico, ni el Congreso ni el brazo ejecutivo hicieron nada significativo para confrontarla. De hecho, la mayoría de los observadores en Washington, incluidos demócratas congresales, lamentaban continuamente que se hubiera aprobado en el Congreso tan poca legislación importante debido al obstruccionismo republicano. ¿A qué se debe, entonces, que tuviéramos este esfuerzo extraordinario para aprobar rápidamente el proyecto de ley, señalando de repente un triunfo inesperado del bipartidismo? ¿Y durante un año de elecciones presidenciales, nada menos?

Ya fuera un sencillo asunto de control radical republicano de la Cámara o la óptica de un rescate financiero, el brazo ejecutivo y el Departamento del Tesoro habían mostrado falta de voluntad para insistir en un tipo de solución diferente que pudiera evitar la austeridad y funcionara con Puerto Rico de maneras para desarrollar una economía autosostenible eficaz. En cambio, cedieron para proteger a los únicos contribuyentes que importan: la comunidad financiera, de la cual habían surgido tanto Lew como Weiss. El mensaje principal de la aprobación de PROMESA fue que Wall Street tenía la sartén por el mango. Hasta ahí estaba abundantemente claro por la cláusula de responsabilidad en el proyecto de ley final:

«(2) RECLAMO DE RESPONSABILIDAD. - El término "Reclamo de Responsabilidad" significa, tal como se relaciona con una Responsabilidad:
»(A) derecho a pago, sin importar si tal derecho es reducido a juicio, liquidado, no liquidado, fijado, contingente, madurado, no madurado, disputado, no disputado, legal, equitativo, asegurado, o no asegurado.»

En otras palabras, PROMESA aseguraba los derechos a pago de los acreedores independientemente de si la deuda era considerada "legal" o "equitativa". La protección principal contra cualquier conclusión de ilegalidad en una auditoría de deuda fue integrada en la legislación. ¿Quedaría reducida, entonces, la tan esperada auditoría de deuda a un modo para que los puertorriqueños, y con menos probabilidad Wall Street, aprendieran de sus errores anteriores, o se mantendrían las afirmaciones de violación de la constitución de Puerto Rico?

Y así, el 30 de junio de 2016 amaneció un nuevo día sobre Puerto Rico. El año entrante, una junta electoral, nombrada por republicanos y demócratas en el Congreso, con una mayoría de republicanos y que incluía a tres miembros de la comunidad financiera de Puerto Rico que

habían ayudado a crear la crisis de la deuda en un principio, sería la autoridad suprema que gobernaría los asuntos
de los residentes isleños. Dadas las metas irrazonables
de presupuestos balanceados y su imposición de recortes presupuestarios y reducciones de salarios y pensiones
al igual que la inevitable emigración que ocurriría como
respuesta, Puerto Rico enfrentaba la posibilidad de una
crisis de deuda permanente.

CAPÍTULO 5

PROMESA = POBREZA

Mural en una pared pública en el Viejo San Juan. © Joseph Rodríguez

«El crédito es un medio de privatización y la deuda un medio de socialización... la deuda es social y el crédito es asocial. La deuda es mutua. El crédito discurre solo hacia una dirección. Pero la deuda discurre en todas direcciones, se dispersa, escapa, busca refugio. El deudor busca refugio entre otros deudores, adquiere deuda de ellos, les ofrece deuda. El lugar de refugio es el lugar al cual solo se le puede deber cada vez más porque no hay acreedor, no hay pago posible. Este refugio, este lugar de deuda mala, es lo que llamamos el público fugitivo. Para los acreedores es tan solo un lugar donde algo está equivocado, aunque ese algo equivocado, esa cosa invaluable, lo que no tiene valor, se desea. Los acreedores pretenden demoler ese lugar, ese proyecto, para así salvar a quienes viven allí de sí mismos y sus vidas».

—**Stefano Harvey y Fred Moten**,
The Undercommons

«Cuando invadieron no había deuda. Ellos crearon la finanza pública para endeudar a lo que designaron como el pueblo [de] Puerto Rico... La ecuación es sencilla. El colonizador hace pagar al colonizado y el colonialismo lo impone. Y como no hay fondos suficientes para pagar al colonizador, entonces la deuda se reitera, la cual acumulativa, también requiere que el colonizado pague».

—**Luis Rey Quiñones Soto**, Prefacio, *PROMESA:*
Puerto Rico Oversight Management and Economic
Stability Act.[1]

«Una deuda es una promesa».
—**David Graeber**, *Debt: The First 5,000 Years*

Cuando Barack Obama ratificó la ley PROMESA el 30 de junio de 2016 marcó una transición en la relación de Estados Unidos con Puerto Rico, que simbolizaba el cambio final de sus prioridades desde la construcción del imperio en la Guerra Fría hasta las necesidades urgentes del capital financiero global. Puerto Rico ya no era un puesto remoto militar y estratégico importante al que proteger contra incursiones de la Unión Soviética. Su economía cautiva había sido muy reducida en importancia mediante tratados de libre comercio como el NAFTA. Aparte de beneficios corporativos aún considerables y el uso de los bancos de la isla como paraísos fiscales, la fuente principal de ingresos públicos para los intereses financieros estadounidenses ya no era la evasión de impuestos para las farmacéuticas y otras corporaciones, sino más bien cómo podían ser explotados los bonos de Puerto Rico mediante tasas de interés abusivas y finalmente adquiridos por fondos buitre. Las prioridades fundamentales subyacentes de PROMESA estaban afirmadas claramente en el principio en la sección Título I: Establecimiento y Organización de Junta de Supervisión:

> SEC 101. JUNTA DE SUPERVISIÓN Y ADMINISTRACIÓN FINANCIERA.
> PROPÓSITO: El propósito de la Junta de Supervisión y Administración Financiera es proveer un método para que un territorio cubierto tenga responsabilidad fiscal y acceso a los mercados de capital.

Así, el propósito esencial de PROMESA y de La Junta que crea era permitir a Puerto Rico enderezar su barco financiero que se hundía, poner su "casa en orden" para así poder tener "acceso" al casino global de la especulación financiera. Su propósito no era explorar ideas sobre cómo crear las condiciones para una economía sostenible, no volver a replantear su posición en el nuevo orden globalista participando en el comercio regional en el Caribe o con América Latina y Asia. Es volver a entrenar a Puerto Rico y a los puertorriqueños, mediante el uso de una austeridad severa y la reducción del gobierno, para así permitir la reentrada a los "mercados de capital", lo cual puede definirse como un mercado donde compradores y vendedores participan en el negocio de títulos financieros como bonos, acciones, y cualquier otro instrumento financiero ingeniosamente diseñado que pudiera existir cuando concluya el proceso de PROMESA. Esto está muy, muy lejos del momento en 1952 cuando Luis Muñoz Marín se levantó delante del pueblo de Puerto Rico como el primer puertorriqueño en ser elegido gobernador del territorio, imaginando un momento en el que la isla se desarrollaría lo suficiente para pedir su independencia al Congreso.

La imposición de PROMESA y su Junta de Supervisión y Administración Financiera obligada no era nada menos que la derogación absoluta de cualquier idea de democracia y autonomía en Puerto Rico. La ley PROMESA ordena una junta supervisora, una herramienta tecnócrata que, aunque está concebida para abordar problemas en municipalidades estadounidenses como Ciudad de Nueva York y Detroit, se convierte en un órgano de disciplina y castigo cuando se aplica en Puerto Rico, particularmente cuando su gobierno local no tiene ninguna agencia real, contrariamente a Nueva York y Detroit. El uso del acrónimo PROMESA puede leerse como insípidamente ingenuo, en el mejor de los casos. En el peor, y más precisamente, es una expresión de sarcasmo cruel que recuerda la idea esencial de una deuda como una promesa, ahora olvidada y que necesita un instrumento directo y terminante para abordar el fracaso de la promesa de reembolso de Puerto Rico.

Las juntas de control fiscal aparecieron por primera vez en Estados Unidos en el siglo diecinueve, antes de la llegada del colonialismo y el imperialismo del siglo veinte, aparentemente parte de la cultura del industrialismo y la modernidad. Sin embargo, parecen estar casi diseñadas para ser la herramienta definitiva para una era de capitalismo tardío, cuando intervienen intereses financieros globales para rectificar "fallos" de democracia local.[2] Estas juntas están pensadas para reducir la autoridad de los oficiales electos localmente quienes son percibidos como los que han generado las crisis de deuda, y apuntan a proteger a inversionistas a la vez que aseguran supuestamente contra un endeudamiento futuro inapropiado. El gobierno local es reducido a una implicación periférica a la hora de establecer y planear política fiscal, y la junta supervisa restructuraciones de deuda y acuerdos que fomentan con fuerza la privatización de recursos públicos, dejando la factura a la víctima contribuyente.

En teoría, el uso de juntas de control fiscal ofrece una oportunidad de revisar las políticas locales que puedan haber sucumbido a la corrupción y la ineficacia. Incluso afirman fortalecer la democracia. Pero lo único que logran, en realidad, es transferir poder desde la confianza pública a una nueva estructura económica determinada por exigencias y ética corporativas. En el caso de Puerto Rico, La Junta (FOMB) representa una absorción por el sector financiero de un gobierno local que es una anomalía en Estados Unidos, cargado de tradición latinoamericana y el idioma español, que no había existido nunca fuera de un contexto colonial.

Las juntas supervisoras nombradas por el estado para jurisdicciones locales comenzaron en Missouri durante las crisis fiscales en Estados Unidos en los años posteriores a 1870.[3] Aunque Missouri ya no era un territorio y hacía mucho tiempo que había sido admitido en la Unión, la junta estableció un precedente para leyes que abordaban la deuda mala. Decisiones de la Corte Suprema de la época ayudaron a normalizar las juntas de control como una opción fallando que la legislatura estatal podía definir estructuras de renta local y nombrar a individuos para administrar las finanzas locales. El uso de las juntas de control continuó durante la Gran Depresión, cuando estados como Nueva Jersey, Michigan, Carolina del Norte, Oregón y Massachusetts implementaron todos ellos alguna forma de quiebra fiscal, en la cual presupuestos y apropiaciones fueron supervisados detalladamente.

La época moderna de las juntas de control comenzó en 1975 en Ciudad de Nueva York, que creó algo llamado la Corporación de Asistencia Municipal (MAC, por sus siglas en inglés) para trabajar conjuntamente con una Junta de Control Financiero de Emergencia, formada por representantes de las corporaciones principales de la época. El movimiento fue impulsado por el patrón de la ciudad de tomar préstamos que tenía intención de preservar un tipo de contrato social de *New Deal* con los trabajadores neoyorquinos. El tipo de política liberal que seguía caracterizando a Nueva York y a otras ciudades importantes se formó durante la era de Roosevelt y continuó hasta bien entrada la década de los sesenta, cuando su intención era crear un renacimiento cultural para la clase trabajadora blanca mientras que solamente incluía a residentes de color como símbolo.

El seguimiento de los estudiantes en las clases según su "capacidad" fue una de varias políticas educativas de este periodo que afectaron mucho mi experiencia y también la de mis iguales que crecimos en Ciudad de Nueva York.[4] Con un mandato derivado presumiblemente de calificaciones en los exámenes, el sistema me transfería a clases más avanzadas, donde yo sería como un símbolo representativo de los migrantes puertorriqueños, la mayoría de los cuales eran transferidos a clases dirigidas hacia la formación profesional en lugar de hacia caminos de carreras académicas. Este seguimiento resultó de varios factores: menores calificaciones en los exámenes derivadas de exámenes partidistas racialmente o culturalmente podían subestimar a un estudiante ante los ojos del maestro, pero muchas veces, según anécdotas que he oído y también estudios académicos, reflejaban meramente un prejuicio racial condicionado por retratos negativos en los medios de comunicación. Desde el final de la década de los cincuenta hasta los setenta, en los medios de comunicación y el entretenimiento de Hollywood se etiquetaba a los puertorriqueños como delincuentes juveniles, miembros de pandillas, traficantes de drogas, y consumidores de sustancias. Yo tuve la oportunidad de interactuar y aprender con estudiantes más privilegiados y étnicamente europeos, que reforzaron los ideales de mi familia sobre ser aceptado finalmente en el tejido social estadounidense y, a su vez, sostuvieron su fe en que el estatus territorial no incorporado de Puerto Rico al final se resolvería de un modo similarmente positivo.

La junta de control fiscal de Ciudad de Nueva York estaba compuesta por siete miembros, igual que La Junta en Puerto Rico; sin embargo, contrario a Puerto Rico, la ciudad tenía permitido nombrar a la mayoría de sus miembros. Su gobernador, el reformista demócrata Hugh Carey, escogió a "ciudadanos privados", como el presidente de la Empresa Telefónica de Nueva York, el presidente de American Airlines, y el presidente del fabricante de armas de fuego Colt Industries. Carey fue uno de los primeros demócratas neoliberales, dejando un legado de recortes de impuestos corporativos y también monumentos a la nueva era corporativista de la ciudad: el Jacob Javits Center, Battery Park City, y el South Street Seaport.

Sin embargo, hubo otras maneras inquietantes en las

que la junta de Nueva York presagiaba lo que sucedería en Puerto Rico: su enfoque corporativo en realidad empujó al *Village Voice* a llamarlo una "junta", y políticos locales lo criticaron fuertemente por no incluir a representantes de sindicatos o de organizaciones comunitarias que se enfocaran en las personas de color. La narrativa que justificaba la imposición de la junta de Ciudad de Nueva York era también nostálgica de modo escalofriante de lo que sucedería en Puerto Rico. El hecho de que invadía derechos y procesos democráticos palidecía en comparación con la necesidad fiscal de hacer el balance de los libros. «La ciudad es insolvente», dijo un oficial de la MAC al *New York Times*. «Para los hombres y las mujeres comunes, cualquier grupo que tenga un déficit inmenso, que haya agotado sus reservas y que no pueda pedir prestado más dinero es insolvente. Tiene que haber cierto tipo de quiebra por parte del estado. No es un asalto a la autonomía; son los hechos de la vida». El oficial estaba restableciendo una narrativa que endosaba situar los bienes y derechos del gobierno en las manos de un custodio responsable, una junta de control fiscal.

Entonces, en 1978, Cleveland se convirtió en la primera gran ciudad en incumplir sus pagos de bonos desde la Depresión, causando que Ohio no solo creara una junta de control fiscal, sino que también aprobara legislación estatal que estandarizó la creación de juntas de control fiscal como un remedio para cualquier crisis parecida en otras municipalidades. Washington, DC, tuvo establecida una junta desde 1995 hasta 2001, y Filadelfia la ha tenido desde 1995. En el año 2009, el número de juntas de control fiscal que operaban en Estados Unidos era de cuarenta y ocho, desde treinta y seis y treinta y cuatro en los años ochenta y noventa, respectivamente.[5] Muchas de estas juntas supervisan estados enteros que, como Puerto Rico, no tienen acceso a los trámites de bancarrota del Título 9.[6]

Incluso estos ejemplos más modernos de juntas de control fiscal tienen sus raíces en los métodos establecidos con las que había en el siglo diecinueve. La idea era proporcionar un instrumento para quedar a cargo directamente de la administración fiscal de un estado o municipalidad; proporcionar una estancia temporal de las acciones judiciales de los acreedores individuales, y pensar un plan para la restructuración de la deuda.[7] Aunque ha habido algunas promesas falsas de La Junta de Puerto Rico sobre crear planes y políticas viables para el desarrollo económico sostenible, parece priorizar estos objetivos más antiguos. Es fácil entender por qué. Como instrumentos de administración prototípicos concebidos e implementados por tecnócratas con poca sensación de lo que son las economías reales, las juntas de control fiscal no son muy apropiadas para mejorar la salud económica, calidad de vida, o empoderamiento ciudadano de las comunidades cuyas finanzas supervisan. Históricamente han impuesto diversos grados de austeridad a las comunidades locales, han obstaculizado la participación de los miembros de la comunidad en el proceso democrático, y han preparado a las comunidades para retos de largo plazo creando condiciones para el crecimiento económico que solamente sirven a inversionistas de fuera.

En Nueva York, el establecimiento de la MAC y de la Junta de Control Financiero de Emergencia fue un evento trascendental que parecía sintetizar el giro que estaba a punto de dar la historia estadounidense. El fracaso del sector manufacturero fue una razón importante para erosionar la contribución impositiva: la pérdida de empleos en las fábricas privó a estados y municipalidades no solo de ingresos fiscales (bienes raíces, ganancias de capital y salarios), sino también de gasto del consumidor y pago de impuestos. Este fue un clásico ejemplo de un efecto multiplicador que se manifestó en el despido de trabajadores y la creación de un nuevo tipo de trabajadores pobres entre las personas de color. La creación de una sociedad civil parecida a la europea caracterizada por el acceso fácil a la educación, bibliotecas, centros comunitarios de fomento de la salud, y eventos culturales era demasiado para que el sistema pudiera soportarlo; elevar los impuestos iba quedando fuera de la cuestión rápidamente, y la economía impulsada por la manufactura ya no generaba los ingresos fiscales. Así, se incorporaron capitalistas para supervisar la transición a una economía deudora dirigida a las finanzas.

Mientras que los primeros tiempos de la Junta de Control Financiero de Emergencia presagiaban el proceso en Puerto Rico en algunos aspectos, eran marcadamente diferentes en otros. La diferencia más importante, sin duda, es que la junta de Nueva York estaba al inicio del arco histórico que he estado describiendo, con más deferencia otorgada al gobierno local debido a esa novedad. Y como los neoyorquinos no solo tenían ciudadanía plena sino también vivían en la ciudad quizá más importante para los negocios en Estados Unidos, Nueva York era considerada demasiado grande para caer, aunque eso no significaba que estaría protegida del cambio radical. Los "miembros privados" de la junta quizá tuvieron o no tuvieron conexión ideológica con el liberalismo prevaleciente, pero para ellos gobernaba el balance, y tenían ventaja cuando se trató de imponer recortes presupuestarios.

Unos meses después de que se formara la junta de control fiscal de Ciudad de Nueva York, propuestas amigables y suaves desacuerdos entre la junta y los oficiales electos se habían traspasado a debates polémicos sobre planes económicos a tres años. Las propuestas tecnócratas de recortar costos comenzaron a sonar a genocidio para los activistas comunitarios. El alcalde Abraham Beame había llegado al cargo en parte porque estuvo dispuesto a convertir en un arma el racismo de sus votantes: su campaña contra el presidente del barrio del Bronx, Herman Badillo, mancilló quizá al más fuerte candidato puertorriqueño a la alcaldía de Nueva York que jamás haya habido, cuando Beame utilizó a afrolatinos tocando música salsa a todo volumen sobre un camión de plataforma por los barrios blancos de clase media en Queens.[8]

A principios de 1976, el elegido de Beame como administrador para Vivienda y Desarrollo, Roger Starr, propuso algo llamado "disminución planeada", con la intención de destripar servicios de los barrios más pobres de la ciudad que estaban poblados, no por coincidencia, por negros y latinos. La fuerte indignación de defensores de las minorías finalmente condujo a la renuncia de Starr, y el vicealcalde, John Zuccotti, objetó educadamente diciendo que el plan no era "práctico".[9] A la larga, sin embargo, la idea permaneció, convirtiéndose en una parte operativa de los movimientos del comisionado de la MAC, Felix Rohatyn, para hacer que la ciudad fuera más hospitalaria para la inversión corporativa. La disminución planeada, o la retirada deliberada de servicios en barrios empobrecidos, se convirtió en el método de referencia para preparar un barrio para su posterior gentrificación. Herman Badillo degeneró de ser un defensor de la clase trabajadora a ser un amargo crítico neoliberal, cambiándose al Partido Republicano durante la era Giuliani. Mientras tanto, la gentrificación desplazó a residentes *latinx* de Nueva York de tres barrios diferentes

mientras pusieron el nombre de Zuccotti a un parque
bastante famoso cerca del distrito financiero de Wall Street.

LA FALSA PROMESA DE PROMESA

Hay una extraña ironía detrás del uso de la palabra
PROMESA. El nombre de esta ley que permite que una
junta de control fiscal supervise la restructuración de la
deuda de Puerto Rico intenta fusionar el axioma de que
una deuda es una promesa con la promesa de un futuro
puertorriqueño, que es incluso menos prometedor que su
fase como estado libre asociado. Del modo en que David
Graeber lo describe en su libro, *Debt: The First 5,000
Years* (Deuda: Los primeros 5000 años), la deuda era origi-
nariamente un modo para que las sociedades utilizaran su
sentimiento de moralidad para crear un balance de pagos en
una comunidad local. Cuando comenzaron a usarse meta-
les como moneda, el dinero se utilizaba para pagar deudas
formalizadas, permitiéndole que convirtiera «la moralidad
en una cuestión de aritmética impersonal».

El economista y filósofo italiano, Maurizio Lazzarato,
ve la deuda como habiéndose convertido en una relación
de poder, que ha trasladado la relación entre deudor y
acreedor formalmente al ámbito político.[10] A su modo de
pensar, la relación de poder de la clase social, personificada tradicionalmente por el conflicto entre los dueños de
la producción y los trabajadores, se ha transformado en una
batalla apalancada entre inversionistas y consumidores. En
la era industrial de la economía política, el poder se ejercía
principalmente mediante el conflicto de clases en el punto
de la producción mediante la imposición de disciplina a los
trabajadores. Pero el poder en una sociedad posindustrial
cada vez lo ejercitan más los dueños de deuda, decididos

a utilizar las relaciones de deuda contractual para vigilar y prácticamente encarcelar a los deudores.

Aunque este paradigma podría ser inmediatamente obvio en el caso de los consumidores individuales que batallan bajo el peso de la deuda por tarjeta de crédito o una deuda por préstamo de estudios, con la llegada de las crisis fiscales y las juntas de control fiscal, también pesa cada vez más sobre los estados y las municipalidades. Como hemos visto, el mismo tipo de argumentos morales planteados acerca de las responsabilidades fiscales de los individuos se utilizan para forzar el cumplimiento al imponer juntas de control. Esto, a pesar del hecho obvio de que Estados Unidos mismo opera bajo una deuda masiva, actualmente por encima de los veintidós billones de dólares, con argumentos morales en contra que pocas veces tienen éxito en el Congreso. Preguntas esotéricas acerca de la capacidad de Estados Unidos de "imprimir" dinero para mitigar el déficit también están envueltas en lenguaje moral. Imprimir dinero fuera de los límites presupuestarios sería tan irresponsable como permitir a un adolescente "imprimir" dinero para ir a un centro comercial y hacer compras compulsivas. En cambio, la renuencia a crear sencillamente más moneda se parece más a un argumento que se invoca para controlar el suministro de moneda y empoderar a los mercados financieros, ya que ellos se benefician en su papel de vigilancia de la circulación de moneda a la vez que invocan el miedo a una inflación desenfrenada.

En Puerto Rico, la relación entre deudor y acreedor se está utilizando para transformar la premisa de la presencia de Estados Unidos en la isla. La Junta de PROMESA es una herramienta para afirmar este poder. Ejerce este poder de maneras incluso menos democráticas que las juntas de control fiscal en los cincuenta estados, reiniciando los controles coloniales y uniéndolos a técnicas de austeridad utilizadas globalmente. Se ha establecido para actuar como un laboratorio para probar métodos radicales, mientras sus ciudadanos son fácilmente desestimados como personas de color, que no hablan inglés. La analogía más apropiada para lo que está experimentando Puerto Rico no es tanto la junta de control fiscal impuesta sobre Detroit hace algunos años atrás, sino en cambio la crisis Flint del agua, donde se instituyeron medidas de recortes de costos cuando el acceso modernizado al suministro de agua de la ciudad terminó contaminando a miles de familias de color pobres y de clase trabajadora.[11]

Fieles a la mayoría de la especulación con respecto a la creación de La Junta, los miembros que fueron escogidos representaban todos ellos elementos centristas o conservadores y estaban involucrados en el sector financiero en algún papel. La presencia de ejecutivos de la banca y grupos de expertos en economía conservadores reflejaba la progresión del neoliberalismo desde la junta fiscal de Nueva York; presidentes de grandes corporaciones habían sido sustituidos por figuras de las finanzas y la economía. Tres demócratas y cuatro republicanos fueron nombrados para La Junta y, como una concesión a las apariencias, cinco de los miembros eran de trasfondos *latinx*, cuatro de ellos de Puerto Rico. Adecuadamente, haciéndose eco del control colonial estadounidense sobre Puerto Rico, el gobernador tenía un representante en La Junta, aunque él no tenía derecho a voto, muy parecido al comisionado residente que la isla envía al Congreso en cada sesión legislativa.

El hecho de que la clara mayoría de La Junta sea latina y, sin embargo, sus miembros están obligados a implementar una política que no simpatiza con la ciudadanía puertorriqueña demuestra el poder de los imperativos del capital financiero para trascender cualquier idea acerca de la solidaridad étnica o racial. Aunque fue nombrado por demócratas y *latinx*, el presidente de La Junta, José B. Carrión III, y los miembros, Carlos García, Arthur González, José B. González, y Ana Matosantos, todos ellos estuvieron muy involucrados en el sector financiero.

García y Carrión en particular tienen tantos vínculos con los bancos que estuvieron implicados en la acumulación de la deuda, que su presencia en La Junta es asombrosamente irónica. Dos reportes de Hedge Clippers, "El saqueo del fondo de infraestructura de Puerto Rico" y "Asegurado para el beneficio: Conflictos de intereses en la carrera de José Carrión III", detallan conexiones entre ellos, el Banco Santander y el Banco Gubernamental de Fomento (BGF). Ambos bancos desempeñaron un importante papel a la hora de amasar y beneficiarse de la deuda de Puerto Rico, privatizando la compañía telefónica de la isla, saqueando fondos de infraestructura de la isla para facilitar acuerdos de refinanciación del BGF y hacer posible más emisiones de bonos, y utilizando fondos de pensiones para invertir en bonos de apreciación de capital.

El primer reporte detallaba sistemáticamente cómo García desvió mil millones de dólares destinados a la mejora y mantenimiento de infraestructuras a «una serie de transacciones financieras que tenían intención de apuntalar la calificación de crédito de la isla, pero que quedaron amarradas en la emisión de miles de millones en deuda nueva». Según el reporte, Carrión y su esposa se beneficiaron de contratos públicos que enriquecieron a varios miembros de la empresa de corretaje de Carrión, quien también trabajaba en el BGF, al igual que una empresa de capital privado vinculada a la Administración de Seguros de Salud, que dirigía la esposa de Carrión. Estos asociados de Carrión estaban entre varios empleados del BGF que fueron protegidos de acusaciones sobre acciones cuestionables mediante una provisión en la ley PROMESA.

En la primavera de 2016 estaba claro que el gobierno no tenía ningún poder y meramente participaba en un "tira y jala" con La Junta que equivalía a un tipo de teatro político representado para el beneficio de cualquier isleño que aún se acercara a alguna creencia en su propia agencia política. El público era cada vez más consciente de los papeles cuestionables que desempeñaron Carrión y García en amasar la deuda, y había un escepticismo generalizado acerca de la directora ejecutiva recién nombrada, la ucraniana-americana, Natalie Jaresko, que tenía un salario de 625 000 dólares al año. Ella no tenía ninguna experiencia en el Caribe, y se han planteado cuestiones éticas sobre cuando ella era la presidenta ejecutiva de la empresa Western NIS Enterprise Fund (WNISEF, por sus siglas en inglés), un fondo de inversiones de 150 millones de dólares financiado por los contribuyentes estadounidenses, antes de convertirse en ministra de finanzas de Ucrania en 2014. WNISEF era una organización de la Agencia de Estados Unidos para el Desarrollo Internacional (USAID, por sus siglas en inglés) con la intención de estimular el crecimiento de inversión en Ucrania y Moldavia.

Antes de ser nombrada ministra de finanzas de Ucrania, Jaresko se las arregló durante un periodo de diez años para reunir 1,77 millones de dólares en bonos de WNISEF cuando se suponía que su salario era de 150 000 dólares al año. Aparentemente, ella evitó mostrar públicamente ingresos significativos siendo la cofundadora de Horizon Capital Associates y el fondo Emerging Europe Growth Fund, que fueron establecidos como fondos de inversión de propiedad privada cuyas ganancias se consideraban "no relacionadas" con los beneficios de WNISEF. En un reporte anual posterior se destacó que una de estas nuevas organizaciones, Horizon Capital, ganó más de dos millones de dólares en cargos de administración relacionados con transacciones de inversión. El propio esposo de Jaresko, uno de los socios originales con ella en WNISEF, notó que sus libros escondían algo, acusándola en una demanda de préstamos inadecuados a Horizon Capital. La economía de Ucrania no se recuperó, a pesar de la administración de Jaresko de una subvención de 17,5 mil millones de dólares del FMI.[12]

En marzo y abril de 2016, haciéndose eco de las huelgas de 2010 y 2011, estudiantes de la Universidad de Puerto Rico participaron en protestas renovadas para cerrar el funcionamiento en la mayoría de sus campus, intentando unir varios hilos de descontento que habían estado surgiendo como resultado de la imposición de PROMESA. Los estudiantes respondían a un recorte en el presupuesto de 512 millones de dólares en las once ramas del sistema universitario durante el curso de diez años y también el plan de privatizar pronto algunos de sus edificios y terrenos. Participando en un historial de activismo dentro de la Universidad de Puerto Rico que se remontaba a la primera parte de la década, los estudiantes comenzaron a demandar que la deuda de setenta y dos mil millones de dólares fuera auditada. La administración de Ricardo Rosselló, que tomó el poder en 2017, estaba a punto de aprobar un proyecto de ley para eliminar la comisión de auditoría de deuda que el anterior gobernador García Padilla había ratificado como ley.

Durante la manifestación, una multitud de varios cientos de manifestantes llenaron las escalinatas del Capitolio en el Viejo San Juan. Reflejando acontecimientos de seis años atrás cuando protestaban por los recortes de empleo de Luis

Fortuño, se encontraron con una descarga de gas pimienta y cachiporras por parte de un escuadrón antidisturbios beligerante. El regreso de la violencia a las escalinatas del Capitolio sirvió como un recordatorio de que el Departamento de Justicia estadounidense había investigado a la Policía de Puerto Rico en 2011 por fuerza excesiva, lo cual condujo a un decreto de acuerdo extrajudicial que situó a la Policía bajo supervisión de Justicia. El presidente de la Unión Americana de Libertades Civiles (ACLU, por sus siglas en inglés) de Puerto Rico, William Ramírez, afirmó que el uso de gas pimienta violaba el acuerdo implementado por el Departamento de Justicia con la Policía de Puerto Rico. Además, expresó preocupación de que la policía estuviera envalentonada por la declaración del fiscal general de Trump, Jeff Sessions, de que tales investigaciones federales de los abusos policiales serían reevaluadas, presumiblemente de maneras más favorables para la policía.

Yo hablé con Bernat Tort, quien enseña en los departamentos de filosofía y estudios de la mujer y de género en la UPR y fue rociado con gas pimienta en la cara cuando se resistió a los intentos del escuadrón antidisturbios de sacar a empujones a los manifestantes del edificio. «Estábamos preparados para la posibilidad de que pudieran usar [gas pimienta], pero nadie estaba preparado para el dolor agudo, por todo el cuerpo», expresó Tort. «Perdí la visión por cuarenta minutos».[13] Tort, que pertenece a un grupo llamado Profesores Autoconvocados en Resistencia Solidaria (PARES), creía firmemente en apoyar una auditoría de la deuda. «La auditoría revelaría, por un lado, qué parte de la deuda es ilegal; dos, quién es responsable de crear los bonos ilegales que se vendieron; y tres, quién estuvo involucrado en la evaluación de riesgo», señaló.

Aunque el movimiento estudiantil compartía algunas

similitudes con el que tuvo lugar en 2010, había importantes diferencias, que implicaban en gran parte la mayor urgencia de la crisis fiscal de la isla. «En 2010, los estudiantes luchaban contra un alza de las matrículas y un cargo adicional de 800 dólares anualmente», apuntó María de Lourdes Vaello, estudiante de primer año de derecho y activista. «El propósito de la universidad es dar una educación de alta calidad a las clases media y baja, pero ahora enfrentamos recortes que amenazan la existencia misma de la institución. Es un momento mucho más importante».

Tort sentía que el movimiento de 2010 fue importante porque abandonó la estructura jerárquica de la vieja izquierda en favor del horizontalismo, creando una nueva base organizacional. «La diferencia es, pese al hecho de que la movilización está sucediendo por los recortes al presupuesto de la UPR, que ahora se están uniendo al problema general de las medidas de austeridad impuestas por la Junta de Supervisión y Administración Financiera», dijo. «Es la base para lo que esperamos que sea un movimiento nacional contra las medidas de austeridad en favor de la auditoría de la deuda, en favor de una moratoria en el pago de esas partes de la deuda que son ilegales o ilegítimas, y en favor de reestructurar la deuda para que los pagos estén unidos a inversiones en desarrollo económico y el bien común del país».

La inquietud en las universidades, en particular en el afamado campus principal en Río Piedras, un distrito del sur de San Juan de la ciudad colonial, se estaba produciendo en un momento clave en el proceso de PROMESA. El 1 de mayo expiraría la congelación del litigio de la deuda por parte de los acreedores, una de las características de las juntas de supervisión fiscal en general. Hasta ese momento se habían hecho muy pocos progresos, si es que había alguno, en las negociaciones preacuerdo. Se esperaba extensamente que se invocara una de las dos provisiones del acuerdo de deuda de PROMESA, el Título III. Proporcionaba una suspensión continuada sobre los acreedores, previniendo que cualquier caso judicial recaudara deuda para seguir adelante, y requiriendo que se formulara un plan de restructuración de deuda. Esto sería manejado en un tribunal de pseudobancarrota dirigido por un juez estadounidense del Tribunal de Circuito. Presumiblemente, permitiría el tipo de negociación de la que se aprovechó Detroit en su reducción de la deuda unos pocos años antes.

Sin embargo, la provisión del Título III puso otra vez en juego el extraño silencio, o el juego de manos, que los actores en este drama habían estado utilizando para presentar PROMESA como un proceso justo que ofrecería a Puerto Rico el tipo de alivio de deuda y el camino hacia delante que necesitaba. La permanencia de la suspensión sobre el acreedor parecía positiva, pero el camino hacia delante aún se imaginaba como una capacidad o demostración de solvencia para así recuperar el acceso a los mercados de capital. El Título III fue concebido como un modo de crear un tipo de trámite de bancarrota que pudiera desarrollarse bajo las reglas de PROMESA en lugar de la bancarrota convencional, al igual que como un modo de evitar que toda la conducta turbia y en gran parte no revelada del gobierno de Puerto Rico, su banco de fomento, su sector financiero y sus facilitadores en Wall Street, escapara al escrutinio de quienes estaban fuera del circuito.

En agosto de 2016 fui invitado a una conferencia organizada por el programa *Ravitch Fiscal Reporting* en la escuela graduada de periodismo Craig Newmark de la City University of New York. Durante esa conferencia, el entonces gobernador García Padilla apareció vía Skype para responder preguntas de los asistentes, incluidos periodistas del *New York Times*, el *Wall Street Journal* y *Bloomberg News*. Cuando le pregunté a García Padilla si había oído del anterior reporte de la auditoría preliminar que fue presentado en el verano de 2016, después de que PROMESA se convirtiera en ley, él dijo al principio que no había entendido mi pregunta. Cuando la repetí, él solamente invocó un tópico sobre que eran bienvenidos todos los intentos para que hubiera transparencia. En ese punto, Richard Ravitch se me acercó y aparte me explicó correctamente que el Título III de PROMESA contenía lenguaje explícito sobre hacer precisamente eso: auditar la deuda. Todas las partes podrían testificar y discutir sobre las reclamaciones en las vistas en los tribunales. Pero esta sería una auditoría de deuda supervisada en su totalidad por La Junta, que finalmente subcontrató para la tarea a la firma de contabilidad de Wall Street, Kobre & Kim en 2018.

Meses después, Ravitch, quien llegó a la fama como un negociador durante la crisis fiscal de Nueva York, reveló que había sido retenido por García Padilla como su representante en La Junta y seguiría desempeñando un papel a medida que se desarrollara el proceso de PROMESA en la isla. Es bien sabido que se le dio el mérito de convencer al presidente del sindicato de maestros de Ciudad de Nueva York, Albert Shanker, en un desesperado festín de galletas de matzá, para que evitara que Ciudad de Nueva York fuera a la bancarrota compensando su déficit con los fondos de pensiones de los maestros.[14] En 2014, él también se había ofrecido voluntario para desempeñar un importante papel de consultoría en los trámites de bancarrota de Detroit. Como se esperaba, o no, él estaba convencido de que el Título III era la última y mejor oportunidad de Puerto Rico y no estaba interesado en una auditoría independiente o ciudadana, igual que la mayoría de los actores que habían promovido la narrativa de que PROMESA se trataba de salvar a Puerto Rico.

A finales de abril de 2017, con el nuevo gobernador Ricardo Rosselló en el poder, el gobierno de Puerto Rico disolvió su propia comisión ciudadana independiente de auditoría de deuda que García Padilla había ratificado como ley en 2015, afirmando que el gasto de dos millones de dólares para realizarla era demasiado costoso. En su lugar, el Senado de la isla aprobó una resolución que requería que el auditor general estadounidense auditara la deuda, que afirmaba correctamente que PROMESA tenía una provisión para eso. El senador del partido de oposición PPD, Eduardo Bhatia, replicó insistiendo en que «la Sección 411 de PROMESA no dice eso, no dice que se hará una auditoría; dice que se hará un reporte sobre cómo aumenta y disminuye la deuda, y que tendrá algunos elementos. Eso no es una auditoría de deuda; es un reporte de deuda».[15]

La tensión llegó a su cúspide el Día de los Trabajadores (mayo 1) y varias corrientes de manifestantes (grupos de obreros y estudiantes, miembros de profesorado, un contingente feminista, artistas callejeros, y una clase media cada vez más politizada) procedentes de diferentes puntos de la ciudad convergieron en la Milla de Oro en el distrito financiero de Hato Rey. La multitud, que era de cientos de miles de personas, acudió para escuchar una mezcla de discursos y actos musicales sobre un escenario que se montó delante del edificio World Plaza, que antes albergaba al fallido WesternBank y en abril había adquirido un nuevo inquilino: La Junta.

La protesta, que estaba centrada en torno a recortes presupuestarios propuestos y aumentos de matrículas para

el sistema universitario pero que se convirtió en un para-
rrayos para las objeciones a la austeridad y el poder de
La Junta, fue masiva y pacífica. Hubo una atmósfera casi
festiva. Aun así, había una gran cantidad de desasosiego
y preocupación por el futuro de la isla y sus instituciones
públicas. Los manifestantes no tenían ni idea de que al
final de la semana el gobernador y La Junta invocarían el
Título III de PROMESA. Esto dio comienzo a un proceso
legal que condujo a una forma de bancarrota, una que
muchos creían que se inclinaría hacia los intereses de los
acreedores, intensificando el ambiente de incertidumbre
por el futuro de la isla.

La Milla de Oro representa el triunfo de la modernidad
que el colonialismo estadounidense intentó llevar a Puerto
Rico en los años cincuenta y sesenta. Un bulevar con
hileras de palmeras llamado Avenida Luis Muñoz Rivera,
adornado con edificios cuadrados de cristal que albergan
a bancos y oficinas de empresas, señalaba un nuevo nivel
de prosperidad que no existía en el resto del Caribe. Ahora
que La Junta tenía sus oficinas centrales allí, se convirtió
aún más en un símbolo de una fuerza externa sintomática
de la falta de democracia en la isla y emblemática del estatus de segunda clase de Puerto Rico.

La multitud reunida alrededor del escenario en la
Avenida Muñoz Rivera no era consciente de que, a la vuelta
de la esquina de la Calle Bolívar, un contingente pequeño
y canalla de manifestantes enmascarados estaban lanzando
piedras a las oficinas principales del Banco Popular, el
mayor banco de la isla, haciendo pedazos algunos de sus
grandes cristales. La fuerza policiaca (cuerpos regulares
y los antidisturbios) reaccionó agresivamente, moviéndose
hacia la zona y marchando en masa hacia el escenario principal que estaba a la vuelta de la esquina. Lanzaron latas de

gases lacrimógenos y empujaron a la multitud mientras la anunciante en el escenario, Millie Gil, una personalidad de los medios locales, llamaba a la calma desesperadamente. «No sean provocados... ¡No queremos que los titulares de los periódicos de mañana digan que perdimos el control de una manifestación pacífica!», rogaba.[16]

Pero la policía, incluso tras un retraimiento negociado con observadores imparciales de Amnistía Internacional, el capítulo de la ACLU de Puerto Rico, y el Colegio de Abogados, participó en confrontaciones continuadas con los manifestantes, empujando, golpeando y tirando gases por igual a manifestantes pacíficos y provocadores enmascarados. Fue parecido al patrón observado durante las protestas de 2010-2011 cuando los cuerpos policiales llevaron a personal del comando antidisturbios bien armado que intensificaron el conflicto tras provocar un retroceso leve de los manifestantes más militantes.[17]

Imágenes de vándalos, gases lacrimógenos y estudiantes corriendo bajo fuertes tormentas al final del día dominaron las noticias de la noche. Fue una operación de los medios hecha a medida para el gobierno conservador, de la ley y el orden y la estadidad (PNP). El gobernador Ricardo Rosselló dio una conferencia de prensa denunciando el vandalismo, pero agrupó a los vándalos juntamente con los manifestantes. Su tono de oprobio moral quedó subrayado al día siguiente en un cuadro en los medios que lo mostraba ayudando a obreros a barrer cristales rotos delante de la torre del Banco Popular.

La alcaldesa de San Juan, Carmen Yulín Cruz, al igual que el representante, Manuel Natal Albelo, que fue uno de los primeros oficiales electos en defender la idea de una auditoría de deuda independiente, denunciaron rápidamente que el gobernador equiparara a manifestantes pacíficos y vándalos. William Ramírez, de la ACLU, dio una larga conferencia de prensa en la que, aún recuperándose de los efectos de los gases lacrimógenos que había soportado mientras actuaba como negociador y observador, mostró las latas de gas lacrimógeno e incluso balas de goma que había utilizado la policía. Su declaración contradecía directamente otra hecha anteriormente por la Superintendente de la Policía, Michelle Hernández, quien negó su uso. Ramírez también criticó el uso excesivo de la fuerza y violaciones del protocolo, incluyendo la falta de advertencias y la ropa de civil de los oficiales que no llevaban placa.

También se mostraron gestos de preocupación cuando el Banco Popular presentó una demanda la tarde de las protestas y los incidentes. La demanda enumeraba a cuarenta y dos demandantes, incluidos organizaciones comunitarias, sindicatos, y "manifestantes anónimos". A Ariadna Godreau Aubert, una abogada de derechos humanos en un comité legal de acción dedicado a llamar la atención a demandas frívolas que se presentaban para intimidar a personas que participaban en manifestaciones, le pareció que la demanda era muy irregular y parte de un patrón inquietante. «Esta demanda salió justo una hora después de los acontecimientos, e incluso el presidente del Banco Popular dijo que la demanda se presentó de manera preventiva, que la tenían preparada por si algo sucedía. No se puede tener preparada una demanda por si sucede algo; las demandas existen para remediar daños reales e incluyen a personas que causaron los daños reales, no es algo preparado a especulativo», expresó ella. Godreau Aubert destacó que una demanda previa contra manifestantes que participaron en otra protesta a finales de abril fue desestimada por falta de evidencia.

La semana siguiente, el gobernador Roselló ratificó

como ley revisiones del código penal que aumentaban las penas criminales contra manifestantes que llevaran máscaras, dirigida aparentemente a estudiantes y manifestantes jóvenes; hizo que fuera delito obstruir lugares de construcción (con hasta tres años de cárcel), dirigida a las protestas sindicales; e impuso una multa de hasta 30 000 dólares por interferir en actividades turísticas, estimulado quizá por el cierre de una carretera de acceso al aeropuerto el Día de los Trabajadores, y por obstruir el acceso a consultas médicas o del gobierno, o a instituciones educativas.

Este último elemento fue particularmente relevante porque, justo días después de que el gobernador y La Junta de PROMESA invocaran la cláusula del Título III y su provisión de bancarrota modificada, la secretaria de Educación, Julia Keleher, anunció que serían cerradas 179 escuelas públicas en toda la isla. Aunque el éxodo continuado de población de la isla había disminuido el número de estudiantes matriculados, los cierres siguieron afectando mucho a zonas pobres y de clase trabajadora y pusieron sobre muchas familias una mayor carga de tiempo extra de viajes a escuelas más distantes.

Muchos observadores políticos cargaron contra la decisión del gobernador Rosselló de solicitar la invocación del Título III, recordando su insistencia previa en que la isla podía pagar su deuda en un proceso de restructuración que no requeriría trámites de bancarrota. El senador Bhatia, del PPD, presentó un requerimiento para forzar la publicación de una copia del presupuesto propuesto que el gobernador había enviado a José Carrión, el presidente de La Junta, argumentando que los ciudadanos de la isla tenían derecho a la plena transparencia.[18]

Los trámites del Título III comenzaron el 3 de mayo, presididos por la jueza del tribunal de distrito de Nueva

York, Laura Taylor Swain. Taylor Swain es una afroamericana nombrada por Bill Clinton en el año 2000 y una jueza de bancarrota supuestamente no alineada en particular con banqueros de Wall Street. El orden de negocio principal sería enfocarse en los destinos de los bonos COFINA y de obligación general. Aunque los asuntos se consideraron "conjuntamente", los acreedores de las dos partes comenzaron a hacerse guerra mutuamente, afirmando cada uno tener prioridad. Los dos grupos de acreedores generalmente representaban a dos tipos de inversionistas. Los inversionistas en bonos GO tenían menos buitres tardíos y tenían la fuerte sensación de que sus inversiones debían ser pagadas al completo debido a los requisitos de la Constitución de Puerto Rico, mientras que los inversionistas en COFINA tenían más buitres que sabían que el impuesto a las ventas que respaldaba sus inversiones no iba a eliminarse en breve, y podían contar con origen directo de cualquier población que quedara durante décadas.

Hubo muchos aspectos complicados acerca de las negociaciones de restructuración de la deuda. En primer lugar, los pensionistas seguían siendo una potente fuerza a medida que intentaban afirmar una mayor prioridad sobre una deuda que, también parte del proceso de restructuración, añadía 49 mil millones de dólares a la ya disputada cifra de más de setenta mil millones de dólares de deuda en bonos; el gobierno podría verse forzado a liquidar una cantidad sustancial de sus propiedades para aliviar el golpe de los "recortes", o aminorar la negociación de los pagos a acreedores. A continuación, los acuerdos de negociación colectiva con los sindicatos que representaban a funcionarios del gobierno podrían ser suspendidos para renegociar los contratos. Finalmente, la regla de "prioridad absoluta" en PROMESA para la deuda de obligación general de

12,7 mil millones de dólares podría significar que habría que pagarla por completo.

Pero también se estaba desarrollando un problema inmenso, de tipo político. El gobernador Rosselló, el brazo ejecutivo y la legislatura serían despojados de gran parte de su poder, porque La Junta tendría que aprobar todas sus apropiaciones presupuestarias. Por consiguiente, el gobierno estaría limitado al papel de crear buenas relaciones públicas para sus posturas a favor y en contra de La Junta y las resoluciones judiciales. La imposición de La Junta obligó al gobierno de Puerto Rico a ceder prácticamente el control de la mayoría de los asuntos que tenían que ver con desarrollar política pública. El gobierno de Rosselló seguiría creando un presupuesto y un plan fiscal, pero no sería promulgado a menos que fuera aprobado por La Junta y no podía cambiarse después de su certificación. En efecto, el proceso democrático de Puerto Rico, en el cual el pueblo elige las legislaturas para tomar decisiones sobre su política y sus finanzas, estaba en dificultades.

Ese agosto, La Junta y el gobierno participaron abiertamente en cierto tipo de teatro de lo absurdo. Sus reuniones periódicas, técnicamente abiertas al público, pero realizadas delante de una vista restringida a quien se le requería registrarse con antelación, se llevaban a cabo en San Juan y en el distrito financiero en Nueva York. Algunas tuvieron lugar también en el lujoso hotel El Conquistador en Fajardo, un pueblo pesquero remoto en el extremo noreste de la isla, lejos del entorno urbano de protesta en la ciudad capital de San Juan.

En una de esas ocasiones, con pocos espectadores públicos además de miembros de la prensa, representantes de tenedores de bonos, y analistas políticos, la reunión se realizó en una sala de conferencias estéril semejante a la de cualquier cadena hostelera estadounidense. Durante el curso de unas dos horas, La Junta escuchó por inercia el testimonio del plan fiscal, haciendo resoluciones, votando, haciéndose preguntas mutuamente, y respondiendo de modo casi robótico con textos ya preparados. Entonces, aparentemente de la nada, un áspero intercambio entre el representante sin derecho a voto del gobierno de Puerto Rico y miembros de La Junta reveló la creciente tensión. La Junta anunció un plan que impondría permisos no remunerados a funcionarios del gobierno dos días por mes, afirmando que los ahorros resultantes de 218 millones de dólares eran «necesarios para asegurar que se logren los ahorros presupuestarios adecuados». Aunque la propuesta era un paso atrás desde el plan original de cuatro días por mes, Christian Sobrino, que como representante del gobernador Ricardo Rosselló no tenía derecho a voto, mostró una fuerte discrepancia con ese movimiento. «Sobre el asunto de los permisos, el gobierno entiende que hay que trazar una línea. No habrá ningún permiso. Pueden llevar eso al banco», anunció con ironía. La confrontación parecía señalar que, mientras que el gobierno de Rosselló cooperaría en la mayor parte con La Junta en las metas y estrategias del plan fiscal para ahorrar costos, el gobierno haría uso del poco capital político y autonomía que tenía en algunos asuntos clave.

El único problema era que, en el mes de marzo, el gobierno del PNP de Rosselló (proestadidad) celebró sin reservas la certificación de la junta del plan fiscal, incluidos los *cuatro* días de permiso por mes, como un triunfo que dejaba atrás los «tiempos de incoherencia e improvisación» que anteriores gobiernos habían promulgado. El miembro de la junta, Carlos García, se enfureció en su respuesta a Sobrino, insistiendo en que «el representante del gobierno no dijo nada en marzo; nadie dijo que hubiera ninguna oposición. El gobierno ha sabido acerca de esto».

Mientras tanto, los medios de comunicación y varios oficiales electos de los partidos a favor del Estado Libre Asociado (ELA) y a favor de la independencia reaccionaron con escepticismo hacia la repentina decisión del gobierno de adoptar la confrontación. El representante comprometido del PPD (a favor del ELA), Manuel Natal Albelo, lo denominó un intento de «salvar las apariencias con los servidores públicos», un argumento para catalogar a La Junta como «el malo. Pero la realidad es que ambos son la mamá y el papá de esto». Incluso Sobrino bromeó sobre su arrebato cuando, a medida que se reunía la prensa para una sesión de preguntas y respuestas después de la reunión de La Junta, comentó: «Si esto fuera un drama, seríamos nominados al Oscar».

En esa misma reunión, La Junta anunció finalmente que crearía un comité para "investigar" la deuda. Una petición en el tribunal de bancarrota del Título III de una investigación forense de la deuda había motivado la acción. Esa petición, que fue presentada por un grupo de acreedores que tenían deuda no asegurada, parecía haber puesto nerviosos al gobierno y a La Junta.

La semana siguiente, La Junta presentó una demanda contra Rosselló, afirmando que en marzo ni él ni su entonces representante en La Junta, Elías Sánchez, plantearon una objeción a los permisos, cuando fue aprobado el plan fiscal; ni tampoco en junio, cuando fue aprobado el presupuesto. La demanda afirmaba que «el Congreso proporcionó [a La Junta] única y completa discreción con respecto a las decisiones de certificación del plan fiscal».

La Junta estaba dejando claro que siempre había sido una junta de *control* oculta tras el eufemismo "supervisión y administración". Irónicamente, el lenguaje de "super-visión" había aparecido por primera vez en el periodo del exgobernador García Padilla, cuando él sugirió una junta de supervisión como parte de la ley que propuso para permitir a Puerto Rico redactar sus propios términos de bancarrota. Fue retomada, como describimos en el capítulo anterior, en el impulso dirigido por el Departamento del Tesoro para crear el mecanismo de PROMESA para la restructuración de la deuda.

El proceso de PROMESA fue deliberado, creando la oportunidad de La Junta para convertirse en la autoridad central en Puerto Rico de modo disimulado. Insertados en su directiva para refrenar gastos recortando presupuestos y fuerza laboral, y fomentando la privatización de recursos y bienes de propiedad pública, había otros mecanismos más sutiles. En las reuniones mensuales de La Junta y el tribunal del Título III de Taylor Swain, bajo el mandato de reestructurar la deuda, se tomaron decisiones que pueden dar como resultado un sufrimiento a largo plazo para los puertorriqueños. Una de ellas es la supresión de una auditoría forense de deuda que al menos podría causar protesta política masiva al igual que una autoridad moral para presionar la reducción de la deuda, teniendo en mente que el lenguaje de PROMESA parece dar a entender que todas las deudas pueden reunirse, incluso si fueron hechas ilegalmente. La otra es probablemente la razón principal de la rápida implementación de PROMESA: una serie de resoluciones judiciales que fomentarían acuerdos sobre la deuda que serían considerablemente más favorables para los acreedores que si Puerto Rico tuviera una protección de bancarrota real.

Dos decisiones en 2018 en el tribunal de Taylor Swain ilustraron el tipo de acuerdos de resolución de deuda que crean una carga terrible sobre el pueblo de Puerto Rico: el acuerdo para la resolución de deuda de la AEEPR, que no solo estableció términos desfavorables, sino que preparó a la Autoridad de Energía Eléctrica para la privatización, y el acuerdo COFINA, en el cual se otorgaba a los acreedores 55 centavos de dólar en forma de intercambio de bonos. Pero la resolución de Taylor Swain meses antes sobre una demanda interpuesta por acreedores insatisfechos por la inconstitucionalidad de La Junta misma, afirmando que era inválida debido a que el modo en que eran nombrados sus miembros violaba la Cláusula de Nombramientos de la Constitución, fue una indicación incluso más escalofriante de la impotencia de Puerto Rico como territorio no incorporado. Al rechazar la declaración, Taylor Swain opinó que «el Congreso tiene poder plenario bajo la Cláusula de Territorios para establecer instituciones gubernamentales para territorios que no solo son distintos a entidades del gobierno federal, sino que también incluyen características que no se corresponderían con los requisitos de la Constitución si formaran parte de la gobernanza de los Estados Unidos».

En otras palabras, como Puerto Rico es un territorio en lugar de un estado, La Junta puede básicamente hacer lo que quiera sin tener que preocuparse por la constitucionalidad. La lógica infalible de "pertenece, pero no es parte", esencialmente una abstracción basada en la raza y el racismo, por un momento recibió cobertura legal por parte de una jueza afroamericana liberal moderada de Brooklyn. Un tribunal de apelación anuló la resolución de Taylor Swain en febrero de 2019, permitiendo que La Junta siguiera operando a la vez que le daba a la administración de Trump noventa días para volver a nombrar a los miembros o nombrar otros nuevos. En mayo de 2019, él optó por volver a nombrar a La Junta existente.

En agosto de 2018, La Junta publicó un reporte de 615 páginas de los investigadores independientes Kobre & Kim que costó tres millones de dólares. El reporte era extremadamente detallado, documentando muchos de los abusos que hemos relatado aquí y en consonancia con lo reportado por grupos independientes como Hedge Clippers y el Centro de Acción sobre la Raza y la Economía. Descubrió que eliminar la Sección 936 exacerbó el patrón de pedir préstamos y que el BGF fue irresponsable y vulnerable al intercambio de tasas de interés, incurrió en pagos inmensos de evaluación de riesgo, y no fue transparente, lo cual inhibió aún más la detección del descenso de Puerto Rico a una espiral de muerte económica. Sin embargo, cuando Kobre & Kim entrevistaron a testigos clave, no se hizo bajo juramento, y las preguntas no fueron tan inquisitivas como deberían haber sido.

Con respecto a un conjunto de intercambios, conocido como el GO Basis Swaps de 2006, bajo la administración de Aníbal Acevedo Vilá, el reporte dice:

> Entrevistamos al banquero principal en el equipo de Puerto Rico de Goldman en 2005, quien fue identificado por la gerencia del BGF y en documentos contemporáneos habiendo propuesto la legislación o habiendo defendido los Swaps. Cuando le preguntamos a este veterano banquero de inversión de Goldman si estuvo involucrado en redactar o comentar la legislación de 2005, él nos dijo que no lo recordaba. También le preguntamos si alguien en su equipo habría sido designado para hacer comentarios o para redactar la legislación. Él nos dijo que no lo recordaba. Cuando le preguntamos al veterano banquero de inversión de Goldman concretamente sobre los GO Basis Swaps, él nos dijo que no recordaba los detalles de ninguna transacción

Swap, incluyendo cuando un distribuidor recibió dinero por adelantado como parte de un Swap, y no recordaba ningún lanzamiento que hiciera Goldman en conexión con un Swap.

En otro comentario sobre la preferencia de inversiones de mayor riesgo, sin que ni UBS (un banco suizo de inversiones multinacionales) ni el Banco Santander comunicaran los términos de esos riesgos a los inversionistas locales, el reporte revelaba:

> El testigo observó que los clientes del banco evitaban por rutina estrategias de inversión hechas a medida para así llenar sus portafolios de inversiones totalmente exentas de impuestos, es decir, bonos relacionados con Puerto Rico y depósitos locales. Testigos de Santander Securities no recordaban la misma disparidad tan grande entre la popularidad de los depósitos locales de Santander Securities y las ofertas de Santander Securities en fondos de crédito abierto.

Aparentemente, pocos cedieron a la persuasión. El reporte de La Junta, aunque era impresionantemente detallado y lleno de pormenores relevantes, se contentaba con describir mucho de lo que sucedió sin explicar por qué sucedió y si eso debería ser tomado en cuenta cuando se decidiera el destino de la deuda asombrosa y abrumadora, que era cuatro veces mayor que la amasada por Detroit. Y esto sin mencionar los acuerdos mucho más favorables que consiguió Detroit, donde las violaciones legales implicadas en incurrir en la deuda se entendieron para garantizar la reducción significativa del principal en muchos casos. Actuando como el representante de Puerto Rico en la restructuración de la deuda, La Junta produjo un reporte que se quedaba corto en proteger los intereses de una municipalidad llena de ciudadanos estadounidenses.

«El reporte hace un gran trabajo en muchos aspectos;

estoy de acuerdo con las recomendaciones prácticas y había un par de cosas interesantes», informó Alvin Velázquez, abogado por mucho tiempo para el sindicato SEIU que ha testificado ante el Congreso sobre PROMESA. «Van tras los consumidores de drogas, pero no tras los traficantes; sitúan toda la culpa sobre los políticos». Si algo, el reporte de Kobre & Kim demuestra que tanto el Estado Libre Asociado como los partidos proestadidad fallaron al pueblo puertorriqueño casi igualmente al no enfrentar la realidad de reestructurar antes la deuda, en lugar de continuar tomando préstamos para prevenir lo inevitable.

Bien entrado noviembre de 2008, el Centro para el Periodismo de Investigación de Puerto Rico (CIJPR, por sus siglas en inglés) reveló que La Junta era una imposición aún más directa del Congreso de lo imaginado anteriormente. Habiendo demandado por los correos electrónicos de La Junta mediante una petición de la Ley de Libertad de Investigación, el CIJPR publicó varios de ellos que demostraban con claridad que miembros de La Junta, incluido su presidente, estaban recibiendo instrucciones directas de miembros del Congreso con respecto a los términos de austeridad que requerían. Estas acciones contradicen el lenguaje de PROMESA, el cual afirma que La Junta «no será considerada un departamento, agencia, institución o instrumentalidad del Gobierno Federal».

Los correos incluían un intercambio entre Andrew Vercera, que trabaja para Rob Bishop en su puesto como presidente del comité de recursos de House Natural, y Carrión, el presidente de La Junta. En un correo a Carrión, Vercera le explica que «queríamos reiterar el poder que tiene La Junta con respecto a los Planes Fiscales para hacer retroceder las acciones recientes del Gobernador». A lo cual Carrión respondió: «Entendemos que esto es esencial para nuestro mandato y nos acomodaremos».[19] Los correos muestran una fuerte sugerencia del subordinado de Bishop de que La Junta se asegure de ejercer su poder sobre un plan fiscal que podría ser inaceptable para el gobernador Rosselló o para otros oficiales electos puertorriqueños. Aunque el mandato original de PROMESA es que La Junta no debería ser un agente del Gobierno Federal y un representante de los intereses de Puerto Rico en la restructuración de la deuda, se podría pensar que es autónoma. Pero esta autonomía aparece incluso más limitada que la prometida por el estatus mismo de Estado Libre Asociado.

Todo esto, sin duda, ni siquiera arroja luz sobre el papel que desempeña el gobernador Rosselló. Aunque él afirma actuar como defensor del gobierno puertorriqueño y su gente, también mantiene la complicidad con las políticas de austeridad y creando tanta oportunidad como sea posible para "capitalistas del desastre" oportunistas. Aunque sufre un declive inevitable de popularidad debido a cuán claramente ha limitado su gobierno el poder de modo drástico, él y el PNP están esencialmente en el proceso de normalizar un gobierno autoritario que utiliza su base para asegurarse de que los movimientos populares se tropiecen con muchas interferencias. Debido al modo en que la imposición de PROMESA ha aniquilado la idea del estado libre asociado y también hizo intentos de pedir la estadidad, incluso más inertes que antes, el argumento sobre el estatus político de Puerto Rico ha quedado en la irrelevancia.

El debate tan continuado sobre el estatus de Puerto Rico estaba fundamentado en la existencia del ELA como un estado semiautónomo sentado a horcajadas entre su asociación con Estados Unidos y la soberanía. Fuerzas a favor de la estadidad y a favor de la independencia argumentaron contra ello como una forma de colonialismo, y se ha demostrado que estaban en lo correcto. Sin embargo, otorgar la estadidad no es probable, dado que el apoyo era bajo antes, ya que el Congreso era renuente a aceptar gastos nuevos para apoyar programas de derechos y cualquier impulso a la independencia es sopesado por el hecho de que el territorio de la isla está lejos de la autosuficiencia económica. La nueva normalidad creada por PROMESA en un mundo posterior al huracán ha abierto nuevas posibilidades para la política de Puerto Rico mucho más allá del debate sobre su estatus continuado.

CAPÍTULO 6

¿ACTUALIZACIÓN DEL ESTATUS?

El senador Eduardo Bhatia (PPD) en una vista legislativa en 2017 en San Juan, Puerto Rico.
© Joseph Rodríguez

«Puerto Rico no estaba siendo preparado... para la independencia o la estadidad. Puerto Rico iba a ser sometido
firmemente perpetuamente, o tanto tiempo como fuera
necesario, bajo el control del Congreso».
—**José Trías Monge**, *Puerto Rico: The Trials of the
Oldest Colony in the World*

«El estatus político de Puerto Rico es uno de libre asociación con la Unión Americana. Es una manera nueva de
abolir un estatus colonial bajo el sistema constitucional de
Estados Unidos. No digo que los detalles de nuestra relación
no pueden mejorarse, desde el punto de vista de la Unión
Americana y también del de Puerto Rico, pero el principio
de que tal relación, a pesar de cómo pueda cambiar, es una
de libre acuerdo, hace que el paso que hemos dado sea el
definitivo en el autogobierno».
—**Luis Muñoz Marín**, de un discurso dado en la
University of Kansas City el 23 de abril de 1955

«Este año Puerto Rico celebra su centésimo aniversario
como un territorio de Estados Unidos. Por lo tanto, expre-
semos su estatus preferente y, si ellos lo deciden, démosle
la bienvenida como el estado número cincuenta y uno. Es
adecuado que un Congreso republicano debiera dar al
pueblo de Puerto Rico lo que tantos presidentes republicanos pretendieron lograr: un modo de determinar para ellos
mismos el gobierno que debieran tener».
—**Ralph Reed**, Century Strategies, de comentarios ante
la Cámara de Comercio de Puerto Rico,
5 de febrero de 1998

El 25 de julio de 1952, Luis Muñoz Marín, el primer
gobernador electo de Puerto Rico, dio el discurso
que inauguró el estatus del nuevo Estado Libre
Asociado (ELA) para el territorio de la isla. Hasta el ascenso
de Muñoz Marín, todos los gobernadores de Puerto Rico
habían sido nombrados por el gobierno estadounidense, y

el estatus de la isla como un territorio no incorporado era precisamente eso: colonia, territorio, no estado, gobernado en última instancia por fuerzas externas. El nuevo estatus del ELA fue una idea que germinó mediante una conexión entre Muñoz Marín, el presidente Franklin Roosevelt, y su gobernador liberal designado, Rexford Tugwell. Finalmente fue llevado a cabo por la administración de Truman, motivada por la presión de las Naciones Unidas sobre las principales potencias mundiales para descolonizar algunos territorios tras la Segunda Guerra Mundial.

Aquel día, Muñoz Marín dio un discurso largo e inconexo que se comparaba desfavorablemente en términos de dinamismo y carisma con su archirrival, el líder nacionalista Albizu Campos, cuyo estilo impulsor de oratoria había motivado un movimiento popular que amenazaba el gobierno estadounidense sobre la isla. El tema central del discurso de Muñoz Marín fue la bandera de una sola estrella que habían utilizado los anticolonialistas desde la década de los 1890 y que había sido prohibida en 1948 por una ley puertorriqueña que reflejaba algo de la era represiva de McCarthy pensada para hostigar a sospechosos de comunismo. Al final de su discurso, Muñoz Marín izó la bandera en público por primera vez desde su prohibición, declarando: «Esta bandera es para todos los puertorriqueños, sin excepción. Para quienes la han utilizado con el terrorismo del pasado y quienes la han mostrado como un símbolo de paz en el presente».

El discurso de Muñoz Marín y el izado de la bandera como símbolo del Estado Libre Asociado intentaban poner fin a un periodo de violencia nacionalista que había desestabilizado Puerto Rico, y había marcado el inicio de una era política que finalmente estaría definida por tres partidos políticos impulsados principalmente por su apoyo a una de tres opciones de estatus: estado libre asociado, estadidad e independencia. Estas categorías son cierto tipo de reinvención o réplica de categorías anteriores que se remontaban hasta el siglo diecinueve, durante el colonialismo español. En aquel entonces se les llamó autonomía, asimilación, y separatismo. El movimiento separatista causó su gran sensación con la rebelión de Grito de Lares en 1868. Sin embargo, tras la revolución española y la posterior abolición de la esclavitud en 1873, la política puertorriqueña bajo España estaba dominada por una oposición bipolar entre un Partido Liberal Reformista, que prefería una reforma que favoreciera los intereses de los "criollos" (nacidos en Puerto Rico) a favor de la autonomía, y el Partido Liberal Conservador, "asimilacionistas" que favorecían los intereses de aquellos nacidos en España o que tenían fuertes vínculos con España.

El Partido Liberal Conservador finalmente se volvió obsoleto, porque estaba arraigado en la dicotomía criolla o peninsular que dominaba el discurso y los partidos políticos de América Latina. Se desvaneció ante las dinámicas de cambio de poder de la transición del colonialismo español al estadounidense. Esa transición estuvo marcada por el emotivo episodio en el cual el Partido Liberal Reformista, que cambió el nombre por el de Partido Liberal Unionista y Autonomista, dirigido por el padre de Luis Muñoz Marín, el editor de periódico Luis Muñoz Rivera, tuvo un éxito breve en alcanzar un acuerdo con España para el gobierno autónomo y se convirtió en la primera persona que fue primer ministro autónomo de Puerto Rico. El nuevo gobierno había de tomar el poder en mayo de 1898 pero se demoró por el comienzo de la guerra estadounidense con España. La legislatura naciente se las arregló para reunirse el 17 de julio, pero ocho días después, el 25 de julio, fuerzas estadounidenses aterrizaron en el puerto sureño de Guánica en Puerto Rico. La política de Puerto Rico fue trastornada cuando el gobierno estadounidense nombró el consejo ejecutivo de once miembros y al gobernador militar, requisando efectivamente cualquier semblanza de autogobierno por el cual habían luchado los puertorriqueños por treinta años.

Sin embargo, comenzó a tomar forma un nuevo paisaje político, totalmente una reacción al aparato colonial estadounidense. Muñoz Rivera resucitó a su Partido Autonomista como Partido Federal por cinco años entre 1899 y 1904. Durante ese periodo controlaron la mayoría de las municipalidades en las elecciones locales. Mientras tanto, en 1899, José Celso Barbosa, un médico afropuertorriqueño que antes había pertenecido al Partido Autonomista, creó el Partido Republicano, que estaba a favor de la estadidad. El gobierno estadounidense nombró a Barbosa y a algunos republicanos para el Consejo Ejecutivo, estableciendo las líneas de oposición política entre el autonomismo y la asimilación, o la anexión como lo llamaron algunos.

En 1904, tras años de frustración con la falta de poder político real, Muñoz Rivera formó una nueva coalición: el Partido Unionista. Incorporaba facciones proestadidad, proautonomía, y proindependencia, unidos por el deseo de los puertorriqueños de tomar sus propias decisiones políticas. Ellos llamaban a la creación de un Estado Libre Asociado.[1] Eso sucedió tres años después de que se decidiera *Downes contra Bidwell Insular,* afirmando como es bien sabido que Puerto Rico "pertenecía, pero no era parte" de Estados Unidos. De nuevo, la corriente subterránea de la diferencia racial ejemplificada por el testimonio racista en el Congreso tras la adquisición de Puerto Rico y reforzada por los casos Insulares discriminatorios decididos por la Corte Suprema, sirvió para minar la autodeterminación puertorriqueña. Aunque no rechazaron la ciudadanía otorgada mediante la Ley Jones en 1917, querían liberarse a sí mismos de un gobierno colonial estricto.

Miembros insatisfechos del Partido Unionista formaron el Partido Nacionalista en 1922, con el futuro líder, Pedro Albizu Campos, que se incorporó como vicepresidente dos años después. En 1932, tras una alianza temporal entre republicanos proestadidad y unionistas liberales, el Partido Unionista se dividió en los Partidos Liberal y Republicano, con el Partido Liberal abandonando el autonomismo por la independencia. Una breve alianza entre republicanos y socialistas amenazaba a los liberales, demostrando la fuerza de los electorados emergentes de trabajadores puertorriqueños, a quienes les habían enseñado a organizarse en parte por la llegada de Samuel Gompers y la Federación Americana del Trabajo a inicios del siglo. El comienzo de la Gran Depresión sirvió para enfocar la política puertorriqueña en el destino de la clase trabajadora y no tanto en el cambio de estatus. Albizu Campos apoyó una serie de paros laborales que unieron a su Partido Nacionalista con movimientos laborales y crearon una nueva fuerza militante en el partido.

En 1938, Luis Muñoz Marín fundó el Partido Popular Democrático. El PPD, que abandonó su llamado a la independencia en favor de cierto tipo de populismo, había estado trabajando desde finales de los años treinta para incorporar el separatismo radical del Partido Nacionalista de Pedro Albizu Campos y las políticas reformistas de tierras y trabajo de la coalición socialista-trabajadora llamada la Central General de Trabajadores. Encontró un aliado natural en sobrevivir a elementos del *New Deal* de los años de Franklin Delano Roosevelt. El presidente Harry

S. Truman, quien recientemente había declarado que los viejos caminos del "imperialismo" no tenían lugar alguno en la visión de posguerra de Estados Unidos, incluso dio su bendición al PPD. Pero en retrospectiva, el pronunciamiento moral de Truman fue un aparato eufemístico desarrollado por legisladores estadounidenses para otorgar una soberanía limitada y camuflar así el estatus aún existente de territorio no incorporado de Puerto Rico. Al crear el estatus de estado libre asociado, conocido también como ELA, el gobierno estadounidense pospuso indefinidamente la búsqueda de Puerto Rico de la nacionalidad.

Las políticas puertorriqueñas fueron restructuradas tras establecerse el ELA. Esto se logró mediante la ficción de que, con una nueva constitución y un estatus político que parecía otorgar una soberanía limitada, la búsqueda final de Puerto Rico de la estadidad o la independencia ocupaba una nueva posición de fortaleza. Atrincheró firmemente su discurso político en un debate sobre las tres opciones de estatus que definían sus tres partidos políticos principales. Anteriores intentos de producir la independencia habían quedado interrumpidos significativamente por la implacable represión del discurso nacionalista y anticolonial hecho posible en primer lugar y sobre todo por la Ley de Mordaza. Esta ley fue aprobada por el gobernador Jesús T. Piñero, el primer gobernador designado de Puerto Rico, y Luis Muñoz Marín, a pesar de las protestas contra la prohibición de discursos o acciones que defendieran el final del control estadounidense de la isla. Se puede decir que fue parte de un intento estadounidense de controlar el discurso sobre la independencia cuando intentaba producir una forma nueva de estatus político puertorriqueño en la nueva era de la descolonización.

Una copia casi exacta de la Ley Smith de 1940 (antes la

Ley de Registro de Extranjeros), que convertía en ofensa criminal defender el derrocamiento violento del gobierno, la Ley de Mordaza suprimió cientos de miles de votos por el Partido Independentista en las elecciones gubernamentales de 1948, 1952 y 1956; sofocó la disensión en la Universidad de Puerto Rico, un hervidero proindependencia; y provocó que miembros del Partido Nacionalista cometieran actos violentos en sus protestas. Estos actos produjeron un contragolpe aún más eficaz por parte del gobierno, que seguía estando dirigido por un gobernador designado por Estados Unidos.[2]

Durante los cincuenta primeros años de control estadounidense de la isla hubo diversos partidos, como el Partido Socialista, el Partido Unionista, el Partido Federal y, desde luego, los partidos Liberal y Republicano: los precursores de los actuales partidos del estado libre asociado, de proindependencia y proestadidad. Esta multitud de fuerzas políticas crearon un paisaje inestable de pluralismo y coaliciones entre partidos; sin embargo, la era posterior al ELA presentó casi una réplica del sistema bipartidista estadounidense, representado por el PNP a favor de la estadidad y el PPD a favor del ELA, añadiendo una tercera opción mutada con el Partido Independentista Puertorriqueño (PIP), aunque era una que, de modo informal, tenía aspiraciones para muchos puertorriqueños que, a pesar de su preferencia pragmática de estatus, favorecían la independencia en sus corazones.

Existe una tensión entre lo que en apariencia es un sistema bipartidista y la realidad de que muchos quieren la independencia, pero no lo ven como una meta política realista debido al colonialismo, las realidades económicas globales, y la represión dirigida por Estados Unidos, creando una densa capa de surrealismo para la política puertorriqueña.

Además, la política de la isla está es un estado casi permanente de atrofia, porque el discurso político prioriza la cuestión del estatus por encima de los intereses sociales, políticos y económicos locales. Quizá más importante, el "estado libre asociado" ficticio y su demora de una solución real para el estatus de Puerto Rico ha hecho que la isla sea vulnerable a la corrupción, ayudando a perpetuar su desarrollo económico insostenible y su descenso final a la crisis de deuda.

Hoy día, la mayoría de los puertorriqueños, tanto en la isla como en la diáspora, luchan con la contradicción ineludible entre poner en espera el debate sobre el estatus e incluso los aspectos formales de la descolonización, y la realidad de que debido a su historia como una posesión colonial, los puertorriqueños tanto dentro como fuera del territorio de la isla tienen cierto tipo de híper obsesión con la identidad nacional. *Spirit Republic* de Puerto Rico (Espíritu Republicano), creado por una coalición de artistas y activistas "nuyoricans" como Pedro Pietri, Adal Maldonado y Eddie Figueroa, emitió un pasaporte llamado El *Spirit Republic* de Puerto Rico. Era cierto tipo de representación de arte satírico en la década de los noventa en espacios artísticos del Uptown, donde oficiales emitían a cualquiera un pasaporte de una "nación imaginaria". Quizá inspirado por el activismo isleño por la independencia, Juan Mari Brás, quien en 1994 viajó a Venezuela para renunciar a su ciudadanía estadounidense, tenía la esperanza de que aseverar su residencia local en Puerto Rico llegaría a resonar. En el entorno de los medios de comunicación a finales del siglo veinte, donde los logos y las marcas se habían vuelto fundamentales, los tres partidos políticos comenzaron a utilizar la bandera puertorriqueña de una sola estrella, intentando reclamar identidades nacionales dentro del contexto de la independencia, el estado libre asociado y la estadidad.

Las diferencias raciales y culturales que distinguen a los puertorriqueños de los estadounidenses motivan el sentimiento de identidad nacional de los puertorriqueños. Los puertorriqueños no se "ven a sí mismos" como estadounidenses convencionales, y esto puede significar una falta de identificación con el hecho de ser negros o blancos de piel, aunque persiste un racismo en la isla. Muchos no hablan inglés como su idioma preferente, y a menudo parecen desconectados de los aspectos centrales de la música, danza y cultura culinaria estadounidenses. Sin embargo, fuerzas en favor del ELA han presentado con frecuencia esta identidad nacional distintiva como una manera de "tenerlo todo", de "ser nosotros mismos y ciudadanos estadounidenses al mismo tiempo". Los defensores de la estadidad, mientras tanto, imaginan la ciudadanía estadounidense plena y la participación directa en el gobierno estatal y federal, a pesar de mantener una identidad nacional única que no se adhiere a las doctrinas establecidas de la vida cotidiana estadounidense.

El gobierno del PPD de Muñoz Marín en 1949 comenzó un periodo de dominación del partido a favor del estado libre asociado. Esto fue particularmente cierto porque los movimientos y partidos proindependencia o nacionalistas habían sido reprimidos, y el nuevo estatus de estado libre asociado había hecho que fueran irrelevantes temporalmente las fuerzas por la estadidad. El despunte del nacionalismo fue desarrollado no solo por la Ley de Mordaza, sino también por el comienzo de la vigilancia del FBI, iniciado por el director J. Edgar Hoover, quien ordenó la creación de dosieres sobre activistas y simpatizantes por la independencia. Cuando las carpetas, o archivos del

FBI, finalmente fueron hechas públicas en 1987, revelaron que el FBI había rastreado a más de setenta y cinco mil personas.[3]

Muchos de quienes estuvieron bajo vigilancia eran miembros del Partido Independentista Puertorriqueño (PIP), formado en 1946 por Gilberto Concepción de Gracia, Fernando Milán Suárez, y Antonio J. González como el ala electoral del movimiento nacionalista. Concepción de Gracia fue en una ocasión abogado para Pedro Albizu Campos y tío abuelo de René Pérez Joglar e Ileana Pérez Joglar del grupo de rap alternativo Calle 13, al igual que del dramaturgo y protagonista de *Hamilton*, Lin-Manuel Miranda. El PIP ha perseguido una agenda rigurosa proindependencia a pesar del destino del líder del Partido Nacionalista, quien estuvo encarcelado durante la mayor parte de su vida, y obtuvieron un 19% en las elecciones de 1952 que hicieron gobernador a Luis Muñoz Marín. Su política puede describirse mejor como socialista demócrata, y a veces formaron extraños compañeros con el PNP, con quienes acordaron que el estatus actual de Puerto Rico podía describirse mejor como "colonia".

El PIP apela a un grupo más amplio de votantes de los que indican sus votos totales, menos del diez por ciento, y normalmente en torno al cinco por ciento. Hay un bloque de votantes puertorriqueños a quienes a veces se hace referencia como melones, porque son "verdes" por fuera y "rojos" por dentro, queriendo decir que apoyan abiertamente las políticas del PIP (su color principal es el verde) pero votan por el PPD (cuyo color es el rojo). Aparentemente tienen las aspiraciones de independencia muy cerca de sus corazones, pero votan pragmáticamente por candidatos del PPD favorables al estado libre asociado, muy parecido a como un votante de Bernie Sanders quizá haya votado por Hillary Clinton en 2016.

La cara principal del PIP a lo largo de los años ha sido Rubén Berríos, un candidato perpetuo a gobernador y crítico constante de la política y presencia estadounidenses en la isla. Se destacó más durante la resistencia a la base naval estadounidense en la isla de Vieques, incluso cuando figuras importantes del PPD y el PNP expresaron su apoyo a su cierre. Aunque el PIP disfrutó de un periodo de popularidad en los años posteriores a la formación del estado libre asociado, las fuerzas proestadidad se reagruparon. A mediados de los años sesenta habían formado el Partido Nuevo Progresista, y en 1967 forzaron el primer voto plebiscitario, o no vinculante, sobre cambiar o retener el estatus político de Puerto Rico.

Ha habido cuatro plebiscitos sobre el estatus de Puerto Rico: en 1967, 1993, 1998 y 2012. Todos han sido complicados por descripciones difusas y a veces imprecisas sobre la votación de lo que significaba el "estado libre asociado". A veces, la elección de estado libre asociado reflejaba los deseos del PPD de presentar una opción para mejorar el estatus y así permitir una mayor autonomía en el autogobierno, adherirse a leyes impositivas federales, participar en el comercio con otros países, y recibir beneficios de programas de derechos. Para complicar más aún el asunto estaba el hecho de que la autonomía integrada en el estatus de estado libre asociado era en gran parte ilusoria y desviada de una idea coherente de lo que es exactamente el estatus. En los dos primeros plebiscitos, realizados en 1967 y 1993, ganó el estado libre asociado, con la estadidad cobrando más impulso en 1993. Pero los dos últimos plebiscitos fueron votos fuertemente disputados que favorecían la estadidad y boicoteaban en gran parte al PPD, porque los plebiscitos fueron diseñados durante un periodo de control de las ramas ejecutiva y legislativa por el PNP. La alta participación en la mayoría de las elecciones puertorriqueñas reflejaba la pasión de los votantes, ya que acudieron a votar a un ritmo mucho más elevado que sus homólogos estadounidenses. Sin embargo, los plebiscitos fueron principalmente simbólicos en naturaleza porque no eran vinculantes, y el Congreso nunca se tomó en serio los resultados de los votos.

Aunque en algunos aspectos la naturaleza antagonista del PPD y el PNP refleja la oposición entre los demócratas y los republicanos estadounidenses, hay mucho solapamiento y lealtades divididas que reflejan la relación colonial entre Estados Unidos y Puerto Rico. En un sentido, el PPD y el PIP representan una política que defiende una idea de autodeterminación mientras que continuamente no la alcanza. Pero el PNP actúa esencialmente como un caballo de Troya para la política bipartita estadounidense dentro de la política territorial de la isla mediante sus vínculos con republicanos y demócratas. Se ha sostenido por mucho tiempo mediante la presión en la calle donde se hacen los negocios a la vez que ofrece ostensiblemente a sus votantes la promesa ilusoria de la estadidad. Aunque el PNP probablemente nunca logrará su meta declarada, ha tenido éxito en crear conflictos de intereses con esa meta participando en la vanguardia de la política neoliberal, donde el gobierno ha permitido una toma de poder hostil por parte de corporaciones globales y capital financiero, y la influencia política se compra y se vende como si fuera acciones en el piso de la Bolsa de Nueva York.

La evolución de la política actual en Puerto Rico está íntimamente unida a dos fenómenos entrelazados: la política consciente y, sin embargo, en cierto modo encubierta, llevada a cabo por el PNP, para involucrar a los partidos Republicano y Demócrata estadounidenses; y la aceleración de los intentos de influenciar en Washington enfocándose en la presión política en la calle K, donde se hacen los negocios y donde se tiene una influencia muy grande en los acuerdos y enredos del Congreso. La primera fue desmentida por la asociación, a menudo clara del PNP, con la retórica republicana conservadora: los regímenes de la ley y el orden de Carlos Romero Barceló y Pedro Rosselló de los años setenta hasta los noventa; la invocación de Luis Fortuño y Ricardo Rosselló del catolicismo y los valores familiares; y la aceptación de la reducción del gobierno, recorte de impuestos y privatización. Sin embargo, el PNP pudo extraer diversas concesiones a los demócratas, particularmente asuntos de interés como liberar a presos políticos y aumentar los programas federales de derechos. Debido a esto, cultivaron fuertes vínculos también con el Partido Demócrata, con algunas de sus figuras principales que se alistaron activamente en el Partido Demócrata mismo, como el padre y el hijo Rosselló, y Pedro Pierluisi, ex comisionado residente.

Los orígenes del cambio del PNP hacia influenciar a ambos partidos en Washington comenzó aparentemente durante la administración de Romero Barceló en 1979. Esto sucedió al mismo tiempo que el gobierno del estado libre asociado y el ELA en general se recuperaban del periodo de recesión que dio fin al apogeo de la Operación Manos a la Obra, y que Puerto Rico se mostrara como el "Escaparate del Caribe". Cuando el gobernador y el Estado Libre Asociado de Puerto Rico enfrentaban demandas de las familias de dos independentistas asesinados en el caso del Cerro Maravilla, que el gobierno había encubierto a pesar de claras evidencias de que hubo encarcelamiento y participación intrusiva del FBI en las matanzas, el gobernador Romero Barceló se reunió con el fiscal general del presidente Jimmy Carter, Benjamin Civiletti. Inmediatamente después de la reunión, Romero Barceló anunció su apoyo a Carter en las primarias demócratas, y dos meses después Civiletti anunció que ponía fin a la investigación del Departamento de Justicia del incidente del Cerro Maravilla sin cargos.[4]

Romero Barceló encontró otras dos razones para trabajar con los demócratas. La primera fue el resultado de su exitosa plataforma Estadidad para los Pobres, englobada en un libro epónimo publicado en 1973 en el cual, con la esperanza de ampliar su base más allá de las élites de las clases alta y medio alta de Puerto Rico, argumentaba que la estadidad significaría el pleno derecho en las transferencias de pagos de las ayudas sociales.[5] Los demócratas seguían siendo los sostenes más fuertes de las políticas de ayudas sociales de Roosevelt, mientras que los republicanos comenzaban a culpar a esos programas de politizar el descontento de la clase media de raza blanca. La segunda era su reconocimiento de la importancia de aseverar más influencia sobre jueces federales designados, lo cual era controlado por quien estuviera en el poder en Washington. Lo destacable sobre la estrategia de Romero Barceló es cómo pasó de supervisar un ejemplo temprano de una administración del PNP autoritaria y derechista, que seguía siendo la cara pública del partido mientras él estaba a cargo, a convertirse en un político de fusión trabajando en ambos lados, principalmente fuera de la vista del puertorriqueño promedio.

Durante la administración de Pedro Rosselló, que coincidió con la era Clinton en Washington, el PNP se involucró más abiertamente con el Partido Demócrata. El cambio neoliberal de la CND (Convención Nacional Demócrata) de Clinton hizo que esto fuera más fácil. Además, como mencionamos anteriormente, Rosselló y Clinton establecieron vínculos con el experimento de "lucha contra el crimen" de establecer ocupaciones policiales en los proyectos de vivienda de la isla, una estrategia que fue de la mano con el aumento de encarcelamiento masivo que presidió Clinton.

A finales de los años noventa, la administración de Rosselló también participó con fuerza en la aprobación de la Ley Young, propuesta por el representante republicano de Alaska, éticamente carente, Don Young.[6] La ley, llamada la Ley de Estatus Político entre Estados Unidos y Puerto Rico, proveía un plebiscito aprobado por el gobierno estadounidense que permitiría o bien un cambio de estatus a la estadidad o la independencia en diez años, o la permanencia en el estatus de estado libre asociado durante el mismo periodo.

La ley consiguió ser aprobada en la Cámara en marzo de 1998 pero murió rápidamente en el Senado, con la oposición de los republicanos conservadores. El teatro absurdo de la Ley Young indicaba claramente que la presión política apoyada por los republicanos y la recaudación de fondos inevitablemente se estrellarían y arderían cuando se encontraran con la realidad de que la mayoría de los senadores republicanos no tenían estómago para la estadidad puertorriqueña. Todo fue simplemente un espectáculo que permitió que mucho dinero cambiara de manos, sin que ningún político republicano perdiera nada de credibilidad ni sufriera verdadera pérdida política, ya que ninguno de ellos tenía como votantes a puertorriqueños residentes.

Se puede decir que el único modo de que Puerto Rico pueda en verdad operar políticamente en Estados Unidos es mediante los grupos de presión política. Como tiene solamente un representante sin voto en el Congreso, el comisionado residente, tan solo puede actuar mediante ese representante en forma de presión. Aunque tal presión no está formalizada como parte de la estructura de presión política del sector privado, en la práctica es una realidad de la vida en DC. En 1998, con Carlos Romero Barceló en el puesto de comisionado residente, el gobierno de Puerto Rico, dominado por el PNP, gastó unos cuatro millones de dólares en presionar en Washington a favor de los intereses del estatus puertorriqueño. En esa época, esa cantidad era más que la suma combinada que gastaban en hacer presión los gobiernos municipales de Denver, Los Ángeles, el condado de Miami-Dade y Chicago.[7] El PPD, por su parte, realiza muchos gastos en contribuciones para la campaña federal también, particularmente por los representantes identificados como puertorriqueños, Nydia Velásquez y Luis Gutiérrez, quienes obtuvieron decenas de miles de donaciones cuando la Ley Young llegó a la cámara baja.

La conexión del movimiento por la estadidad con el inframundo sórdido de los conservadores de derechas, la mayoría de los cuales han desempeñado papeles infames que han conducido al actual régimen autoritario de Trump, es quizá más inquietante que sus acuerdos con los demócratas. Es bastante destacable que el PNP continúa trabajando hasta la fecha con todos, desde centristas e incluso demócratas liberales hasta republicanos de extrema derecha, a la vez que mantiene lealtad al partido. ¿Cómo lo hacen? La respuesta es la misma que para la pregunta del porqué lo hacen: poniendo dinero en presión política.

Una de las historias más infames de conexión con la presión política comienza con los republicanos universitarios a inicios de los años ochenta: estudiantes encontrando maneras de empoderarse a sí mismos en los campus mientras se rodeaban del pujante liberalismo de izquierdas y la subsiguiente apatía de los de la generación *baby boom* más jóvenes que cumplían la mayoría de edad. En 1981, Ralph Reed, Jack Abramoff y Grover Norquist establecieron vínculos por sus ideas de activismo y teatro político. Como gran parte de esta nueva derecha, leían a Saul Alinsky y apuntaban a remodelar tácticas de la nueva izquierda y convertirlas en un mensaje fresco de conservadurismo social y fiscal. Las tres figuras no solo influenciaron profundamente a la derecha republicana a lo largo de los más de veinte años siguientes, sino que también estaban muy involucrados en hacer acuerdos de presiones políticas o intervenir en consultorías políticas que combinaban los negocios sucios con influencias en causas políticas, pavimentando el camino para la horrible síntesis de supremacismo blanco y corrupción oligárquica que personifica Donald Trump.

Tras pasar a conseguir una licenciatura en historia de la Emory University, Reed finalmente cruzó su camino con el cristiano evangélico Pat Robertson y, con 64 000 dólares donados por el Comité Senatorial Republicano Nacional, formó Christian Coalition (Coalición Cristiana). El uso cínico del cristianismo fundamentalista para crear un amplio sector de la base republicana de derechas fue uno de los orígenes del reavivado uso de la victimización por parte de los supremacistas blancos para acumular poder político. En 1994, los republicanos fueron llamados a "exterminar la corrupción" en Washington. Tres años después, Reed comenzó a transicionar a la consultoría política, formando Century Strategies, que combinaba multitud de relaciones con los medios, alcance al votante, desarrollo empresarial y servicios de organización. Uno de sus primeros clientes importantes fue la infame Enron Corporation, que ya había entrado en picado cuando lo contrató, pero le siguió pagando 30 000 dólares al mes hasta que declaró la bancarrota.

El siguiente proyecto de Reed fue Puerto Rico. Dando seguimiento a la idea de Ronald Reagan de que los hispanos eran todos republicanos, pero sencillamente no lo sabían aún, Reed tejió una narrativa que enmarcaba a Puerto Rico como víctima del colonialismo y, siendo un pueblo orientado a la familia y cristiano, se merecía una senda inmediata para decidir su propio estatus. Este tipo de retórica encajaba bien en las tendencias conservadoras del PNP, incluyendo no solo la ley y el orden, sino también una retórica de "valores familiares". Se identificaba con el catolicismo conservador de la base del PNP en los suburbios de San Juan que estaban en expansión. Mientras él hacía presión política en Puerto Rico, Newt Gingrich y Tom DeLay, que más adelante fueron condenados por lavado de dinero, conspiración y violaciones de la financiación de campaña,[8] dieron su apoyo a la Ley Young. Entre las firmas de presión política que lanzaron dinero al Congreso estaban Future of Puerto Rico, Inc., de Jack Abramoff, a favor de la estadidad, y Americans for Tax Reform, de Grover Norquist. Abramoff había estado notoriamente implicado en escándalos que incluían engañar a grupos de americanos nativos que querían fuerza de presión política para conseguir que construyeran casinos en su territorio y también actividades en las Islas Marianas que implicaban fraude, explotación laboral, e incluso esclavitud sexual encubierta.

En los años ochenta, la firma Black, Manafort, Stone, and Kelly estuvo implicada en presiones políticas en favor de Puerto Rico. Había sido contratada por la Administración de Asuntos Federales de Puerto Rico, esencialmente la conexión principal de la isla con los grupos de presión política. Paul Manafort y Roger Stone fueron ambos sujetos en la investigación Mueller de vínculos potenciales entre operativos rusos y la administración de Trump, y ambos tienen un largo historial de relaciones, actos y tácticas públicas y financieras cuestionables. Charles Black ha estado presionando en favor de la Administración de Asuntos Federales de Puerto Rico (AAFPR) desde la década de los ochenta, y por mucho tiempo ha estado relacionado con Jack Abramoff, y también ha sido un cabildero destacado para el PPD.

La relación entre Republicanos Universitarios y la Asociación de Estudiantes Estadistas de Puerto Rico (AEEPR), formada en 1979 por Luis Fortuño y el una vez comisionado residente, Kenneth McClintock, no está clara. Sin embargo, sí comparte un vínculo con la Federación de Jóvenes Republicanos de Puerto Rico (FJRPR), la organización que primero apoyó a la actual comisionada residente, Jenniffer González, quien apoya activamente las políticas conservadoras, como indica su apoyo incondicional de Trump. La AEEPR es también un nexo para la mezcla entre centristas por la estadidad, como Pierluisi y McClintock, y los de línea dura, que personifican el extraño continuo en ella. El PNP parece encerrar ambas tendencias de la división partidista aparentemente insalvable de Estados Unidos con cualquiera de sus tensas complicaciones porque no puede ser parte de la política estadounidense. No es una contradicción que McClintock respaldara a la representante vietnamita demócrata de Estados Unidos, Stephanie Murphy, en su carrera en las primarias,[9] mientras que la administración de Rosselló envió notas de prensa felicitando a Jeff Sessions cuando fue nombrado fiscal general. Rosselló puede apoyar a Andrew Gillum para gobernador de Florida mientras que Jenniffer González apoya a Rick

Scott. Eso es lo que sucede cuando se reconoce abiertamente que hacer presión política y pagar por acceso político es la única ruta hacia ser influyente en Washington.

En la secuela del fracaso de la Ley Young, la administración de Rosselló presionó, insistiendo en un plebiscito ese noviembre de todos modos. El voto de 1998 fue famoso, porque la opción "Nada de lo anterior" ganó con un 50,3% del voto. Fue escogida por quienes apoyaban lo que se llamó Estado Libre Asociado Mejorado, que hacía provisión para algunos de los poderes ampliados enumerados anteriormente. Sin embargo, la posición del Departamento de Estado estadounidense desde el tiempo del plebiscito ha sido que tal mejora es inconstitucional. Además, la idea de que Estados Unidos pudiera afiliarse a una designación de nuevo estatus que Puerto Rico concibió independientemente está muy por encima de la concepción estadounidense de la ley territorial. Estas realidades, al igual que la identificación retórica con la frase "nada de lo anterior", sugería a los puertorriqueños que el argumento mismo del estatus se estaba volviendo fútil, particularmente debido a las amenazas a la integridad nacional de países en todo el mundo a medida que reorganizaba el capital global; la soberanía nacional misma aparentemente era un espejismo que se desvanecía con rapidez. El aumento del nacionalismo autoritario en Francia, como el Partido de Unidad Nacional de Marine Le Pen, y el fenómeno del *Brexit* (la retirada del Reino Unido de la Unión Europea) en Inglaterra al igual que otros ejemplos europeos, demuestran retroceso contra la fuerza de globalización de la Unión Europea.

Esto se hizo evidente para ciertos sectores de la izquierda puertorriqueña en torno al comienzo del milenio. El referéndum de 1998 fue un fracaso espectacular para la opción de la independencia, que recibió solamente el 2,5% del voto, muy por debajo de lo que recibieron los candidatos del PIP en las elecciones generales. La erosión del apoyo indicaba una falta de pasión no necesariamente por la independencia sino por la clase dirigente del PIP, que cada vez más era percibido como un partido para liberales elitistas que no necesariamente tenían una cosmovisión a la par de una izquierda globalizada cada vez más interseccional y antinacionalista. Los puertorriqueños que se inclinan hacia la independencia, particularmente entre los intelectualistas y entre los estudiantes universitarios, han buscado expresión política mediante luchas laborales y también otros proyectos socialistas. También existe el factor de los votantes melones, quienes votan por el estado libre asociado por pragmatismo pero que, sin embargo, al final prefieren la independencia.

Un grupo de siete académicos captaron gran parte del ímpetu tras el nuevo movimiento progresista. Habiendo estudiado en la Universidad de Puerto Rico como no egresados, en 1998, Juan Duchesne, Chloé Georas, Ramón Grosfoguel, Agustín Lao-Montes, Frances Negrón Muntaner, Pedro Ángel Rivera y Aurea María Sotomayor propusieron la idea de la "estadidad radical" en un intento de arrebatar la meta de llegar a ser el estado número cincuenta y uno a los reaccionarios conservadores, y convertirla en cierto tipo de estrategia política progresista. Todos ellos hicieron importantes contribuciones a estudios interdisciplinarios de *latinox*, tanto en Estados Unidos como en Puerto Rico. Juntos redactaron "La estadidad desde una perspectiva radical-demócrata: Una invitación al diálogo para todos los habitantes del archipiélago puertorriqueño", que al principio obtuvo un apoyo considerable entre activistas y pensadores progresistas. Sin embargo, los puertorriqueños nacionalistas lo rechazaron en general por su sugerencia de que abandonaran la búsqueda de la independencia para participar en un pragmatismo quijotesco que permitiría a sujetos coloniales cambiar a su opresor desde dentro.

El manifiesto estaba a la vanguardia de una línea de pensamiento que busca unificar a isleños y a la diáspora mediante una idea de identidad que no es una clara opción binaria entre la asimilación total a Estados Unidos y cierto tipo de nacionalismo rígido, el cual se encuentra en estados socialistas extremos como Cuba, Venezuela y Nicaragua, que aún parece afectar a movimientos socialistas y progresistas en América Latina. La estadidad radical fue un intento de volver a captar lo que se había perdido de los movimientos de los años sesenta que intentaba fusionar agendas discrepantes como lucha de clases, feminismo, y liberación de género.[10]

Aunque entendí el rechazo nacionalista como apasionado y legítimo, al mismo tiempo sentí que la idea de la estadidad radical fue visionaria en el sentido de que aseveraba la realidad poscolonial y neocolonial de Puerto Rico. Además, sugería una huella para el papel de los latinos estadounidenses como sostenes y colaboradores de obreros latinoamericanos y personas marginadas que sigue resonando en la actualidad. La doctrina de la estadidad radical, que sugiere que a Puerto Rico le iría mejor como un estado número cincuenta y uno democrático y progresista que como un país independiente, reflejaba un deseo de que la isla desempeñara un papel en ayudar a "forjar Nuestra América multirracial, multicultural, democrática, pacifista e internacionalista", haciéndose eco del icono cubano José Martí. Los autores también dijeron que no querían "americanizar" por asimilación cultural.

Por el contrario, como los puertorriqueños por mucho

tiempo han participado en "instituciones, prácticas y discursos de la metrópolis", como ciudadanos estadounidenses que viven tanto en la isla como en el continente, su llamado a la estadidad tiene intención de ser un acto de democracia radical. «Necesitamos establecer alianzas con los sectores más liberales en Estados Unidos», afirma al principio del texto, aludiendo a aquellos puertorriqueños que han sido capaces de aumentar su participación en «las prácticas políticas, profesionales, sindicales, ecológicas, sexuales, feministas, de salud pública, educativas, artísticas y sociales» de la izquierda continental.

El manifiesto destaca también que el nacionalismo ciego puede pasar por encima de las maneras en que los sectores de élite de naciones latinoamericanas colaboran con la agenda neoliberal hemisférica a expensas de clases sociales locales subordinadas, muchas de las cuales se ven obligadas a emigrar a Estados Unidos. Sin duda, en ciudades como Nueva York, Chicago y Los Ángeles en Estados Unidos, muchos *latinx* pueden llegar a entender potencialmente el poder de unificarse como latinos, comparando notas sobre nuestras idiosincrasias y terreno común, y aprendiendo a luchar juntos.

El manifiesto sugiere que la mejor opción para los puertorriqueños es «pelear desde dentro del cuerpo político estadounidense, extender a todos los grupos los derechos que disfrutan los ciudadanos blancos de la metrópolis, aumentar el salario mínimo, mejorar la legislación medioambiental, y restructurar el estado de bienestar hacia dimensiones más humanas». Es un llamado a alejarse de ideas estancadas sobre el nacionalismo cultural en Puerto Rico que ve la independencia como una panacea (sin estrategias coherentes para el desarrollo económico tras la independencia), y en cambio aliarse con movimientos estadounidenses progresistas con la esperanza de abordar el racismo y la homofobia persistentes que existían ya fuera abiertamente o encubiertamente en el nacionalismo puertorriqueño.

Los retos de enfrentar la estadidad radical actualmente tienen dos vertientes. Una, y la más obvia, es que cualquier tipo de estadidad es prácticamente imposible políticamente dado el estado de Puerto Rico tras el Huracán María y su deuda masiva. Además, incluso sin estas realidades, el Congreso nunca ha parecido entusiasta con la idea, y ellos tienen la última palabra. En segundo lugar, la implementación de PROMESA por parte del Congreso ha hecho de la estadidad una idea que no atrae a la mayoría de los puertorriqueños que se consideran a sí mismos progresistas o en la izquierda. Aun así, cuando los demócratas estadounidenses tomaron el control de la Cámara en 2019, algunos observadores han dejado caer la idea de que los progresistas podrían reclamar la estadidad para Puerto Rico y para el Distrito de Columbia si un demócrata toma la Casa Blanca. Al final, hay una fuerte necesidad de que los *latinox* estadounidenses participen en una agenda política que busque fusionar los intereses de las clases no privilegiadas que viven aquí y en América Latina. Sin embargo, en Puerto Rico es difícil imaginar a los progresistas aceptando la estadidad en este punto.

Aunque este idealismo fue sonoramente rechazado por académicos y activistas al igual que por los ciudadanos en las urnas, preparó el escenario para que surgieran nuevas perspectivas políticas en Puerto Rico en el nuevo milenio. La frágil idea de que la política puertorriqueña fuera para siempre una competencia entre estado libre asociado, estadidad e independencia se fue desmoronando rápidamente incluso antes de que se estableciera la crisis de la deuda. A mediados de los años dos mil, bajo el gobernador Fortuño, el PNP comenzó a moverse más en la dirección del autoritarismo, centrándose en el conservadurismo social, el antisindicalismo, programas de ayuda y responsabilidades de un gobierno reducido, y el uso con mano dura de la autoridad policial. Mientras tanto, el PPD se peleaba para lanzar nuevas ideas sobre un estado libre asociado mejorado que fuera atractivo para los votantes pero teniendo pocas posibilidades de producirse. Mientras, las fuerzas de la izquierda progresista se separaron, y muchos abandonaron el PIP para formar alianzas políticas que se enfocaban más en las luchas cotidianas para trabajadores, personas marginadas, y el medioambiente.

PRESIÓN POLÍTICA, EL PNP, EL PARTIDO DEMÓCRATA, Y UNA INVESTIGACIÓN DEL DDJ: UN CASO DE ESTUDIO

La simetría poco saludable entre presión política, el PNP y el Partido Demócrata entró en un claro rescate durante principios de la década del 2010, cuando el Departamento de Justicia de Obama, dirigido por Eric Holder, investigó procedimientos policiales demasiado entusiastas y discriminatorios realizados por la Policía de Puerto Rico. La investigación llegó tras la exitosa presión de capítulos de la ACLU en Nueva York y en San Juan. Se utilizó violencia policial injustificada en múltiples ocasiones, incluido cuando estudiantes y trabajadores se manifestaron después de que el gobernador Fortuño anunciara que iba a recortar veinte mil empleos públicos y aumentar el costo de las matrículas en la Universidad de Puerto Rico. También había evidencia por más de una década de abuso policial sistemático dirigido contra los residentes de barrios pobres como La Perla en San Juan y Loíza, la municipalidad donde residen más afropuertorriqueños de la isla, y contra inmigrantes dominicanos, tanto residentes legales como indocumentados.

Inmediatamente después de un incidente en el Capitolio en San Juan, que implicó el uso policial de gases lacrimógenos y cachiporras, y como resultado hubo varias lesiones, el Colegio de Abogados de Puerto Rico realizó unas vistas. Muchos de los heridos y agraviados testificaron delante de una audiencia asombrada, y un mes después el Colegio de Abogados emitió un documento de 132 páginas detallando las diversas violaciones que realizó el departamento, testimonios de las víctimas y sus recomendaciones. Como era predecible, este reporte no generó la respuesta deseada; en cambio, el senador del PNP, Roberto Arango, anunció acciones legales para revocar al Colegio de Abogados debido a su defensa de estudiantes que, dijo él, habían realizado «acciones ilegales».

Desde su comienzo en 1840, pero particularmente desde que la membresía se volvió obligatoria en 1932, el Colegio de Abogados había inspirado ataques debido a su función como un foro para avanzar debates ciudadanos, y los había capeado todos ellos. Pero, aunque entre sus miembros se incluían partidarios de los tres partidos principales de Puerto Rico, el ataque de los seguidores derechistas del gobernador Fortuño se intensificó. En 2010, el bufete de abogados Indiano & Williams ganó una demanda colectiva contra el Colegio de Abogados, afirmando que su práctica de requerir que los miembros adquirieran un seguro de vida obligatorio para practicar el derecho violaba la Primera Enmienda. La resolución concedió más de cuatro millones de dólares por daños; pero debido a que nunca se informó a los miembros de esta demanda colectiva de que estaban incluidos en la demanda y para disminuir la cantidad de los daños, el presidente del Colegio de Abogados, Osvaldo Toledo, comenzó a instar a sus miembros a desvincularse del colectivo en la demanda. Como respuesta, el juez José A. Fusté, que había sido nombrado por el presidente Reagan en los ochenta, acusó a Toledo de violar una ley de mordaza impuesta sobre el caso, y ordenó que fuera encarcelado por cinco días después de que Toledo se negara a pagar una multa de diez mil dólares. Fusté, quien también resultó ser el juez que sentenció a Al Sharpton a noventa días de cárcel por protestar contra Vieques, es un viejo amigo de Carlos Romero Barceló. Las protestas de Vieques unieron al menos temporalmente a activistas locales con quienes estaban en la diáspora, convirtiéndolas en una lucha internacional. Sharpton, junto con figuras como Harry Belafonte; el cantante de salsa, Rubén Blades; y otros activistas por la justicia social, aparecieron todos ellos en las protestas en Nueva York, a veces permitiendo que los arrestaran como un acto de desobediencia civil.

En el verano de 2011, fui a visitar a Toledo en su oficina como parte de mi investigación de las circunstancias que condujeron a la mala conducta policiaca en Puerto Rico. Tenía curiosidad por los rumores de que presiones políticas misteriosas en nombre del PNP estaban demorando o incluso intentando anular el reporte del DDJ. Toledo, sin embargo, quería hablar sobre la campaña de acoso continuado contra el Colegio de Abogados y compartió la misma sospecha sobre la demora. «El gobierno quiere ahogarnos», enfatizó. «Dicen que el Colegio está lleno de comunistas, que somos un grupo de terroristas. En nuestra junta de directores de treinta y dos miembros he visto a siete defensores de la estadidad. Algunos de ellos llegaron a la cárcel para apoyarme».

Uno de los abogados que participó en la demanda de

Indiano & Williams fue el licenciado en derecho de Harvard, Andrés W. López, que es un ardiente defensor de la estadidad.[11] López es un destacado activista proestadidad y miembro de la Convención Demócrata Nacional; y, en septiembre de 2009, el presidente Barack Obama lo designó para el Committee to Study the Potential Creation of a National Museum of the American Latino (Comité para el Estudio de la Posible Creación de un Museo Nacional del Latinoamericano). Es sorprendente que él comparte su afiliación al PNP con Luis Fortuño, cuyo periodo como gobernador dio como resultado el recorte de empleos públicos y un uso cada vez más autoritario de la represión policial contra los manifestantes.

Según Open Secrets, una base de datos dirigida por una organización investigadora sin fines de lucro que se enfoca en rastrear las presiones políticas y las contribuciones de campaña, López fue uno de los principales recopiladores de donaciones para la campaña de Obama, habiendo reunido al menos 500 000 dólares para él. López había sido una figura destacada en la campaña de Obama hacia la comunidad *latinax*, incluida la coordinación de la aparición del presidente en la fiesta del Super Bowl en el hogar de Emilio Estefan en Miami, compañero socio del comité de estudio del National Latino Museum (Museo Latino Nacional). López fue también una figura clave en ayudar a organizar la visita de Obama para recaudar fondos a Puerto Rico en junio de 2011.

Una de las conexiones clave de López con Obama era Jeffrey Berman, que fue aclamado durante la campaña presidencial de 2008 como la fuerza principal detrás de la habilidad del campamento de Obama para asegurarse delegados comprometidos, dando las victorias por sorpresa en las primeras primarias que le permitieron superar a la campaña de Clinton a la larga.[12] Cuando Obama ocupó su cargo, Berman dejó el gobierno por un empleo en el sector privado en Bryan Cave Strategies, la división de política pública de Bryan Cave, una importante empresa de cabildeo en el mundo de los negocios.

Archivos públicos mostraban que Berman aceptó más de un millón de dólares en contratos de agencias puertorriqueñas como la Administración de Asuntos Federales de Puerto Rico y AEEPR. Ellos hicieron presión política para cosas como la aprobación de la Ley de Democracia de Puerto Rico, un proyecto de plebiscito para decidir el estatus político de la isla que tenía, sin duda, prejuicios hacia las metas del partido por la estadidad. El representante Luis Gutiérrez me dijo que él estaba vinculado íntimamente a Pedro Pierluisi, quien lo había castigado como "insultante" e "irrespetuoso" cuando ocupó su turno en la cámara baja en uno de sus muchos discursos enérgicos que denunciaban las violaciones de los derechos civiles toleradas por la administración de Fortuño. Mientras que Gutiérrez tuvo una famosa pelea con Obama por la falta de urgencia de Obama en cuanto a impulsar la reforma de la inmigración, estaba igualmente frustrado porque los principales recaudadores de campaña de Obama en Puerto Rico, como Andrés López, estaban presuntamente vinculados al PNP, lo cual afectaba continuamente las capacidades de otros partidos para influenciar a Obama sobre los asuntos de Puerto Rico. Muchos observadores locales llamaron a Berman como un puente entre el gobierno de Fortuño y agencias federales en Washington, facilitando la inclusión de Puerto Rico en los programas federales de estímulo y también en el plan de reforma de la salud pública de Obama. Su relación con el círculo íntimo de Obama podía medirse por algunas asociaciones influyentes. Su jefe en

Bryan Cave Strategies era Broderick Johnson, un agente y productor de Hollywood nominado para un premio de la Academia por la película *The Blind Side* (Un sueño posible), que protagonizó Sandra Bullock. Johnson también fue consejero en la campaña de Obama al Senado de Illinois en 2004 y en su campaña presidencial de 2008, y muy cercano al fiscal general, Eric Holder.

Toledo, que había estado en el incidente en el Capitolio como observador y le habían lanzado gases lacrimógenos, estaba frustrado por el modo en que la administración de Fortuño había dejado a un lado los muchos intentos del Colegio de Abogados para producir reportes acerca del problema de la Policía. Él creía en el proceso de la investigación del Departamento de Justicia y quería creer que Obama mismo no era consciente de la naturaleza sospechosa de la demora a la hora de emitir el reporte. «El problema es que la presión política estaba paralizando todo esto», expresó Toledo con poca energía. «Anteriormente en el año, en enero, uno de los investigadores del Departamento de Justicia vino aquí y me pidió una reunión», añadió mientras sacaba una tarjeta de visita de su cartera y la dejaba sobre su escritorio. Pertenecía a un miembro de la División Especial de Litigios. «Este es el hombre. Lo admitió ante mí. Me dijo que el reporte estaba casi terminado, que se había reunido con el gobernador el mismo día. Dos semanas después descubrimos lo de Bryan Cave y Jeffrey Berman».

Ese septiembre, meses después de que el reporte estuviera supuestamente preparado, el fiscal general asistente, Tom Pérez, finalmente emitió el reporte del Departamento de Justicia, el cual situaba a la Policía de Puerto Rico bajo un decreto de consentimiento, queriendo decir supervisión directa por el Departamento de Justicia. Esto continuó hasta que problemas planteados por el reporte, entre los que se incluían «niveles asombrosos de crimen y corrupción» entre oficiales de policía al igual que abusos sistemáticos de puertorriqueños pobres y de inmigrantes dominicanos, fueron abordados con eficacia. Sigue siendo un misterio por qué tomó tanto tiempo.

ANTE LA DUDA, SE IMPULSA OTRO PLEBISCITO

Al año siguiente, la administración de Fortuño redobló la estrategia política central del PNP: impulsar un plebiscito utilizando la retórica implacable del partido. El plebiscito de 2012 polarizó aún más a la derecha y la izquierda, excluyendo a la mayoría de los liberales a favor de la estadidad, demostrando el colapso del estado libre asociado hacia la irrelevancia y la casi imposibilidad de la independencia. En gran parte para deleite de los controladores del mensaje del PNP, las cifras eran asombrosas: el 61,2% de 1,8 millones de votantes dijo que favorecían la estadidad. Pero desde luego, no era tan sencillo. Las opciones en las urnas salieron de un proceso político torturador que implicó la consulta al Cuerpo Especial de Puerto Rico del Presidente y, al final, nunca fue autorizado por el Congreso.

Contrariamente a anteriores plebiscitos, el procedimiento de votación implicaba un proceso de dos pasos. La primera pregunta que se hizo fue: "¿Está satisfecho con el actual estatus territorial?". Sobre esa pregunta, el 54% votó que no, lo cual no significaba necesariamente que el votante estuviera en contra del estado libre asociado *per se*, sino que sencillamente estaba insatisfecho con la versión presente del estado libre asociado. La segunda pregunta era: "¿Qué estatus prefiere?". Entonces ofrecía las opciones de estadidad, un "estado libre asociado soberano" (un híbrido indeterminado no territorial de estado libre asociado e independencia), e independencia.

El voto fue hacia la estadidad (61%), con "estado libre asociado soberano" ganando el 33% del voto y la independencia reuniendo el seis por ciento. Sin embargo, aunque esta parecía ser una victoria clara, durante la campaña que condujo al voto el PPD había instado a sus seguidores simplemente a emitir un voto en blanco como protesta por el modo en que el PNP construyó el plebiscito para favorecer la estadidad. Si contamos los votos en blanco, la estadidad obtuvo solamente el 45% del voto, no una mayoría, y obtuvo menos del total combinado entre "asociación libre soberana" y los votos en blanco. El estado libre asociado soberano y los votos en blanco juntos suponían el 51% de los votos, prácticamente el mismo resultado que los plebiscitos realizados en 1967 y 1993. Esta es casi una imagen reflejada del plebiscito de 1998, el cual lo ganó el "nada de lo anterior" (rechazando la estadidad, el estado libre asociado, la independencia y la libre asociación) por un margen del 50,3% sobre el 46,5% de la estadidad. Para complicar aún más las cosas, el plebiscito de 2012 se produjo el mismo año que el candidato del PPD a favor del estado libre asociado, Alejandro García Padilla, derrotó a Luis Fortuño, el gobernador en funciones a favor de la estadidad, dejando al partido por la estadidad sin su principal defensor.

Pierluisi, en ese momento el comisionado residente en funciones de la isla, siguió presionando internamente por la estadidad ante Barack Obama, porque contrario a Fortuño, él era un miembro de la Convención Nacional Demócrata con vínculos con el Presidente. Por su parte, García Padilla anunció que se realizaría una convención constitucional en Puerto Rico en 2014 para buscar un nuevo plebiscito que fuera aprobado por el Congreso. Incluso después del

Huracán María, su sucesor, el gobernador Rosselló, siguió persiguiendo proyectos de estadidad. Rosselló anunció en cierto momento que implementaría el "Plan Tennessee", que estaba pensado para promover una entrada gradual como estado, sin reconocer que este método fue pensado originalmente para aumentar el número de estados esclavos.

En la secuela de La Junta de PROMESA y el Huracán María, la política puertorriqueña se ha vuelto aún más fragmentada y atrapada en la desorganización. El PNP continúa defendiendo la estadidad en un clima en el que es cada vez más improbable que sea otorgada. En junio de 2017, tras un dudoso "tira y jala" con el Departamento de Justicia dirigido por Jeff Sessions, el cual se negó a sancionar el plebiscito, y mucho menos estar de acuerdo en que fuera vinculante, el PNP forzó un voto plebiscitario en el cual ganó la estadidad con un 97%. Esta victoria dispareja reflejaba el hecho de que casi todos los otros votantes boicotearon las elecciones. Con tan poco apoyo por parte de Washington y también al menos la mitad del electorado de Puerto Rico, el PNP parece estar inclinado a forzar plebiscitos como una de las únicas formas de acción política que les queda. A pesar del hecho de que los votos no son vinculantes, ni son certificados y son prácticamente ignorados por el Congreso, el partido por la estabilidad continúa defendiendo nuevos plebiscitos y nuevas propuestas para llevarlas a los comités congresales, cuyas prioridades están en otros lugares. Sin embargo, en la isla cada uno de estos planes y plebiscitos son titulares de primera plana durante meses, dándole al PNP una apariencia de viabilidad política.

Los resultados absurdos de la mayoría de plebiscitos recientes desgraciadamente atraen la atención hacia la posición casi inalcanzable del partido del ELA. Después de que el gobierno de García Padilla perdiera su apelación legal a la resolución contra su Ley para la Restructuración de la Deuda de Puerto Rico y la resolución de "doble enjuiciamiento" de *Puerto Rico contra Sánchez Valle*, ya no hay ninguna sensación de que haya algo especial sobre la relación "autónoma" de Puerto Rico con Estados Unidos. El largo camino que podría trazarse por la Carta Autónoma con España en 1897, presidida por el primer ministro Muñoz Rivera y que condujo y dio lugar su hijo Muñoz Marín a la constitución del Estado Libre Asociado de Puerto Rico en 1952, había terminado en la fría comprensión de que Puerto Rico seguía siendo un territorio no incorporado y sin tener ningún recurso contra sus dueños legales supremos: el Congreso de los Estados Unidos.

Por lo tanto, ¿qué hay que hacer entonces con respecto al PPD? Sigue operando como un partido antagonista a las tendencias derechistas del PNP, aunque no necesariamente a sus tendencias neoliberales. El representante Manuel Natal Albelo y la alcaldesa de San Juan, Carmen Yulín Cruz, que representaban el ala izquierdista del PPD (hasta que Natal Albelo dejó el partido en el 2018), denunciaron continuamente el abandono de la política general de los problemas de la clase trabajadora y, sin duda, la brutal indiferencia demostrada por el presidente Trump después del huracán. Muchos en la isla y en la diáspora recibieron bien el anuncio de Cruz en marzo de 2019 de que ella se presentaría como gobernadora, pero aún hay que ver si ella puede impulsar al partido a salir de su contaminación política. La posición existencial del partido, que se aferra a la autonomía no existente prometida por el ELA, parece cada vez más indefendible. No está claro cuánta diferencia puede marcar, ya que el gobierno a favor de la estadidad de Ricardo Rosselló se presenta continuamente como impotente e ineficaz tras la estela de La Junta de PROMESA.

El PPD cumplió ochenta años en 2018 y, como si nunca se hubiera producido el discurso de Luis Muñoz Marín, el espejismo por tanto tiempo sostenido de un estado libre asociado autónomo ha sido revelado tal como es realmente. En el verano de 2018, el exgobernador, Aníbal Acevedo Vilá, escribió una columna en cierto modo incendiaria en *El Nuevo Día* llamando al PPD a cambiar drásticamente. «Tenemos que encontrar una nueva relación económica con Estados Unidos y eso debe evolucionar hacia una nueva relación política», me dijo en una entrevista unas semanas más tarde.[13] «Los valores de estar en el "centro" y de tener una relación con Estados Unidos siguen siendo válidos, pero [el futuro político de Puerto Rico] tiene que estar fuera de la Cláusula Territorial, y tiene que ser algo completamente diferente. Tiene que ser algo que le dará a Puerto Rico las herramientas económicas para el desarrollo, pero que mantendrá el vínculo, el cual es básicamente la ciudadanía». Con esto, de nuevo dejó a un lado el problema del desequilibrio fundamental causado por el control estadounidense de la economía de Puerto Rico, el cual solamente considera condiciones favorables para inversionistas exteriores. Él también identificó un problema crucial para los puertorriqueños en la isla: acceso ininterrumpido a la ciudadanía estadounidense, algo que es difícil de negociar a la vez que se aferra a la política radical del separatismo. Además, Acevedo Vilá elogió el liberalismo de izquierdas de Bernie Sanders y Elizabeth Warren por su fuerte enfoque en soluciones basadas en jerarquías, mencionando que él había sido el primer oficial electo de la corriente principal en la isla en anunciar su apoyo a Sanders. Él veía la benevolencia de Sanders como una fuente de acceso a "recursos" necesarios para el "desarrollo económico" a la vez que mantenía la ciudadanía, lo cual en cierto sentido no está lejos de la postura radical por la estadidad.

Entonces, tras enojarse por las indignidades de redescubrir la desigualdad puertorriqueña, al igual que lo han hecho todos en la isla desde el huracán, Acevedo Vilá replanteó la posición clásica del PPD: Puerto Rico es una cultura y sociedad única que aún desea vínculos importantes con Estados Unidos. «Después de María, todo el mundo decía: "Oh, no se les puede hacer esto, ellos son estadounidenses"», lamentaba Acevedo Vilá. «Digo esto con mucho respeto: Yo no soy estadounidense. Yo soy un ciudadano estadounidense, pero soy puertorriqueño, y esa es una gran distinción que tiene que establecerse. Por lo tanto, ese tiene que ser el punto de cualquier tipo de discusión sobre qué hacer con Puerto Rico».

Me recordó las muchas veces en que mi padre me dijo casi lo mismo con las mismas palabras exactas, y aún sigo sin saber si son las palabras de alguien incapaz de ver la realidad del colonialismo o de alguien con una perspectiva pragmática sobre vivir la vida a la vez que juega las cartas que le han dado. Aun así, poco después de mi entrevista con Acevedo Vilá surgió un escándalo importante que involucraba correos electrónicos revelados de principios de 2017 que parecían mostrar que la Convención Nacional Demócrata intervino en la elección de un director de un partido demócrata puertorriqueño a expensas de la facción Nuestra Revolución de Bernie Sanders dirigida por el senador Eduardo Bhatia. La facción de la CND estaba formada por oficiales electos del PNP afiliados con la comisionada residente Jenniffer González, famosa por sus constantes oportunidades de fotografiarse con el presidente Trump y su continuada negativa a criticar el abandono de la administración con respecto a Puerto Rico.

En noviembre de 2018, el gobernador Rosselló aún intentaba fomentar la posibilidad de otro plebiscito, tuiteando una carta de la Cámara de Representantes que llamaba a un plebiscito, acompañada por una sencilla pregunta: "Estadidad: ¿sí o no?". Una vez más, no había ninguna garantía de que el voto fuera vinculante, y los firmantes de la carta eran los sospechosos de siempre: el representante Rob Bishop, quien no solo estuvo implicado en redactar PROMESA, sino también vinculado a algunas iniciativas capitalistas catastróficas en la isla; Don Young, el autor de la iniciativa de plebiscito de 1998; y Jenniffer González. No es sorprendente que el mayor bloque de donaciones de Bishop a principios de 2017 llegara de Puerto Rico, especialmente de familias relacionadas con el PNP.[14]

Si el debate sobre el estatus entre el PPD y el PNP se está desvaneciendo rápidamente en el pasado de Puerto Rico, parecería que la isla no puede entrar con rapidez suficiente en el futuro tras el estatus. Aunque decidir finalmente el estatus de Puerto Rico, es de esperar que, mediante la independencia, es importante para mí y para Puerto Rico, queda tanto trabajo por hacer solamente para sobrevivir intactos como pueblo que es mejor alejar por ahora el enfoque en el estatus. Candidatos que no pertenecían a ninguno de los tres partidos tradicionales obtuvieron más del 16% de los votos en las últimas elecciones gubernamentales. La política puertorriqueña incluye ahora facciones de política basada en la identidad y el nuevo socialismo demócrata que parece estar creciendo en Estados Unidos. Miembros del Partido Independentista Puertorriqueño (PIP), como María de

Lourdes Santiago y Juan Dalmau, han sido pioneros de gran parte de este movimiento hacia la izquierda. Han estado firmes en rechazar las prácticas coloniales estadounidenses y la injusticia social contra las mujeres y los afropuertorriqueños.

El cambio en el PIP es notable, aunque ha sido difícil para el partido alejarse de su imagen como un partido elitista para intelectuales y sin contacto con las filas de los pobres y la clase trabajadora. Han pasado cuarenta años desde que el presidente del PIP, Rubén Berríos, llamó desafiante a una República de Puerto Rico socialista tras haber asistido a la toma de posesión del funesto presidente chileno Salvador Allende, que resultó muerto en un golpe de estado respaldado por la CIA en 1973. En estos tiempos, el recuerdo más fuerte que tengo de Berríos es que se convirtió en un símbolo de un partido que hizo poco para apelar a los votantes fuera de una pequeña élite. Aun así, permanece la pregunta: el hecho de que el PIP continuamente no obtiene mucho más del cinco por ciento del voto puertorriqueño, ¿surge de su elitismo, o de décadas de represión?

Como alguien que ha mirado fijamente a los ojos cansados del difunto Filiberto Ojeda Ríos, radical proindependencia, languideciendo en el Centro Correccional Metropolitano en Manhattan, quejándose de ser alimentado con comida grasosa a pesar de tener una enfermedad circulatoria, tengo que preguntarme a mí mismo: ¿Acaso no quieren todos los puertorriqueños en su corazón ser independientes? Sin duda, parece de ese modo durante el Desfile Nacional Puertorriqueño cada verano cuando, a pesar del torrente de logos corporativos que hay en las pancartas que llevan bailarines, cantantes, políticos y sindicalistas, todo el mundo recuerda cómo cantar a ritmo de plena "Qué bonita bandera". Ese himno invoca una identidad cultural nacionalista con más poder de supervivencia que el discurso del izado de la bandera de Muñoz Marín en 1952.

Para muchos de nosotros existe un deseo ardiente de que llegue inevitablemente ese día, el de la independencia. Es simplemente una cuestión de qué términos tendrá. Pero con la terrible espada rápida que blandió el Huracán María el 20 de septiembre de 2017, ese sueño quedó hecho pedazos de modo violento e indefinidamente.

CAPÍTULO 7

EL HURACÁN MARÍA DESTRUYE LA FANTASÍA DEL ESTADO LIBRE ASOCIADO

Una mujer camina por una calle llena de escombros en San Juan. © Joseph Rodríguez

En agosto de 2017 estaba yo en Puerto Rico reportando sobre el "enfrentamiento" entre La Junta y el gobierno de Rosselló cuando el gobernador afirmó que él cometería desobediencia civil y se arriesgaría a ser encarcelado si La Junta insistía en su plan de dar permisos a los funcionarios públicos durante cuatro días al mes. Como siempre, me estaba quedando en el hogar de mi familia en las montañas de Luquillo, no muy lejos del bosque pluvial nacional El Yunque. Una tarde, cuando no estaba viajando a Fajardo para cubrir reuniones de La Junta o a San Juan para hacer entrevistas, fui a un pequeño centro comercial en Río Grande para hacer unas compras en el supermercado y recoger medicinas para mi madre anciana. Cuando regresaba al auto con mis compras, observé miradas de preocupación en los rostros de otros conductores que miraban hacia la carretera principal, la Ruta 3, desde el estacionamiento.

Entonces noté que había habido un apagón eléctrico masivo, algo que ocurría localmente en nuestro barrio cercano al bosque pluvial, pero que ahora había envuelto a todo el municipio de Río Grande. No funcionaban los semáforos, y multitud de autos intentaban superar las intersecciones, esperando que los vehículos que iban por la Ruta 3 los vieran y cedieran el paso. En cuestión de minutos yo era uno de ellos, mirando en ambas direcciones y sacando con cautela el frente de mi auto intentando adivinar si otro auto que entraba desde la dirección contraria giraría a la izquierda, preguntándome si podría atravesar con la rapidez suficiente para evitar un accidente y conseguir regresar por el este hacia la casa de mi mamá. Podía sentir caer un manto de incertidumbre a mi alrededor junto con la puesta de sol, preguntándome si este tipo de evento, un descenso repentino a la oscuridad sin saber cuándo regresaría la electricidad, volvería a ocurrir cada vez con más frecuencia.

Mientras conducía subiendo y bajando la montaña por una carretera serpenteante rodeada por un denso follaje desde las orillas del bosque pluvial tropical, había observado que la vegetación llegaba hasta la carretera, tragándose los postes que transportaban la electricidad. El mantenimiento proporcionado por equipos de obreros que recortaban el follaje parecía cada vez menos frecuente de lo normal. Anteriormente en el mes, el representante del PPD, Ramón Luis Cruz Burgos, había afirmado que, durante los primeros veinte días de julio de 2017, el 65% de las municipalidades de Puerto Rico habían reportado apagones. En 2016, cuando los problemas comenzaron a aumentar, la UTIER, un sindicato que representa a tres mil seiscientos de los nueve mil quinientos empleados de la Autoridad de Energía Eléctrica (AEEPR), había acusado a la AEEPR de no realizar a propósito un mantenimiento adecuado de las líneas eléctricas debido a recortes del personal laboral. El presidente de la UTIER, Ángel Figueroa Jaramillo, había estado recorriendo los medios de comunicación afirmando que la falta de mantenimiento estaba pensada intencionalmente para crear un clima de aceptación pública del fracaso de la privatización definitiva de la agencia. Justamente una semana antes de mi encuentro con el apagón, el Senado de Puerto Rico lanzó una investigación sobre la incidencia en aumento de apagones eléctricos en la isla.

Yo también me sentía cada vez más incómodo con respecto a la arritmia de mi mamá, que requería visitas impredecibles a la sala de emergencias del hospital local en Fajardo. Fue el mismo donde a mi papá le hicieron una cirugía de tracto intestinal varios años antes, donde la anestesia necesaria agravó su enfermedad de Parkinson ya existente y lo incapacitó durante los dos últimos años de su vida. Él no podía moverse ni hablar, relegado a una cama en nuestra casa mientras era alimentado mediante tubos alimentarios y respiraba por un respirador. Mi mamá es inusualmente fuerte y capaz para su avanzada edad, pero cada vez que la dejaba en la casa en la montaña para regresar a Nueva York, me sentía inquieto por su vulnerabilidad.

Cuando la temporada de huracanes llega a su pico a finales de agosto y principios de septiembre puede ser un periodo de ansiedad para los puertorriqueños en la diáspora. En años anteriores dependíamos de los rumores o de llamadas telefónicas de familiares sobre si las tormentas podían aproximarse o no, pero en la era del internet es fácil comprobar la página web del Centro Nacional de Huracanes dirigida por National Oceanic y el Centro Atmosférico, o mejor aún, seguir el periódico local y páginas web televisivas en Puerto Rico que presentan videos de meteorólogos como Deborah Martorell, que es una celebridad debido a su trabajo en WAPA TV. Este año, la amenaza del Huracán Irma atrajo mi atención, y observaba con nerviosismo el progreso de la tormenta mediante mapas creados para trazar su tamaño y alcance.

Cuando pasó Irma, dejó a cerca de un millón de puertorriqueños residentes sin electricidad, y tres personas resultaron muertas. En ese tiempo fue el huracán del Atlántico más potente en los registros, y aunque dejó daños diversos en la isla debido a vientos e inundaciones, atrajo mucha más atención debido a su destrucción espectacular de islas más pequeñas como Barbuda, San Bart y San Martín. La ruta de Irma culminó con otra tormenta que llegó a Cuba, cuyo golpeo anual de una tormenta u otra pasa en gran parte desapercibido en los medios de comunicación estadounidenses. Entonces dio un vapuleo considerable al condado de Miami-Dade y zonas de Tampa en Florida. Fue necesaria una semana o más para que fuera restablecida la electricidad en la casa de mi mamá y también de muchos amigos en la isla, demostrando una vez más la naturaleza tambaleante de la red eléctrica, pero en general parecía como si hubiéramos esquivado una bala. Múltiples golpes de tormentas sobre Puerto Rico eran poco frecuentes, y si esto era lo peor que el pico de la temporada podía ofrecer, parecía seguro esperar lo mejor.

Pero desde luego, el problema estaba lejos de terminar. El 20 de septiembre, el Huracán María llegó a la costa en la parte suroriental de la isla, devastando ciudades como Humacao y Naguabo. Después continuó por una senda nororiental cruzando la Cordillera Central de la isla, saliendo finalmente por la esquina noroccidental cerca de la ciudad de Isabela. Golpeó con la potencia de una tormenta de categoría 4+, con vientos y ráfagas por encima de las cien millas (160 kilómetros) por hora, y fue un golpe directo a la mayor parte de la isla.

La ironía para los equipos de noticias en la isla, que salían tambaleantes de sus casas con cámaras de teléfonos celulares, hasta estaciones de televisión y radio que estaban siendo golpeadas e inundadas, era que nadie en Puerto Rico podía ver los reportajes que transmitían. En cambio, eran emitidos en canales como WAPA America, una red que retransmite programas de la estación local WAPA TV a ciudades en Estados Unidos, Univisión, y otros canales en español. Durante décadas, los medios de comunicación han ignorado a Puerto Rico, en lo que algunos han designado como un apagón intencional. Ahora, repentinamente, era la mayor historia en los medios nacionales.

En los días siguientes, los residentes en la isla quedaron conmocionados por un nuevo paisaje de un sinnúmero de ramas donde antes crecían árboles de ceiba, tejados de zinc hechos pedazos, y una marea creciente de agua nociva y contaminada que discurría por lo que antes eran pintorescas ciudades caribeñas. Uno de los temas importantes que dejó este panorama tras la estela de la devastación fue el mal mantenimiento de las infraestructuras, que la tormenta sacó a la luz. Cables eléctricos unidos a postes inestables por toda la isla habían caído al suelo, creando un curso de obstáculos de alambres.

La administración de Trump, operando en modo crisis, decidió enviar un despliegue militar para las cámaras: primero con el subcomandante del ejército estadounidense, Richard C. Kim; después con el teniente general, Jeffrey Buchanan. Tras bastidores se firmaron contratos privados bajo el radar del Departamento de Defensa, como Strategic Response Partners que se vieron recorriendo las calles de San Juan. Pero a pesar de algunos reportes favorables en la prensa de rescates en zonas montañosas remotas y despliegues para entregar gasolina diésel para generadores eléctricos y recuperar torres de celulares, el frágil tejido de esta sociedad isleña se iba deshilachando rápidamente.

La ética del programa de *reality* de Trump continuaba distrayendo: invitó a la comisionada residente, Jenniffer González, al Air Force One para tener una oportunidad de una foto dialogando de sus planes, y poco después, en la infame conferencia de prensa con Melania, Rosselló y una Carmen Yulín Cruz mutada, Trump intimidó al gobernador para que admitiera que hubo solamente cuatro bajas por el huracán cuando de hecho los cadáveres ya se estaban apilando en las morgues, y para los menos afortunados, en los patios traseros de las casas. Luego visitó la iglesia evangélica El Calvario, ubicada en el sótano de un centro comercial en Guaynabo, leal al PNP, y como es bien sabido, lanzó rollos de papel higiénico en una sala llena de unas doscientas personas que habían sido llevadas allí en autobuses desde refugios en ciudades cercanas.

El número de fallecidos, que no se reveló y sobre lo cual se mintió, llegó a ser uno de los dos motivadores más potentes para la nueva política que se fusionó en torno a Puerto Rico después de María. El otro fue el fenómeno mediático creado por la alcaldesa Cruz, que apareció en el programa de Anderson Cooper en la CNN, y reprendió la respuesta muy lenta de la administración mientras cientos, si no miles de personas, morían lentamente o sufrían por falta de acceso a servicios de salud o medicinas. A veces ella parecía, comprensiblemente, emocionalmente cruda, derramando lágrimas y expresando desesperación, y los televidentes se hacían eco de su indignación obvia. El escándalo en torno a la incapacidad del gobernador de lidiar con la crisis se convirtió en un argumento importante en los medios de comunicación y fundamental para la aguda represión que los isleños comenzaban a hacer a la actitud condescendiente, desconsiderada, si no odiosamente colonial, de la administración de Trump hacia Puerto Rico y su gente, que había quedado al descubierto.

El Huracán María se ha comparado con el Huracán Katrina debido al alcance de los daños y sufrimientos, y también su potencial para ilustrar que a Trump, como es bien sabido que sugirió Kanye West sobre George W. Bush, no le importan las personas de color. Pero Nueva Orleáns emergió de la tormenta con algunas zonas diezmadas y otras intactas. María había extendido su destrucción por toda una isla de 110 millas (177 kilómetros) de longitud por 40 millas (64 kilómetros) de anchura y la había convertido en un páramo deforestado y desértico. Más del 80% de las líneas eléctricas de la isla habían caído, y toda su población, salvo quienes tenían generadores que funcionan con gasolina y otros combustibles fósiles de los que había poco suministro después, estaba sin electricidad. No era tanto una zona de desastre como una nación de desastre, una nación de silencio radial lúgubre, caliente, húmeda y sedienta, luchando por proporcionar necesidades básicas y ayuda a sus ciudadanos a pesar de una incapacidad de comunicarse entre ellos mediante canales digitales normales.

Por varios días tras el huracán, no pude contactarme con mi mamá y familiares cercanos y amigos en su comunidad rural. Como había poca información sobre los daños fuera de San Juan y un puñado de otras zonas, no tenía ni idea de lo que había sucedido en nuestra casa o si mi mamá y mi tía, quien había resistido la tormenta con ella, tenían acceso suficiente a comida y agua. Intenté racionalizar que, debido a la ladera donde estaba la casa y la improbabilidad de que su comunidad se hubiera inundado, no era probable una catástrofe. Pero me seguían persiguiendo pesadillas sobre su posible estado.

Finalmente, después de más de una semana de preocupación, mi hermana recibió una llamada de la vecina de mi mamá asegurándonos que ella estaba bien, estaba comiendo bien, y no tenía ningún problema de salud inmediato. La casa estaba construida con cemento, al igual que muchas otras casas en Puerto Rico, de modo que fue lo bastante resistente para hacer frente a la tormenta. La arquitectura de cemento me recordó la fortuna que hizo la familia del exgobernador de Puerto Rico y defensor de la estadidad, Luis Ferré, permitiéndole no solo influir en el gobierno sino también ser el dueño del mayor periódico de la isla, *El Nuevo Día*. La familia fundó Puerto Rico Cement, que estaba en el centro del desarrollo de infraestructuras cuando la isla pasó de la agricultura a la industria gracias a Operación Manos a la Obra. Pero en el tejado de la casa de mi mamá había un objeto que para mí simbolizaba el futuro de la isla: una modesta unidad de energía solar que mis padres compraron en la década de los noventa para generar calor para el agua caliente en nuestra casa, y el Huracán María ni siquiera la había abollado.

Mi hermana y yo pasamos varios días reservando vuelos a San Juan que las aerolíneas cancelaban continuamente debido a los reportes generalizados de aglomeraciones y fallos en la energía eléctrica. Más adelante se reportó que el aeropuerto sufrió daños por valor de 86 millones de dólares. Finalmente pudimos conseguir un vuelo a inicios de octubre. El vuelo fue el más desalentador que yo había hecho jamás a Puerto Rico, o a cualquier otro lugar, en efecto. Un vuelo de JetBlue sin extras en uno de sus aviones más viejos, estaba lleno de familias preocupadas y personal militar. Cuando aterrizamos, no se produjo nada del aplauso usual que ocurre cuando los puertorriqueños aterrizan en su tierra natal. Yo había visto atentamente imágenes de la destrucción en los medios, pero aun así fui sacudido por lo que confronté mientras conducíamos las 25 millas (40 kilómetros) desde el aeropuerto hasta la casa de mi mamá en el bosque pluvial.

Cuando comenzamos el viaje por carretera, inmediatamente pudimos ver los efectos del daño: edificios sin tejados, fachadas agrietadas, escombros por las calles y las autopistas. A lo largo de la autopista Baldorioty había vehículos en "el paseo" con los intermitentes encendidos, donde pronto supe que había personas hablando por sus celulares en una de las pequeñas zonas donde podía encontrarse señal. Dondequiera que mirara había escenas miserables de escombros apilados: pedazos de tejados de zinc, muebles de porcelana agrietados, colchones desechados, y una procesión ininterrumpida de árboles que antes eran verdes y tropicales y ahora estaban rotos y hechos astillas.

A lo largo del río Espíritu Santo cerca de Mameyes, la ciudad al pie de las montañas que es el hogar del Bosque Pluvial El Yunque, vi a personas lavando sus ropas a mano, regresando a una realidad del siglo diecinueve que no dependía de aparatos eléctricos. Más arriba en la carretera, una brigada de trabajadores luchaba para arreglar postes caídos. La carretera que serpentea por la montaña estaba casi vacía, y al aproximarnos a nuestra casa familiar vi que el pequeño barrio tenía la mayor parte de su cubierta de árboles destruida. Parecía como si un incendio de California hubiera barrido la zona, y este grupo de casas que daban hogar a residentes pobres, de clase media y trabajadora, fuera visible de maneras que yo nunca había imaginado. El inmenso y viejo árbol de ceiba que antes protegía la entrada a la propiedad de veintidós acres de mi abuelo estaba aniquilado, y el lugar de tantos recuerdos de la niñez había sido barrido y sustituido por árboles caídos y postes eléctricos tirados.

Cuando llegamos a la casa de mi mamá, la encontramos estoica y, sin embargo, un poco conmocionada. En su sala, inmaculada como siempre, estaba sentada frente a un paquete entregado por el gobierno municipal de galletas saladas, compota de manzana y agua embotellada, con los ojos llorosos y diciendo: «Me preguntaba si ustedes querrían volver a hablarme». Fue entonces cuando entendí lo que debió haber sido estar incomunicada por tanto tiempo. Sin servicio de celular ni de internet, los residentes de la isla como mi mamá quedaron atrapados en una oleada general de desconexión y caos, que sacó a la luz la respuesta inadecuada del gobierno federal y también la burocracia tambaleante de Rosselló.

El gobierno de Rosselló había sido rápido para explotar el impacto relativamente ligero que tuvo el Huracán Irma, intentando afirmar una victoria de las relaciones públicas a pesar del hecho de que no había habido electricidad durante una semana a diez días. Pero la destrucción total y el caos que había producido María los abrumó. Se apoyaron ineficazmente en estrategias de relaciones públicas, lo cual, unido a los defectos de FEMA (Agencia para la Administración de Ayuda Federal) de Trump, fue una receta de desastre para Puerto Rico. Los lugareños terminaron tomando el asunto en sus propias manos, y limpiando las calles con cualquier herramienta y vehículo que pudieran obtener. En el caso del barrio de mi mamá fue nuestro vecino Melvin quien ayudó a organizar una brigada de residentes locales para usar machetes para limpiar la carretera que conectaba con la 191, la arteria que conduce a la entrada del estacionamiento del bosque pluvial. Tras horas de trabajo en condiciones de calor y humedad, caminaron por la 191 hasta un pozo que estaba operado por residentes del barrio, cortando por una maraña de follaje arrancado. Días después del huracán se restauró el suministro de agua, como había sido en los días siguientes al Irma.

El antiguo distanciamiento entre la metrópolis de San Juan y sus municipalidades más lejanas quedó más pronunciado después de María, cuando zonas urbanas como Condado y Guaynabo vieron regresar la electricidad, aunque lentamente, mientras que el campo quedaba vestido de oscuridad y, con frecuencia, de desesperación. Puerto Rico es famoso por sus comunidades cerradas, pero en muchas ciudades y pueblos la división social está marcada por un tipo de "segregación íntima" donde los residentes más acomodados viven en sectores cercanos a sus vecinos más pobres, quienes se apiñan en viviendas a distancia de uno o dos bloques. Esto es evidente en San Juan, donde la lujosa comunidad de Ocean Park limita con barriadas como Barrio Machuchal, que tiene una gran población de ancianos y afropuertorriqueños pobres.

Uno de los límites entre Machuchal y Ocean Park es la Calle Loíza, que estaba pasando por un resurgimiento no muy distinto al de Bushwick, en Brooklyn, con cafeterías y galerías de arte sosteniendo un vibrante escenario de cultura juvenil. Mariana Reyes Angleró, la líder de La Calle Loíza, Inc., una organización sin fines de lucro que intenta mantener una reverencia por los residentes locales y la cultura afrocaribeña en medio de la revitalización de la zona, estaba un poco nerviosa cuando nos sentamos para charlar. Nos reunimos en un restaurante chino cruzando la calle donde ella comparte un apartamento con su esposo, el músico folclórico de plena, Héctor Matos. Ella había estado usando la capacidad organizacional de La Calle Loíza para ayudar a enviar voluntarios a hacer inventario de las necesidades de los residentes, a menudo intentando conectar con esfuerzos de ayuda de puertorriqueños en la diáspora en el continente.

«Intentamos conseguir un colchón para cada uno de nuestros vecinos de noventa años de edad», contó ella, visiblemente cansada tanto por Irma como por María. «Organizamos una brigada de obreros de la construcción en el barrio para limpiar las calles; cualquier cosa que podamos hacer». Ella y su esposo estaban también en el proceso de recaudar fondos para el bar-restaurante que poseían y dirigían, y que irónicamente se llamaba La Junta. Finalmente tuvieron que abandonarlo, porque su arrendador no quiso hacer reparaciones después de María. El restaurante tenía el nombre de un grupo de exalumnos de la UPR que coincidieron en Nueva York en los años noventa (profesores universitarios, artistas y trabajadores) que se mantuvieron en contacto a medida que participaban en una migración circular entre Nueva York y Puerto Rico. Había sido un lugar importante para preservar el legado de la música bomba y plena, que representaba a la clase trabajadora afrocaribeña de modo similar a la salsa y el hip-hop en Nueva York.

«Somos gente con algunos medios, aunque de ninguna manera ricos», suspiraba Mariana. «Pero pienso en la gente promedio que vive aquí. Las personas que empleamos están principalmente en el nivel de pobreza y ahora no tienen empleo ni ninguna fuente de ingresos, y quizá su casa se ha quedado sin tejado. ¿Qué van a hacer?». A Reyes le preocupaba cómo reaccionaría la gente, cuando se resolvieran los problemas de la falta de gasolina y de distribución del diésel, de las operaciones del transporte marítimo y los hospitales en su batalla por poder volver a operar plenamente, a una nueva normalidad de negocios cerrados que no se recuperarían; barrios perdidos por la enfermedad, la muerte y la migración; y la perspectiva de un servicio esporádico e irregular de electricidad y celular.

Casi todo el mundo con quien hablé estaba pensando en irse de Puerto Rico, incluso si sus corazones no tenían deseos de hacerlo. Muchos decían que se quedarían solamente porque tenían a un familiar anciano al que no podían abandonar y que deseaba quedarse tercamente. El cartero a cargo del anexo en el pequeño pueblo de Palmer, donde mi mamá recibe su correo, me miró con tristeza y me dijo: «Me gustaría poder irme, pero no puedo. No puedo imaginar lo que llegará, y me temo que pueda ser muy difícil.

Desde luego que debería llevarse a su mamá con usted de regreso. Está haciendo lo correcto».

Las historias de conmoción y devastación eran muchísimas: el director del departamento de comunicaciones en la Universidad de Puerto Rico lamentando los daños en los salones de clase y la destrucción de la mayoría de los archivos de la escuela; una administradora en otra universidad local intentando frenéticamente solicitar ayuda de FEMA, no solo para ella misma (su apartamento había quedado inundado con varios centímetros de agua), sino también para su papá y su hermana, cuyas casas habían perdido el tejado. Después estaba la pareja que vivía en el Caño Martín Peña, una zona pobre que había intentado desesperadamente limpiar el lago cuyas aguas contaminadas amenazaban a vecinos y que encontraron un cocodrilo en su casa tras el huracán; y otra mujer en una zona de clase obrera adyacente a la lujosa zona turística de El Condado que había gastado 4000 dólares en reparar su tejado solamente para ver cómo se desprendía como si fuera "la tapa de una lata de metal" durante la tormenta.

Muchas personas con las que hablé reaccionaron con burla o indiferencia hacia las intervenciones de Trump y del vicepresidente Pence. La conducta estúpida del presidente no ha sorprendido a muchos, pero la respuesta animosa de la alcaldesa de San Juan, Carmen Yulín Cruz, le hizo ganarse un nuevo respeto de muchos lugareños que antes no habían sido sus seguidores. La visita de Pence, que se produjo dos semanas después, tuvo el efecto desagradable de convertir el tráfico en la zona metropolitana en un caos total, impulsando el cierre de la Baldorioty, que es algo parecido a la FDR Drive de Manhattan. Yo había realizado entrevistas toda la tarde en la zona metropolitana, y cuando terminé me di cuenta de que todas las avenidas circundantes estaban cerradas. Me vi obligado a regresar conduciendo hacia el Viejo San Juan, que seguía sin electricidad (contrario a El Condado, donde el multimillonario John Paulson compró tres de los hoteles más lujosos de la zona en 2014 y 2015: el Vanderbilt, La Concha y el San Juan Towers). Conduciendo por el sur hacia Río Piedras con la esperanza de evitar el tráfico, me encontré con inundaciones que hacían que la Avenida Muñoz Rivera fuera un lago de un solo carril. Al seguir hacia la antigua Ruta 3 en dirección este hacia el bosque pluvial, me inundó una sensación de temor cuando me di cuenta que había caído la noche y miles de vehículos estaban apareciendo por las autopistas con semáforos que no funcionaban.

Sorprendentemente, la urbanidad ansiosa que había impregnado la isla nos mantuvo a salvo a todos, y yo pude sortear los dolorosos kilómetros por un torrente de faros delanteros, conductores aferrándose a señales de celular que se desvanecían, carreteras inundadas, y profundos baches. El paisaje se había vuelto una nebulosa irreconocible de señales de tráfico retorcidas, con familiares puntos de referencia distorsionados e inútiles. Comunidades enteras que antes habían sido visibles, resguardadas entre el follaje, ahora surgían como si fueran fantasmagóricas. No había luz por ninguna parte, solamente una luna llena que parecía tragarse toda la Ruta 66 cuando atravesaba el inicio del interior montañoso.

NEGLIGENCIA, MÁS DEUDA, MUERTE MÓRBIDA

En aquellos primeros días tras la tormenta, líderes del PPD, respaldados por aliados en el Congreso, como la representante estadounidense, Nydia Velásquez, presionaron para obtener una subvención federal de ayuda humanitaria entre 15 mil millones y 30 mil millones de dólares. A finales de octubre, la Cámara aprobó una partida de ayudas de 36,5 mil millones de dólares que cubriría las tormentas que azotaron Houston, el Sur de Florida, Puerto Rico y las Islas Vírgenes, al igual que los incendios que habían plagado la Costa Oeste. Las ayudas designadas para Puerto Rico llegaron en forma de apenas cinco mil millones de dólares en préstamos, contrario a los 7,4 mil millones de dólares en subvenciones para desarrollo comunitario destinados a Texas y Florida en septiembre.[1] Fue una broma cruel para un territorio que ya se ahogaba en la deuda.

Hubo mucho debate sobre poner fin permanentemente a la Ley Jones, que restringía los envíos por barco a Puerto Rico, permitiendo solamente barcos que fueran construidos y mantenidos por Estados Unidos. Esto prohibió efectivamente la ayuda de barcos no estadounidenses tras la secuela de la tormenta, pero poner fin completamente a la Ley Jones nunca se consideró seriamente tras sus diez días de suspensión aquel septiembre. Rafael Bernabe, el candidato a gobernador del Partido de los Trabajadores, defendía el uso de un argumento legal de fuerza mayor para conseguir que la deuda se viera bruscamente reducida o eliminada. Argumentó que el huracán no solo cambió fundamentalmente las circunstancias de Puerto Rico, sino que la existencia de la deuda también podría hacer que fuera difícil asegurar «la vida, el bienestar y la seguridad de sus ciudadanos» bajo estas nuevas condiciones.[2]

Las primeras discusiones sobre la infraestructura eléctrica y la reconstrucción giraron en torno a las interacciones entre Pedro Rosselló y el inventor estadounidense Elon Musk, quien quería implementar un sistema de microrredes para sustituir el suministro de electricidad centralizado y de sur a norte desde una fuente en la ciudad sureña de

Guayanilla. Aunque la idea de la red eléctrica nunca llegó a establecerse, Musk envió cientos de paquetes de baterías Powerall para captar la energía generada por paneles solares, una solución que algunos hospitales locales implementaron. La intervención de Musk simbolizó el uso de soluciones emprendedoras para los principales problemas de Puerto Rico que involucraron a una figura de perfil alto. Esto distrajo la atención de aquellos que habían estado desarrollando energía solar en la isla mucho antes del huracán. Poco después, el discurso se dirigió al anuncio de Rosselló en enero de 2018 de privatizar la Autoridad de Energía Eléctrica de Puerto Rico.

Quizá el más inquietante de los muchos horrores que asolaron Puerto Rico tras la estela del Huracán María fue la incapacidad de los gobiernos local y federal o su negativa deliberada de reconocer el número de personas que murieron como resultado de la tormenta. Omaya Sosa, una reportera del Centro de Periodismo Investigativo de Puerto Rico, destapó por primera vez el alcance de las bajas. Como algunos puertorriqueños en la isla y la mayoría en Estados Unidos, ella había visto las catastróficas oportunidades de prensa para Trump y su esposa, Melania, cuando estuvieron de visita: el lanzamiento de papel higiénico, sin duda, pero también la extraña reunión en torno a una mesa en un hangar de aviones en la cual Trump presumía de la respuesta de Estados Unidos a la tormenta.

Durante esta conferencia de prensa, Trump regañó a Rosselló y a los residentes de la isla como si fueran niños, como si estuviera hablando a su hija Ivanka después de que ella gastara demasiado dinero en la tienda Henri Bendel's cuando era adolescente. «Aborrezco decirles que ustedes han desequilibrado nuestro presupuesto, porque hemos gastado mucho dinero en PR y eso está bien. Hemos salvado muchas vidas». Entonces, con su tono típicamente condescendiente, invocó un tipo de compasión pasajera que estaba pensada para conducir a otra historia de éxito de la que poder presumir sobre la Organización US Trump. «Si miran a... cada muerte es horrorosa. Pero si miran a una verdadera catástrofe como Katrina y miran los cientos, y cientos, y cientos de personas que murieron, y miran lo que sucedió aquí realmente con una tormenta que fue totalmente abrumadora, nadie ha visto nunca nada como esto». En este punto se dirigió a Rosselló y preguntó, como si hubieran ensayado la respuesta: «¿Y cuál es su número de decesos en este momento, diecisiete?». A lo cual Rosselló respondió, como un vasallo obediente: «Dieciséis, certificadas».

«¡Dieciséis certificadas!», gritó Trump. «Dieciséis personas contra miles. Pueden estar muy orgullosos de que toda su gente y nuestra gente trabajen juntos».

Esta conferencia de prensa no produjo lo que muchos habían especulado: intercambios negativos entre Trump y la alcaldesa Cruz, que estaba presente. Pero en este breve intercambio con Rosselló, Trump había revelado la naturaleza cínica y despectiva del trato colonial que Estados Unidos daba a Puerto Rico, el que Obama solamente indicó cuando trasladó pasivamente la crisis de deuda al Congreso. Probablemente no será revelado por años, y quizá nunca, si Rosselló había acordado seguir la farsa o corroborar este cálculo ridículo de tan pocas muertes por dirección de Trump o solo para salvar su propia reputación que se deterioraba rápidamente. Pero no fue una exageración para la mayoría de los puertorriqueños tener esa percepción.

Todos sabían que esa cifra era espantosamente baja, porque todo el mundo conocía sobre los hospitales deteriorados, la imposibilidad de transportar a los hospitales a las

muchas personas enfermas y ancianas, la falta de electricidad, y las dificultades de reporte de las morgues locales.
Yo lo sabía precisamente debido a la ansiedad que sentí
años antes cuando falló la electricidad en el bosque pluvial,
sabiendo que, si mi padre se quedaba sin el respirador por
demasiado tiempo, podría morir a pesar de los mejores
esfuerzos de mi mamá. Y yo sabía que tomaría tiempo antes
de que pudiera trasladarse su cuerpo, y que, si un apagón
eléctrico duraba mucho tiempo, su muerte no sería regis-
trada durante semanas o sería atribuida a haber sucumbido
a la precariedad de su cuerpo enfermo. Tras experimentar
directamente lo que había sucedido a las infraestructuras
de Puerto Rico como resultado de esta tormenta, yo sabía
que ese tipo de historias se producirían miles de veces más.

Sosa, quien estaba visitando hospitales y morgues insistentemente para buscar muertes reportadas, sabía mucho
más que yo. Ella comenzó a salir por las calles días después
del huracán, visitando a personas en pueblos al otro lado de
la isla y revisando hospitales y morgues locales. Descubrió
que el conteo original de dieciséis, repetido por Rosselló
en la conferencia de prensa, era obviamente inadecuado
dada la clara falta de acceso que tenían miles de ancianos
y enfermos puertorriqueños a las unidades que proporcionaban oxígeno, a los tratamientos de diálisis, y a otras
formas de medicación y tratamiento. Encontró a una mujer
en Lajas que esperó en vano a que hubiera generadores
eléctricos operados con baterías, pero que nunca llegaron
a su ciudad a tiempo para salvar a su padre. Un hombre
anciano cuyos hijos habían peleado sin éxito en un importante hospital, el Pavía en Santurce, en contra de darle el
alta, porque no había electricidad en su casa para hacer
funcionar su respirador. Ella descubrió que las morgues en
los hospitales estaban llenas a capacidad, y que el Instituto

de Ciencias Forenses también estaba lleno de cadáveres, el 25% de los cuales se suponía que eran víctimas del huracán y de su estela.

Además del hecho de que muchos de estos hospitales no eran capaces de operar normalmente, porque les faltaba la electricidad, personal y provisiones suficientes, también batallaban con la suspensión o la falta total de comunicación y coordinación. Era casi imposible conseguir una señal de celular. La mayoría de las torres de teléfonos celulares, como los postes que llevan la electricidad de la isla, habían sido derribados y estaban inoperativos, sumergiendo a toda la isla en cierto tipo de asombro aterrador por la comunicación interrumpida. Separó a miembros de familias los unos de los otros durante semanas, y la incapacidad de las personas de saber sobre la fortuna de sus seres queridos causó un síndrome traumático como el que yo había visto desarrollarse en mi mamá cuando llegué a su casa. Era común ver a puertorriqueños detenidos en los "paseos" de las autopistas o reunidos cerca de las oficinas del Internet por cable o de los suministradores de señales de celulares, aferrándose a esa señal para tener unos momentos al teléfono y poder hablar con un familiar que había hecho lo mismo al otro lado de la isla.

Para Sosa, el colapso de las comunicaciones fue fundamental para entender el problema del bajo conteo de muertes causadas por María. Más que eso, estaba implicado en el modo en que el gobierno de Puerto Rico utilizó las relaciones públicas para sostenerse a sí mismo mientras presidía la desintegración de la vida de la isla. El reporte y los instintos de Sosa quedaron confirmados a medida que pasaron los meses, primero por una investigación del *New York Times*, y entonces, también cuando dos estudios de las universidades Harvard y George Washington mostraron que el conteo de muertes había sido terriblemente minimizado. Mientras tanto, el Centro de Periodismo Investigativo de Puerto Rico, la CNN y el *Washington Post* presentaron peticiones de la Ley de Libertad de Información y emprendieron otras acciones legales para forzar que se revelaran las acciones del gobierno y registros que avanzaron los descubrimientos.[3]

Los métodos utilizados para analizar el total de muertos del huracán oscilaban desde lo esotérico hasta algo más claro, pero su base era comparar el número promedio de muertes al mes en los meses siguientes al huracán con el promedio acumulado en los dos años previos, 2016 y 2015. El 24 septiembre, el día en que Héctor M. Pesquera, el secretario del nuevo Departamento de Seguridad Pública, dudó de que el total de muertos sería "el doble o el triple" al igual que sería tras la secuela de un terremoto, la investigación del *Times* descubrió que murieron 127 personas, que supone 57 más de los que habían muerto en 2016.[4] Pesquera, quien anteriormente había sido nombrado superintendente de la Policía de Puerto Rico tras la secuela de la investigación del Departamento de Justicia en 2012, había trabajado en el FBI por veintisiete años y tenido su base en el condado de Broward (Florida) como el director del comando sureño del DSS en 2005, el año del asesinato de Filiberto Ojeda Ríos.

La investigación calculó que, tres semanas después de la tormenta, el total de muertes estaba por los 739, lo cual habría significado el sexto huracán más mortal en Estados Unidos desde 1851. Descubrí que la mayor proporción de muertes se produjo en pueblos y municipalidades a lo largo de la ruta directa de la tormenta, y que el número de muertes debidas a la sepsis (una infección bacteriana transmitida por beber agua, gran parte de la cual había quedado contaminadas tras la tormenta), tuvo el mayor aumento de todas las causas de muerte. El reporte del Harvard T. H. Chan School of Public Health/Beth Israel Deaconness Medical Center, publicado en el *New England Journal of Medicine* en julio de 2018 calculaba que el total de muertos fue al menos 4645, una cifra que se quedó en la imagen pública tanto en Puerto Rico como entre la diáspora, convirtiéndose en un objeto familiar utilizado en carteles en manifestaciones, obras de arte y memes en el Internet. Los muertos habían sufrido heridas debido a escombros que volaban, fueron arrastrados por las inundaciones, fueron dados de alta prematuramente debido a la masificación en los hospitales, y murieron en ambulancias que no pudieron llegar a los hospitales debido al caos de tráfico provocado por semáforos que no funcionaban.

A finales de agosto de 2008, la Milken School of Public Health de la George Washington University publicó un reporte que calculaba 2975 muertes. Debido a que este estudio fue encargado por el gobierno de Rosselló, su cálculo se convirtió en la cifra finalmente aceptada, cambiando el total de los 64 a que había llegado unos meses después de que Rosselló aseverara el total de muertes de dieciséis. Dos semanas después, Trump tuiteó que «los demócratas a fin de que me viera lo peor posible» en cierto modo habían inflado el total de muertes, pese al hecho de que el estudio había sido encargado por el mismo partido a favor de la estadidad que se había negado a llamarlo a realizar su tarea durante meses por la letanía de fracasos del gobierno federal estadounidense a la hora de proporcionar ayuda adecuada a Puerto Rico.

Un reporte de investigación en *Politico* en marzo de 2018 mostraba que todo acerca del enfoque de la administración de Trump hacia Puerto Rico revelaba un prejuicio coherente hacia proporcionar ayuda a las víctimas de los huracanes Harvey e Irma, que habían golpeado Texas y Florida respectivamente. El hecho de que el director de FEMA, Mike Byrne, se quedara en Houston durante el primer periodo crucial de la secuela de María fue parte de un patrón más amplio en el cual los esfuerzos estadounidenses mostraban consistentemente haberse quedado cortos en Puerto Rico. Aunque fueron desplegados setenta y tres helicópteros estadounidenses sobre Houston en seis días, fueron necesarias tres semanas para que sucediera lo mismo en Puerto Rico.[5] El estudio descubrió que FEMA envió tres veces más comida a Houston, un 40% más de litros de agua, y cuatro veces más lonas azules que serían utilizadas como techo temporal.[6] El huracán dañó un 50% más de casas en Puerto Rico que en Houston (335 000 y 204 000), mientras que el número de personas albergadas en Texas era más del doble que el número en Puerto Rico (37 000 y 15 000). Pero la pérdida de electricidad en toda la isla de Puerto Rico que duró meses creó una necesidad sostenida de tales suministros. Fueron enviados a Houston tres veces más personal militar y de FEMA, y fueron necesarios cuarenta y tres días para que la administración aprobara trabajo de desastre permanente en Puerto Rico, comparado con los siete días necesarios en Houston.

La incapacidad del gobierno de Rosselló para presionar a la administración de Trump fue notable también. El gobernador mismo no criticó los esfuerzos estadounidenses hasta los *tweets* insultantes de Trump en septiembre de 2018, un año después del huracán, y la comisionada residente, Jenniffer González, fue incluso más servil, estando en desacuerdo con Trump solamente cuando él anunció el 24 septiembre de 2018 que era un «no absoluto» con respecto a favorecer la estadidad para Puerto Rico, en parte debido a su antipatía hacia la alcaldesa de San Juan, Carmen Yulín Cruz. La crítica de González se limitó a una negativa a aceptar que la estadidad sería inevitablemente denegada debido al desafío de Cruz hacia Trump, algo que él señalaba continuamente cuando argumentaba que Puerto Rico no debería recibir más fondos de ayuda.

La ocultación de datos de la administración de Rosselló y su falta de transparencia, que no eran mucho mejor bajo el gobierno del PPD de Alejandro García Padilla, ni tampoco el predecesor del PNP, Luis Fortuño, han plagado a Puerto Rico por mucho tiempo. Aunque es notable que esta táctica fue fundamental para amasar la deuda de 72 mil millones de dólares, el gobierno de Puerto Rico ha evadido y enfangado las percepciones públicas como parte de su estrategia de gobierno. Un buen ejemplo se produjo en 2010, después de que Puerto Rico aprobara una ley que requería que todos los puertorriqueños llenaran una forma para volver a emitir sus certificados de nacimiento debido a lo que ellos llamaron un rápido aumento en los robos de identidad. La razón para esto, según documentos emitidos por la administración de Fortuño, era que afectaba a la seguridad nacional estadounidense. Más al punto, en una nota de prensa emitida el 22 de enero, el Secretario de Estado, Kenneth McClintock, afirmó que la razón para la ley era que había una crisis de fraude de identidades en Estados Unidos desencadenada por cientos de copias de certificados de nacimiento puertorriqueños. Debido a la pintoresca costumbre que tienen las instituciones puertorriqueñas de requerir copias de certificados de nacimiento para todo, desde licencias de conducir hasta equipos de la liga menor, él afirmó que había miles de copias por ahí esperando ser utilizadas por defraudadores de identidad, traficantes de drogas y terroristas. McClintock siguió diciendo que el

40% de todos los casos de robo de identidad en Estados Unidos utilizó certificados de nacimiento puertorriqueños.

Eso era, sin duda, difícil de creer, pero hubo un poco de agitación en los medios de comunicación de Puerto Rico. Cuando fue desafiado, McClintock afirmó que la Oficina de Seguridad Diplomática del Departamento de Estado estadounidense reportó que se habían utilizado certificados de nacimiento puertorriqueños aproximadamente en el 40% de los fraudes de pasaporte que se habían investigado recientemente. Ahora admitía que él había reducido la muestra a solicitudes de pasaporte, y no a todos los casos de fraude de identidad estadounidense, como se afirmó originalmente. Sin embargo, en muchos artículos en *El Nuevo Día* y *Primera Hora*, los dos principales diarios de Puerto Rico, se siguió reportando que certificados de nacimiento puertorriqueños fraudulentos estaban causando una «crisis de fraude de identidades» en Estados Unidos, siendo la única evidencia citada la afirmación original de que el 40% de todos los casos de robo de identidad en Estados Unidos están vinculados a certificados de nacimiento puertorriqueños.

Aunque es cierto que ha habido muchos casos de fraude que implicaban certificados de nacimiento puertorriqueños, esto apenas constituyó una amenaza lo bastante grande para invalidar la prueba de identidad de toda una isla de cuatro millones de ciudadanos estadounidenses. El costo mínimo de cinco dólares por certificado de nacimiento nuevo se consideraba un movimiento desesperado para recaudar dinero para una economía devastada por el alto desempleo y la recesión. El proceso también creó dificultades para muchos veteranos que no tenían copias de sus certificados de nacimiento originales u otras pruebas de identificación. Yo tuve que volar a Puerto Rico una semana concretamente para testificar que era el hijo de mi mamá. Como ella había vivido en Estados Unidos la mayor parte de su vida y adoptó el apellido de mi padre, no tenía casi ninguna prueba de quién era ella ante los ojos del gobierno de Puerto Rico.

LA CRISIS DE SERVICIOS DE SALUD SE AGUDIZA

El sistema de servicios de salud de Puerto Rico ya estaba en crisis antes de María, y la tormenta solo hizo que las cosas empeoraran. Más de tres mil médicos habían abandonado la isla entre los años 2010 y 2015, en parte debido a problemas profundamente arraigados en la infraestructura de servicios de salud, incluyendo que la mayor parte de la población se apoyaba en Medicare, y la privatización del resto del sistema de seguros demostró que era claramente ineficiente. Además de eso, profesionales médicos practicantes tenían que lidiar con condiciones de hospitales atestados de personas y un número abrumador de pacientes a la vez que solamente ganaban la mitad del salario de sus homólogos estadounidenses en el continente.

Una parte desproporcionada de la población de Puerto Rico tiene más de sesenta años, y más del 60% de sus residentes reciben beneficios federales como Medicare y Medicaid. Sin embargo, debido al estatus colonial de la isla no reciben el pleno derecho como sucedería en un estado estadounidense, y la ayuda para tales programas federales está limitada. Como consecuencia, el gobierno de Puerto Rico ha tenido que pedir prestado por muchos años para compensar la falta de financiamiento, lo cual es responsable de los 25 mil millones de dólares de la deuda de 73 mil millones de dólares en 2015.[7] El financiamiento para estos programas es siempre precario y necesita ser renovado por el Congreso en su presupuesto anualmente, sin tener ninguna garantía de que se aprobará.

Mientras tanto, miles de ancianos y pacientes enfermos, que sufren de algunos de los mayores índices de asma y diabetes en Estados Unidos, se sientan durante horas en salas de espera para sus citas médicas rutinarias, creando a menudo una atmósfera tensa entre ellos mismos y el personal. Una caída para una persona anciana que produce una ruptura de muñeca puede dar como resultado largas esperas para los pocos médicos ortopedistas que quedan al igual que largos periodos de espera de varias semanas para que les realicen cirugías. La privatización del sistema de servicios de salud no hizo nada para resolver estos problemas; en cambio, estableció una infraestructura que no solo no era compatible con el énfasis anterior de la isla en las clínicas de salud pública, sino que también creó el mismo tipo de barreras para la asistencia que inundan los sistemas de seguro de salud estadounidenses, que convierten en porteros a los médicos de salud primaria para guardar toda la red de servicios de salud. Los ciudadanos veteranos también fueron dirigidos hacia los planes de Medicare Advantage que requerían pagos adicionales mensuales y que son lentos en reembolsarlos a los pacientes.

El modelo anterior puertorriqueño de servicios de salud provenía de programas desarrollados por los Centros para el Control y la Prevención de Enfermedades de Estados Unidos financiados por los programas del *New Deal* de Roosevelt, y presentaban centros de diagnóstico y tratamiento médico en todos los setenta y ocho municipios de Puerto Rico.[8] Era un modelo regionalizado y diseñado para que el mundo en desarrollo lo emulara mediante organizaciones como la Asociación Mundial de la Salud.[9] En los años setenta, la parte privatizada del sistema comenzó a crecer, irónicamente debido a la llegada de Medicaid y Medicare, que comenzaron en Estados Unidos en 1965. Como los fondos para estos programas estaban limitados en Puerto Rico, otra manifestación de la ciudadanía de segunda clase de los residentes del territorio, que no tenían plenos derechos, Medicare en particular fomentó el crecimiento de un sector médico privado para quienes podían permitírselo. Mediante un nuevo conjunto de cambios en el sistema de asistencia médica conocidos como "La Reforma" en los años noventa bajo el gobernador del PNP, Pedro Rosselló, Puerto Rico se alineó con la reforma de salud implementada por el presidente Bill Clinton. Descentralizaba el sistema regional y separaba las corrientes de financiamiento de las agencias de la administración, llevando a muchos médicos del sector público al privado. Las clínicas más pequeñas fueron desmanteladas en gran parte, y los hospitales públicos fueron privatizados, con médicos argumentando que «el salario y las estructuras de organización insertados en el actual sistema privatizado de cuidado de la salud reducen la capacidad de coordinar la asistencia... y cambian el enfoque de la asistencia de la prevención al tratamiento».[10]

Debido a la posición subordinada de Puerto Rico hacia Estados Unidos, que en este caso implica el sistema de servicios de salud, con frecuencia se imponen soluciones de estilo estadounidense sin que haya mucho debate interno. Además, ese debate puede ser controlado por oficiales electos que no quieren hacer nada para alterar el camino de la isla en la órbita estadounidense. Aunque es cierto que el sistema anterior se beneficiaba de metodologías inspiradas en el *New Deal*, Puerto Rico tiene ahora un sistema de servicios de salud privatizado como el estadounidense, que es ya bastante prohibitivo para los estadounidenses continentales, operando en un lugar donde hay un porcentaje mucho más elevado de la población que utiliza seguros respaldados por el gobierno (junto con planes privatizados Medicare Plus), con menos recursos económicos y falta de acceso a la medicina preventiva. Según el Centro de Periodismo Investigativo de Puerto Rico, casi dos mil puertorriqueños abandonaron la isla concretamente, porque el sistema de servicios de salud no satisfacía sus necesidades.

Todo esto se agravó tras María, cuando se volvió común que los médicos realizaran cirugías iluminados por las linternas de teléfonos celulares. A médicos y hospitales en varias partes de la isla les resultaba difícil, si no imposible, comunicarse entre ellos, de modo que hubo más médicos que se fueron al continente. En una situación particularmente desgarradora, las únicas instalaciones importantes de asistencia médica en la isla de Vieques para proporcionar diálisis, entre otros servicios, permanecieron cerradas hasta bien entrado el año 2018. La renuncia a la asistencia es incluso más inquietante cuando recordamos que Vieques se había utilizado como un campo de bombardeo durante décadas, y las personas que viven allí tienen ocho veces más probabilidad de morir de enfermedades cardiovasculares y siete veces más probabilidad de morir de diabetes que quienes están en la isla grande de Puerto Rico.[11]

Problemas inmensos permanecieron más de un año después del huracán, desde la inestabilidad del sistema eléctrico y mantener refrigerados suministros como la insulina, los recortes en los programas de visitas de enfermeras, el empeoramiento crónico de enfermedades como diabetes e hipertensión, hasta la falta de acceso a tratamientos para quienes están en zonas rurales. Han proliferado multitud de nuevas complicaciones sanitarias, sin ser la menos importante de ellas una disminución desastrosa de la salud mental. Aunque la ansiedad y desubicación que experimentaron la mayoría de residentes de la isla había retrocedido un poco, los más vulnerables han experimentado aumentos en ataques de pánico, TEPT (trastorno de estrés postraumático) y depresión. La dificultad meramente de mantener la existencia con la amenaza de apagones continuos, carreteras e infraestructuras destrozadas, y una crisis agrícola que ha obstruido el acceso a alimentos saludables, ha generado el tipo de paranoia de bajo grado que se relaciona con frecuencia con las zonas de guerra. Los intentos de suicidio aumentaron drásticamente, hasta el 30% en los meses siguientes a María, al igual que de quienes admitieron haberlo pensado. Más dolorosamente, muchos de ellos eran niños menores de dieciocho años: se registraron seis suicidios de adolescentes entre septiembre y diciembre de 2017.[12]

EMIGRACIÓN Y PEQUEÑOS REGRESOS: EL CAMINO CIRCULAR DE LOS PUERTORRIQUEÑOS

La relación colonial entre Estados Unidos y Puerto Rico conlleva la migración continuada desde y hacia el territorio no incorporado. Incluso antes de que se concediera a los puertorriqueños la ciudadanía estadounidense en 1917, ya estaban emigrando hacia el norte debido a las convulsiones en la economía local. Encontraron diversos periodos de empleo y entonces, con frecuencia, regresaban a la isla. Anteriormente en este libro he relatado cómo la Gran Migración de la década de los años cuarenta y sesenta ayudó a crear la base para una presencia puertorriqueña en Estados Unidos, influenciando la política, economía y cultura estadounidenses casi tanto como los isleños fueron influenciados por Estados Unidos. Como resultado de la recesión económica tras la eliminación progresiva de la

Sección 936 impositiva, la emigración desde Puerto Rico comenzó a tener un promedio de entre cuarenta a ochenta mil personas al año. No es sorprendente que el Huracán María intensificó el éxodo. Primero fueron quienes necesitaban atención médica inmediata, seguidos por quienes por mucho tiempo habían tenido dudas sobre el destino de la isla. Mudarse al continente se ha convertido ahora en una pregunta abierta para la mayoría de los puertorriqueños.

Sin embargo, esta no es simplemente una historia de puertorriqueños que abandonan su querida "Isla del Encanto" para encontrar una nueva vida en Estados Unidos, o a veces incluso regresar. Es una historia de intentos de crear un cambio de vida, quizá con la intención de irse temporalmente o quizá fracasar por completo en ese intento, ante la situación a veces abrumadoramente desesperada en la isla. Un estudio realizado por la firma tecnológica Teralytics, que reunión información de datos de teléfonos inteligentes, muestra que aproximadamente cuatrocientas mil personas, o un 12% de la población de la isla, se fueron entre septiembre de 2017 y febrero de 2018, pero parece que solo la mitad de ellos permanecieron en Estados Unidos en 2018, mientras que la otra mitad regresó a la isla. La mayor concentración de migrantes (unos cincuenta y siete mil) fueron a los condados de Orange y Osceola en la zona de Orlando, con otros cincuenta mil que se extendieron entre condados cercanos a Miami y Tampa. En comparación, el Bronx, Central Massachusetts y Filadelfia recibieron unos dieciocho mil conjuntamente.

Otros métodos de evaluar la migración oscilaban entre medir el pasaje neto en las aerolíneas que salían de Puerto Rico hacia Estados Unidos, solicitudes de ayudas a FEMA por María emitidas desde Estados Unidos, y nuevas matrículas de niños puertorriqueños en escuelas de Florida y cambios de dirección en la oficina de correos desde Puerto Rico a ubicaciones en Estados Unidos. El profesor de la FIU (Universidad Internacional de Florida), Jorge Duany, un observador experto de la demografía puertorriqueña, lo denominó «la mayor migración de Puerto Rico desde que se han realizado registros», mientras el Centro de Estudios Puertorriqueños en Nueva York calculó que entre 2017 y 2019 Puerto Rico puede perder hasta 470 335 residentes, o el 14% de su población.[13] Quizá sea cierto que se producirá un cambio tan dramático, pero aún queda por ver si siguen constantes los factores que impulsaron el éxodo o, al menos, son predecibles en este momento.

Sin duda, la escena económica no favorece la retención de los niveles actuales de población. Incluso la tan notada entrada de capitalistas y multimillonarios desastrosos, atraídos a la isla con exenciones tributarias por los tres últimos gobernadores, no hará mucho para interrumpir la tendencia generalizada de pérdida de población. Pero tantos problemas han estado asolando a los primeros migrantes, muchos de los cuales solo pudieron quedarse durante un periodo de meses porque estaban albergados temporalmente en hoteles bajo uno de los programas de FEMA, que no está claro cuántos puertorriqueños se quedarán.

No hay duda, sin embargo, de que la zona de Orlando en la Florida Central se ha convertido en uno de los nuevos centros de la vida puertorriqueña en la diáspora, engendrando nueva terminología para trascender las ideas de finales del siglo veinte de "nuyorican" que antes dominaban el pensamiento sobre la vida puertorriqueña en Estados Unidos. Apodados "floricans", "diasporicans" u "otrosricans", los migrantes en la zona de Orlando se han establecido en un terreno similar a su isla tropical, forjando el tipo de estilo de vida de clase medio alta a media que fue el cimiento para los puertorriqueños que tuvieron la fortuna suficiente para quedarse en la isla después de Operación Manos a la Obra en los años cincuenta y sesenta. La zona se ha convertido en un punto de encuentro único entre los puertorriqueños de la zona de Nueva York y Nueva Jersey que decidieron mudarse al sur para su jubilación o por razones de empleo; de puertorriqueños isleños que buscaban escapar a los efectos de los diez años de recesión del territorio; y, ahora, de la secuela de un huracán catastrófico.

En la década de los años treinta y cuarenta, tanto Orlando como Tampa se utilizaron como válvulas de escape para lo que los burócratas estadounidenses consideraban el "problema de población" de Puerto Rico. Pero la combinación de la existencia de bases militares cerca de Orlando que atrajeron a miembros de mantenimiento puertorriqueños y, en 1971 la apertura de Disney World, atrajo desde la isla a turistas orientados a la familia al igual que a buscadores de empleo y jubilados asustados por las oleadas de crímenes de los años noventa. Aunque un número significativo de puertorriqueños llegó a Orlando con un elevado nivel educativo, la mayoría de los migrantes no son parte de una "fuga de cerebros"; no representan en exceso a los sectores más académicos y profesionales de la población. Muchos migrantes puertorriqueños son trabajadores de baja cualificación que aceptan empleos de servicio en las atracciones turísticas de Orlando, notablemente en Disney World, que ha reclutado a muchos trabajadores de la isla. A finales de los años noventa, Disney ofrecía extras entre 900 y 1500 dólares, y tarifas aéreas gratuitas a quienes estuvieran dispuestos a reubicarse desde la isla a Orlando. El mayor porcentaje de ocupación laboral durante el pico de migración de los años noventa fue de operadores, fabricantes y obreros (23,3%), seguidos por trabajo de servicios (20,7%), apoyo administrativo (18,9%), y ventas (13,7%). Entre quienes tenían más de veinticinco años, el 33,5% tenía alguna titulación universitaria o un título técnico, pero solo el 10,9% había completado su licenciatura. Esta cifra se compara desfavorablemente con el 15,5% de personas mayores de veinticinco años que tienen una licenciatura en Estados Unidos en general y el 14,3% para Florida.

La llegada a Orlando tras el Huracán María estaba compuesta principalmente por obreros relativamente poco cualificados, con muchos de los residentes formados profesionalmente que en cambio decidían reubicarse en ciudades importantes en el noreste. Varias universidades privadas de prestigio, desde Brown hasta la NYU (Universidad de Nueva York), ofrecieron matrículas gratuitas para estudiantes de la UPR cuyo semestre de otoño había quedado hecho añicos por la tormenta. Los puertorriqueños que aterrizaron en Orlando han replicado en gran parte la vida isleña, con un conjunto impresionante de restaurantes, clubes y supermercados que sirven comida al estilo puertorriqueño y ponen su música afrocaribeña. Debido a la naturaleza solapada de las lealtades políticas puertorriqueñas, con votantes del PPD y el PNP que no necesariamente se dividen fácilmente en categorías de demócratas y republicanos, no hay consenso sobre qué tipo de efecto tendrán los puertorriqueños en las elecciones en Florida. Sin embargo, el continuo abuso verbal y la negligencia física que vienen de la administración de Trump probablemente debilitarán su apoyo por parte de los puertorriqueños, excepto entre los derechistas más extremos del PNP.

LA MAMÁ PRÓDIGA

Mi mamá, cuyo nombre casualmente es María, fue una de las personas que llegó a Estados Unidos tras el huracán, en gran parte debido a sus necesidades de salud y la incertidumbre de cuándo regresaría la electricidad a la isla. Cuando fui a buscarla, mi hermana y yo pasamos varios días utilizando linternas y velas, bajando de la montaña cuando necesitábamos llamar a alguien, y comprando en supermercados que tenían selecciones y cantidades limitadas. Utilizábamos el refrigerador desenchufado para guardar cosas como queso y verduras que duraban varios días antes de malograrse.

Víctor y Migdalia, una pareja que había vivido al otro lado de la calle de mi mamá, partieron para Orlando para quedarse con su hijo, quien se había ido dos años antes y había conseguido empleo en una empresa de seguridad, mientras que su esposa encontró trabajo en un banco. Acababa de dar a luz a su segundo hijo, y estaban pensando en que su parte de la familia también viajara para estar más cerca de ellos. Sin Víctor y Migdalia, mi mamá estaba mucho más dispuesta a partir hacia Nueva York, pues ahora tenía a menos personas cerca que pudieran llevarla a un hospital rápidamente cuando fuera necesario.

Mi mamá por mucho tiempo se había resistido a los intentos de convencerla de que debería regresar a Estados Unidos para que así pudiéramos cuidarla mejor. Prefería el hogar que mis padres habían construido para su jubilación en la propiedad que había sido parte de lo que antes fue una granja de veinte acres mantenida por sus padres. Ella había nacido allí, y muchos en la pequeña comunidad que permanecía estaban relacionados en parentesco con ella en parte. Su papá (mi abuelo) había llegado a trabajar en el barrio en un campamento de la YMCA que atrajo a algunos viajeros desde Estados Unidos, y él construyó una pequeña casa donde criaba animales de granja, ordeñaba vacas, y vendía huevos de sus gallinas y sus pequeños cultivos como guineos, "mangoes", e incluso café en el pueblo al bajar la montaña. Adquirió esos veinte acres de terreno, según mis familiares, porque había prestado veinte dólares a un vecino que murió antes de poder devolverle el préstamo. En su testamento, el vecino le dejó la mayor parte de los veinte acres, que se extendían hasta el Río Mameyes, la frontera entre Río Grande y Luquillo. Aún tengo parientes lejanos que viven al otro lado de ese río y lo cruzan físicamente para llegar a la carretera que conduce de la montaña a la costa. Mi mamá se refiere a ellos como los que viven "en el otro lado" del río.

Cuando finalmente llegó el día de irnos, lo hicimos con una gran tristeza. Cerramos la casa sin saber cuándo regresaríamos, y nuestro auto rentado comenzó a descender lentamente por la montaña que ella había bajado caminando para ir a la escuela cuando era pequeña durante la Gran Depresión en los años treinta. Su nuevo hogar estaría con mi hermana en el Condado de Orange (Nueva York), en una ciudad que era cierto tipo de hogar más allá de los suburbios para trabajadores del servicio civil y personas que buscaban algo a buen precio lo bastante cerca de la ciudad para poder permitírselo. Reajustarse al noreste llegó a ser bastante fácil para ella; después de todo, era una veterana de la vida civil, habiendo viajado con nosotros por el Bronx y Manhattan en transporte público, e incluso había tenido un empleo en un negocio de joyería en el centro de la ciudad cuando nos mudamos en nuestros años de la secundaria y la universidad.

Lo primero que pareció observar fue la inmensa abundancia de supermercados suburbanos, con la explosión de opciones de comida "sana", una disponibilidad interminable de pescado fresco y quesos exóticos, y también la relativa escasez de clientes en la zona. Mi hermana pasó horas luchando para conseguir un nuevo plan de seguro médico para mi mamá, cuyo plan de Puerto Rico no era válido en Nueva York. Pero cuando lo logró, mi mamá estaba maravillada de no tener que esperar horas para visitar a un médico y que el médico al que vio sabía hablar español, y comentó que era muy bien parecido y educado.

Me sorprendió saber que mi mamá era incluso más bilingüe de lo que pensábamos. Con el internet constante de alta velocidad en la casa de mi hermana sustituyendo al servicio intermitente que ella recibía en la isla, se volvió más voraz que nunca para consumir noticias nacionales en su tableta y mantenía cada vez más conversaciones en inglés con nosotros y las personas del barrio de mi hermana. Un nuevo par de lentes le permitía leer sin los episodios de ojos cansados y llorosos que había sufrido en Puerto Rico.

Cuando llegaron las vacaciones de Navidad, todos lo celebramos juntos por primera vez en muchos años, y con nieve en el suelo. Mi mamá experimentó la nieve, árboles sin hojas, y temperaturas bajo cero por primera vez en décadas, y aceptó todo con ambivalencia: feliz por volver a vivir el ambiente de las fiestas del pasado, pero sin emoción por cómo el frío le obligaba a quedarse en el interior la mayor parte del tiempo. Fue en esa misma época cuando ella comenzó a preguntar a personas en la isla si habían recuperado la electricidad.

En unos pocos meses, gran parte de la zona metropolitana de San Juan había recuperado la corriente eléctrica, y la vida había vuelto a tener cierta sensación de normalidad en las zonas turísticas. En las zonas montañosas, como El Yunque, seguían sin tener electricidad. Algunos residentes podían permitirse electricidad limitada mediante generadores que funcionaban con gasolina, pero muchos, si habían podido reparar los daños en sus tejados y propiedades, seguían viviendo la existencia de seis de la mañana a seis de la tarde de sus ancestros desde principios del siglo veinte, manteniendo en neveras con hielo los productos perecederos, iluminando sus noches con velas y linternas, y acostándose temprano para poder despertarse al amanecer.

A medida que el invierno se fue convirtiendo lentamente en primavera, mi mamá comenzó a extrañar los ritmos de su barrio rural, donde los vecinos pasaban por su casa de vez en cuando para ver cómo estaba y llevarla en sus vehículos para que pudiera ir a comprar y recoger sus medicinas. Esa es una comunidad que aún participa en la agricultura de subsistencia, aunque a la vez tienen empleos en el sector turístico o como enfermeros, técnicos médicos de emergencia, limpiadoras en casas o guardias de seguridad. La mayoría tienen guineos y árboles de mangó y pana, o cultivan tubérculos como la yuca en los terrenos de sus patios.

Un día en abril llamó la vecina de mi mamá para hacerle saber que habían recuperado la electricidad en el barrio. Aunque mi hermana y yo teníamos muchas ganas de que ella se quedara, sabíamos que necesitaba estar donde se sentía viva. Su hermana Mercedes, que había ido con nosotros en el vuelo un año antes, ya había regresado. Víctor y Migdalia regresaban a una de las casas enfrente de la de mi mamá. Sabíamos que era lo correcto para ella regresar.

Visité a mi mamá en agosto de 2018 y la encontré más saludable y vibrante que nunca. Las suaves brisas de la montaña no permiten que el calor del verano llegue a ser demasiado abrumador. Gran parte del follaje destruido por María había vuelto a crecer, y el principal problema que parecía tener era que la empresa de cable no había podido restaurar su servicio de internet de alta velocidad. Yo le enseñé cómo usar su teléfono en zona wifi, y cuando me fui, ella ya se había puesto al día de todos sus programas favoritos y sabía las últimas noticias en la investigación Mueller.

Siempre he creído que había una energía espiritual en El Yunque que protegía a su gente de todo tipo de huracanes naturales y políticos. Algunas veces, en medio de una tormenta intensa, yo salía al exterior para intentar sentirla. Simultáneamente, el viento y la lluvia, la tormenta y la tierra, parecían todos ellos entrar juntos en mi interior. En esos momentos entiendo el poder de la tierra de la que provengo y por qué, a pesar de todo, mi mamá necesitaba estar en su hogar.

CAPÍTULO 8

EL FACTOR TRUMP

Buitres, cabilderos y capitalismo del desastre

Poste eléctrico derrumbado en Santurce. © Joseph Rodríguez

«Creo que Puerto Rico fue un éxito increíble no valorado. En cierto modo, el mejor trabajo que hicimos fue en Puerto Rico, pero nadie entendió eso».

—**Donald J. Trump, presidente de Estados Unidos**

«Estamos aquí para ayudar a Puerto Rico. Estamos aquí como servicio, y servimos mediante capacitación. Estamos aquí para tomar nuestras habilidades, nuestros súper poderes, y pensar en cómo ayudar a Puerto Rico, a la Tierra, y a la gente».

—**Brock Pierce, inversionista en Bitcoin**

«Incluso antes de las tormentas teníamos oportunidades, pero ahora tenemos un lienzo en blanco donde podemos comenzar a pensar desde cero, donde podemos dar pasos valientes en inversión e innovación, y reconstruir a Puerto Rico mucho más eficazmente».

—**Ricardo Rosselló, gobernador de Puerto Rico**

La mayoría de los puertorriqueños y pensadores y activistas en la diáspora quedaron fuertemente decepcionados con el proceso de PROMESA, su imposición de la Junta de Supervisión y Administración Financiera (La Junta) para sustituir al gobierno local, y su claro mandato de llevar a cabo una restructuración de la deuda para favorecer al sector financiero estadounidense. El Partido Demócrata establecido no estuvo exento en ninguna manera de esta decepción, pues sus miembros en el Congreso en su mayor parte habían aceptado el acuerdo PROMESA como el único recurso para abordar la crisis de la deuda que iba en escalada. Aceptaron la premisa neoliberal de que un "rescate" de la Reserva Federal era inaceptable y reconocieron que lo mejor que podía hacerse por Puerto Rico era situarlo en una senda en cierto modo dolorosa para recuperar «el acceso a los mercados de capital». Sin embargo, a pesar de cuán exasperante resultó ser la postura de acomodación de los demócratas (con la excepción de Bernie Sanders y, hasta cierto grado, del representante Luis Gutiérrez), la elección de Donald Trump transformó la situación de Puerto Rico de mala a mucho peor de lo que se podría haber imaginado previamente.

Como he narrado durante gran parte de este libro, Puerto Rico ha sido por mucho tiempo una isla de fantasía para todo tipo de movimientos económicos y políticos estadounidenses, al igual que de maneras de reformular su poder mediante el control de súbditos no territoriales, así como de economías extraterritoriales. Ha sido un laboratorio científico para peligrosos productos químicos y métodos anticonceptivos no probados, un vertedero para productos no deseados o en excedente, y un lugar donde líderes de la industria estadounidense podían probar su capacidad de trabajar con una población grande de empleados que no hablaban inglés. Ha sido un lugar donde la idea del libre comercio estadounidense podía demostrarse para beneficiar a grandes empresas, y hombres que no eran de raza blanca y tenían habilidades limitadas de inglés podían ser atraídos a las fuerzas armadas. Por último, ha sido un lugar donde Estados Unidos podía experimentar con políticas tributarias que permitían la acumulación de capital bajo condiciones que eran prácticamente extraterritoriales y, a la vez, seguían estando en territorio estadounidense y bajo las leyes del sistema bancario estadounidense.

Ahora, con el final de la política económica keinesiana de la demanda, el declive de los sindicatos, y el giro hacia la privatización neoliberal universal y el desempoderamiento del trabajador, Puerto Rico estaba en posición de entrar en una nueva fase de explotación extrema. Con la devastación gemela de la imposición de PROMESA para restructurar la deuda de la isla en favor de inversionistas de fondos buitre y de inversión, y la amplia devastación causada por el Huracán María, Puerto Rico se convirtió en un objetivo maduro para lo que Naomi Klein denomina "capitalismo del desastre".[1]

El desastre del Huracán María creó las condiciones perfectas para el capitalismo neoliberal, el cual necesita una contracción de la población y de los recursos a fin de que un nuevo proyecto de capital se extienda rápidamente *ex nihilo*: de la "nada". El "lienzo en blanco" al que aludió el gobernador Ricardo Rosselló en una presentación de inversionistas en Nueva York en febrero de 2018 hizo la boca agua a los capitalistas del desastre. Aún mejor, desde la perspectiva de ellos estaba la realidad de que, contrariamente a Nueva Orleáns, un escenario reciente para la explosión del capitalismo del desastre tras el Huracán Katrina, Puerto Rico carecía de la protección plena de las leyes estadounidenses, y ya había creado leyes para alimentar a una comunidad de especuladores súper ricos. También había que considerar el ámbito de la destrucción. No solo fueron afectados barrios como el Lower Ninth Ward; fue toda la isla. La "doctrina del *shock*", un término acuñado por la autora Naomi Klein para describir cómo los poderes neoliberales se aprovechan de las crisis nacionales económicas y políticas para impulsar nuevas políticas contra las cuales les resulta difícil a los ciudadanos golpeados por el desastre plantear resistencia, acechaba para llegar a ser el modo de vida de Puerto Rico, su nueva normalidad.

Solamente semanas después del Huracán María, el 2 de octubre, el gobierno de Puerto Rico concedió un contrato de 300 millones de dólares para reconstruir líneas eléctricas caídas en la isla a una empresa que tenía su base en la ciudad natal del secretario de energía, Ryan Zinke, en Whitefish (Montana). La empresa, llamada Whitefish Energy, tenía dos empleados, incluido su director general, Andy Techmanski. Aparentemente, Ricardo Ramos, el director general de la Autoridad de Energía Eléctrica de Puerto Rico (AEEPR), ya había estado en contacto con Whitefish durante el periodo de recuperación para el Huracán Irma. Ramos dijo que tenía la sensación de que la empresa tenía "habilidades especiales" debido a su experiencia en la reconstrucción de la estructura eléctrica en las zonas montañosas de Montana.[2] Pese al hecho de que Whitefish no tenía numerosos instaladores entre su personal, ni tenía ninguna experiencia en el trabajo en condiciones de desastre ni tampoco en un clima tropical, Ramos firmó rápidamente un acuerdo con Whitefish, presumiblemente porque ellos no pidieron nada de dinero al principio.

Ramos tenía la opción de pedir ayuda de asistencia mutua mediante la Asociación Estadounidense de Energía Pública, pero se le citó diciéndole a la red HLN de la CNN que no pensaba que ellos responderían con la rapidez suficiente porque sus recursos ya estaban mermados en Texas y Florida al haber manejado los huracanes Harvey e Irma. Casi de inmediato se plantearon preguntas sobre la implicación de Zinke en el acuerdo, pero a finales de octubre él publicó una declaración negando cualquier vínculo; sin embargo, pocas semanas después se reveló que Techmanski había contratado al hijo de Zinke como interino y que el mayor inversionista de la firma era una empresa con base en Dallas que había hecho grandes contribuciones a la campaña de Rick Perry, John McCain y Marco Rubio.[3] Ramos también rechazó esas preocupaciones diciendo: «Las dudas que se han planteado sobre Whitefish... son totalmente infundadas», dando a entender que los competidores que fueron descartados con respecto a hacer sus ofertas estaban difundiendo las críticas.[4]

El contrato era bastante elevado incluso según los estándares normales. El cobro por hora para un supervisor en el lugar era de 330 dólares, y un instalador oficial recibía 227,88 dólares por hora, pero aún peor, las tarifas para los subcontratistas, que eran la mayoría de la fuerza laboral de Whitefish, era de 462 dólares por hora y 319,04 dólares por hora. Las tarifas de nocturnidad de 332 dólares por trabajador, con una dieta de 80 dólares diarios para comidas, también estaban incluidas. Estas tarifas se comparaban con reportes de que subcontratistas de Whitefish de la Autoridad Eléctrica de Jacksonville estaban ganando 90 dólares por hora (dos veces más de lo que ganan normalmente los subcontratistas), lo cual significaría que Whitefish se estaba embolsando más de 200 dólares por hora y por trabajador según los términos del contrato.

El contrato de Whitefish fue seguido a mediados de octubre por un contrato de 200 millones de dólares con Cobra Adquisitions LLC, una subsidiaria de la empresa con base en Ciudad de Oklahoma Mammoth Energy Services, Inc. El contrato contenía el mismo lenguaje que el contrato de Whitefish, afirmando que ni la PREPA, ni el gobernador del Estado Libre Asociado ni FEMA ni el auditor estadounidense tendrían «derecho a auditar o revisar los elementos de costos y de beneficios de las tarifas laborales» en el contrato.[5] La controversia Whitefish término con la cancelación de su contrato a finales de octubre de 2017, con Rosselló pidiendo una investigación federal del proceso de adjudicación del contrato, forzando en última instancia a Ramos a dejar su empleo a mediados de noviembre.[6]

LO PRIMERO EN LA LISTA NEOLIBERAL:
LA PRIVATIZACIÓN DE LA AEEPR

La Autoridad de Energía Eléctrica de Puerto Rico estuvo bajo el fuego desde todos los flancos tras la estela del Huracán María. Ya un objetivo de privatización antes de la tormenta debido a su deuda de nueve mil millones de dólares y amplia evidencia del deterioro de la red eléctrica, la AEEPR fue elevada ahora a una prioridad número uno en la lista de movimientos de los capitalistas del desastre. Aunque este plan se había considerado durante las etapas originales de La Junta de PROMESA y sería el último en una serie de privatizaciones que se remontan hasta la administración de Pedro Rosselló en los años noventa, disolver la AEEPR desencadenó la nueva era de la isla. Desde entonces, Puerto Rico ha privatizado su compañía de teléfonos, su aeropuerto internacional, los peajes de sus autopistas principales, varias clínicas médicas municipales, y partes de la Autoridad de Acueductos y Alcantarillados (AAA). Ninguno de estos movimientos ha mejorado el servicio para los consumidores, y casi todos ellos han dado como resultado, como fue el caso cuando Chicago y Detroit privatizaron sus parquímetros, costos más elevados.

La Junta misma había estado explícitamente en la causa de privatizar la AEEPR meses antes del Huracán María. En un artículo de opinión sin remordimientos en el *Wall Street Journal* hacia finales de junio, los miembros de la junta, Andrew Biggs, Arthur González, Ana Matosantos y David Skeel, endosaron el movimiento de privatización, diciendo que llegaron a esa decisión después de rechazar la propuesta de reestructuración de la AEEPR enviada de marzo de ese año. La Junta utilizó una lógica sencilla y neoliberal para justificar la privatización: «Los costos eléctricos de Puerto Rico son dos o tres veces más elevados que los niveles en el continente. La Junta llegó a la conclusión de que disminuir el precio de la electricidad e impulsar el crecimiento económico dependían de reformar las operaciones de la AEEPR, y no meramente de la reestructuración de su crédito. La electricidad asequible podría impulsar el crecimiento aumentándolo hasta la mitad de un punto porcentual anualmente, elevando los ingresos familiares en la isla, deteniendo la migración y aumentando los fondos disponibles para pagar a los acreedores».[7]

Este razonamiento deja fuera una razón fundamental para las tarifas elevadas: la generación de electricidad en Puerto Rico depende casi totalmente del crudo importado. Tampoco tenía en cuenta que no hay ninguna garantía de que la privatización conduciría a una electricidad más asequible o que debido a que diversos factores, incluido el acceso a la educación, el empleo estable y los servicios de salud, causan la migración, disminuir los costos eléctricos, si es que se lograba, no necesariamente la "detendría". Esta lógica se utiliza a menudo para disfrazar el principio rector del neoliberalismo, que está muy bien personificado en proyectos de colaboración público-privada (PPP): vender corporaciones públicas es más eficiente a la hora de hacer que el público pague los costos de algo como proporcionar electricidad al consumidor a la vez que hace que sea más fácil que empresas privadas obtengan beneficios de la producción y la distribución. Este modelo puede verse con más claridad en la estrategia frecuentemente considerada de privatizar la generación y la fuente de energía eléctrica, mientras que los PPP se ocuparían de la reconstrucción y las reparaciones de la infraestructura de transmisión.[8]

Un reporte del Centro de Periodismo Investigativo de Puerto Rico reveló que ya tan temprano como el 18 octubre de 2017, menos de un mes después del Huracán María, el senador de Arizona, Jeff Flake, y el senador de Utah, Mike Lee, habían estado haciendo esfuerzos hacia la privatización de la AEEPR. Esto fue revelado mediante correos electrónicos escritos por sus representantes al miembro de La Junta, Andrew Biggs. El reporte afirmaba que Flake y Lee «demoraron la concesión de fondos para ayuda humanitaria para Puerto Rico» hasta que enmiendas para reformar el sector de la energía de la isla, incluyendo privatizar la AEEPR, fueran incluidas en la legislación. Aparentemente, Biggs actuó como un conducto para que los mensajes pudieran enviarse a la directora de presupuestos de La Junta, Ana Matosantos, proporcionando un canal trasero de intereses, fuera de la vista pública, para fomentar los intereses de ExxonMobil, Duke Energy y Chevron. Estas empresas estaban entre las compañías de petróleo y servicios eléctricos que habían donado casi 800 000 dólares a Flake en campañas anteriores. Las donaciones de Lee, que incluían fondos de Chevron, Haliburton y Koch Industries, sumaban casi 550 000 dólares.[9]

En enero siguiente, el gobernador Rosselló anunció que la AEEPR sería privatizada. Diciendo que el sistema estaba desfasado y era ineficiente, el gobernador criticó a la AEEPR como monopolista; observó que la generación de electricidad estaba obsoleta y dependía casi por completo de la importación de gasolina, y que su sistema de distribución de sur a norte era ineficiente, en el cual se fabrica la gasolina desde cenizas de hulla en ciudades sureñas como Peñuelas y la electricidad es después transmitida a una planta que está al oeste de San Juan; y citaba que en los últimos cinco años, el 30% de los obreros de la AEEPR habían sido despedidos, todo ello sin mencionar el papel del gobernador a la hora de perpetuar los males del sistema. Esta privatización se realizaría en tres etapas: primero, se definiría el marco legal, después se considerarían las ofertas de compra y, finalmente, se otorgaría a la oferta ganadora. Él prometió una "transformación" del sistema que estaría "centrado en la comunidad", sería innovador, tecnológicamente avanzado y, esta es la clave, "financieramente viable".

Hay varias maneras de interpretar lo que significará la privatización de la AEEPR, aún en negociaciones. ¿Sería capaz Rosselló de cumplir su fantasía de cierto tipo de variación de la reorganización propuesta por Elon Musk de una micro red, cuyos beneficios parecen significativos pero cuyo control recaería en las manos de intereses de empresas externas? ¿Cómo afectaría a las ofertas el establecimiento de su deuda de nueve mil millones de dólares? Finalmente, ¿cómo se venderían exactamente diferentes partes de la AEEPR, incluyendo la generación de electricidad? Aunque se anunciaron cuatro ofertas en enero de 2019 (Exelon Corp., PSEG Services Corp., un consorcio de ATCO Ltd., IEM Inc., y Quanta Services, y el contribuidor de campaña de Jeff Flake, Duke Energy), había problemas claramente ineludibles para la privatización. Ya sea que adoptemos el ángulo humanista final del presidente de la UTIER, Ángel Figueroa Jaramillo, quien declaró apasionadamente que «la AEEPR es un bien público que pertenece al pueblo y no a los políticos de la época… La energía es un derecho humano y no una mercancía», o la postura económica de que el mecanismo de colaboración público-privada que domina este proceso tomará decisiones sobre la necesidad de restaurar y extender servicios sobre una base puramente con fines comerciales, está claro por qué esta es una manera más de sujetar a los puertorriqueños a decisiones políticas cruciales que se toman más allá de su control y que carecen por completo de sus aportaciones. Cuando el director ejecutivo de la Autoridad de

Colaboración Público-Privada de la isla, Omar Moreno, mientras se dirigía a inversionistas en un hotel de San Juan, equipara a "el pueblo" con "el pueblo del sector privado" como la justa autoridad sobre qué proyectos se escogerían para modernizar la infraestructura de Puerto Rico, es una indicación clara del doble lenguaje *Orwelliano* involucrado en este proceso.[10]

Hay una ironía en los argumentos sobre la privatización de la AEEPR que implica quién controla en última instancia lo que sucede en sus procesos de restructuración, tanto de la reestructuración de la deuda como del lado de la rehabilitación y reconstrucción de infraestructuras. Los intereses de la privatización dicen que la AEEPR ha sido secuestrada por su "politización", queriendo decir que ha sido corrupta por el favoritismo a la hora de conceder contratos a amigos de cualquier partido político que tenga el control. Sin embargo, la privatización y sus colaboraciones público-privadas están pensadas para crear un favoritismo basado en las relaciones fuera de la isla y en Estados Unidos continental. Se está pidiendo al pueblo puertorriqueño esencialmente que acepte un cambio en favoritismo-corrupción desde sus propias élites a las élites "dominantes" que se puede decir que tienen incluso menos probabilidad de intervenir en su favor. Es esencialmente un proceso neoliberal de favorecer la globalización por encima del capital y la gobernación local, utilizando el mismo tipo de engaños estadounidenses continentales, como "elección del consumidor", que en gran parte tiene el efecto de imponer tarifas más elevadas sobre el consumidor, algo que ha producido resultados marcadamente desfavorables para los consumidores de electricidad en la zona de Nueva York durante años.[11]

Una de las primeras incursiones en la privatización

involucró invertir en empresas privadas que generaban potencia eléctrica desde la ceniza de hulla. El principal problema con esta estrategia es que el residuo de la ceniza de hulla que queda en el suministro de agua genera un tremendo peligro para el medioambiente, particularmente los frágiles ecosistemas de la costa sureña de Puerto Rico, que está salpicada de las ruinas de plantas petroquímicas fallidas de los años setenta. A principios de agosto de 2017, en la ciudad sureña de Peñuelas, hubo un repunte de violencia policiaca contra un terco grupo de unos cien manifestantes que luchaban contra el depósito de ceniza de hulla tóxica en vertederos locales. La ceniza había sido transportada por la empresa eléctrica AES, que opera una planta de energía eléctrica con base en Puerto Rico, en Guayama, a la República Dominicana en 2016. Esto contaminó gravemente una pequeña ciudad, causó enfermedades generalizadas entre adultos y niños de otra pequeña ciudad donde se vertieron las cenizas, y fue posteriormente reubicada a un vertedero en Peñuelas, una comunidad que en el pasado había estado sujeta a la contaminación por las plantas petroquímicas.[12] El gobierno dijo en su momento que el carbón producía aproximadamente el 15% de la cantidad total de energía eléctrica generada por la AEEPR. La AEEPR advirtió a mediados de julio que, si se interrumpía su uso del carbón, el costo de la electricidad aumentaría en 2,5 centavos por kilovatio-hora, o el 15%, y que eso también aumentaría el número de apagones.[13]

El 4 de julio de 2017, el gobierno de Puerto Rico aprobó una ley que afirmaba que un elemento tóxico de la ceniza de hulla, llamado ceniza volátil, no podía ser depositado en ningún lugar en la isla. Esto impulsó a la AES a recurrir a la utilización de un nuevo producto llamado Agremax, que mezclaba ceniza volátil con otras formas de ceniza y agua.

El 6 de agosto, un tribunal en la cercana Ponce desestimó una demanda que afirmaba que el vertido causaría daños para la salud y medioambientales, como enfermedades respiratorias y coronarias crónicas, y la contaminación de ríos y reservas. La resolución decía que, según la Junta de Calidad Ambiental de Puerto Rico, el vertido cumplía con la ley y no planteaba una amenaza medioambiental. El Centro de Periodismo Investigativo de Puerto Rico ha reportado que la ceniza de hulla fue enviada por mar en cargueros a la República Dominicana, donde causó estragos en los ecosistemas de la isla, y hubo un breve periodo de pánico en Puerto Rico después del Huracán María con respecto a la incapacidad de Agremax de contener la ceniza durante la tormenta. Aún hay que realizar estudios sobre cualquier efecto que pueda haber tenido sobre corrientes y ríos locales.

La presencia de vertidos tóxicos en sus comunidades dirigió naturalmente a estudiantes y activistas medioambientales a comenzar a participar en el activismo organizado. Gerardo Medina Rivera, profesor adjunto de la Universidad de Puerto Rico y Ponce, y residente de Peñuelas, argumentaba que, a pesar de la resolución judicial, Agremax contiene elementos muy tóxicos y que el gobierno debería explorar maneras más seguras de producir energía. Medina Rivera había sido parte de un campamento de protesta que la comunidad había sostenido por dos años. El campamento era similar al que protestó contra la imposición de PROMESA, y cómo los movimientos de resistencia universitarios de 2010, 2011 y 2017, tras la estela de la imposición de La Junta, combinaba juventud con activistas laborales y medioambientales, y estaba organizado en una estructura horizontal en lugar de jerárquica.

La policía táctica y un escuadrón antidisturbios visitaban

regularmente el campamento, desplegando gases lacrimógenos y métodos de confrontación similarmente violentos.
Puerto Rico es vulnerable al tipo de dura opresión policial
del activismo medioambiental que ha estado aumentando
en América Latina, más notablemente en países como
México y Colombia. Cuestionar la primacía de los intereses globales del petróleo y la energía es un papel que puede
desempeñar un movimiento de resistencia y que puede crear
una situación volátil en términos de protesta pública. En el
caso de Puerto Rico, vínculos directos con grupos de fuerza
y presión para esos intereses, representados por miembros
del Congreso como Rob Bishop y Jeff Flake, proporcionan
un incentivo para el estado a la hora de proteger esos intereses por encima de los de sus propios ciudadanos. Uno
de los ejemplos más notales de los peligros del activismo
medioambiental fue el movimiento liderado por la organización comunitaria ecoactivista Casa Pueblo, que condujo
a la lucha contra el desafortunado proyecto del Gasoducto
de Luis Fortuño en 2011.

La construcción del Gasoducto habría sido una victoria
doble para Fortuño, porque él quería que fuera una parte
positiva de su campaña para las elecciones; y, en segundo
lugar, porque podría haber establecido un precedente para
utilizar fuerza del gobierno contra los activistas. Una de
las muchas leyes que impulsó su administración en cuando
tomó el poder fue obstruir cualquier nuevo proyecto de
construcción, de todos modos, delictivo.

Arturo Massol, el director asociado de Casa Pueblo, el
grupo comunitario que él formó con su padre, Alexis, en
1980 para protestar contra una iniciativa del gobierno de
excavar plata, cobre y oro en la ladera montañosa de Adjuntas, había estado peleando esta batalla por muchos años.
Arturo era claro sobre la amenaza directa de desplazamiento

que se utilizaba contra los residentes locales que estaban «siendo amenazados por una empresa privada que intenta obligarlos a salir de su propiedad con amenazas e intimidación». Él y activistas por los derechos civiles como William Ramírez, director del capítulo de la ACLU de Puerto Rico, estaban preocupados por la posibilidad de que Fortuño pudiera presionar cargos delictivos contra los manifestantes. Sin embargo, en una victoria poco frecuente, los manifestantes mantuvieron una presencia tan sostenida y solidaria que Fortuño finalmente tuvo que abandonar el plan, algo que tuvo algo que ver en su derrota electoral en 2012.

Casa Pueblo se estableció a sí misma durante décadas como un centro comunitario que promovía las artes, la cultura y el medioambiente. Es quizá más famosa por educar a los puertorriqueños en cuanto a construir e instalar paneles solares en sus casas y negocios para dar entrada a un cambio de paradigma de energía verde "desde abajo". Su centro principal, una casa asombrosamente hermosa ubicada en la ladera montañosa de Adjuntas, es un buen ejemplo de lo que ellos denominan "autogestión solidaria". Ellos hacen su propio café, operan una estación de radio, y han abierto la primera sala de proyección de cine que funciona totalmente con energía solar en la isla.

Un modelo de resistencia pasiva participativa, orientada a la comunidad, estética y no violenta, Massol y Casa Pueblo no proyectan la imagen de anarquistas "violentos"; sin embargo, misteriosamente la noche del 26 de julio de 2018, el mismo día que La Junta logró un acuerdo de restructuración para la deuda de la AEEPR, Massol fue arrestado tras salir de una pizzería en Adjuntas con su hija. Las circunstancias del arresto plantearon preguntas sobre las motivaciones de la policía, ya que él fue detenido inicialmente bajo sospecha de que su registro no estaba actualizado, una violación que solamente habría resultado en una citación, y finalmente fue arrestado por conducir en estado ebrio.

Según Massol relata los acontecimientos, afirmó que como él sabía claramente que no estaba ebrio, estuvo de acuerdo en aceptar una prueba de alcoholemia, que el oficial afirmó verbalmente que dio un resultado de .081 (justo por encima del límite legal), pero se negó a mostrar a Massol la lectura en el aparato. En ese momento el oficial intensificó la investigación acusando a Massol de no cooperar, lo cual Massol afirmó haber hecho al realizar la prueba. El oficial entonces lo arrestó.[14]

Lo llevaron a la comisaría local, donde permaneció esposado sin que le permitieran consultar con un abogado, subiendo más tarde una fotografía que mostraba las marcas que las esposas dejaron en sus muñecas. Él dijo que lo confrontaron con el resultado de .081, lo cual ya no lo podía confirmar el aparato, ya que fue mucho tiempo después de que le hicieran la prueba. Él admitió que el registro de su Jeep Vintage de 1952 no estaba actualizado, pero el dueño de la pizzería en la que había estado le informó a *El Nuevo Día* que Massol no había consumido ninguna bebida alcohólica mientras estuvo allí.

«Han acusado de todo a Casa Pueblo y a mi familia, han probado todos los medios para intimidarnos, para minar nuestro espíritu de lucha y nuestra reputación», dijo Massol. «Aunque nunca hablo de la represión que estamos viviendo, es momento de que enfrente esta agenda de intimidación. Estos tipos de acciones no hacen otra cosa sino alimentar nuestra convicción de seguir construyendo autosuficiencia y defendiendo nuestros recursos nacionales. Nuestras puertas están abiertas para cualquiera que quiera escuchar y unirse a nosotros, construyendo para nuestro país».

En diciembre de 2018 se retiraron todos los cargos contra Massol.

En noviembre de 2018, la AEEPR anunció que convertiría partes de su planta eléctrica de San Juan de petróleo a gas natural, y el contrato para reacondicionar su planta en San Juan fue concedido en marzo de 2019. El gobernador Roselló elogió el cambio como un compromiso con la "energía limpia" pese al hecho de que el debate sobre si el gas natural es "limpio" es dudoso a ese respecto.[15] Podría llamarse "limpio" porque emite la mitad del dióxido de carbono que emite el carbón cuando es quemado, pero produce metano, que es un potente gas de efecto invernadero. El contrato ha sido criticado porque se concedió a un contratista relativamente nuevo con poco historial, recordando la dinámica del Whitefish. La empresa, New Fortress Energy, no tiene antecedentes de haber hecho negocios en Puerto Rico y su director, Wesley Edens, es «un partidario por mucho tiempo de la Fundación U.S. Ski and Snowboard Foundation», y un importante donante al Partido Demócrata. También es el copropietario del equipo de la NBA, los Milwaukee Bucks junto con el dueño de deuda de Puerto Rico y recaudador para Hillary Clinton, Marc Lasry.

PUERTOTOPÍAS, CADENA DE BLOQUES DE TRANSACCIONES, Y MIGRANTES MULTIMILLONARIOS

Desarrollada por el misterioso Satoshi Nakamato tras la estela de la recesión y crisis de 2008, la divisa p2p de código abierto Bitcoin estaba pensada para ser cierto tipo de solución tecnológica libertaria para la poca fiabilidad del sistema bancario mundial. Hasta la fecha, no se sabe si

Nakamato es un seudónimo de una persona o un grupo, pero quienquiera que él, ella o ellos sean, no se ha oído nada de Nakamato desde después de la invención de la divisa. Sus defensores la describen con optimismo como una manera sin efectivo de que las personas controlen las transacciones económicas sin que un banquero elimine el interés, y se distribuye con sistemas de moneda basados en el metal al igual que con lo que se denomina "moneda de curso legal", o el dinero que crea el gobierno basándose en la fe global en su oro y reservas de divisas, balances anuales, y el potencial para crear capital y riqueza. El Bitcoin se construye mediante un proceso que implica cálculos matemáticos complejos y mantenimiento de registros, y se preserva mediante la metodología de cadena de bloques (*blockchain*), que proporciona un registro de transacciones escrito siempre existente y accesible, con un conjunto de reglas y procedimientos de verificación.

David Graeber ha planteado que la deuda, como un mecanismo de regulación social, precedió al dinero como moneda y que el nacimiento de la filosofía en China y el subcontinente indio estuvo directamente relacionado con la necesidad de justificar una sensación de valor cristalizada no en el "oro" sino en un objeto. Desde esa perspectiva, podemos imaginar al Bitcoin como una nueva forma de intercambio de valor que algún día podría crear un modo de salir de debajo del peso paralizante de la deuda mundial. Nuestro actual problema de deuda global, no solo restringido a Puerto Rico, es un impulsor importante tras la explosión de la desigualdad de riqueza. Está claramente inundado de un abuso de tasas de transacción y tasas de interés explotadoras que se aplican por instituciones financieras fuera de control que supuestamente estarían en la senda hacia la extinción si criptomonedas como el Bitcoin se asentaran y sirvieran a la gente en la forma de código abierto descentralizado que prometen.

Entremos en la narrativa de la puertotopía, impulsada principalmente por Brock Pierce, una fusión de cultura de celebridad de Los Ángeles, esencia de genio de los juegos, estética de Burning Man-hípster, y el evangelio de la tecnología visionaria después de Silicon Valley. Pierce había visitado Puerto Rico desde 2013 para difundir el evangelio del Bitcoin. Devotos del Bitcoin calculan que él tiene un valor neto de mil millones de dólares, es el presidente de Bitcoin Foundation, una empresa de capital riesgo de cadenas de bloque de transacciones, y predica una visión de la criptomoneda como la siguiente gran evolución que cambiará las vidas de todos. Actor infantil que interpretó papeles en programas familiares como *The Mighty Ducks* y *Little Big League*, Pierce dejó Hollywood mientras era aún adolescente para convertirse en un jugador de videojuegos profesional en Hong Kong.

Pierce entró entonces en una sórdida asociación con un emprendedor tecnológico llamado Marc Collins-Rector que dirigía una empresa llamada Digital Entertainment Network. Collins-Rector invitó a Pierce a unirse. La empresa se desintegró cuando Collins-Rector y su socio, Chad Shackley, fueron acusados de abuso infantil, pero Pierce absorbió lo suficiente de su visión por su propia experiencia, que le enseñó que la televisión estática y el entretenimiento del cine estaban a punto de ser usurpados por las experiencias interactivas prometidas por la señal del internet, de modo que se mudó a Marbella (España) y fundó una empresa llamada Internet Gaming Entertainment (IGE). Construyó esta nueva empresa sobre la fortaleza de su capacidad para jugar videojuegos (su personaje preferido era un oscuro mago elfo llamado Arthrex) y pronto se dio cuenta de que había dinero en la venta de armas, armadura y monedas virtuales que adquiría en su juego.[16]

Pierce comenzó con monedas de platino de un juego llamado *EverQuest*, que comenzó a desarrollarse hacia convertirse en un mercado de millones de dólares de valor antes de establecer el oro acumulado por su personaje de Azeroth en *World of Warcraft*, un juego que tuvo en una ocasión once millones de suscriptores, como la moneda virtual más intercambiada. Su negocio de moneda virtual se había vuelto tan atractivo que IGE atraía millones en inversiones de capital de Goldman Sachs, y la empresa terminó contratando a uno de sus banqueros, Steve Bannon. Pierce describió al infame emprendedor/barón derechista de los medios que, diez años después, recorrió todo el camino hasta la Casa Blanca de Trump como su "mano derecha".[17] Bannon sentía que Pierce estaba en el centro de una "cuarta revolución industrial" que llevaría su visión de una "revolución populista" más cerca de su meta. Aunque no hay ninguna señal clara de que Pierce esté alineado con movimientos por la supremacía blanca, sus conexiones con el misticismo de estilo Bannon, combinadas con alusiones a evasiones populistas del orden global, han infundido cierto tipo de oratoria de humo y espejos (o con menos bondad, una sutil venta agresiva del siglo veintiuno) que impregna sus apariciones públicas.

Poco después del Huracán María, Pierce decidió que era el momento adecuado para trasladar su base a la isla, mudándose él mismo y sus operaciones allí a finales de 2017. En su primera presentación importante durante una conferencia que él llamó Restart, realizada en San Juan en marzo de 2018, dejó claro cuál era su comprensión de su papel en el lenguaje similar al de Bannon. Su narrativa une el nacimiento de la criptomoneda con la secuela de la burbuja tecnológica y el derrumbe de los mercados financieros de 2008. También se burla de quienes dudan comparando el escepticismo hacia la cadena de bloques de transacciones con el escepticismo sobre el internet mismo. Los primeros innovadores del internet, sugirió, fueron innovadores alternativos y radicales, igual que su propio hípster alternativo.

Aunque su ropa ridícula, que incluye un gran sombrero con naipes fijados a él, puede hacerle parecer una figura eminentemente desdeñable, Pierce sabe cómo utilizar un lenguaje sofisticado que combina la charla tecnológica y la teleología estilo Bannon, en la cual el beneficio personal se fusiona con una forma extra grande de engreimiento espiritual que pretende estar a la vanguardia de la historia. «Bitcoin es valor digital, un símbolo con suministro fijo», explicó él, con dos grandes pantallas a cada lado que mostraban en grande la palabra "ME" (YO) con la "M" invertida en un movimiento gráfico para que la pantalla mostrara finalmente "WE" (NOSOTROS). «La cadena de bloques de transacciones puede tener reglas programables incorporadas como si fuera un contrato; es un libro de contabilidad público descentralizado e incorruptible. Es una fuente pública de verdad». El anarcoliberialismo libertario de Pierce promete "comunidades autónomas descentralizadas" que crean "un alineamiento de intereses", algo muy necesitado para el mundo en vías de desarrollo.[18]

Está claro que Pierce es muy bueno para unir los puntos. Aprovechó sus quince minutos de fama en Hollywood para hacer carrera como jugador de videojuegos, y después utilizó sus habilidades en el juego para desarrollar y explotar un mercado emergente de moneda virtual. Esto le puso en contacto con capital de riesgo respaldado por uno de los bancos más poderosos del mundo, el que es un jugador fundamental en subscripción de seguros y en cargar tasas desorbitadas a las ventas de bonos y ajustes de préstamos de Puerto Rico. Él compara el lienzo en blanco de Puerto Rico con las condiciones que permitieron desarrollarse a un mercado que implicaba el uso de minutos prepago de celular en Kenia, y plantea la pregunta de suma importancia: «¿Tiene Puerto Rico unicornios tecnológicos?», aludiendo al potencial de Puerto Rico para desarrollar una dotada clase emprendedora de expertos en tecnología. El 20 de mayo, el Departamento de Comercio y Desarrollo Económico de Puerto Rico lanzó un Consejo Asesor de Bloques de Transacciones dirigido por el secretario del departamento, Manuel Laboy Rivera, para desarrollar un marco regulatorio y legal amigable para la naciente industria.

Desde entonces, se ha citado la tecnología de la cadena de bloques de transacciones como un modo de que nuevos emprendedores de la energía vendan directamente productos a cooperativas comunitarias y, de esta manera, revolucionar el modo en que se crea y distribuye la energía en Puerto Rico. Sin embargo, todo esto parece pasar por alto el hecho de que se han realizado muy pocos desarrollos significativos desde que comenzó el alboroto de la cadena de bloques de transacciones y que el beneficio central parece ser una idea difusa de que atraer a números importantes de emprendedores muy ricos y capital de riesgo de algún modo conducirá a la innovación que se filtrará para beneficiar al paisaje de Puerto Rico después de María. Pierce y sus camaradas saben que su verdadero propósito es estar en el centro de una bonanza de capital de riesgo que invertirá en sus empresas y que esos beneficios serán protegidos por los beneficios fiscales de la Ley 20 y Ley 22 que aprobó Luis Fortuño diez años atrás.

Pierce ya ha enfrentado algunos escandalosos retrocesos

en sus apariciones públicas; sin embargo, continúa trabajando con su red en un apartamento de Airbnb rentado en el Viejo San Juan, subido a la ola hasta que rompa. Hasta ahora no ha experimentado retroceso de la revelación emergente de que las consecuencias medioambientales del desarrollo de la cadena de bloques de transacciones digitales podría acelerar el cambio climático mediante la inmensa cantidad de emisiones de gases de efecto invernadero que crearían las computadoras necesarias para extraer Bitcoin.[19] Irónicamente, los extractores de bloques de transacciones prefieren zonas del mundo con costos eléctricos relativamente bajos para obtener el mejor beneficio de su inversión, y la privatización de la AEEPR es improbable que haga que los precios en Puerto Rico sean más favorables para ellos.

Dejando a un lado la privatización de la AEEPR, la estrategia del gobierno de Puerto Rico de atraer a los ultrarricos raya en lo absurdo: la mayoría provienen de la evasión de impuestos, y aunque muchos invierten en propiedades en la playa que podrían producir algunos empleos, no hay ningún mecanismo que asegure que una parte significativa de su inversión se dirija al desarrollo económico de Puerto Rico. Más de 1500 nómadas adinerados han establecido su residencia en Puerto Rico desde 2012, cuando comenzaron las leyes 20 y 22 estableciendo una baja tasa impositiva empresarial del cuatro por ciento, y obtienen ingresos personales de beneficios del capital, intereses, y dividendos libres de impuestos. Para obtener beneficios, un individuo debe vivir al menos 183 días en la isla, pero pasar solamente un minuto en la isla cuenta como un día; es posible que alguien pudiera aterrizar en un avión privado, tomar un café, y proseguir hacia otro destino en otra isla del Caribe.[20]

Han surgido varias pequeñas empresas para dar servicio a los ultrarricos que compran propiedades valiosas en El Condado y la ciudad costera relativamente remota de Dorado, antes un lugar favorito de la familia Rockefeller. El multimillonario de fondos de inversión, John Paulson, un importante donante de la University of New York y antes considerado un posible asesor financiero de la Casa Blanca de Trump, se ha convertido en un importante influyente en El Condado. Él realiza la mayoría de los eventos importantes que atraen inversión, incluido en el que Puerto Rico fue declarado un potencial Singapur del Caribe. Escenario para la exitosa comedia de Hollywood, *Crazy Rich Asians* (Asiáticos locamente ricos), Singapur es una de las ciudades más caras del mundo y es el hogar de 188 000 millonarios, con 1500 caracterizados como "ultrarricos"; tiene una baja tasa de impuestos de renta; y también está experimentando un rápido crecimiento en la desigualdad de riqueza.

LA "RESTRUCTURACIÓN" NEOLIBERAL DEL SISTEMA EDUCATIVO DE PUERTO RICO

En julio de 2018, la Secretaria de Educación de Puerto Rico, Julia Keleher, fue entrevistada por el reportero de *CBS News*, David Begnaud, e hizo un comentario que hizo arder el internet. Desgraciadamente, el comentario que circuló ampliamente fue una tergiversación que apareció en un extracto de la entrevista en la página de Facebook de Begnaud: «El Huracán María fue lo mejor que podía sucederle a Puerto Rico». La indignación y la condenación fueron rápidas, en gran parte porque Keleher, aunque su acento español era pasable, se había criado en un barrio italiano-americano en el sur de Filadelfia y era percibida generalmente como una extranjera en Puerto Rico. Pero lo que ella dijo realmente, que el huracán quizá fue un punto positivo para el sistema de enseñanza pública, fue indicativo de su propósito en la isla y quizá igualmente condenable. «Bajo circunstancias normales aquí, habría sido muy difícil para mí intentar ampliar la época escolar», expresó. «La otra opción que yo tenía era el verano, cuando la gente era inflexible sobre no tener clases en junio. Era casi como si fuera una ley; y ahora, de repente, es una opción».

Keleher se refería a que como el huracán había cerrado escuelas por tanto tiempo, ella tenía una oportunidad mucho mejor de implementar algo que había querido hacer por algún tiempo: instituir varias reformas parecidas a las de las escuelas subvencionadas (*charter*), como ampliar la jornada escolar, algo que ella antes había sentido que era imposible hacer dado el historial y la tradición del sistema educativo. Se refería indirectamente a normas establecidas por el sistema de maestros sindicalistas, quienes, a pesar de estar muy mal pagados, tenían acceso al seguro de salud y un sistema de pensiones pagados, dos gastos que el sistema educativo en Estados Unidos y Puerto Rico quería eliminar gradualmente ampliando la implementación de escuelas subvencionadas. De este modo, Keleher estaba actuando como cierto tipo de caballo de Troya al intentar fomentar planes de privatización en Puerto Rico tras la estela de una crisis.

Los comentarios de Keleher fueron simples trámites similares a los realizados por el exsecretario de educación de Obama, Arne Duncan, quien en una entrevista con el periodista Roland Martin en 2010 dijo que el Huracán Katrina fue «lo mejor que le sucedió al sistema educativo en Nueva Orleáns».[21] Similarmente a Keleher, él explicó que el sistema educativo de la ciudad era un desastre y que la comunidad necesitaba ser despertada para decir:

«tenemos que mejorar». Pero la implementación de escuelas subvencionadas en el centro de la reforma educativa en Nueva Orleáns, según los críticos, tiende a inflar las estadísticas, reflejando mejoras para un conjunto de élite de estudiantes a la vez que hace un daño generalizado a los más desaventajados, que abandonan el sistema por completo y ya no son incluidos en los datos.

En muchos aspectos, Puerto Rico había evitado reformas aceleradas de privatización neoliberal que han dominado en los estados. Las escuelas subvencionadas tan solo están comenzando a echar raíces, aunque ante cierta resistencia; las tasas de matrículas universitarias son relativamente bajas; siguen existiendo restos del sistema de salud regional en forma de Centros de Diagnóstico y Tratamiento; y la gran fuerza laboral pública sindicalizada sigue eclipsando al sector privado. La llegada de María y las graves crisis resultantes han ofrecido con frecuencia oportunidades para nuevos remedios impulsados por el sector privado que habrían sido difíciles de implementar anteriormente.

El gobierno de Puerto Rico ha planeado por mucho tiempo cerrar escuelas públicas, eliminar empleos de enseñanza y erosionar el sindicato de maestros de escuela. Al principio, motivado por la amenaza cada vez mayor de la crisis de deuda, el plan estaba siendo implementado ahora a pleno rendimiento como resultado del Huracán María. En febrero de 2018, el gobernador Rosselló anunció su deseo de clonar los planes neoliberales estadounidenses para la educación, incluyendo un sistema de bono para elección de escuela y escuelas subvencionadas, a la vez que ofrecía ilícitamente aumentos de salario para los maestros. Con el enfoque de la política de escuelas subvencionadas y bonos para elección de escuela, el resultado probable es de cierres continuados de escuelas. De las 1100 escuelas de Puerto Rico, 244 ya han sido cerradas.

La postura de Keleher en Puerto Rico había estado llena de dramas cotidianos acerca de su legitimidad para ser secretaria de educación, en el que continuamente se ponía en cuestión su dominio del idioma español. En una reunión con el personal de educación, ella admitió abiertamente que como hablante de inglés nativa, meramente traducía sus pensamientos y no siempre lo hacía con mucha eficacia, lo cual justificaba la incapacidad de ellos para entenderla.[22] Aunque habla con un acento de una aproximación bastante competente a un auténtico puertorriqueño isleño, hubo momentos en los que su pronunciación tenía un matiz gringo ineludible, lo cual suscitaba aceptación a regañadientes o desaprobación escéptica por parte de la fuerza laboral educativa, los medios de comunicación y la opinión pública. Quizá incluso más problemático para Keleher fue su salario de 250 000 dólares al año, uno de los más elevados para un puesto de secretaria de educación en Estados Unidos, invitando a comparaciones con la directora ejecutiva de La Junta, Natalie Jaresko, quien es también una forastera recompensada de modo extravagante.

La práctica de conceder salarios muy elevados a directores de instituciones o departamentos del gobierno importantes ha sido por mucho tiempo un punto principal de cómo recompensa el neoliberalismo a sus ejecutivos de alto nivel, una de las claves para cómo su redistribución de la riqueza beneficia a las clases empresariales. La lógica de atraer talento "de talla mundial" implica a veces búsquedas globales que repetidamente han dado como resultado que lleguen extranjeros a situaciones locales con poca comprensión de la historia y la política de la zona. El Museo del Barrio en el Harlem hispano en Nueva York es un ejemplo que se cita con frecuencia, donde un museo que fue fundado por y para los residentes latinos de Nueva York ha evolucionado hacia convertirse en una institución global que ha estado importando directores de México y Europa para dirigir la institución durante los últimos veinte años. Incluso jefes de departamentos de policía son ahora los candidatos de rigor desde la otra mitad del país, como es con frecuencia el caso de los presidentes de universidades en ciudades, y así sucesivamente.

Pero lo que hizo que el trabajo de Keleher como secretaria de educación fuera particularmente inquietante fue su fácil encaje con la secretaria de educación de Trump, Betsy DeVos, cuya familia fundó Amway y está entre las más destacadas familias cristianas conservadoras de Estados Unidos. Su hermano, por ejemplo, es Erik Prince, quien fundó la empresa contratante mercenaria militar Blackwater, que operó en las guerras de Oriente Medio como cuerpo privatizado, uno de cuyos miembros fue acusado de asesinato en primer grado en un incidente que dio como resultado la muerte de catorce civiles desarmados en 2007.[23] DeVos ha hecho surgir críticas continuadas de sus declaraciones de que la educación pública es un sistema sin futuro, que institutos y universidades históricamente negros fueron "verdaderos pioneros de elección pública", que ella favorecía que hubiera personal más armado en las escuelas para evitar tiroteos masivos, y que estaba de acuerdo en que Estados Unidos debería salir del acuerdo de París por el cambio climático. Ella es el clásico miembro de gabinete ultra rica y ajena a la realidad que Trump ha impuesto sobre el pueblo estadounidense en su claro intento por gobernar mediante oligarquía.

DeVos había estado trabajando muy de cerca con Keleher y el gobernador Rosselló para instituir reformas educativas, ya fuera directamente o mediante el secretario asistente sustituto Jason Botel.[24] Las prioridades de DeVos eran permitir múltiples autorizadores para escuelas subvencionadas, algo que inundó Michigan, un estado donde DeVos había sido presidenta del esfuerzo de recaudación de fondos del Comité Republicano Nacional (RNC, por sus siglas en inglés). El uso de múltiples autorizadores puede permitir que una escuela subvencionada de bajo rendimiento quede a cargo más fácilmente de un autorizador (una entidad aprobada por una legislatura local que supervisa el cumplimiento de su contrato de una escuela subvencionada), quien puede que sea menos estricto en sus estándares. Nuevas reformas dejan también la puerta abierta para la expansión de escuelas subvencionadas en el internet, un formato del que se abusa fácilmente. La falta de supervisión y la sustitución inadecuada de la enseñanza tradicional por la enseñanza en el internet pueden influir negativamente en los alumnos y devaluar las habilidades del instructor. La carrera hacia soluciones de escuelas subvencionadas también ignora los muchos fallos que tienen en Estados Unidos, incluyendo una en Filadelfia dirigida por una organización puertorriqueña en la diáspora llamada ASPIRA (una joven organización sin fines de lucro de defensa y educación), que fue cerrada por corrupción solamente semanas después de una visita del gobernador Rosselló, quien después tuiteó que representaba «un modelo excelente de escuela subvencionada».[25]

A principios de 2019, Keleher había abierto la primera escuela subvencionada en Puerto Rico, una escuela patrocinada por Boys and Girls Club en San Juan. Entonces anunció que el proceso de propuesta estaba pendiente y que había que modificar las normas para financiar escuelas. En torno a la misma época, una empresa llamada Dealer

Market Exchange anunció que abriría una nueva academia en la internet llamada DMX University que formaría a los estudiantes en desarrollo de cadena de bloques de transacciones en Puerto Rico. Mientras tanto, el sistema universitario de la isla lucha con el abandono, los aumentos de las matrículas, pérdida de profesorado y departamentos, y una amenazante pérdida de acreditación. Además, el sindicato de maestros (Federación de Maestros de Puerto Rico) ha seguido defendiendo los aumentos de salario y mejores condiciones laborales, y presentó una demanda contra la implementación de escuelas subvencionadas como parte de la reforma educativa. La educación en Puerto Rico sería quizá su campo de batalla más crucial para avanzar.

En abril de 2019, Keleher dimitió como secretaria de educación, citando problemas "políticos" y el hecho de que ella es un "actor de cambio" que ya había implementado cambios y que el sistema necesitaba ahora a alguien que pudiera "mantener el rumbo". Ella había acordado seguir como asesora bajo el mismo salario anual de 250 000 dólares, pero días después de su dimisión fue cancelado ese contrato. Parece que eso estuvo relacionado con cuestiones planteadas por la conexión de Keleher con el bufete de abogados Hogan Marren Babbo & Rose, que ofrecía asesoría legal a escuelas subvencionadas noveles. La persona de contacto de este bufete es Jay Rosselló, el hermano del gobernador Ricardo Rosselló, un hecho que enojó y puso al límite inmediatamente a la prensa local de Puerto Rico.[26]

EL ACUERDO COFINA:
¿RESTRUCTURACIÓN O SENTENCIA DE MUERTE?

En octubre de 2018 se aprobó una ley en la legislatura de Puerto Rico, sin vistas públicas ni discusión, que crea un paso crucial hacia la certificación de lo que se denomina el Plan de Ajuste COFINA. COFINA es un acrónimo utilizado para identificar lo que puede traducirse como Corporación del Fondo de Interés Apremiante, un método para evitar los límites constitucionales de Puerto Rico para emitir deuda mientras cubre costos de operaciones para agencias del gobierno. COFINA fue una estrategia inventada durante la administración de Acevedo Vilá en 2006, cuando administradores del BGF la emplearon para circunnavegar límites legales, haciendo que Puerto Rico fuera una inversión volátil con la posibilidad de un gran beneficio y especialmente atrayente para fondos buitre y de inversión. Pero quienes fueron los últimos en llegar a la mesa, agrupados en lo que se denomina Coalición de Bonistas Senior de COFINA, son los que más se benefician del acuerdo de restructuración del plan de ajuste.[27]

Bajo el acuerdo, la mayoría (53,5%) de los fondos reunidos del 11,5% del impuesto a las ventas en los próximos cuarenta años estarán dirigidos a las arcas de los bonistas de COFINA, dejando solo el 46,5% de los ingresos impositivos para el gobierno de Puerto Rico y su pueblo. Los recortes en el valor de los bonos lo sintieron más considerablemente bonistas más pequeños e individuales, incluidos muchos inversionistas puertorriqueños locales, mientras que los fondos buitre recuperarán el 93% del valor nominal de los bonos. Es indignante que cinco de las empresas que se beneficiarán de este acuerdo produjeron partes inmensas de la deuda después de que los precios cayeran drásticamente en la secuela inmediata del huracán, sabiendo que PROMESA seguiría intacta y que la presión era demasiado elevada para crear una restructuración de la deuda a la vez que la isla espera dinero federal para la recuperación.

De hecho, el acuerdo COFINA de restructuración de

la deuda estaba basado en parte en un plan fiscal creado por el gobierno y la Autoridad de Asesoría Financiera (creada para sustituir al fallido BGF) en agosto. Este plan asumía que 86 mil millones de dólares «se calculaba que serían invertidos en ayudar a Puerto Rico a recuperarse y la reconstrucción tras el Huracán María».[28] Sin embargo, solamente se han adjudicado 46 mil millones, y en el otoño de 2018 solamente se habían gastado la mitad de los 15 mil millones de dólares destinados mediante FEMA. La entrega de cualquier ayuda es complicada por los procesos burocráticos de liberar fondos, los arrebatos continuados de Trump acusando a la isla de tener políticos corruptos que usan mal el dinero, el hecho de que gran parte es en forma de préstamos y que, en enero de 2019, el cierre del gobierno creó un retraso que demoró todas las funciones del gobierno durante meses.

En efecto, el plan creó un beneficio inmediato de dinero caído del cielo para los fondos buitre y de inversión mientras sentenciaba a los puertorriqueños a cuarenta años de atadura de deuda porque la restructuración misma imita los mecanismos del capital de revalorización de bonos. En otras palabras, la cantidad de deuda se revalorizará a lo largo de los años del acuerdo de restructuración, requiriendo que finalmente los puertorriqueños paguen 33 mil millones de dólares sobre un principal de 17,5 mil millones de dólares.[29] Economistas como Joseph Stiglitz y Martín Guzmán, de la Columbia University, al igual que Sergio Marxuach, del Centro para la Nueva Economía de Puerto Rico, han pedido que sean perdonadas grandes partes de la deuda como el único modo de que la economía se recupere lo suficiente para crear una apariencia de desarrollo económico y, de esa manera, recuperar acceso a los mercados de capital: la meta deseada de PROMESA.

La decisión final de certificar el plan de restructuración COFINA pasará por el tribunal del Título III de Laura Taylor Swain, quien ya ha establecido un precedente para la que será probablemente su decisión. Cuando desestimó las demandas presentadas por la UTIER y el grupo Nonsecured Debtholders por la validez de La Junta y la designación de sus oficiales bajo la Cláusula de Nombramientos de la Constitución estadounidense, Taylor Swain básicamente justificó como legal cualquier proyecto llevado a cabo por el Congreso estadounidense, en gran parte porque "así lo dice", en virtud de la falta de incorporación de Puerto Rico en los cincuenta estados. Pese al hecho de que Taylor Swain ha empleado gran parte de su carrera protegiendo a los consumidores, en un sentido legal no tiene casi ninguna otra opción sino la de fallar a favor de certificar el acuerdo. Esto a pesar del hecho de que, a mediados de enero de 2019, un desfile de testigos cercó su tribunal rogándole que reconociera la imposibilidad de la dura situación económica de Puerto Rico y la patente injusticia no solo del acuerdo COFINA, sino también del mecanismo de PROMESA creado en un principio para ejecutarlo.

Mientras sucedía todo esto, se estaba representando un especial de siete noches de la obra *Hamilton*, de Lin-Manuel Miranda, en el Centro de Bellas Artes Luis A. Ferré de San Juan para que la vieran cientos de ricachones de Estados Unidos al igual que la mayoría del Comité Demócrata, que había volado desde Washington durante el cierre del gobierno. En su apasionante cobertura, los medios de comunicación se enfocaban principalmente en el simbolismo de presentar la obra allí, influenciados más probablemente por el aparato experto de relaciones públicas reunido por Luis, el padre de Miranda. Él había dejado su empleo en el Grupo Mirram, una firma de asesoría política de mucho empuje en Nueva York, para dividir su tiempo entre su papel en el Latino Victory Fund, una organización de grupos de presión demócratas que se preparaba para una recaudación de fondos masiva para las elecciones presidenciales de 2020, y el Flamboyan Arts Fund, un fondo filantrópico pensado para otorgar becas para preservar las artes y los artistas en Puerto Rico.

Mientras cientos se manifestaban y marchaban fuera del tribunal de Taylor Swain y las principales mentes legales de la isla, economistas y ciudadanos de a pie testificaban ante ella, fue revelador que en todos los artículos principales que aparecieron en el *New York Times*, el *Washington Post*, en *New Yorker* y en *Atlantic* no hubiera ni una sola mención al acuerdo COFINA. Eso se debe a que, desde el inicio del proceso de PROMESA, los medios de comunicación y los funcionarios del gobierno estadounidense han dado por hechos la deuda y la santidad del mercado municipal de bonos, dejando que la única narrativa para ser escrita o recitada sobre Puerto Rico sea como una masa bien intencionada de pseudociudadanos desviados por políticos corruptos y sus propios caminos irresponsables. Ahí entra *Hamilton* de Miranda para ayudar a crear el espejismo de esperanza ante la restructuración de PROMESA, que él antes favorecía.[30] Pero ¿sería solamente una excusa para un nuevo régimen financiero que impulsaría la subyugación de la isla a una forma más escurridiza y voraz de colonialismo del siglo veintiuno?

CAPÍTULO 9

EL ARTE DE LA RESISTENCIA

Deambulante en la Calle Cerra, en el distrito artístico con murales de San Juan.
© Joseph Rodríguez

Santurce, una subdivisión de San Juan al este del distrito de El Condado, es el núcleo urbano de Puerto Rico. Conocido familiarmente, aunque en desuso, como Cangrejos, consistía en un pequeño asentamiento rodeado de manglares pantanosos que creaban un puente natural para que los crustáceos locales deambularan por la tierra junto con los lugareños, que eran principalmente negros y pobres. El equipo de béisbol de la ciudad, llamado "los Cangrejeros", tiene uniformes que combinan los colores de los Dodgers de Brooklyn y el diseño de los Cardenales de St. Louis, y presentan un par de cangrejos sobre una gorra de béisbol. Antes de pasar toda su carrera en la liga mayor de béisbol con los Piratas de Pittsburg, Roberto Clemente llevó puesto un uniforme de los Cangrejeros de Santurce.

En la parte occidental de Santurce está el Centro de Bellas Artes, donde tuvo lugar la representación en Puerto Rico de *Hamilton*, de Lin-Manuel Miranda, en enero de 2019, después de ser trasladada (debido supuestamente a preocupaciones por la seguridad) del auditorio de la Universidad de Puerto Rico en la vecina Río Piedras. Bellas Artes fue construido a instancia del dramaturgo Francisto Arriví y el historiador Ricardo Alegría en la década de los setenta, como parte de un nuevo plan económico para Puerto Rico. Un intento muy local de crear un espacio para que las artes escénicas se desarrollaran en todo Puerto Rico, los paralelismos entre la política espacial urbana del Centro y la del Lincoln Center de Nueva York en el Upper West Side de Manhattan son extrañamente convincentes.

La estrategia para la construcción del Centro de Bellas Artes recordaba la actitud de Robert Moses hacia las gentes de San Juan Hill, que era el barrio más ampliamente de *latinx* negros y mulatos que desplazó el Lincoln Center.

Como parte del esfuerzo de limpieza de terrenos que se produjo para hacer espacio para la construcción del Centro, cientos de familias pobres y mayormente de raza negra fueron trasladadas de su barrio de Santurce, que estaba cerca de una parada de autobuses en la Avenida Ponce de León conocida como Parada 22. Esta era una zona frecuentada por practicantes de una forma autóctona de música conocida como bomba y plena, cuyas figuras centrales como el líder de orquesta Rafael Cortijo y el vocalista Ismael Rivera eran símbolos de orgullo y resistencia para la clase obrera de Puerto Rico. El grupo contemporáneo Los Pleneros de la 21, que vive y se desarrolla en Nueva York, toma su nombre de su barrio original cerca de la Parada 21, como se conocen localmente esas paradas de autobuses.

En estos tiempos, Santurce y una de sus principales vías públicas, la Calle Loíza (que está a una milla de distancia del Centro de Bellas Artes) están experimentando revueltas sociales que están causando que algunos lo comparen con lo que sucede en lugares como Bushwick, en Brooklyn. Una confluencia de actividad artística visual y de interpretación, acompañada por una explosión de restaurantes y tiendas de ropa de moda, ha hecho que la zona circundante a la Calle Loíza sea un tipo de central hípster en Puerto Rico. El huracán devastó muchos barrios pobres y de clase trabajadora, como el Barrio Machuchal, que rodea la franja hípster de la Calle Loíza. También causó graves daños al lugar llamado irónicamente La Junta (del que hablamos en el capítulo 7), un sencillo burger y cervecería que albergaba noches de jazz y reuniones de bomba y plena dirigidas por Héctor "Tito" Matos, una de las figuras principales de la escena local; aún tiene que volver a abrir.

La política que rodeó el resurgimiento y el potencial de la Calle Loíza para desplazar a los lugareños remitió

brevemente tras el huracán, pero nunca llegó a irse realmente. El resurgimiento de interés en las artes en Puerto
Rico está en la confluencia de varios factores, y la mayoría de
ellos tienen que ver con la especulación en los bienes raíces
y el turismo. Aunque el negocio del arte estadounidense y
global ha ignorado en gran parte a pintores clásicos puertorriqueños como Francisco Oller, José Campeche, y el más
contemporáneo, Rafael Tufiño, la isla ha invertido considerablemente en dos museos de arte: uno en la ciudad sureña
de Ponce y el otro en Santurce. Durante gran parte de los
últimos veinte años ha habido esfuerzos para atraer turistas
con noches de galerías de puertas abiertas mensualmente
en el Viejo San Juan, un tipo de plataforma natural para
tal actividad. Aún más, han surgido varias galerías en la
zona metropolitana, atrayendo compradores del continente
y también como una vibrante escena de lugareños. Incluso
ahora hay especuladores que se arremolinan en una calle
en Santurce llamada Calle Cerra, hogar de un festival de
murales urbanos conocido como Santurce es Ley, que ha
estado presagiando la "gentrificación dirigida por el arte"
desde principios de la década de 2010.

Calle Cerra se ha vuelto emblemática de zonas urbanas
de moda en Puerto Rico debido a su temprana adopción de
la decadencia urbana posmoderna además del modelo de
arte callejero de moda que ha caracterizado a varias ciudades en Estados Unidos. Comenzando con la escena en el
centro en Manhattan durante la década de los ochenta,
que presentaba una representación significativa de artistas
latinx y dueños de galerías que finalmente fueron eclipsa-
dos por artistas de raza blanca, el modelo de desinversión,
despoblación y decadencia de infraestructuras ha estado
codificado como una oportunidad de rigor para el desarrollo de los bienes inmuebles. El largo periodo de decadencia

de Calle Cerra surge de que los residentes abandonan zonas en el centro y la incapacidad del gobierno para reinvertir en ellas, causando incluso más migración, edificios que se desmoronan y, después de María, los baches legendarios que se han vuelto tan universales como para aparecer en letras de canciones de Bad Bunny, el destacado rapero *trap* de la isla. Aprovechando la fachada aterradoramente atractiva de lúgubres restos posindustriales, el mismo ambiente que impulsa lugares como Bushwick (Brooklyn) y el distrito Wynwood del norte de Miami, hay un tour mural organizado por Airbnb, completo con un decadente desayuno-almuerzo de treinta dólares en Latidos.

«Hay una falta de responsabilidad de los lugareños, que no respetan la historia del barrio», señaló Marina Reyes Franco, conservadora de arte e historiadora que vive en San Juan. Ella lamentaba la transición de la Calle Cerra desde su estatus como el hogar de la industria musical en Puerto Rico, un cambio que comenzó a acelerarse un par de años antes de María. En noviembre de 2015, la rama principal de Discos Viera, cuya ornamentada arquitectura colonial le daba el nombre de La Catedral de la Música, se vio obligada a cerrar debido a lo que su dueño, Rafael Viera, denominó una venta fraudulenta de Scotiabank por 100 millones de dólares, a pesar de lo que él dijo que era una oferta más elevada por su parte.[1] El lugar de Viera Music actualmente está ocupado por Latidos y los turistas van allí a almorzar.

La Calle Cerra es un lugar de intensa creatividad para artistas puertorriqueños, quienes expresan fuertemente sentimientos progresistas junto con un sarcasmo mordaz y un profundo amor por la isla y su realidad colonial. Pero es también un vehículo para obtener beneficios por parte de inversionistas locales y de fuera. Por ejemplo, el evento

Santurce es Ley, realizado en diciembre de 2018, presentó un mural que representaba a mujeres de clase trabajadora afropuertorriqueñas y afrodominicanas que llevaban rulos en el cabello dándose un cálido abrazo, sugiriendo solidaridad entre las mujeres al igual que un antídoto para el problema continuado de discriminación antidominicana que afecta todos los niveles de la sociedad puertorriqueña. También se presentó una instalación de una montaña rusa primitiva llamada "Estamos bien", un tipo de eco sarcástico de una canción de Bad Bunny del mismo nombre que para muchos afirmaba la autogestión, aunque en modo fiesta, que se había convertido en uno de los gritos de guerra de Puerto Rico.

Aunque el término había estado en uso por muchos años, la autogestión había surgido para lidiar con la ineficacia generalizada local y de los gobiernos estadounidenses para reparar los daños en Puerto Rico después de María. Al decir "Estamos bien", Bad Bunny estaba aseverando voluntad sobre un victimismo pasivo. Sin embargo, con la escultura, el artista y músico Mark Rivera quería reactivar la indignación que sienten los puertorriqueños, señalando el mucho trabajo que quedaba aún por hacer. «¿Estamos bien? En realidad, la corrupción, el cierre de escuelas, la violencia machista y feminicidio no indican que estamos bien», le expresó al periódico local *Primera Hora*.[2] De este modo, como había sucedido en la parte Lower East de Nueva York, Bushwick en Brooklyn y el Mission District de San Francisco, la vitalidad de la cultura puertorriqueña/ *latinx* y su participación en las artes y la comunidad crean un genial factor fuera de serie que atrae irresistiblemente a hípsters, tanto anglosajones como puertorriqueños de clase media, e impulsa las rentas comerciales y residenciales a la vez que sostiene lujosos restaurantes y negocios.

Los artistas en Puerto Rico actualmente están atrapados entre intentar sobrevivir con su arte, lo cual es casi imposible de lograr fuera de las estructuras que atienden al turismo y las influencias de aburguesamiento, y producir arte mientras encuentran otras maneras de sostenerse, una estrategia que abre la posibilidad de hacer arte de resistencia. Como es el caso de la mayoría de los grupos marginados, la mera actividad de producir arte que es fiel a la cultura y la tradición puertorriqueñas conlleva un componente político, al igual que buscar reconocimiento contrarresta la invisibilidad asignada a ellos por los mecanismos explotadores del capital colonial. Tradiciones folclóricas como la música y la danza asociadas con bomba y plena son un ejemplo de esto, y no es sorprendente que los panderos se toquen en casi todas las manifestaciones organizadas por estudiantes universitarios y marchas sindicales.

La plena fue una de las cosas que me ayudó a encontrar mi camino de regreso a lo que sucedía realmente en Puerto Rico. Solía suceder que, si eras un "nuyorican" como yo, las visitas a la tierra natal eran difíciles, porque no siempre era fácil convencer a los puertorriqueños de que eras realmente puertorriqueño debido a tu acento, tu ropa o tu falta de conocimiento sobre los sucesos y el chisme en la isla. Eso fue difícil para mí aceptarlo, porque los puertorriqueños de Nueva York son incansablemente nacionalistas, y parece que cerca de la mitad de nuestros vehículos tienen una bandera o calcomanías boricuas colgando del espejo retrovisor.

La clásica anécdota sobre esto quedó cimentada en una película sobre el poeta "nuyorican", Miguel Piñero. En ella, él advierte a un cuarto lleno de tipos literarios contra despreciar el espanglish. Era una afirmación de que ser auténticamente puertorriqueño no significa necesariamente hablar un español perfecto, y que este tipo de vigilancia del idioma tenía mucho que ver con tácticas elitistas de la pequeña minoría blanca de la isla. La idea de ser de aquí o de allá se relacionaba sutilmente con isleños blancos que se quedaban y los de piel más oscura que se iban. La cultura de la plena y la cultura del canto hablado, que crecieron mediante la migración y regresaron a la isla, crearon lo que el sociólogo Juan Flores denominó "giros culturales".[3] Esperan crear una identidad cultural puertorriqueña transnacional que no necesite un territorio físico para existir.

Debido a varios factores de globalización, como la televisión por cable, el internet, el aumento de la migración tras la recesión después del año 2006 de regreso a la isla desde Estados Unidos, y el crecimiento de la cultura urbana mediante movimientos como el reguetón, el canto hablado y el resurgimiento de la bomba y plena, tanto puertorriqueños de la isla como los de la diáspora se están uniendo como nunca antes lo habían hecho.

El reguetón y el *trap* latino están creando un tipo de idioma urbano universal para los puertorriqueños. Por medio de ellos, el intercambio cultural puede ser menos una traducción y más una cuestión de compartir información. Ha habido una explosión simultánea de interés en la cultura "nuyorican" por parte de los isleños y un nuevo deseo para los puertorriqueños continentales de profundizar en su cultura. Hace casi veinte años atrás abrió el Nuyorican Café en el Viejo San Juan, rememorando el famoso palacio del canto hablado del Lower East Side en Nueva York. Creó un espacio para poetas de consciencia urbana que leían de computadoras portátiles y soltaban cultura de caserío, pues era afectada por los mismos tipos de vigilancia de ventanas rotas comunes en ciudades estadounidenses.

El movimiento de Vieques a finales de los años noventa

y principios de los dos mil no solo unió a activistas con base en la diáspora y en la isla, sino también a poetas del canto hablado de Nueva York y San Juan. En 2005, un número especial de *Hostos Review*, publicado por el Instituto Latinoamericano de Escritores del Hostos College, fue dedicado a un encuentro entre poetas y escritores "nuyoricans" y puertorriqueños. Reunió a poetas de Nueva York como Mariposa (María Teresa Fernández) y Willie Perdomo, y a poetas isleños como Gallego y Guillermo Rebollo Gil. En un acto de giro cultural mutuo, la línea por excelencia de la "Oda al 'diasporriqueño'" de Mariposa fue revertida. Mientras que el poeta de Nueva York insistía en que ella no nació en Puerto Rico y que en cambio Puerto Rico nació en ella mediante la memoria ritual y ancestral, Gallego afirmaba que él no nació en Nueva York y que Nueva York nació en él. Gallego finalmente fue contratado por una discográfica importante y desempeñó su pequeña parte en la revolución del reguetón de los años dos mil junto con raperos como Tego Calderón, quien hablaba constantemente contra el racismo en la isla.

Este espíritu también se reflejaba en el Festival de la Palabra, un evento anual organizado por la novelista y activista afropuertorriqueña Mayra Santos Febres en San Juan, que fue pospuesto en 2017 debido al Huracán María. Santos Febres ha estado interesada por mucho tiempo en crear una atmósfera de alfabetización como empoderamiento. Después de María, ella impulsó inmediatamente la organización para visitar en cambio escuelas que quedaron sin suministro de libros y hacer lecturas, sin considerar si las estructuras tenían techo o no. Había habido una demanda repentina de libros debido a la falta de electricidad, que había anulado teléfonos, tabletas, computadoras y televisores, y Santos Febres intervino en ese vacío. La organización creó finalmente una antología llamada *Cuentos del huracán*, y muchas de sus historias se enfocaban en la ansiedad y desesperación de los días siguientes al huracán. Algunos de los autores que aportaron historias las escribieron a mano con plumas o, en uno de los casos, con lápiz de ojos.

La antología fue presentada en marzo de 2018 en una versión abreviada del festival en el edificio relativamente nuevo del Conservatorio de Música, que aún luchaba con problemas de suministro eléctrico. Cuando Santos Febres se dirigió a la audiencia, estaba casi abrumada por la emoción. Habló de las muchas noches que pasó llorando y entonces comenzó a derramar lágrimas en el podio. «Nosotros somos gente brava», apuntó decididamente, mostrando su sentimiento del yo como una mujer afropuertorriqueña y la fortaleza necesaria para soportar esas opresiones duales a un pueblo puertorriqueño desafiado como nunca antes.

Fue como si esa narrativa de contar historias que alimentaba a músicos de plena, con su manera versificada de relatar historias de personas comunes, tuviera un nuevo tipo de moneda en pronunciamientos como los de Santos Febres o incluso la combatividad inducida por la emoción de la alcaldesa Carmen Yulín Cruz. La plena es una representación viva de la intersección entre puertorriqueños de color y de clase trabajadora que es antitética a las narrativas oficiales, las cuales ven "blanco" por defecto cuando hablan de la clase trabajadora. Un despertar de la plena en la isla había precedido a la crisis económica de 2006, conducido por una nueva generación que quería desmitificar su folclorismo y practicarlo como un tipo de nueva expresión urbana *latinx*, paralela a la explosión simultánea del reguetón. Grupos musicales como Viento de Agua, de Tito Matos (y su idea de "plenazos" al aire libre, con practicantes que aprendieran ahí en las calles) se habían fusionado con la nostalgia de la salsa y representaciones de lo afropuertorriqueño urbano para crear reuniones muy populares en lugares como El Balcón del Zumbador, en Piñones, y La Terraza de Bonanza, en Santurce. Este último espacio llegó a atraer multitudes no solo de lugareños, sino también de turistas adinerados a mediados de la década de 2010.

Aunque estos tipos de producción cultural surgen de orígenes de algún modo tradicionales, hay muchas actividades culturales híbridas muy diferentes que combinan aspectos del lenguaje, lo poético y la cultura puertorriqueña con estilos posmodernos de artes gráficas, video, redes sociales y tecnologías del internet. La mezcla entre arte y política puede suceder con la misma facilidad en espacios como La Respuesta, un club de música y baile ubicado en la Calle Loíza, que realiza con frecuencia exposiciones de arte, y lo hace en un video de una canción sobre las matanzas del Cerro Maravilla titulada "Odio" de Ileana Cabra, conocida también como iLe, la hermana del rapero Calle 13, René Pérez Joglar, o Residente. El video "Odio" detallaba dolorosamente la violencia y desesperación relacionadas con el incidente que ocurrió cuarenta años atrás, cuando la policía de Puerto Rico disparó y mató a jóvenes activistas por la independencia, con el telón de fondo de árboles que quedaron desnudos por el Huracán María.

«El huracán fue muy crudo, impactante, y nos hizo sentir fuertemente muchas cosas, porque no teníamos electricidad ni agua, y nos hizo cuestionar muchas cosas», me expresó Ileana en una entrevista telefónica. «Creo que los puertorriqueños, sin darse cuenta, están gritando por ser reconocidos, gritando que estamos aquí. Creo que eso proviene quizá de un deseo reprimido de, no sé... independencia. Pero aún no nos damos cuenta».

El uso del video como mensaje y testimonio tras el huracán se extiende ampliamente, desde la propaganda política de Defend Puerto Rico, un colectivo de artistas visuales que incluye a colaboradores de la isla y también de la diáspora, hasta el video promocional de Gabriel Coss del regreso de Lin-Manuel Miranda para interpretar *Hamilton* para la junta de turismo de Puerto Rico, hasta el *collage* de video de Sofía Gallisá Muriente, *B-roll*, que compila imágenes utilizadas por el Departamento de Desarrollo Económico y Comercio para proporcionar una "imagen a vista de pájaro" de la isla para persuadir a inversionistas y migrantes atraídos por las leyes 20 y 22.

El punto de Gallisá Muriente era que la "vista aérea" que utilizan estos videos no diverge mucho de la perspectiva del ejército estadounidense, cuya focalización de la isla para un uso estratégico y experimentos de vigilancia es quizá otra forma del mismo tipo de conquista. Además de su propia obra voluminosa de técnica mixta, Gallisá Muriente es codirectora de una organización sin fines de lucro con base en el Viejo San Juan llamada Beta Local, que intenta conectar a artistas locales con fuentes de financiamiento. «Tenemos una situación en la que, en los dos últimos años el Instituto de Cultura ha experimentado una disminución de un 90% en el financiamiento», dijo en una entrevista.[4]

El Huracán María ha situado una atención renovada en el financiamiento para las artes y la cultura puertorriqueñas, atrayendo filantropía; sin embargo, Gallisá Muriente se pregunta cuánto tiempo tomará antes de que el financiamiento se seque. Mediante Beta Local ella pudo obtener 350 000 dólares en financiamiento de importantes organizaciones filantrópicas como la Federación Hispana, la Fundación Andy Warhol para las Artes Visuales, Red de Fundaciones de Puerto Rico, la Fundación Ford, y la

Fundación Pollack-Krasnes para "El Serrucho", un fondo de emergencia para trabajadores culturales. «Ha sido bastante dinero el que entra, y parece que gran parte de la motivación que hay detrás es un ataque a Trump», señaló ella. «De modo que algunos de nosotros estamos pensando que, en dos años, no estamos seguros de si todo eso seguirá estando aquí». En enero de 2019, los fondos para El Serrucho ya se habían utilizado por completo.

La pintora abstracta Ivelisse Jiménez es una de las artistas que encontró apoyo de Beta Local. Proveniente de la pequeña ciudad montañosa de Ciales, Jiménez acredita su formación artística con los estudios que realizó en la Universidad de Puerto Rico, cuya existencia misma como la institución central para la educación puertorriqueña está amenazada por recortes de austeridad. Ella había pasado veinte años en Nueva York entre 1991 y 2011 obteniendo su maestría en Bellas Artes y comenzó a encontrarse yendo y viniendo. Esa migración circular se convierte entonces en parte de su identidad. Durante la última década ha estado viviendo en Trujillo Alto, un suburbio montañoso de San Juan con su pareja, Teófilo Torres, uno de los actores de teatro más renombrados de la isla, en un terreno que la pareja convirtió en un tipo de finca a la vieja usanza, o granja de subsistencia, con una colección de animales de granja y vistas espectaculares de la zona metropolitana.

El Huracán María golpeó muy duro a Jiménez. Ella perdió su estudio, ubicado en la propiedad que compartía con Torres, que contenía obras que había estado creando durante casi veinte años. También perdió su empleo en la Escuela de Artes Plásticas y Diseño como resultado de los recortes de austeridad impuestos por La Junta. El acceso al Fondo de Emergencia administrado por Beta Local y también a otros fondos obtenidos de El Museo de Arte

Contemporáneo fue clave para ayudarle a sobrevivir al desastre.

«Todo sigue siendo incierto en estos días», me comentó ella en una entrevista.[5] «Sobrevivo día a día como la mayoría de la gente. Pero también siento mucha energía y la necesidad de seguir trabajando donde estoy. Siento ahora un arraigo que me hace pensar que no me iré de la isla a pesar de las circunstancias drásticas y difíciles, ya que parece que todo se está desmoronando aquí». Jiménez siente que el momento precario de la isla está ejerciendo tanto control y opresión sobre ella que se vuelve incluso más urgente salvaguardar la capacidad de la artista puertorriqueña de pensar más allá de los márgenes. «Esa es mi forma de resistencia», añadió ella.

ARTE Y ACTIVISMO

En general, el Huracán María diezmó el circuito de galerías en Puerto Rico. Lo que antes era considerado una "escena de galerías" ya no existe. Aunque permanecen algunas galerías importantes, muchos artistas se han visto obligados a ir en varias direcciones: los beneficios a gran escala de hacer arte para turistas, hacer arte a la vez que trabajan en otros empleos, o incluso hacer arte callejero anónimo. Los incidentes del Día de los Trabajadores de 2017, que se produjeron cuando la policía antidisturbios inundó una manifestación pacífica con gases lacrimógenos después de algunos actos vandálicos sucedidos en el edificio del Banco Popular en Hato Rey, impulsó al gobierno a implementar una serie de enmiendas al código penal, una de las cuales hizo que pintar algo en propiedades públicas fuera punible con tres años de cárcel. Pese a los mayores riesgos, un grupo anónimo de artistas que se hacían llamar La Puerta ha estado participando en pintura mural clandestina en destacadas paredes en San Juan.

Su primera obra fue una pintura de una bandera negra que cuelga cerca de la Calle San Sebastián en el Viejo San Juan. Irónicamente, la obra es tan atractiva que se ha convertido en cierto tipo de trampa para el turista, con cientos de personas juntándose para tomar *selfies* delante de ella. El cambio de los colores de la bandera puertorriqueña de rojo, blanco y azul a negro es reivindicado por los miembros mismos de La Puerta como un acto de resistencia, no de lamento. Una pared en el extremo noreste del Viejo San Juan, que mira a la entrada del famoso barrio La Perla, donde se filmó el video tan visto de la exitosa canción "Despacito" por Luis Fonsi, presenta varios dibujos que anuncian la indignación de la isla. En uno de ellos, un capitalista gordo, calvo y bostezando se sienta rodeado de árboles, uno con lo que parece un cuervo posado en una rama, picando una olla de lo que parecen bonos o pagarés. Su imagen es parte de un tríptico formado por dos eslóganes: "Promesa es Pobreza" y "Bienvenidos a la Colonia más Antigua". Las imágenes comunican el pensamiento creciente entre la población de que la idea del estado libre asociado ha quedado hecha pedazos y que los puertorriqueños no pueden esperar nada sino una austeridad permanente por la imposición de La Junta. La Puerta, cuyos miembros dan entrevistas llevando máscaras que cubren sus caras o bandanas, está abiertamente a favor de la independencia y afirma que el aparato gobernante utiliza el temor para disuadir a la población de esa opción. En la Ruta 17, cerca de la Avenida Barbosa (irónicamente el nombre de uno de los primeros defensores de la estadidad), el grupo ha pintado un mural que pueden ver los conductores que pasan por allí. Muestra el mensaje: "Puerto Rico, cuándo entenderás que nos USAn", con USA en mayúsculas, las siglas para Estados Unidos de América.

Artistas de la guerrilla generalmente se ganan la vida de modo más convencional, como es el caso de un grupo de teatro callejero llamado Los Payasos Policías, que llevaron su actuación transnacional desde Puerto Rico a Nueva York para participar en el Desfile Nacional Puertorriqueño en 2017. El desfile había estado envuelto en controversia porque incluía al preso político liberado Oscar López Rivera, que había estado encarcelado por más de treinta años y fue puesto en libertad en 2017, como invitado de honor, incitando que elementos conservadores inundaran los medios de comunicación con denuncias de él como un "terrorista". Gran parte de la reticencia llegó de supervivientes de bombardeos realizados por la organización de López Rivera, la FALN, retratándolo como un asesino. Sin embargo, López Rivera había sido un miembro activo de la FALN, pero fue considerado no culpable de participar directamente en los bombardeos, y no hay ninguna evidencia de que participara en otros, aunque fue considerado culpable de "conspiración sediciosa", esencialmente haciendo de él un preso político.

Los Payasos Policías, actores de teatro que se visten de policías en un intento por destacar ridiculeces y apaciguar confrontaciones entre manifestantes y las autoridades, son dirigidos en parte por un activista llamado Israel Lugo. Hicieron una aparición en el mitin del Día de los Trabajadores a principios de ese año, y Lugo me dijo que como secuela habían hecho su intervención usual de intentar convencer a la policía de que ellos mismos eran parte de la clase trabajadora y que la administración colonial de Ricardo Rosselló los estaba utilizando. «Terminamos nuestra presentación con el discurso que da Charles Chaplin al final de la película *El gran dictador*, donde invita a los soldados a unirse a él», me explicó en una entrevista refiriéndose al llamado de Chaplin en favor de la democracia y contra la dictadura.[6]

Lugo estaba asombrado por la violencia que surgió finalmente y también por el enfoque de los medios en los incidentes de vandalismo perpetrados por jóvenes que llevaban máscaras. Ese tipo de fascinación de los medios ha sido el caso por mucho tiempo en Puerto Rico, remontándose a los diversos incidentes violentos que se han producido durante manifestaciones en la universidad, fuera de los hoteles del Condado, y en La Milla de Oro. Esta narrativa funciona para avivar un tipo de pánico moral que se utiliza en la isla para crear monstruos de personas que visten ropa que se relaciona con anarquistas o antifascistas, permitiendo que los elementos religiosos más conservadores del público culpen a artistas y radicales de principios.[7]

Una de las amenazas fabricadas fue Nina Droz, una veterana del escenario punk-rock de Puerto Rico, de treinta y siete años, seis pies (1,82 metros) de altura, y muy tatuada, que actualmente está retenida en el Centro de Detención Metropolitano en Tallahassee (Florida). Maestra de artes, modelo, y que participó una vez en una película independiente en el papel de respirar fuego, Droz parece estar en prisión debido más al pánico moral hacia una mujer inusualmente alta que responde a la violencia con violencia: la policía encontró mensajes de texto en su teléfono en los cuales afirmaba haber dado un puñetazo en la cara a un hombre por abusar de sus perros. Aún llevaba la mano escayolada cuando fue arrestada y posteriormente fue acusada de conspirar para dañar o destruir un edificio mediante fuego utilizado en el comercio interestatal.[8] Varios testigos afirmaron que ella había lanzado un líquido al edificio del Banco Popular, y la policía afirmó que había rastros de un acelerante de fuego en su ropa, y que se encontró en su mochila un palo de fuego utilizado por los artistas circenses para simular que se respira fuego. Ella se declaró culpable en julio de 2017, y fue sentenciada a tres años de prisión, lo cual muchos consideran una sentencia desproporcionada. Ella es la única persona acusada de un crimen federal por ese incidente.

LA DIÁSPORA CONTRAATACA

Adrián "Viajero" Román, un artista visual con base en Nueva York, representa una extendida perspectiva "nuyorican" y de la diáspora, al haber reconectado con sus raíces mediante visitas con su familia en la ciudad occidental de San Sebastián. «En 2013 viajé a Puerto Rico y observé que algunos de mis familiares y amigos se estaban yendo», comentó en un panel en el que yo estaba en El Museo del Barrio en Nueva York en 2018. «En 2014 me di cuenta de que la situación estaba empeorando». La observación de Román era bastante común, particularmente con respecto a regiones alejadas del repleto "corredor" nororiental entre San Juan y Río Grande. «Yo quería crear consciencia sobre la crisis económica tomando fotografías de todas las casas que estaban siendo abandonadas en ciudades como Lares. Profundizar en mi historial familiar me permitió encontrar a otras personas que se abrían a contar sus historias».

La exposición de Román, llamada Éxodo, se centraba en el repunte en la migración que había estado emergiendo mucho antes de las revelaciones sobre la crisis de la deuda y el arranque del Huracán María. Con algunas reservas, decidió permitir que una de las piezas, "De aquí, de allá", fuera parte de la colección permanente en la oficina principal de Facebook en Nueva York, batallando con la decisión debido a su ambivalencia sobre la gigantesca red social. «Pensaba que destacaría del otro trabajo que tienen y permitiría que más personas entendieran lo que estaba sucediendo en Puerto Rico», expresó. En 2017, Román también organizó una exposición titulada "CitiCien", como respuesta al centésimo aniversario de la Ley Jones que otorgó la ciudadanía estadounidense a los puertorriqueños. Entre las muchas obras de arte había numerosas expresiones de apoyo por las tres opciones de estatus al igual que la ambivalencia perpetua de los puertorriqueños sobre su estatus de ciudadanía.

Cuando llegó el Huracán Irma a principios de septiembre de 2017, Román decidió realizar una recaudación de fondos en East Harlem. La fecha que escogió, el 21 de septiembre, terminaría siendo el día después de la llegada del Huracán María. El evento se convirtió en una emotiva reunión de personas que querían tener noticias de sus familiares y amigos que estaban en la isla, que no tuvieron durante días e incluso semanas tras la tormenta. «Se convirtió en un lugar de sanidad», dijo Román. «Necesitábamos compartir nuestras historias y sentimientos. Nadie había hablado con su familia».

Tras la tormenta, Román volvió a visitar Puerto Rico para evaluar los daños e interactuar con la gente. Hizo un cuadro que representaba a un niño pequeño esperando en fila para conseguir gasolina. Una rama de su familia, de Río Grande, vio su casa totalmente destruida. Entonces se le ocurrió la idea de comenzar una nueva serie de obras titulada "PRtifacts", un juego con la palabra *artifacts* (artefactos). «Mientras viajaba y ayudaba a la gente a limpiar su propiedad, ellos tiraban sus objetos, cámaras, juguetes y muebles porque estaban dañados», contó Román. «Yo les pedía esas cosas, porque con frecuencia utilizaba en mi trabajo objetos encontrados. Estos artefactos contaban historias y albergaban recuerdos de sus vidas».

En junio de 2018, Román estaba preocupado por los rumores en torno al Desfile Nacional Puertorriqueño, el primero en realizarse después del huracán. La combinación de la secuela de la tormenta y la evolución continuada de la imposición de medidas de austeridad por La Junta estaba impulsando a algunos a preguntarse cómo podía haber ánimos de celebración en el desfile generalmente ruidoso. Román decidió hacer una vigilia con velas por aquellos que tenían el fuerte sentimiento de no participar en la celebración, diciendo que él fue inspirado por una muestra que se produjo anteriormente en el mes en San Juan en la que los puertorriqueños reaccionaron a la noticia de que el número de muertos por la tormenta podía haber alcanzado los 4645.

Desde inicios de junio hasta llegar al punto álgido a las once de la mañana del día 14 de junio, cientos de puertorriqueños llegaron al Capitolio, la sede de la legislatura y escenario de muchas protestas amargas durante los diez últimos años. Llevaron pares de zapatos para representar a los miles de muertos no contabilizados. Su indignación y lamento, exacerbados por el hecho de que el recuento oficial de muertes del gobierno era aún de solo dieciséis, quedaron expresados casi nueve meses después de la tormenta, con zapatos, carteles con los nombres de los muertos, y velas ubicadas alrededor de los zapatos. Recordando a los altares ahora comunes que construyen residentes del centro de las ciudades para conmemorar a figuras de la comunidad que perdieron la vida bajo circunstancias injustas, la muestra masiva de zapatos quedó grabada en el recuerdo de todos los puertorriqueños y de la diáspora como quizá la mayor ejecución de representación artística de la isla.

Casi tan atractivo como la muestra de zapatos fue un proyecto de arte diseñado por la profesora de la Columbia University, Frances Negrón Muntaner, y la artista visual Sarabel Santos Negrón llamado "¿Qué valoras?". En febrero de 2019, las dos pusieron en circulación seis "pesos" mediante una máquina de "valor y cambio", que se parece a un cajero automático equipado con una grabadora de video. La idea del proyecto es que el pueblo puertorriqueño participe para testificar sobre lo que valoran. La representación de figuras históricas en el legado de Puerto Rico espera añadir valor a lo que la gente considera normalmente moneda. En este conjunto de pesos las artistas incluyeron imágenes de Ramón Emeterio Betances, Luisa Capetillo, Julia de Burgos y Roberto Clemente. En cierta manera, estos pesos recuerdan los condenados bonos de Pedro Albizu Campos para la República de Puerto Rico y también refuerzan la idea de la moneda como comunidad y, quizá, la deuda como una forma de propiedad colectiva y solidaridad humana.

COLABORACIÓN, ACCIÓN DIRECTA

Otro activismo artístico destacado de colaboración es AgitArte, un nombre sacado de la idea soviética del *agitprop*: propaganda política comunicada mediante medios populares como literatura, teatro, y artes escénicas y visuales. Fue fundado por el director artístico Jorge Díaz Ortiz, conocido también como DJ Cano Cangrejero. Con raíces en la organización socialista que se remonta hasta los días de la década de los noventa en la Emerson University en Boston, Díaz y sus colaboradores, Dey Hernández Vázquez, Sugeily Rodríguez Lebrón, Tina Orlandini, José Hernández Díaz y Javier Maldonado, utilizan su base en Santurce, Casa Taller

Cangrejera, como una plataforma para organizar y planificar actos de arte colectivo y talleres educativos. AgitArte tiene varias manifestaciones, más notablemente Papel Machete, y utilizan un abanico de técnicas de teatro callejero, incluyendo marionetas y "cantastoria", inspirados por la política radical de Bread and Puppet Theater, y recursos para activistas como su kit de arte descargable "¡Cuando peleamos, ganamos!". Está activa en la isla y en Estados Unidos, fusionando esfuerzos de artistas locales y de la diáspora.

El kit de arte en particular presenta gráficas descargables que recuerdan la obra de Lorenzo Homar. Homar es un artista de clase trabajadora muy significativo, cuya familia emigró de Puerto Rico a Nueva York en 1928, y participó en un espectáculo en Puerto Rico en los años sesenta presentando una serie de "sellos" que intentaban cambiar la imagen de Puerto Rico desde las representaciones dominantes y amigables con el turismo. Las gráficas en el kit de arte presentan un conjunto de asuntos activistas interzonales, desde llamados medioambientales, protección de cuerpos de agua y playas, hasta la creación de eslóganes publicitarios "antiICE" y "antiescuelas subvencionadas". Durante la estela del Huracán María, AgitArte trabajó para distribuir ayuda a comunidades devastadas en Lares (Utuado) y el Río Piedras urbano al igual que para interconectar continuamente con una red de Centros de Apoyo Mutuo (CAM), que son centros comunitarios informales que ofrecen distintos tipos de apoyo, desde alimento hasta tratamientos de acupuntura; han estado creciendo en tamaño y alcance en ciudades como Humacao y Caguas.

Aproximadamente un mes después del huracán hablé con Díaz, quien reiteró una preocupación que comparten muchos activistas: el aislamiento causado por la centralización de los esfuerzos de ayuda de FEMA en el Hotel Sheraton, parecidos a un búnker.[9] Él estableció el tono de una narrativa que yo comencé a escuchar una y otra vez en mis conversaciones con activistas. «Debido a esta centralización, ha paralizado la mayoría de los esfuerzos de ayuda, destacando lo que era ya la ineficacia del gobierno local», explicó él. «Debido a esto, tenemos toneladas de carga y suministros detenidos en los puertos, pero no son distribuidos. Está muy claro que hay esfuerzos para asegurar que la ayuda no está llegando a la gente, y la mayoría de los esfuerzos importantes han llegado de la organización propia».

Las palabras de Díaz eran parte de un llamado de atención que artistas y activistas habían comenzado a promover cuando el huracán reveló la gravedad de los problemas que ellos habían intentado confrontar por años. Autogestión se convertía lentamente en una expresión en boga entre los isleños que habían tomado los problemas en sus propias manos después de la tormenta, entendiendo, en palabras de Díaz, que era un momento «para replantear lo que puede ser Puerto Rico. No podemos reconstruir lo que era Puerto Rico. Tenemos que construir un nuevo Puerto Rico». La artista gráfica con base en Nueva York, Molly Crabapple, hija del influyente erudito de estudios puertorriqueños Pedro Cabán, defendió esta nueva confluencia entre arte y organización.[10]

Crabapple viajó a Puerto Rico poco después de la tormenta y creó una serie de bocetos y dibujos que inmortalizaron los Centros de Apoyo Mutuo en Humacao y Caguas. Ella relataba historias sobre cocinas comunitarias y nuevos esfuerzos en agricultura colectiva, y documentó una "cantastoria" de AgitArte titulada "Solidaridad para la supervivencia y la liberación" que presentaba la estrofa:

«Hay muerte en los campos / Hay muerte en las avenidas/ El gobierno no cuenta los muertos de María». La intervención de Crabapple es solo un ejemplo de cómo artistas visuales, activistas teatrales y músicos, igual que los "pleneros" contaban historias hace décadas atrás sobre los apuros de los estibadores en la ciudad sureña de Ponce, relataban la historia de la batalla de Puerto Rico para salir intacto.

Sin embargo, la política de la autogestión estaba totalmente abierta para que varios intereses distintos en el paisaje fracturado de la política puertorriqueña se apropiaran de ella, que a menudo enfrenta a la multitud de municipalidades de la isla contra el gobierno central en San Juan. En mi conversación con Sofía Gallisá Muriente, por ejemplo, ella hablaba sobre un seminario al que asistió, patrocinado por PARES, un grupo izquierdista de académicos en Puerto Rico. En él, el profesor Carlos Pabón planteó la pregunta de quién estaba hablando de autogestión y cómo Puerto Rico podía beneficiarse de ello. Pabón cuestionó si la autogestión de las comunidades rurales podía ser un modelo válido para espacios urbanos, donde viven realmente la mayoría de los puertorriqueños. Los proyectos de autogestión, como nuevas estrategias agrícolas, suministro de energía solar diseñada para pequeñas comunidades, y distribución de agua en zonas rurales, no se traducen bien necesariamente para la mayoría de Puerto Rico, que vive cerca de zonas metropolitanas.

«Ha habido mucha charla sobre municipalismo», reflexionó Gallisá Muriente, hablando sobre cuántos activistas surgen de un movimiento muy válido en España. «Pero me pregunto al respecto... Pienso en que Casa Pueblo está allí en Adjuntas y es un modelo en el establecimiento de energía solar para la gente, todas las cosas que hacen por la comunidad. Pero entonces, al mismo tiempo tienen a ese alcalde loco», señaló refiriéndose al excéntrico alcalde de Adjuntas, Jaime Barlucea Maldonado, que Arturo Massol de Casa Pueblo dijo que estuvo tras su arresto con motivos políticos en el verano de 2008. «¿Cómo funciona allí la municipalidad?». Tampoco está fuera de la cuestión imaginar la traducción de la autogestión al emprendimiento, una idea que se enfocó más en torno a los esfuerzos del Chef José Andrés, un estadounidense de ascendencia española. Andrés posee restaurantes en varias ciudades diferentes y creó algo llamado World Central Kitchen, una organización sin fines de lucro dedicada a proporcionar comidas tras la estela de desastres naturales.

El más reciente proyecto del Chef José Andrés es el Mercado Little Spain, un conjunto de pequeños restaurantes y bares de tapas en un espacio cerrado en el barrio de Hudson Yards en el West Side de Manhattan. Por diez dólares se puede saborear un plato de lonchas de jamón serrano para ayudar a sobrevivir a un laberinto de tiendas de lujo como Cartier, Coach y Dior, y subir a la estructura desde donde se pueden tomar *selfies* llamada el Vessel, un templo de vigilancia que evoca el Panóptico de Jeremy Bentham.[11]

Si creemos que el proyecto del neoliberalismo es la erosión del estado político en favor del capital global, entonces el espíritu emprendedor podría ser la forma más pura de autogestión. Los puertorriqueños a menudo se han enorgullecido de la autosuficiencia, en especial quienes viven en zonas rurales. Gran parte de la mitología en torno a la construcción del jíbaro, por ejemplo, se apoya en la idea de la agricultura de subsistencia y de que la cultura puertorriqueña es en gran medida una fusión entre sujetos españoles blancos y pobres que huyeron de la autoridad del estado colonial español, esclavos huidos y negros libres que siguieron el modelo cimarrón de las islas caribeñas vecinas, y lo que quedaba de la cultura taíno del interior. Aunque la autogestión capta la esencia muy positiva de ese legado, es una idea que también se la puede apropiar una ideología que fomenta menos participación del gobierno para apoyar el bienestar de sus ciudadanos.

Un reciente artículo en una revista web publicada en el sitio de los hoteles Ritz Carlton, escrito por Mireya Navarro del *New York Times* y titulado "La autogestión de Puerto Rico", no fue muy sorprendente. Presentando a los emprendedores de carros de comida gourmet Yareli y Xoimar Manning, la agricultora agroecológica Elena Blamón, una cooperativa de paneles solares, los marionetistas callejeros Agua, Sol y Sereno, y a uno de los pintores más celebrados de Puerto Rico, Antonio Martorell, el artículo intentaba educar a los viajeros de élite, que pudieran estar pensando en una estancia en el San Juan Ritz Carlton, de que la isla estaba "regresando a la normalidad".

Navarro escribió también un artículo en el *New York Times* en enero de 2019 describiendo a Puerto Rico como el lugar número uno del periódico para visitar en 2019.[12] Navarro invoca el famoso panorama a vista de cometa de una tarde cerca de El Morro, la fortaleza dejada por los colonos españoles que se ha convertido en uno de los puntos de referencia más famosos del Viejo San Juan, y también la "instalación artística de paraguas de colores" en enero de 2019 en la cercana Calle Fortaleza. Ella cita los esfuerzos del Center for Responsible Travel (Centro para el Viaje Responsable) para dirigir a sus afiliados hacia nuevos tipos de praxis de economía del visitante: ecoturismo, "volunturismo", "agriturismo". Las fotos que acompañan utilizan una vista aérea, invocando la pasión de los turistas por el Bosque Pluvial Nacional El Yunque y otro de mis lugares sagrados favoritos: el Faro de Cabo Rojo en la costa sudoccidental. Pero la vista aérea, con sus orígenes en vuelos de reconocimiento que se utilizaban con frecuencia con propósitos militares, se ha empleado para promover Puerto Rico como destino turístico. Eso crea inmediatamente una perspectiva de "descubrimiento" y también de "conquista", esta vez por parte del consumidor.

Lo complicado de la recuperación y la apelación al turismo y la agricultura se expresa también mediante organizaciones sin fines de lucro como Para La Naturaleza, que tiene a un retoño de la familia Fonalledas en su junta directiva. Los Fonalledas son dueños del gigantesco centro comercial Plaza Las Américas e históricamente han apoyado al Partido Republicano estadounidense. En septiembre de 2018, también colaboraron con la Fundación Starbucks en donar a la isla dos millones de semillas de café "resistentes a la enfermedad".

No fue ninguna sorpresa, entonces, que Lin-Manuel Miranda, cuya exitosa producción, *Hamilton*, había capturado la imaginación de los estadounidenses en 2015, aludiera a la importancia del turismo en sus planes de ir a la isla en enero de 2019 para "devolver" a la isla de sus ancestros una representación de su obra. Casualmente, en octubre de 2018, Miranda y la Federación Hispana (la organización sin fines de lucro fundada por su padre, Luis Miranda) anunciaron una colaboración con Nespresso y Starbucks para invertir millones de dólares en la regeneración de la industria cafetalera de Puerto Rico en octubre. Eso se hizo pese a las acusaciones de que Nespresso usa semillas modificadas genéticamente creadas por el villano medioambiental Monsanto, y había presumido de revivir la producción de café en Sudán a la vez que era cuestionado por distribuir café en cápsulas de aluminio de un solo uso que los críticos dicen que están destruyendo el medioambiente. Los Miranda presentaron la obra durante una visita convenientemente organizada por el Caucus Demócrata del Congreso, que se reunió en el Centro de Bellas Artes, creando así otra intersección única entre el arte y la política de Puerto Rico.

Trabajando muy de cerca con "Discover Puerto Rico", la campaña lanzada por la Compañía de Turismo de Puerto Rico, los Miranda participaron en un video que promocionaba la llegada de *Hamilton*. El video comienza con una imagen aérea de una zona de playa de San Juan, y corta hacia un avión de JetBlue que aterriza en el Aeropuerto Internacional Luis Muñoz Marín. «Este viaje para mí es redescubrir realmente Puerto Rico», dice Lin-Manuel sonriendo con sinceridad. «Redescubrir lo que lo hace grande». Las imágenes del aterrizaje del avión me recuerdan el patrón sugerido por la crítica de Gallisá Muriente de la intersección entre videos turísticos y militares.

La idea del "regreso" de Miranda a la isla, un tipo de reverso del escenario de la Gran Migración de los años cincuenta, como un "redescubrimiento" es un recordatorio sin disculpas de cómo la palabra *descubrimiento* blanquea el proceso violento y a veces genocida, comenzado por Colón cuando llegó al Caribe en 1492. Los "nuyoricans" a menudo utilizan la lógica del redescubrimiento cuando reflexionan sobre sus propias identidades mediante viajes a la isla, normalmente durante la niñez. Fue parte de mi niñez, un momento crucial de reconexión con la cultura, el idioma y la tradición, e incluso más allá de eso, el encuentro visceral con el paisaje tropical, los aromas y, desde luego, el océano circundante. Que la experiencia de Miranda probablemente fue diferente, pues su familia tiene una presencia considerable en la clase profesional y empresarial de su ciudad natal Vega Alta, mientras que la mía principalmente salió de las zonas donde mis abuelos dirigían granjas de subsistencia, puede justificar una diferencia en nuestras cosmovisiones, pero el tema es el mismo. En mis extensas entrevistas con el héroe de la salsa, Willie Colón, por ejemplo, él subrayó la importancia de las visitas a la isla en la niñez con su formación como artista. Regresar a Puerto Rico de visita, un privilegio que no todos en la diáspora disfrutan, permite que una identidad multifunción estadounidense e isleña evolucione y permita a la persona escapar a la relación antagonista asociada normalmente con desafectos entre la diáspora y los boricuas.

El video muestra a Miranda con su padre, con la cámara siguiendo a ambos mientras arrastran su equipaje por la terminal de JetBlue, el primer edificio nuevo construido después de que se privatizara el aeropuerto en 2013. Pero había algo más que la simple empatía de esta narrativa de hijo pródigo, regresando a la presentación de su galardonado musical sobre la vida de Alexander Hamilton. Fue la culminación de una serie de gestos filantrópicos que Miranda había llevado a cabo después de María: donaciones de millones de dólares a artistas locales y una importante reconstrucción del auditorio de la UPR donde se presentaría la obra. Las representaciones de la obra, que fueron bien recibidas por fans y miembros de la élite cultural de Puerto Rico, junto con la controversia en torno a ellas, sirvieron para tapar dos actividades secundarias que tenían lugar: una visita de varios demócratas congresales, incluidos quienes asistían a una reunión anual de Bold PAC, un apéndice del Caucus Hispano del Congreso, y también las vistas en el tribunal del Título III de PROMESA, presididas por la jueza Laura Taylor Swain, que aprobó un acuerdo para restructurar la deuda COFINA que fue criticado duramente como dinero caído del cielo para los tenedores de fondos buitre de esos bonos.

Los demócratas congresales, algunos de los cuales votaron por PROMESA en 2016, asistieron a una serie de reuniones informativas sobre problemas que la isla enfrentaba además de ser invitados a ver una representación de *Hamilton*. Medios derechistas como el *Washington Examiner* y el *Daily Caller* acusaron a los demócratas de abandonar el Congreso en medio de un bloqueo y, sin pruebas, insistieron en que empresas patrocinadoras como Verizon estaban presentes en las funciones de Bold PAC y en las actividades en el Viejo San Juan. Estos reportes fueron agarrados a su vez por *Vox* y la página web liberal *NotiCel* de San Juan.[13] Aunque esas acusaciones particulares fueron posiblemente extralimitarse especulativamente, la percepción de que era principalmente una oportunidad de reunir fondos fue difícil de evitar dada la participación de Latino Victory, un Comité fundado por la actriz Eva Longoria y dirigido ahora por Luis Miranda.

La corriente principal de la prensa estadounidense había estado en la causa de *Hamilton* desde el principio, ofreciendo pocas críticas de una obra ostensiblemente histórica basada en la obra de un único historiador: Ron Chernow. A pesar de una amplia evidencia de que Hamilton no fue un inmigrante desfavorecido, tal como se representa en la obra (de hecho, fue apoyado por la élite de Nevis que lo había contratado como contador para transacciones que incluían participación en el comercio de esclavos), Miranda fue celebrado por utilizar una narrativa neoliberal "de la ruina a la riqueza" para defender la idea de que los inmigrantes "terminan el trabajo". El hecho de que el matrimonio de Hamilton lo vinculó a una de las familias que más esclavos tenían en Nueva York, los Schuyler, también se tocó superficialmente. Aunque la obra fue notable en Broadway por presentar un elenco diverso, no hay ni un solo *personaje* de ascendencia afroamericana en la obra, que está ambientada en Nueva York durante una época en la que se calcula que un 15% de la población de Nueva York era de esclavos o de africanos liberados.[14]

Incluso el *New York Times* cubrió la narrativa de hijo pródigo de Miranda cuando se acercaba la noche del estreno de la obra, describiendo su conexión familiar con Vega Alta, una ciudad al oeste de San Juan. La familia de Miranda tuvo presencia en la ciudad durante décadas como emprendedores y dueños de pequeñas empresas, un hecho que lo distingue de la inmensa mayoría de la diáspora puertorriqueña en Estados Unidos, que en gran parte es descendiente de campesinos jíbaros sin tierras que se vieron obligados a trabajar en empleos indeseables. El reportaje describe una oportunidad para foto de Miranda plantando semillas de café suministradas por Nespresso.[15] También entra en detalles sobre la filantropía de la familia Miranda, afirmando que han donado más de 4,6 millones de dólares a organizaciones sin fines de lucro a la vez que han recaudado 43 millones de dólares para la Federación Hispana, que ha sido criticada por su influencia hegemónica sobre el financiamiento para organizaciones comunitarias *latinx* de Nueva York y grupos de defensoría.[16]

Para la representación de *Hamilton* en Puerto Rico había disponibles tres mil boletos a cinco dólares cada uno, con otros diez mil que se vendían a diez dólares, mientras que otro grupo de boletos estaba incluido en paquetes turísticos vendidos por Discover Puerto Rico. La producción gastó también un millón de dólares en la reparación del teatro en el campus de Río Piedras de la Universidad de Puerto Rico. Todos los beneficios de la representación fueron redistribuidos a las fundaciones de arte de la isla mediante algo llamado Flamboyan Arts Foundation, una rama de la Flamboyan Foundation, de diez años de antigüedad, cuya oficina principal está en Washington, DC. Fundada por el equipo de esposo y esposa, Vadim Nikitine y Kristin Ehrgood, Flamboyan tiene una agenda aparentemente benigna de patrocinio de organizaciones educativas sin fines de lucro, que es el enfoque de Ehrgood, con Nikitine reinvirtiendo beneficios de sus intereses de los bienes inmuebles, que incluyen centros comerciales, proyectos de uso mezclado, hoteles y mini almacenes.

El fenómeno de *Hamilton* en Puerto Rico se deriva en gran parte de su éxito en Estados Unidos, su asociación con la administración de Obama (¿quién puede olvidar el momento en el patio de la Casa Blanca en 2016 cuando Lin-Manuel invitó a Obama a improvisar?) y su truco sincrético de un reparto no tradicional de personas de color para usurpar en cierto modo la identidad racial de los padres fundadores estadounidenses y llevar a cabo un tipo de revolución gloriosa. Algunos autores han señalado la resucitación de *Hamilton* como arrebatar la narrativa progresista del héroe agrario de la vieja izquierda, Thomas Jefferson, para dársela al padre fundador que creó el sistema bancario centralizado de Estados Unidos y preparar el escenario para el Imperio Estadounidense. De todos modos, en la isla la división estaba entre las élites liberales, que veían la fortaleza liberadora de la hechicería de la política de identidad de Miranda, y la escéptica coalición estudiantil de clase trabajadora y radical, que había proporcionado la mayor resistencia a los proyectos de austeridad que comenzaron bajo el gobernador Fortuño y cuestionaban las intenciones de Miranda.

En noviembre de 2017, cuando llegó a la Universidad

de Puerto Rico para anunciar los planes para la producción, Miranda fue confrontado con estudiantes que llenaron el escenario mientras sostenían una pancarta que decía: "Nuestras vidas no son su teatro". Dado el desdén común de los puertorriqueños de la juventud idealista radical, el apoyo del público se quedó en gran medida con los Miranda, quienes ya habían participado en recaudar fondos tras el huracán mediante su plataforma UNIDOS (cuyo nombre es notablemente similar a Unidos por Puerto Rico, la organización dirigida por Beatriz, la esposa del gobernador Rosselló).

Cuando Miranda apareció en el programa *CBS This Morning* con David Begnaud, la marea estaba comenzando a cambiar. Incluso aunque Miranda estaba ahora en favor de perdonar una parte no especificada de la deuda, porque exprimir a los estudiantes puertorriqueños que iban a «hacer [a Puerto Rico] grande otra vez» no era la respuesta, el coro del sentimiento anti*Hamilton* había estado aumentando entre muchos de la izquierda en Puerto Rico. Ellos reconocían la contradicción entre celebrar la Guerra de Independencia de Estados Unidos y los más de cien años de control colonial de esa misma nación sobre Puerto Rico. Un escritor de opinión en la publicación semanal *Claridad* bromeaba con sarcasmo: «Llevar *Hamilton* a Puerto Rico después de María es como si Estados Unidos fuera a Hiroshima o Nagasaki con un musical que celebra la vida de Harry S. Truman para recaudar fondos para los afectados por la radiación».[17]

Pero entonces sucedió algo extraño. La Hermandad de Empleados Exentos No Docentes (HEEND), un sindicato que representaba a trabajadores no docentes de la Universidad de Puerto Rico, envió una carta a los Miranda explicando que como estaban inmersos en una lucha continuada con la administración debido a las medidas de austeridad impuestas por La Junta, las tensiones entre el sindicato y la administración eran considerables. Continuaba: «Les advertimos sobre la situación en que nos encontramos y la posibilidad de que pudiera surgir un conflicto a gran escala que podría afectar a su presentación».[18] Como era de esperar, los Miranda lo consideraron una amenaza.

Una semana después, los Miranda anunciaron que lamentablemente se retiraba la obra del Teatro de la Universidad de Puerto Rico. En cambio, se representaría en el Centro de Bellas Artes en Santurce. La retirada se envolvió de lenguaje como no "comprometedora" o "seguridad", citando incluso la historia de intervenciones policiales en el campus de la universidad, lo cual había creado una política oficial que les prohibía intervenir, una política que la Policía de Puerto Rico había estado violando tan recientemente como en las huelgas estudiantiles de 2010 y 2011.[19] Sin embargo, la verdadera razón para el cambio, orquestado con la cooperación e intervención del gobernador Rosselló, parece haber quedado revelada en un artículo en la revista *New Yorker* sobre *Hamilton* en Puerto Rico. Hablaba de la respuesta de Luis Miranda al encontrarse con estudiantes de la UPR tras una reunión de producción:

> «Uno de ellos dice: "Ah, sí, hemos dedicado clases enteras a dialogar sobre si esto es bueno o no para la Universidad de Puerto Rico". Él palideció. "Estoy escuchando esta discusión, y estoy pensando: *¿De veras todo esto está pasando?* Recuerdo mirar a uno de los muchachos y decir: '¿Saben qué? Tomamos la decisión correcta al venir a Puerto Rico. Tomamos la decisión equivocada al ir al teatro de la UPR'"».[20]

El Miranda más viejo estaba atrapado claramente en la lógica de la filantropía neoliberal. Según Luis, la generosa contribución monetaria de su hijo y él a la universidad lo eximía de cualquier crítica política, a pesar de claras evidencias de que había una consciencia entre los estudiantes y el público de que los Miranda habían apoyado la inducción de austeridad de PROMESA. No solo eso, sino que mediante varias organizaciones como la firma de consultoría Mirram Group, la red Hamilton Campaign Network, y la fundación Latino Victory Fund, los Miranda participaban desde el centro en recaudar fondos y la consultoría política para los demócratas centristas que habían participado directamente en crear la legislación para la restructuración de la deuda. Luis Miranda, y quizá también Lin-Manuel, esperaban que las últimas declaraciones imprecisas en favor de aliviar la deuda (algo que incluso Trump había sugerido poco después del huracán) los protegerían de cualquier crítica por presentar *Hamilton* en Puerto Rico.

Sin embargo, al final hay que preguntarse: ¿Qué celebra exactamente *Hamilton*, y qué tiene que ver eso con Puerto Rico? ¿Está celebrando una revolución estadounidense que se produjo en parte debido al temor de los colonos de que Inglaterra estuviera planeando eliminar la esclavitud en las colonias?[21] ¿Está celebrando un vehículo que pretende proporcionar un modelo para que los jóvenes de color se imaginen a sí mismos como parte de una revolución que negó la libertad a sus ancestros? ¿Cómo se defiende ese argumento en un escenario proporcionado por una población que ha llegado a entender que su nación isleña es y ha sido una colonia de ese mismo Estados Unidos desde 1898 y que está destinada a devolver una cantidad masiva de deuda más intereses a una pequeña camarilla de banqueros de Wall Street y fondos buitre gigantescos?

Supongamos que dejamos a un lado las contradicciones que podemos encontrar en el elitismo aristocrático de Alexander Hamilton y su dudosa implicación en el abolicionismo mientras vivía en una familia dueña de esclavos y participaba en transacciones de esclavos, al igual que su participación en las negociaciones para la horrenda cesión de tres quintas partes en la Constitución estadounidense, que contaba a los esclavos como tres quintas partes de una persona. Cuando se ignoran estos hechos, su contribución más destacada a Estados Unidos y su capacidad de proyectar poder en todo el mundo fue su nacionalización de la deuda de estados individuales desde la Guerra Revolucionaria. Al absorber la deuda de los estados, el gobierno federal proporcionó un alivio momentáneo a la vez que aseveraba un poder centralizado que continuaría hasta la fecha. En desacuerdo con James Madison y Thomas Jefferson, Hamilton centralizó el poder naciente del nuevo Estados Unidos de América independiente concentrando el poder fiscal en manos de un grupo de élite de inversionistas poderosos. Barack Obama elogió este desarrollo por su papel a la hora de producir una "cultura empresarial" que creó «una prosperidad que no tiene rival en la historia humana».[22]

Pero Hamilton hizo algo más que solamente consolidar la deuda nacional que creó un aparato centralizado de poder financiero que se volvió sinónimo de la esencia, las metas y la consolidación del poder político en la Constitución. También creó un elemento central del desarrollo estadounidense que persigue a Puerto Rico hasta el día de hoy: él institucionalizó la verdadera naturaleza del poder en Estados Unidos como la capacidad de su clase bancaria para participar en la especulación de deuda. No solo eso, sino que argumentó exitosamente contra Madison que todos los acreedores fueran recompensados a la par de su inversión original, lo cual favorecía a especuladores que invirtieron en la deuda de la guerra cuando los bonos estaban en su valor más bajo. Mucho antes de la llegada de la decadencia de Wall Street a finales del siglo veinte, al empoderar a los especuladores que acumulaban deudas en su punto más bajo jugando con una devolución completa en el futuro, Hamilton preparó el escenario para los buitres que finalmente descenderían sobre Puerto Rico.

La representación de *Hamilton* en Puerto Rico concluyó el 27 de enero de 2019. Entonces, Lin-Manuel Miranda se envolvió con la bandera puertorriqueña, un gesto que ha conmovido a los puertorriqueños por muchos años debido a su legado como parte de los intentos del Caribe de habla española de independizarse de España, su prohibición durante décadas mediante la Ley de Mordaza, y su uso como símbolo de una nación imaginaria que aún es negada por el colonialismo estadounidense. Se consideró generalmente como un momento de catarsis tanto para él como para una isla cansada de la devastación y la crisis. Poco más de dos semanas después, en un panel realizado en el Colegio de Abogados de Ciudad de Nueva York que presentaba a abogados activistas representando demandas para investigar la deuda, intereses de los trabajadores, descolonización, y un miembro de La Junta, un miembro de la audiencia preguntó cómo el acuerdo de restructuración de la deuda COFINA resultó ser dinero caído del cielo para especuladores de fondos buitre a expensas de los tenedores de bonos originales, muchos de los cuales eran residentes de Puerto Rico.

«He estado haciendo esto por casi treinta años», replicó el miembro de La Junta, Arthur González, apartando a un lado las notas a las que hizo referencia durante las más de dos horas de charla. «Entiendo la queja: alguien compra el bono a veinte centavos de dólar y obtiene un rédito de sesenta centavos de dólar, y usted dice que cómo puede ser eso. Esencialmente, así es la ley. A usted se le permite reclamar el valor nominal de la deuda. A menos que actúe de algún modo inapropiado durante la bancarrota que pueda empujarle al último lugar de la fila, al final la persona que hizo el préstamo de cien dólares y la misma persona a su lado que pagó diez centavos por otra adjudicación de cien dólares, ambas tienen los mismos derechos según el Código de Bancarrota estadounidense de recuperar basándose en la cantidad de cien dólares por cada uno... Esa es la ley que existe. Al final, es la ley la que dicta eso».[23]

CAPÍTULO 10

FIN DE LA FANTASÍA

Residente rural cruzando un puente en Utuado. © Joseph Rodríguez

Los desastres gemelos de 2017 (la imposición de una Junta de Supervisión y Administración Financiera y el Huracán María) dieron un golpe mortal innegable a la fantasía de Puerto Rico de ser una soleada isla caribeña próspera, gobernada democráticamente y puesto fronterizo de Estados Unidos. La fantasía de que, como territorio no incorporado, Puerto Rico tenía lo mejor de ambos mundos (pseudoestadidad y aparente autonomía) finalmente terminó. A medida que la triste realidad se volvió más obvia con el paso de cada día, con un aumento de la emigración, la erosión del sistema sanitario, un repunte en los delitos violentos, y el torrente casi diario de noticias sobre la restructuración de la deuda impuesta desde arriba y la política afectada cada vez más por la corrupción, los puertorriqueños enfrentaban un futuro cada vez más incierto.

Algunos preferían engalanar la fachada hecha jirones de esa fantasía con otra. El liderazgo bicéfalo del PNP continuó su línea política de personalidad dividida, con el Gobernador Ricardo Rosselló, miembro del Partido Democrático, amenazando con demandar a la administración de Trump si intenta agarrar fondos destinados a Puerto Rico para construir un muro fronterizo, mientras que la comisionada residente, Jenniffer González, se mantenía firmemente leal a las políticas de Trump. Ambos, significativamente, solicitaron consultar con el representante Rob Bishop, quien ya no tenía control incluso para que el Comité sobre Recursos Naturales, habiendo cedido esa posición al representante Raúl Grijalva a mediados del término legislativo de 2018, allanara una senda para la estadidad mediante el paso intermedio de "territorio incorporado". Aunque algunos eruditos legales sentían que Puerto Rico ya es un territorio incorporado de facto, un estatus que, históricamente al menos, ha sido un paso importante hacia acercarse a la estadidad, el reconocimiento formal de tal estatus se distanciaría de su estatus ilusorio de estado libre asociado y también de la independencia, pero podría crear una situación en la cual los puertorriqueños pagarían impuestos sobre ingresos sin representación con voto en el Congreso.

En general, la postura de Washington hacia Puerto Rico ha permanecido esencialmente inmutable desde el huracán. No hay casi ninguna discusión dentro del circuito sobre nada que ataña a Puerto Rico, con la excepción de la representante Nydia Velásquez y las críticas de otros a la respuesta inadecuada de Trump a María como el tema de una potencial investigación de la Cámara. El defensor de Puerto Rico más vocalista en la Cámara, el representante Luis Gutiérrez, dejó el puesto en enero de 2019 y nadie lo cubrió, incluso después de la celebrada visita del Caucus Hispano del Congreso para ver las representaciones de *Hamilton* en Puerto Rico.

Aunque ha habido algunas críticas congresistas al acuerdo COFINA por parte de Nydia Velásquez, Elizabeth Warren, Raúl Grijalva y Darren Soto, han sido acalladas. Uno se pregunta cómo algo que ha salpicado todas las páginas de los medios de comunicación económicos más destacados de Estados Unidos no está en el radar político. El *Wall Street Journal* reportó alegremente el acuerdo casi como un merecido fruto caído del cielo para los tenedores de fondos buitre, quienes se abalanzaron en picado para comprar cantidades masivas de bonos tras la estela del Huracán María.[1] «Los salarios se liquidaron esta semana», concluía el texto del reportero del *WSJ*, Anthony Scurria. «Cuando la jueza Laura Taylor Swain aprobó el acuerdo desde una sala de tribunales en San Juan, una clara ilustración de cómo los jugadores sofisticados pueden sacar beneficios mediante la ingeniería financiera, incluso cuando los prestatarios no pueden pagar o no pagarán todo lo que deben». Mientras que el acuerdo fue despedazado comprensiblemente por tenedores "junior" de bonos como Oppenheimer Funds, que se llevaron la peor parte del corte, fue bien recibido por Cristian Sobrino, enlace de La Junta con el gobernador Rosselló, quien lo denominó «un paso fundamental en la rehabilitación fiscal de Puerto Rico».

El negocio como siempre en Puerto Rico es realmente la única lente con la que Estados Unidos ve la isla. "Puerto Rico está abierto a los negocios" es quizá el eslogan más repetido después de María. Su recesión de diez años ha sido convenientemente olvidada, y ahora que COFINA había sido restructurado y unos seis mil millones de dólares estaban en una senda legal hacia ser anulados debido a violaciones de la constitución de Puerto Rico referentes a su límite de deuda, la isla se quedaría sola para recoger los pedazos. Esto sucedió a pesar del hecho de que la restructuración se basó en ingresos públicos "fantasiosos" que no explicaban los impactos de la emigración continuada y la pérdida de empleos y unos ingresos que estarían llenando los cofres del impuesto a las ventas de COFINA.

Las predicciones poco realistas que hizo el gobierno de Puerto Rico en los planes fiscales que enviaron dependían de varias suposiciones dudosas: que la economía de Puerto Rico crecería en los años siguientes, a pesar de la tendencia estándar de las economías tras un desastre de mostrar un crecimiento económico negativo (algo que ya estaba experimentando Puerto Rico tras el término impositivo de la eliminación de la Sección 936) de hasta quince años, y que disminuiría la emigración, aunque condiciones que empeoraban hacían que fuera más probable que la emigración se mantuviera constante o incluso se acelerara.[2] En un estudio patrocinado por la organización sin fines de lucro de Puerto Rico, Espacios Abiertos, y publicado en enero de 2018, los economistas de la Columbia University, Pablo Gluzmann, Martín Guzmán y Joseph Stiglitz, fueron muy claros: el plan fiscal del gobierno no estaba en línea con los requisitos para la sostenibilidad de la deuda. En cambio, la deuda debería ser reducida sustancialmente, más aún que los seis mil millones de dólares anulados de deuda de obligación general (OG), y debería crearse un plan de crecimiento económico factible.[3]

En un testimonio escrito dado al Comité de la Cámara sobre Recursos Naturales en mayo, el economista de la Columbia University, Martín Guzmán, afirmó que en lugar de reescribir planes fiscales y avanzar hacia una restructuración sensata de la deuda, el plan actual dejará un legado de deuda y riesgo para Puerto Rico. Él también criticó la "generosidad" del acuerdo COFINA con sus tenedores de bonos, que no podía ser sostenida a menos que la reducción del resto de la deuda llegara al menos a un 85%. «El resultado del juego político entre La Junta, el gobierno de Puerto Rico, el Congreso estadounidense, y los tenedores de bonos sobre fondos para ayudas en desastres es contrario a los intereses de los ciudadanos puertorriqueños», concluyó él. «Quienes compraron bonos COFINA en los meses siguientes al Huracán María han obtenido beneficios inmensos a expensas del futuro de la economía de Puerto Rico. De hecho, con este acuerdo, los tenedores de bonos de COFINA estarán entre los principales beneficiarios de los efectos que la ayuda federal tendrá en la economía de la isla».[4]

Desgraciadamente, con los acuerdos COFINA y PREPA aprobados oficialmente, los oficiales del gobierno aparentemente incapaces, el capitalismo del desastre en su punto álgido bajo Trump, y la estructura esencial de la relación colonial entre Estados Unidos y Puerto Rico, que es un mecanismo muy bien afinado que devuelve beneficios al continente, sin variaciones, cualquier mejora en términos fiscales parece estar fuera de alcance. Trump mismo continuó tuiteando críticas disparatadas de la corrupción del gobierno de Puerto Rico (no totalmente inciertas) a la vez que afirmaba, con una mentira descarada, que Puerto Rico ya ha recibido 91 mil millones de dólares en ayudas, cuando de hecho se había prometido a Puerto Rico solamente 45 mil millones de dólares, de los cuales había recibido tan solo unos 20 mil millones de dólares con solamente 1,5 mil millones de dólares relacionados directamente con la reconstrucción de la isla.[5]

Debido a que ninguna ayuda verdadera está disponible desde Estados Unidos fuera de la filantropía privada, el complejo industrial sin fines de lucro, una diáspora bien intencionada, y un puñado de personas del Congreso, ¿qué han de hacer los puertorriqueños? Si se les deja sin ninguna otra alternativa, emigran al continente o continúan batallando y manteniendo una fuerte presencia cultural que mejora una idea ya bien desarrollada de la identidad nacional central. Esta identidad sigue evolucionando a medida que avanzamos hacia una era de política interseccional, evidenciada particularmente por un movimiento feminista creciente, que parece estar surgiendo en Estados Unidos y el resto del mundo. Para Puerto Rico, el camino de avance radica no tanto en participar en la política del optimismo representada por un giro neoliberal del concepto de autogestión y el entretenimiento esperanzado como *Hamilton*, sino más bien en dar la vuelta al inicio repentino de un pesimismo extendido y transformarlo en una resistencia organizada.[6]

ACTIVISMO Y CRISIS

Uno de los principales frentes de activismo en Puerto Rico es ahora una campaña llamada "¡Auditoría Ya!". Es el brazo político del Frente Ciudadano por la Auditoría de la Deuda. Dirigido por la abogada de los derechos humanos, Eva Prados, y el profesor de derecho, Luis José Torres Ascencio, el grupo está en movimiento constante, promoviendo talleres y charlas para entender cómo fue acumulada la deuda, lo que se puede aprender haciendo un análisis forense sobre la deuda, y las revelaciones de que gran parte de la deuda podría considerarse ilegal como argumento para reducirla. El Frente defiende la cancelación de la totalidad de la deuda de Puerto Rico debido a revelaciones sobre irregularidades en el mejor de los casos, e ilegalidades descaradas en el peor, en el modo en que fue acumulada la deuda. Provienen de sus propias investigaciones, algunas de las cuales establecieron que las emisiones de bonos que se hicieron para pagar el déficit estructural deberían considerarse ilegales remontándose a transacciones realizadas en 2007, años antes de la emisión masiva de 2014.

No obstante, uno de los cambios más importantes que está haciendo el Frente es sus intentos de forjar vínculos con movimientos internacionales contra las medidas de austeridad para reducir la deuda. De este modo, esperan unir a Puerto Rico con una lucha global contra la deuda, una que en Europa ha creado movimientos como Podemos, en España, un movimiento de la clase trabajadora nacido de la lucha laboral y la crisis hipotecaria de ese país al igual que la elección de la alcaldesa de Barcelona, Ada Colau, una de los miembros fundadores de la Plataforma de Afectados por la Hipoteca, cuya táctica preferida era ocupar bancos incumplidores. A principios de diciembre de 2018, el grupo patrocinó una cumbre en conjunto con el

Comité Internacional para la Abolición de la Deuda Ilegítima, que reunió a puertorriqueños isleños y de la diáspora para dialogar no solo sobre la deuda de Puerto Rico, sino también sobre las luchas de otros países en América Latina, Europa, y el Sur Global.

Aunque Puerto Rico ha sufrido por mucho tiempo de estar aislado del resto de América Latina y también de Europa en virtud del control colonial estadounidense de su discurso de la información, retiene una comunidad nuclear de profesionales legales y académicos que continúan participando en el diálogo global. La conferencia del CPADI presentó un abanico de oradores de Europa, el Caribe, y el resto de América Latina, todos los cuales insistieron en que casos individuales de naciones deudoras (o en el caso de Puerto Rico, colonias) eran fortalecidos en solidaridad con países explotados de modo similar.

El análisis predominante en torno a la deuda de Puerto Rico en los medios y los círculos políticos sugería una de las ideas centrales en el libro de David Graeber, *Debt: The First 5,000 Years* (Deuda: Los primeros 5000 años): Que la narrativa lógica de las democracias capitalistas es que las deudas deben ser pagadas como cierto tipo de principio moral universal. Pero ¿y si, como sugirió el líder del CPADI, Eric Toussaint, hay una fuerte evidencia de que una deuda es ilegítima o ilegal? ¿Habría espacio para afirmar que no habría ninguna obligación absoluta de pagarla? En el breve discurso de Toussaint en el panel de apertura de la conferencia, aludió al historial del mundo de la eliminación de deudas. Mucho antes de los jubileos europeos de perdón de deuda del siglo diecinueve estuvieron las cancelaciones de deuda del año 1762 a. C. en el Código de Hammurabi de Babilonia, en la que las tablillas donde se registraban las deudas fueron hechas pedazos; el libro judío de los jubileos, que llamaba a cancelar las deudas cada cincuenta años; y las reformas de la Seisachtheia ordenadas por el poeta y legislador ateniense, Solón, quien decidió en el siglo seis antes de Cristo, que Atenas había estado plagada de demasiada servidumbre y esclavitud, las cuales eran impuestas cuando un individuo no podía pagar al acreedor.

Las reformas de Solón también crearon límites en la cantidad de propiedad que podían poseer los individuos para prevenir la acumulación excesiva de tierras como propiedad. No es sorprendente que sus reformas tengan el mérito de situar a Grecia en el camino a la democracia a medida que fue en declive el periodo de los señores de la guerra. En la conferencia, Touissant recordó a los congregantes que la deuda que debía Puerto Rico podría categorizarse como odiosa porque fue acumulada en contra de los intereses de los puertorriqueños y el proceso de acumulación implicó la consciencia de los acreedores de su odiosidad, o al menos el no demostrar la falta de tal conocimiento. Movimientos modernos antideuda en países en la periferia de la eurozona fueron creados en torno a auditorías ciudadanas de la deuda, y aunque los comentarios en los medios de comunicación dominantes intentan celebrar el "regreso" de esos países a los mercados de capital, la historia no es tan de color de rosa como parece.

Tomemos como ejemplo a Grecia, un país con el que a menudo se compara a Puerto Rico. Aunque la buena noticia podría ser que, como sugerían los medios dominantes, los «rescates (llamados también "paquetes de rescate") han terminado» y la dependencia de Grecia de la Unión Europea y el FMI ha disminuido, las fortunas de su gente son un caos.[7] La economía podría estar creciendo, pero los ingresos en los hogares han descendido un 33%, la mayoría de los empleos tienen salarios muy bajos y una naturaleza temporal, no permanente, y la imposición de recortes en las pensiones y subidas de impuestos no han terminado.[8] Las implicaciones para Puerto Rico están claras: esto es lo que le sucedió a Grecia tras solamente ocho años de intervención del FMI; ¿qué sucederá cuando Puerto Rico esté obligado, por el acuerdo COFINA, a pagar una deuda restructurada durante al menos cuarenta años, diez años por encima del límite constitucional de treinta años para el pago de la deuda?

Otros oradores, como Camille Chalmers, recordaron a los asistentes la extracción histórica de deuda de Haití, su "deuda de independencia", el "pago severo" que terminó pagando a Francia durante más de 150 años cuando terminó su guerra revolucionaria de independencia. Uno se pregunta si el acuerdo de deuda COFINA será el modelo para una restructuración de la deuda perpetua que podría mantener a Puerto Rico en mecanismos de pago de la deuda durante más de un siglo también, mucho después de ser considerado apto para regresar a los mercados de capital.

La abogada por los derechos humanos, Natasha Lycia Ora Bannan, pintó una imagen de Puerto Rico buscando restaurar la justicia social en medio de un futuro aparentemente interminable de un subdesarrollo estancado que está acompañado y permitido por la corrupción gubernamental institucionalizada. «No he venido a hablar de la crisis, sino de las soluciones que necesitamos formular», expresó. «Es el pueblo quien está diciendo que la deuda es ilegítima, no el gobierno. La deuda odiosa la mayoría de las veces está relacionada con un régimen en lugar de con transacciones individuales, y este es un régimen que busca imponer austeridad cuando por tanto tiempo ha predicado la igualdad».

El profesor de derecho y erudito, Efraín Rivera Ramos,

recordó su activismo en la década de los ochenta cuando el gobierno estadounidense interceptó a cientos de haitianos en sus intentos desesperados por llegar a Estados Unidos continental y los envió a ser retenidos en un centro de detención en Ponce. El contexto caribeño es muy importante y particularmente relevante a la vista de los disturbios antiamericanos en Puerto Príncipe que tuvieron lugar a principios de 2019, alentados por la crisis económica, corrupción gubernamental percibida, y desencanto con las organizaciones globales sin fines de lucro que han fracasado en sus intentos de reconstruir Haití más de nueve años después de su catastrófico terremoto.

Rivera Ramos sentía una fuerte convicción sobre cuán importante era para los puertorriqueños ser conscientes de que hay varias crisis que plagan la isla simultáneamente: una crisis fiscal (la deuda), una crisis económica (la economía), y una crisis democrática, en la que el gobierno ha degenerado en un aparato que solamente sirve para exacerbar dominio y control colonial existentes previamente. También subrayó que Puerto Rico debe conectar su lucha con la que se produce contra el capital financiero en todo el mundo y participar en la solidaridad internacional. Además, aunque es abogado en ejercicio, Ramos afirmó que el problema colonial no sería resuelto en los tribunales y que en cierto modo el ámbito académico, los medios de comunicación y las fuerzas en las calles deben encontrar una sinergia nueva.

Aun así, las acciones que se están llevando a cabo en el caso buscando invalidar los seis mil millones de dólares de deuda parecen mostrar el funcionamiento de parte del proceso de PROMESA. La demanda presentada por La Junta y el Comité de Acreedores No Asegurados de Puerto Rico se ha construido sobre algunas de las afirmaciones en la legislación COFINA que desafiaban la legalidad de al menos partes de la deuda. En un efecto acumulativo, se está revelando lentamente que la Constitución de Puerto Rico fue violada de varias maneras y por varios actores diferentes. Donde La Junta antes se burlaba de la idea de la ilegalidad, ahora las cosas han cambiado, y ellos son ahora participantes activos en el litigio que parece demostrar eso. La lógica es bastante sencilla: si la constitución de un gobierno tiene una cláusula de presupuesto balanceado, el gobierno no debería estar en bancarrota.

Si se declaran ilegales seis mil millones de dólares y Puerto Rico termina no teniendo que pagar, no es algo a descartar a la ligera. Pero el modo en que esto se está desarrollando parece apartar el enfoque del resto de los 72 mil millones de dólares (más 49 mil millones de dólares en obligaciones de pensiones) que pesa sobre las siguientes décadas del futuro de Puerto Rico. Si es cierto que, según un plan de sostenibilidad de la deuda incluido en el plan fiscal certificado por La Junta, lo máximo que puede pagar Puerto Rico en los próximos treinta años es cuatro mil millones de dólares, ¿dónde deja eso al pueblo? Si, como dice el mismo reporte, de los 16 mil millones de dólares en ingresos públicos mediante impuestos, 14 mil millones de dólares serán consumidos por COFINA y su deuda, ¿a dónde vamos a parar?

«Yo creo que vamos regresar aquí en cinco años llevando a cabo otro proceso del Título III», señaló el abogado de SEIU, Alvin Velázquez. «Martín Guzmán tenía razón cuando dijo que el 90% de la deuda debería ser eliminada. Si no se hace, vamos a estar haciendo el Título III al cuadrado».

———

Unos meses después de María, siendo un día vertiginosamente soleado y cálido, fui a visitar uno de los Centros de Apoyo Mutuo (CAM) que habían estado cobrando fuerza en la isla. Eran básicamente comedores que habían sido renovados como talleres de organización política, sesiones de grupos de encuentro dirigidas a levantar consciencia al igual que terapia de salud mental, festivales a pequeña escala de arte y poesía, y centros de resistencia. Uno de los puntos básicos del Centro es el proyecto Comedores Sociales de Puerto Rico, que ha estado funcionando por unos cinco años. Los Comedores surgieron de las huelgas de la UPR de 2010 y 2011. Las protestas universitarias habían generado una política en torno a protestar por los aumentos de costos de las matrículas, y una nueva generación de liderazgo que incluía a Giovanni Roberto, quien se reunió conmigo en el Centro. Roberto había sido un defensor poco usual de estudiantes pobres y de la clase obrera en la UPR, un ámbito tradicionalmente de clase media, y había cimentado la idea de que la acción directa era el modo más eficaz para que fueran abordadas las necesidades inmediatas de la gente.

Roberto y sus camaradas, tras la huelga de la UPR, estaban decididos a emular a radicales de la década de los setenta como los Young Lords, un grupo activista militante puertorriqueño en Nueva York que ellos mismos habían emulado a los Black Panthers. Estos dos grupos se relacionaban con comunidades pobres combinando programas de desayunos gratuitos con diálogo sobre política radical. Por lo tanto, casi como un homenaje, el movimiento de los Comedores llegó a enfocarse en el tema del alimento, que es obviamente político en muchos aspectos, desde su producción hasta su consumo. Él y sus aliados sentían que compartir alimentos conduciría a compartir ideas y alimentar mentes, y desde ahí podía construirse una consciencia política. En cuanto al discurso político tradicional, Roberto estaba harto de leer cada día la prensa dominante y reaccionar a su fórmula que inducía la indignación. No había necesidad alguna de participar en los debates sobre el estatus político, porque «queríamos construir un movimiento independiente, no un movimiento por la independencia». Roberto hacía alusión al desencanto general de la izquierda con el Partido Independentista Puertorriqueño (PIP), cuyo papel en mantener la política de la isla enfocado solamente en el estatus ha evitado que crezcan nuevas ideas políticas.

Los CAM querían alejarse de las protestas callejeras como el centro de una estrategia de izquierdas. Roberto mencionó descartar el modo del pregón sobre la injusticia de la manera en que la izquierda tradicional lo ha seguido en la acción directa. Se estaba haciendo eco en cierto modo del antes activista de Occupy (Ocupemos), Micah White, quien afirmó en su libro *The End of Protest: A New Playbook for Revolution* (El fin de la protesta: Un nuevo manual de estrategias para la revolución) que la protesta callejera era cierto tipo de callejón sin salida, una revelación que fue un soplo de aire fresco para algunos y herejía para otros. Roberto sentía que trabajar dentro del horizontalismo, una estrategia liderada por los Zapatistas que cobró fuerza en Europa y fue empleada en las huelgas de la UPR de 2010 y 2011, debía ser una estrategia continuada. Su teoría organizacional se enfocaba en participar en las complejas tareas de desplegar eficazmente a radicales comprometidos convertidos en voluntarios en las cocinas. Para el Puerto Rico tras María, este fue el verdadero trabajo de revolución. «Estamos tratando con una población que se está politizando a sí misma por primera vez», comentó él.

En los meses posteriores al huracán, los CAM vieron una explosión de problemas de salud mental, incluyendo estrés y depresión. Gran parte de su trabajo gira en torno a administrar acupuntura a residentes locales, que promueven como un remedio para el insomnio, la diabetes, la artritis y las adicciones a las drogas. Las interacciones con los cuerpos policiales son mínimas y suaves, a pesar de la feroz historia de muchos de los organizadores de la UPR durante la administración de Fortuño. La meta declarada de los CAM no es demandas de confrontación por aumentos del costo de las matrículas, sino más bien un tipo de forma anárquica de autogestión, que se esfuerza por la dignidad mediante la supervivencia. Los estantes de sus cocinas rebosan de donaciones, están llenos de latas de habichuelas (frijoles) rojas Goya, pasta y espaguetis Barilla, salsa de tomate y avena. Los participantes son más jóvenes en edad, con algunas excepciones, y la mayoría son defensores del feminismo como Emilú Fernos, quien insistía en que se necesitaba hacer mucho trabajo para que las mujeres fueran consideradas iguales. «El machismo y el patriarcado están realmente imbuidos en mujeres y también en hombres», admitió ella. «Hay que llevar a cabo un poco de descolonización para que la gente entienda que yo puedo usar un martillo igual de bien que pueden hacerlo los hombres».

Las personas que habían estado involucradas por mucho tiempo en la organización de la izquierda vieron el rápido deterioro de la fe de los puertorriqueños en el gobierno como una comprensión bienvenida de una mala situación que había perdurado por años. «Cada crisis es una oportunidad», expresó Roberto. «Las cosas se estaban poniendo realmente mal incluso antes del huracán, pero ahora... si podemos aprovechar esta oportunidad, me concedería de cinco o diez años, y podemos realmente comenzar a construir algo que se puede decir que es una alternativa».

El movimiento CAM se ha extendido hasta diez ciudades y sigue siendo una fuerza importante, pero es posible que la extrema localidad que lo define pudiera estar demasiado desconectada para crear el movimiento que necesita Puerto Rico. La oposición entre zonas rurales y urbanas, una brecha que no solo marca diferencias entre riqueza, educación y capacidades profesionales sino también una idea distinta de la política cultural, parece volver a emerger. Sin embargo, para ser justos, hay otros CAM en ciudades relativamente urbanas como Caguas y Río Piedras.

David Galarza, un activista veterano con base en Brooklyn en asuntos que implican a puertorriqueños en Estados Unidos y en la isla, cree que organizaciones a menor escala como los CAM representan la mejor visión posible para el futuro de Puerto Rico. «Las organizaciones sin fines de lucro hacen un trabajo sólido y tienen un fuerte mensaje político, pero es muy de arriba abajo en términos de organización», comentó en una entrevista en Nueva York. Galarza había conocido a Roberto en el 2011 cuando estuvo en un viaje con colegas activistas de la UPR que decidieron visitar la escena de Ocuppy Wall Street. «Cuando miro el trabajo que están haciendo Casa Pueblo, los Comedores y AgitArte, en su mayor parte eso habla más fuerte por la independencia que cualquier ocasión en la que marchamos delante de las Naciones Unidas ondeando nuestra bandera», admitió.

Una de las áreas más cruciales de contención en Puerto Rico tras el huracán ha surgido a medida que dinero de apropiación federal está siendo canalizado a lo que se denominan fondos de Subvención Global de Desarrollo Comunitario para la Recuperación de Desastres (CDBG-DR, por sus siglas en inglés). Evocando las Zonas de Empoderamiento Urbano creadas en la década de los ochenta y los noventa para proporcionar oportunidades de inversión para capital privado en zonas urbanas subdesarrolladas en importantes ciudades estadounidenses, estas "zonas de oportunidad" parecen pensadas potencialmente para formalizar oportunidades de inversión para mitigar percepciones de capitalismo del desastre. Aunque parte de este dinero estará destinado al redesarrollo de infraestructuras, la mayoría de las apropiaciones encajarán en la categoría de vivienda.

Como el asunto de los bienes raíces es muy controvertido, y el desplazamiento y la emigración entran mucho en juego, el impacto sobre Puerto Rico será inmenso. Incluso antes de que las subvenciones, que llegarán finalmente a casi 20 mil millones de dólares, fueran designadas para estar a disposición de las zonas de oportunidad, los puertorriqueños estaban teniendo dificultades para acceder a subvenciones federales mediante FEMA y otras organizaciones porque muchos carecían de títulos para demostrar la propiedad de sus propias casas. Mantener un registro de las transacciones de bienes inmuebles es particularmente errático en Puerto Rico, algo que surge de la tasa esporádica de incorporación de muchas municipalidades locales.

Un área citada ya por abuso político es la zonificación preferencial de comunidades costeras para ser designadas para la evacuación debido a posibles inundaciones en futuras tormentas. Una zona pobre como el Caño Martín Peña en San Juan, por ejemplo, podría ser considerada susceptible a inundaciones, discriminando a esa comunidad pobre a la vez que se permite que comunidades ricas como El Condado escapen a las órdenes de evacuación. El representante de Puerto Rico, Manuel Natal Albelo, fue incluso más fuerte en sus críticas. «Están comprando propiedades en el Viejo San Juan y otras zonas para crear un suelo nuevo para los precios de los bienes inmuebles», dijo en una entrevista telefónica. «No solo están comprando propiedades, sino que están haciendo contribuciones a candidatos locales aquí en Puerto Rico. Ya han influenciado el cambio de reglas de condominios para permitir rentas a corto plazo».[9]

Natal Albelo se queja de que el migrante multimillonario Marc Curry ha comprado una casa en San Juan al igual que el servicio de noticias en el internet *NotiCel*, que recientemente hizo un reporte de que Curry había realizado una recaudación de fondos para el representante conservador de los republicanos estadounidenses, Sean Duffy, quien es uno de los autores intelectuales de PROMESA.[10] «La gente piensa que La Junta está ahí simplemente para confirmar o rechazar planes y presupuestos, pero están interviniendo en numerosos aspectos de las políticas públicas», señaló Natal Albelo. «Se ha convertido en un frente para la presión, de modo que la gente dice ahora: "¿Por qué iba a gastar todo mi dinero en cincuenta legisladores diferentes cuando puedo hacerlo directamente con una junta de seis o siete personas?"».

La redistribución de bienes inmuebles en Puerto Rico, arrebatándolos de las manos de los lugareños y poniéndolos en manos de intereses externos, es uno de los aspectos más amenazantes de los patrones de inversión externa después de María. Ariadna Godreau Aubert es una abogada por los derechos humanos que vive en la zona metropolitana de San Juan y había contendido por mucho tiempo con el gobierno local y los cuerpos policiales para proteger los derechos de los manifestantes que son sindicatos de maestros, estudiantes y obreros de la construcción. Un mes después del Huracán María, Godreau Aubert comenzó una organización sin fines de lucro llamada Ayuda Legal Puerto Rico, pensada concretamente para ayudar a los puertorriqueños a enfrentar resultados injustos en disputas por desahucios, ejecuciones hipotecarias, y solicitar de FEMA ayudas federales para desastres. Ella se siente particularmente ansiosa por la naturaleza potencialmente contraria a las personas del modo en que se entregan los fondos de las CDBG-DR, en particular, porque muchos se administran mediante el Departamento de la Vivienda (HUD, por sus siglas en inglés), que está dirigida por el Dr. Ben Carson, alguien sin calificación nombrado por Trump.

«Estamos experimentando una crisis de la vivienda que comenzó obviamente antes del huracán pero que se ha exacerbado», comentó Godreau Aubert. «Tenemos diecisiete mil casas en proceso de ejecución hipotecaria y otras dos mil adicionales que están en los tribunales federales porque los bancos aquí venden la deuda a acreedores en Estados Unidos continental quienes tienen entonces derecho a presentar quejas en tribunales federales».[11] Mientras que los bancos iban regresando lentamente a los negocios usuales de conceder hipotecas (había habido algunos reportes diciendo que durante un periodo de tiempo se inclinaban con fuerza hacia las compras de casas en efectivo), la idea no era necesariamente proporcionar hogares para personas desplazadas sino conceder más préstamos que pueden pasar a ejecución hipotecaria, representando otra oportunidad mediante la reventa de la casa o la subcontratación de la deuda.

«El problema con la mayoría del dinero que proviene de subvenciones de los CDBG-DR es que en su mayor parte [una organización o inversionista] necesita una línea de crédito de diez millones de dólares para conseguirlo», explicó Godreau Aubert. «Así, que la recuperación sea subvencionada está limitado a quienes puedan invertir a ese nivel». La invasión tan publicitada de Puerto Rico por los tipos de cadena de bloques de la criptomoneda se ha vuelto cada vez más descarada en un clima político y económico que atiende exclusivamente a los adinerados. Los lugareños observan a personas que van de un lugar a otro vestidas como hípsters, y las calles relacionadas con las denominadas zonas de oportunidad para la inversión tienen cantidades desorbitadas de anuncios para la especulación de cadenas de bloques de moneda. «Pero ellos no son el verdadero problema», expresó Godreau Aubert. «Cuando entienden que la infraestructura no está funcionando, las luces de las calles, etcétera, eso no encaja con el ambiente que intentan crear y entonces se mudan».

Godreau Aubert recibe bien las alianzas con la diáspora, como la que ha hecho con la organización por la justicia social con base en Nueva York, Latino Justicia, pero no está contenta con la percepción de que los esfuerzos de recuperación de la diáspora son aparentemente inseparables de la agenda del Partido Demócrata. Organizaciones comunitarias locales están comenzando a cuestionar si el dinero que reciben de fuentes de la diáspora está vinculado a la lealtad al Partido Demócrata. Esto se debe a que la mayoría de las principales organizaciones filantrópicas comparten fuentes de ingresos con leales al partido. Aunque la alcaldesa de San Juan, Carmen Yulín Cruz, ha estado relacionada con frecuencia con los demócratas dominantes, debería observarse que ella se convirtió en la persona de contacto de Bernie Sanders para Puerto Rico, poco después de que él anunciara su candidatura a la presidencia a principios de 2019.

En cuanto al futuro, Godreau Aubert está insatisfecha con el éxito de esfuerzos para que el pueblo puertorriqueño se movilice. Ella confiesa haber dado una conferencia en la University of New Hampshire unos meses después de María y asegurar a las personas que ese era el momento en el que se estaban realizando movimientos progresivos. «Los grupos que empujaban desde la izquierda han existido por décadas y han llegado a ser más validados por la realidad aparente de que el gobierno era inexistente, corrupto, y estaba ahí solamente para reprimir la libre expresión», dijo ella. «Pero no creo que hayamos crecido, y necesitamos analizar a qué se debe eso. Quizá el modo en que enmarcamos los problemas no está funcionando, o tal vez hemos sido demasiado abstractos. A las personas ahí fuera que perdieron su tejado no les importa la movilización por la deuda. Ellos perdieron su tejado; es algo real».[12]

EL FUTURO DE PUERTO RICO: ACCIONES CONCRETAS Y CORAZONADAS

Una narrativa que se escucha a menudo en círculos de la diáspora es el temor a una gran cantidad de puertorriqueños que salgan de Puerto Rico y una entrada de extranjeros que lleguen para sustituirlos. Debido a que es tan prevaleciente la gentrificación de los barrios *latinx* en Nueva York y otras ciudades importantes, puede ser fácil pasar a especular que los puertorriqueños isleños mismos se están viendo forzados a abandonar su tierra natal. Con frecuencia se cita el ejemplo de Hawái cuando hablamos sobre escenarios alarmantes como este. Imaginemos las ciudades y playas de la metrópolis de San Juan abarrotados de turistas estadounidenses, muchos de los cuales han decidido comprar esa pequeña casita en Ocean Park o incluso un rancho en Trujillo Alto, algo que ya está sucediendo a pequeña escala, hasta el punto de que podríamos pasar un día entero en un lugar como Maui, por ejemplo, conduciendo, caminando, tomando el sol, saliendo a cenar, ¡sin ver a un solo puertorriqueño! ¿Cómo se vería eso? ¿Cómo es posible poder imaginar algo como eso?

La despoblación de la isla ya está en camino. Como reflexiona brillantemente Frances Negrón Muntaner en su ensayo "La isla vacía: Puertorriqueños en expulsión después de María", podría haber algo inevitable al respecto.[13] Después de todo, la "sobrepoblación" de Puerto Rico ha sido un problema del colonialismo americano desde que Estados Unidos tomó el mando en 1898. Desde los intentos de implementar universalmente el control de la natalidad en la isla durante la época de la eugenesia hasta la "sabiduría común" de que la población de Puerto Rico era demasiado densa para sostener una economía basada en la agricultura, se ha percibido que la isla tiene un "problema" de población.[14] Y encaja perfectamente en el ciclo del capitalismo posindustrial: desinversión, declive y despoblación que preceden a un nuevo desarrollo y expansión. En el siglo dieciséis, los españoles blancos abandonaron la isla con destino a Perú en cantidades tan numerosas que la corona española tuvo que encontrar nuevas maneras de fomentar el nuevo asentamiento de blancos. Ahora parece ser el caso contrario.

¿O no lo es?

¿Prevalecerán los hermanos del Bitcoin y los evasores de impuestos multimillonarios? ¿Pasará realmente el multimillonario de fondos buitre, John Paulson, más tiempo en su hotel Condado Vanderbilt ahora que tiene el nido vacío? Tras el tumulto de principios de 2019, cuando fue forzado el acuerdo COFINA y el caso del Segundo Circuito en Boston decidió que La Junta era inválida, porque sus oficiales fueron nombrados en violación de la Cláusula de

Nombramientos de la Constitución, hubo una sensación de que el futuro era más incierto que nunca. Quizá se había presentado una oportunidad.

El caso, presentado en nombre del sindicato UTIER, que representa a trabajadores en la Autoridad de Energía Eléctrica, tuvo temporalmente el efecto de hacer que el futuro de La Junta fuera incierto. «Con esta decisión, La Junta es debilitada, y en noventa días Trump tendrá que nombrar a personas nuevas, que entonces tendrán que ser confirmadas en el Senado y eso significará más transparencia en el proceso», señaló Rolando Emmanuelli, abogado de la UTIER, el sindicato demandante. «De todos modos Trump tendría que designar nuevos miembros en septiembre, según la ley PROMESA, y quién sabe incluso si Trump mantendrá su cargo en ese entonces».[15]

En cuanto al declive del gobierno en Puerto Rico, Emmanuelli cree que el público ha estado asimilando lentamente consciencia de la situación, pero el verdadero problema ocurrirá cuando comiencen las campañas gubernativas en 2020. «Los candidatos harán promesas que todo el mundo sabe que no pueden cumplir porque no tienen intervención. Su papel se ha vuelto puramente decorativo. El futuro de Puerto Rico se acerca a una encrucijada, y vamos a tener que salir a pelear. Creo que estamos al borde de muchos y rápidos cambios».

Con su falta de plenos derechos de ciudadanía, subdesarrollo colonial, e historial de racismo y negligencia, Puerto Rico representa los cuerpos que viven y respiran de pueblos oprimidos que intentan encontrar una senda hacia la libertad que les fue negada hace siglos atrás cuando Estados Unidos y América Latina aseguraron su libertad de la colonización europea. Ha sido consumido en su papel como escenario en la periferia del capitalismo estadounidense y ha caído en una pesadilla económica posindustrial en la que la deuda es una promesa más sagrada para los tenedores de bonos que las promesas hechas por el gobierno a los votantes. Como parte de su formación colonial, Puerto Rico ha heredado una psique maltrecha que siente que el lenguaje de la deuda y el pago se identifica con las lecciones morales que les fueron impuestas por un cristianismo supuestamente benevolente, sujetos a la servidumbre en honor a antiguos conceptos morales de culpabilidad.

Como territorio colonial de Estados Unidos, algunos puertorriqueños han intentado creer que la implacable afirmación de América de excepcionalismo se aplica en cierto modo a ellos. Quizá fue la más afortunada de las circunstancias la que permitió a Estados Unidos retener Puerto Rico como colonia para así poder ser rescatada de las condiciones precarias y miserables que existen en islas vecinas en el Caribe. Por esta lógica los puertorriqueños, mediante su capacidad para integrarse a sí mismos en el proyecto estadounidense, podrían fusionarse con el excepcionalismo americano, llegar a ser parte de ese autoengaño, y perseguir la unificación final de su única estrella con las otras cincuenta que representan la ciudadanía plena de las estrellas y las franjas.

Es cierto que, como parte de Estados Unidos, Puerto Rico es excepcional, pero no del modo que les gustaría a los apologistas coloniales. Puerto Rico es una excepción colonial de las reglas de la industria, el comercio y las finanzas que permitieron que los intereses de los adinerados en Estados Unidos produjeran beneficios que habrían sido imposibles sin explotar a un pueblo al que consideraban inferior. Y ahora los puertorriqueños se han quedado para soportar un extenso periodo de sufrimiento que supone la callada violencia de una relación larga, pero a la vez íntima.

Sin embargo, en algunos aspectos, según reflexiono, creo
que lo que está sucediendo en Puerto Rico no es tan diferente a lo que ha estado sucediendo en Flint y Detroit en
Michigan, y el Lower Ninth Ward en Nueva Orleáns, el
Central Valley en California, o en Camden (Nueva Jersey).
Y anteriormente, las ciudades fantasmas del suroeste y las
ciudades industriales de Upstate New York, usadas y consu-
midas, y dejadas para que se desintegren lentamente ante
los duros vientos del capitalismo estadounidense. Y, sin
embargo, en otro sentido, los puertorriqueños están muy en
armonía con la subordinación de los ciudadanos estadounidenses casi por completo. A medida que nos dirigimos a la
tercera década de este siglo, la "libertad" para emprender el
"riesgo" de inventarnos a nosotros mismos en la economía
transitoria que cambia constantemente suena hueca, ya
que la mayoría de nosotros somos etiquetados como súbditos endeudados en una crisis de deuda permanente.

En este punto parece que no hay nada más estadounidense que estar en rojo, bajo agua, inmersos en una deuda
cuantiosa. Quizá ahora todos estamos colonizados: por
préstamos de estudios, deudas de tarjetas de crédito, y tasas
hipotecarias variables. Todos tenemos razón para unirnos a
la resistencia. Puerto Rico está, entonces, en una posición
privilegiada en virtud de nuestro creciente escepticismo
del "sueño americano", uno que realmente nunca se nos
otorgó, que produce siempre nuevos tentáculos de corrupción, donde los cuerpos humanos son solamente conductos
para la expansión del capital, alimentándose a sí mismos y
traicionando las confianzas humanas sagradas. Al estar a la
vez dentro de la pseudociudadanía y fuera de la soberanía,
los puertorriqueños tienen un incentivo único para explorar
nuevas maneras de ser libres.

No importa si nos gusta Coldplay, como rapeaba una vez

Residente en un éxito inicial de Calle 13, o que hayamos nacido y habitado en las ciudades del difunto capitalismo, como me ocurrió a mí, dejándonos nuestra piel con manchas de plátano en calles que nunca estuvieron pavimentadas de oro. Hemos transformado nuestros entornos en un simulacro tropical dondequiera que vamos, construyendo una nación imaginaria y sin fronteras que no necesita un territorio físico o el precio ceremonial de un estado soberano: un asiento en la Asamblea General de las Naciones Unidas. Al final quizá no tengamos soberanía sobre el papel, pero la tenemos en nuestros corazones, y no vamos a suplicar a nadie en Washington que nos dé una última oportunidad. No vamos a jugar a la política de la confusión y forrar los bolsillos de las puertas giratorias.

Lo fundamental: el Congreso no puede salvar a Puerto Rico. Solamente los puertorriqueños pueden hacerlo. Y pese al hecho de que los puertorriqueños en la isla no pueden votar por un presidente y no tienen representación con voto en el Congreso, lo cual conduce a algunos a sugerir que la diáspora debería en cierto modo transportar el agua por ellos, los puertorriqueños tienen mucho poder. Lo demostraron en el Grito de Lares de 1868. Lo demostraron, a pesar de quienes murieron, en la masacre policial en Ponce en 1937. Lo demostraron presionando a la Marina estadounidense a abandonar Vieques en 2001. Lo demostraron cuando se enfrentaron a la austeridad republicana de Luis Fortuño y su mano dura en 2011, mucho antes de que nadie estuviera prestando atención. Aunque abrazo a mi familia estadounidense por hacer lo que tiene que hacer, me parece que la diáspora debería emplear más tiempo acercándose a personas que viven realmente en la isla para preguntarles qué necesitan que hagamos.

¿Cuál debería ser el estatus de Puerto Rico, después de

todo esto? La estadidad, incluso la propuesta más reciente ofrecida por el representante de Florida, Darren Soto, junto a la extraña comisionada residente Jenniffer González que apoya a Trump, es un sueño imposible, y ser parte del estado libre asociado significa ser un territorio a ser explotado por Estados Unidos. El único valor redentor del estatus de estado libre asociado es su capacidad de consolidar una identidad cultural nacional, que es lo que la mayoría de los puertorriqueños sienten que es esencial. La única opción, por lo tanto, es continuar agitando en favor de una auditoría ciudadana de la deuda plena y justa para reducir vastamente, o incluso eliminar, la deuda y defender la independencia con reparaciones, combinando la autodeterminación con la justicia social.

La independencia con reparaciones fue una idea presentada por el erudito legal Pedro Malavet en 2002 y después fue descartada. La mayor imposición de la esclavitud de la deuda de países subdesarrollados ha mitigado la conversación sobre reparaciones entre muchos electores agraviados hasta el punto de que es retóricamente casi imposible. Reparaciones es todo lo contrario a lo que los estados ricos gobernantes tienen en su agenda cuando se trata del Sur Global, a pesar de su reaparición como un asunto temprano de campaña planteado por candidatos demócratas como Julián Castro y Elizabeth Warren. Sin embargo, como Estados Unidos no se ha recuperado totalmente de la recesión de 2008 y continúa persiguiendo una agenda de recortes de costos en el sector público, el gobierno federal puede pensar que las transferencias de pagos para programas de derechos de subsidios que se deben a Puerto Rico son una carga económica insostenible. Esto podría hacer que el gobierno estadounidense estuviera dispuesto a negociar reparaciones como una alternativa más barata a décadas de pagos para que la red de seguridad estadounidense cubra a los puertorriqueños.

Sin duda, la independencia puede ser una posibilidad que da miedo. No hay en realidad un concepto organizado de cómo sería una economía libre y justa en el Caribe actualmente. El declive de la Marea Rosa en América Latina nos ha dejado en una pausa en el enfrentamiento entre nuevos gobiernos derechistas (ya sean moderados o autoritarios) y el autoritarismo de la izquierda sitiado, a la defensiva, y que restringe libertades. Se plantean muchas preguntas abrumadoras y asombrosas: ¿Por qué sistema económico optamos? ¿A quién ponemos a cargo de dirigir un gobierno "socialista democrático"? ¿Cuál es el desenlace del capital globalizado? ¿Han fracasado los estados socialdemócratas porque han retenido el capitalismo como su sistema económico operativo?

Podemos descolonizar, pero aún es posible que la descolonización pueda dejarnos con las mismas estructuras de explotación en los sistemas políticos y económicos. Para hacer de Puerto Rico un estado vanguardista, una nueva potencia dinámica en el Caribe, necesita desarrollar un sistema económico innovador que busque democratizar decisiones de lugar de trabajo, aprovechar las relaciones con las economías caribeñas locales, hacer que los asuntos de justicia social sean una parte central de la ideología del estado, enfocarse en financiar los servicios de salud y la producción cultural, fomentar el bilingüismo, crear nuevos modelos agrícolas autosostenibles, y revisar su ideología nacionalista para incluir una visión pancaribeña y "afro-diaspórica". Hay que oponerse con fuerza a la violencia contra las mujeres, que ha alcanzado niveles inaceptables, y a propuestas reaccionarias para recortar derechos del colectivo LGBTTQ.

A medida que Puerto Rico y Estados Unidos se preparan para las campañas electorales de 2020, que decidirán si Trump se mantiene en el poder y si los puertorriqueños sacan mediante el voto al gobierno proestadidad, el paisaje político se mantiene igual. Aún queda por ver hasta dónde serán peores los designados por Trump en Puerto Rico. Con los demócratas con el control de la Cámara, la orientación política de La Junta podría cambiar ligeramente. Pero Trump ha sido claro en su desdén por Puerto Rico, usando normalmente un argumento "izquierdista" retorcido (que el gobierno es corrupto en su mayor parte, lo cual realmente se acerca a la verdad) para "racializar" aún más al pueblo puertorriqueño y negarle la ayuda necesaria para la recuperación. Mientras tanto, la alcaldesa de San Juan, Carmen Yulín Cruz, ha anunciado que se postulará para gobernadora en lo que puede llegar a ser un Partido Popular Democrático reimaginado, a la vez que defiende simultáneamente la campaña de Bernie Sanders. Se ha formado un nuevo partido político llamado Victoria Ciudadana para defender explícitamente la descolonización sin afiliarse con una posición particular sobre el estatus. Victoria Ciudadana está siendo dirigido por Alexandra Lúgaro, que obtuvo un impresionante 11% del voto como candidata de un partido pequeño en 2016, y colabora con el representante Manuel Natal Albelo y el candidato a gobernador del Partido de los Trabajadores, Rafael Bernabe.

En muchos aspectos estamos de camino. Lo que aún queda por lograr es un proceso cuidadoso y justo de descolonización. Sin duda, descolonización significa muchas cosas para muchas personas. Y la situación de Puerto Rico en el escenario mundial actual es extremadamente precaria. Solamente estoy seguro de una cosa: los puertorriqueños deben pelear más duro que nunca antes para crear su destino, protegerse a sí mismos de ser sacudidos por los caprichos de Estados Unidos, y disipar la fantasía histórica de que somos un pueblo libre.

EPÍLOGO

Justo cuando el reloj estaba a punto de dar la medianoche, marcando las primeras horas del 25 de julio de 2019, miles de manifestantes celebraban afuera de las barricadas instaladas frente a la mansión del gobernador en la esquina de las calles Del Cristo y Fortaleza en el Viejo San Juan. Después de doce días seguidos de protesta intensa, festiva, y de evadir gases lacrimógenos, un gran aluvión de puertorriqueños había presionado con éxito al gobernador Ricardo Rosselló para que renunciara después de la filtración de una serie de conversaciones privadas con sus subordinados, las cuales revelaron una fuerte evidencia de corrupción, así como rasgos horribles de comportamiento racista, sexista y homofóbico.

La fecha era una importante: el 25 de julio de 1952, el entonces gobernador Luis Muñoz Marín celebró la firma de la constitución de 1952, la que comenzaría la existencia de Puerto Rico como un "estado libre asociado", un estado autónomo ficticio que ocultaba el hecho de que seguía sujeto a los poderes plenarios del Congreso. Al marcar esa fecha como una nueva era para Puerto Rico, el gobernador Muñoz Marín estaba, en efecto, borrando el recuerdo del desembarco de la Marina de los Estados Unidos en la ciudad de Guánica en 1898, donde comenzó el dominio colonial de los Estados Unidos.

Pero ahora, los puertorriqueños han salido a las calles y han reclamado esa fecha con un nuevo propósito: tomar el control de su destino político. Lo que sucedió en las calles del Viejo San Juan y en las ciudades lejanas de la costa oeste y las montañas de la isla ha sido un despliegue de solidaridad política y cultural deslumbrante e inquietan-temente hermoso. Durante décadas, los isleños invocaron el lema "Despierta Boricua", y ahora, ese despertar desde hace mucho tiempo augurado está aquí. Permite a los isle-ños decir cosas como: "Ya no es el mismo país"; y deleitarse con la conciencia revolucionaria de que "somos más, y no tenemos miedo".

Personalmente, estoy muy feliz. Tengo algunos amigos por ahí cantando, bailando salsa, haciendo yoga, golpeando cacerolas de cocina, sacudiendo sus traseros al compás de mezclas impropias de reggaetón. Por lo general, cuando se toman sus años de resistencia a la austeridad creciente en las calles, al menos durante un par de semanas, pare-ció funcionar. No solo había renunciado Ricky, sino que la gente también había creado el sentido de urgencia necesa-rio para continuar revocando el proyecto colonial neoliberal de los Estados Unidos, con la esperanza de establecer nuevos líderes y un sentido de política colectivista.

La asombrosa diversidad de manifestantes, grupos de edad, orientaciones políticas y clases sociales, reflejaban una desafección generalizada con el manejo de Rosselló de las secuelas del huracán María, así como los intentos inefi-caces, si no cínicos, de su administración para frenar las medidas de austeridad impuestas por la Junta de Supervi-sión y Administración Financiera (La Junta). La naturaleza vulgar, tipo fraternidad colegial, de la conversación del gobernador con sus asociados realizada en Telegram, una aplicación de teléfono inteligente que tiene un historial irre-gular de fugas de seguridad, reveló a un grupo de hombres con derecho quienes identificaron a enemigos políticos; los insultaron, generalmente a través de palabras misógi-nas y homofóbicas; y fueron objetos de venganza mediante el uso de *trolls* de internet y otras formas de intimidación.

Mostraron que el gobierno de Rosselló estaba más interesado en proteger su poder a través de una feroz tensión de relaciones públicas que en ayudar al pueblo puertorriqueño después del huracán María.

Las revelaciones más perjudiciales se referían a un cabildero, Elías Sánchez Sifonte, un amigo personal de Rosselló, padrino en la boda de Sánchez, quien fue su director de campaña y representante original sin derecho a voto en La Junta. El chat de 889 páginas fue publicado por el Centro de Periodismo Investigativo (CPI), y un informe posterior de CPI reveló que Sánchez intimidó a los funcionarios del gobierno para aprobar los contratos de los clientes que él representaba, a tasas más altas que las solicitudes de ofertas presentadas correctamente, y que Rosselló había sido advertido varias veces sobre este comportamiento. Otras revelaciones mostraron que La Junta también había estado al tanto de las actividades cuestionables de Sánchez y no había hecho nada.

El comportamiento de Rosselló, tanto a través de la participación activa en los insultos como de su silencio o la falta de críticas de sus ayudantes cuando se dedicaron a lo mismo, fue devastador para los puertorriqueños que todavía sufrían el daño psicológico de la tormenta. Desencadenó la ansiedad latente de aquellos que no pudieron comunicarse con sus familiares durante días, de aquellos que, después de haber vivido meses sin electricidad ni agua caliente, temían por el futuro de su familia en una isla que estaba experimentando un colapso total infraestructural y económico. Revivió los recuerdos del vergonzoso escándalo de Whitefish Energy por un contrato para restaurar las líneas eléctricas caídas, y un gobierno que insistió en que solo había treinta y seis personas que murieron a causa del huracán cuando, de hecho, según un estudio financiado por la Harvard T. H. Chan School of Public Health, hubo unos 4645 muertos.[1]

Quizás lo más importante sobre la caída de Ricardo Rosselló fue que sirvió como evidencia de que el pueblo puertorriqueño está listo para rechazar el sistema bipartidista representado por el Partido Popular Democrático y el Partido Nuevo Progresista. Entienden que la corrupción ha sido una constante durante varias décadas y que ambas partes están implicadas; ya no parecen estar dispuestos a elegir el menor de los dos males. Al mismo tiempo, han surgido varios movimientos políticos nuevos y prometedores, que por años se han estado fusionando, lo que indica una fuerte posibilidad de cambio.

Uno de esos movimientos, Victoria Ciudadana, ha estado trabajando hacia la reforma desde su lanzamiento en marzo de este año. El grupo se ha centrado en protestar contra las medidas de austeridad de la Junta de Supervisión y Administración Financiera, como los recortes de empleos y pensiones, la privatización de instituciones públicas y servicios públicos, y los recortes presupuestarios a la Universidad de Puerto Rico y varios centros culturales. También han pedido una asamblea constitucional que permita a los ciudadanos discutir nuevas propuestas de descolonización que podrían presentarse directamente al Congreso de los Estados Unidos.

En este momento, Victoria Ciudadana es un asunto de gran envergadura, que anima abiertamente a los partidarios de la independencia y la estadidad a unirse a la discusión, así como a aquellos que favorecen una nueva forma de asociación libre con los Estados Unidos que eliminaría los poderes plenarios del Congreso. Sus figuras centrales son Rafael Bernabe, Alexandra Lúgaro, Manuel Natal Albelo y Ana Irma Rivera Lassen, activista feminista y abogada

de derechos humanos. Lúgaro y Bernabe fueron oposito-
res en las elecciones de 2016, donde Lúgaro tuvo un mejor
desempeño, obteniendo el 11,25% de los votos, el más alto
de un candidato independiente en décadas. Natal, quien
renunció al PPD en 2017, había sido blanco de los chats
por sus años de publicar videos en Facebook que detalla-
ban las prácticas corruptas del zar de relaciones públicas,
Edwin Miranda.

Victoria Ciudadana ha abierto sus puertas a miembros
de todos los partidos políticos y podría ser una incubadora
para un serio desafío de terceros. Ha intentado no cerrarse
a nadie debido a la afiliación de partido; ha evitado respal-
dar el socialismo a pesar de elegir un logotipo que se parece
mucho al Partido Socialista venezolano; y se centra en tres
objetivos para crear un nuevo consenso político: 1) rescatar a las instituciones públicas, 2) reconstrucción social,
económica, ambiental y fiscal, y 3) descolonización.

Uno de los aspectos más llamativos y dinámicos de
esta nueva movilización política puertorriqueña ha sido su
carácter "interseccional". Los manifestantes reconocieron
claramente que estaban siendo gobernados y explotados por
una clase privilegiada de élite, ejemplificada por el círculo
interno de hombres de piel más clara de Rosselló que participaban en esquemas de corrupción y tráfico de influencias.
No solo construyeron alrededor de resistir la desigualdad
estructural, sino que también construyeron un nuevo tipo
de nacionalismo que incluía a la clase trabajadora, feminista y *queer* y su agenda. Un equipo de motociclistas
llamados a la acción por un influyente de las redes sociales, llamado El Rey Charlie, acudió dos veces a San Juan
después de detenerse en varios residenciales (edificios de
vivienda pública), los crisoles para la creación de música de
reggaetón. Un grupo comprometido de feministas radicales,

Colectiva Feminista en Construcción, que había estado
clamando durante mucho tiempo para que Rosselló reconociera que hay una crisis de violencia contra las mujeres
en Puerto Rico, fue una fuerza importante en la organización rápida de las protestas y los cacerolazos nocturnos que
permitieron que las personas se manifestaran en sus comunidades de origen.

Los activistas LGBTTQ desempeñaron un papel importante, afirmando cada vez más una presencia pública y
articulando una narrativa antipatriarcal, ya que han pasado
por la transición algo dolorosa de la isla de un conservadurismo social católico romano. La movilización del pueblo
puertorriqueño estuvo llena de símbolos y actividades *queer*
(deletreados "cuir" en la isla). Una de las imágenes más
icónicas de la marcha masiva de más de un millón de personas el 22 de julio fue el ídolo pop, Ricky Martin, ondeando
una enorme bandera del arcoíris mientras viajaba arriba
de un camión de plataforma. Hubo travestis o *drag queens*
presentes durante los discursos de Martin, Residente y su
hermana, Ileana Pérez (iLe), en una protesta anterior en el
Capitolio, así como una puesta en escena de La Renuncia
Ball, un baile de travestis completo con artistas de moda.

Pero la más espectacular y transgresora de las intervenciones de travestis en los doce días de protestas de Puerto
Rico fue El Perreo Combativo, un baile competitivo que
contó con concursantes de *twerking* o perreo en las escalinatas de la catedral católica más preciada del Viejo San
Juan. No dejaron ninguna duda de que la nueva libertad
política de Puerto Rico no podría suceder sin una libre
expresión sexual. Mostraron cómo los cuerpos de las mujeres, personas de cualquier raza y personas *queer* podrían
simbolizar un nuevo tipo de bien común colectivo.

Quizás lo peor del escándalo del chat Rosselló es que

sirve para corroborar las continuas acusaciones del presidente Trump de que el gobierno de Puerto Rico es corrupto y no se puede confiar en los fondos federales que Trump les ha estado negando. La eliminación de Rosselló y la consiguiente lucha de poder dentro del partido proestadidad, llamado irónicamente Partido Nuevo Progresista, han herido profundamente el sistema democrático del gobierno de Puerto Rico. El juego de la silla para determinar el sucesor de Rosselló es solo una distracción de una realidad oscura: el gobierno de Puerto Rico ya había sido reducido a un caparazón de sí mismo por La Junta.

Dado que las investigaciones de corrupción e irregularidades en Puerto Rico están dirigidas por el Departamento de Justicia de Estados Unidos y no por la ineficaz junta anticorrupción de Rosselló, parece conveniente que la ruina del gobernador sirva a la agenda racista de Trump, así como al sector financiero de Wall Street que busca asentamientos ventajosos a través de una junta sin gobierno que lo bloquee. Wall Street y Washington intervinieron rápidamente después de que Rosselló anunció su renuncia, aparentemente entusiasmados con la forma en que salieron las cosas. El *Wall Street Journal* publicó un editorial, "Puerto Rico's Political Meltdown" (La crisis política de Puerto Rico), que fue una reescritura virtual del informe de la exdirectora del Fondo Monetario Internacional, Anne Kreuger, del 2015 sobre Puerto Rico, que afirmaba que los salarios y beneficios en la isla eran demasiado altos. «El principal problema de Puerto Rico es el socialismo democrático, y Rosselló es típico de una clase política que compra votos con folletos», declaró el editorial.[2]

El enfoque en la corrupción del gobierno de Puerto Rico no solo sirve para desviar la atención de una posible toma de poder por parte de La Junta, sino que también sirve para darle a Trump, quien ha mentido repetidamente sobre la cantidad de ayuda que Washington ha enviado a la isla, y al Congreso la justificación para retrasar o microadministrar más ayuda a Puerto Rico. También demoniza al gobierno de Puerto Rico como el único culpable de la corrupción y el tráfico de influencias que es esencialmente el estilo de gobierno de Trump, donde los puestos del gabinete se otorgan a aquellos en mejor posición de aprovechar la concesión de contratos a sus socios comerciales más cercanos con impunidad.

La historia reciente de los Estados Unidos ha estado plagada de escándalos de corrupción y tráfico de influencias desde Enron hasta la espectacular mala conducta del congresista Tom DeLay. Los alcaldes demócratas Rod Blagojevich (Chicago) y Ray Nagin (Nueva Orleans) son sintomáticos de un sistema político estadounidense cada vez más corrupto desde el fallo de la Corte Suprema sobre el caso Ciudadanos Unidos de 2010. Además, la compleja máquina de provocación política utilizada por el gobierno de Rosselló es un negocio habitual para los republicanos de derecha y los supremacistas blancos, y el FBI no parece estar investigando eso de manera tan eficiente como para causar la liberación de una tormenta de chat que podría traer abajo la mayor parte del gobierno.

Los eventos en Puerto Rico hicieron que me preguntara por qué el movimiento de poder popular puertorriqueño no se replica en los Estados Unidos, con un gobierno a cargo posiblemente mucho peor. Existen varios factores. Hasta el 45% de los puertorriqueños viven por debajo del umbral de la pobreza, tratando de mantenerse a flote en una situación económica cada vez más precaria. A los puertorriqueños también se les recuerda diariamente que son súbditos coloniales, lo que ha sido su realidad durante más de quinientos años, y su ciudadanía de segunda clase los lleva a cuestionar con mayor urgencia aún la estructura política existente. Cuando Trump dice, asquerosamente, que él es lo mejor que le ha pasado a Puerto Rico, no difiere tanto de lo que los isleños han estado escuchando de los Estados Unidos desde que fueron subyugados en 1898. Esa falta de inclusión y el desenmascaramiento de la indiferencia racista por los Estados Unidos después del huracán, crea una especie de carácter inherente de resistencia.

La resistencia de Puerto Rico es en parte socialista, con muchas raíces en grupos laborales y estudiantiles, así como en la abiertamente socialista Colectiva Feminista, que trata de fundamentar el feminismo en el tema revolucionario de una mujer catalogada por su origen o raza. Pero también es una especie de nacionalismo milenario sin precedentes, donde los grupos subalternos se unen en un universo alternativo que es un distrito electoral listo para algo que se parece al movimiento Occupy Wall Street, excepto que es varias veces más inclusivo. Y se ha estado construyendo durante años, al menos desde las protestas de 2010, cuando los estudiantes que entrevisté describieron sin aliento su horizontalismo y la toma de decisiones de la asamblea democrática que aprendieron de los indignados de España meses antes de la protesta Occupy.

Los puertorriqueños han sufrido mucho desde los terribles golpes gemelos del huracán María y la imposición de La Junta, pero parece que estas tragedias gemelas han sido el impulso para permitirles ver a través de los más de cien años de fantasía colonial. Se les ha otorgado la visión de ver, en grande, la conexión entre la clase política corrupta que los ha gobernado durante siglos y la agenda neoliberal de su maestro colonial. Son un pueblo que ya no quiere conformarse con el menor de los dos males. Están listos para embarcarse en un nuevo y audaz experimento que podría permitirles, por primera vez, construir verdaderamente su futuro político.

Nueva York
1 de agosto de 2019

RECONOCIMIENTOS

Mi motivación para escribir este libro llegó de muchos lugares diferentes. Nací en Nueva York y mantengo el perfil de un típico "nuyorican" de primera generación: un uso titubeante del idioma español, la tendencia a ver Puerto Rico como un turista, y una falta de familiaridad con la política y las costumbres locales. Pero cuando mis padres regresaron a la isla en la década de los noventa, pude cimentar mis vínculos con la isla mediante visitas regulares, y finalmente conectar con muchos nuevos amigos y colegas mediante mi trabajo periodístico y mi vida personal. De todo esto surgió un deseo de romper la dinámica binaria isleño-diáspora y encontrar maneras de redactar una narrativa coherente sobre la experiencia puertorriqueña que construye un puente entre ambas.

Comenzando en 2011, cuando el *Nation* me asignó redactar un artículo extenso sobre la investigación del Departamento de Justicia estadounidense sobre la Policía de Puerto Rico, comencé a establecer fuertes conexiones entre puertorriqueños involucrados activamente en política, análisis económico, periodismo y las artes. Comencé a entender las repercusiones desde la recesión económica que comenzó en 2006 como resultado de la eliminación progresiva de la Sección 936 del código fiscal de Hacienda, y sentí la necesidad de mirar más allá de la política del estatus: el debate interminable sobre si Puerto Rico debería seguir como un "estado libre asociado", la petición de estadidad, o negociar su independencia de Estados Unidos. En 2014 me quedó claro que la crisis económica de Puerto Rico estaba a punto de explotar, y comencé a incluir artículos exitosamente acerca de eso en *Jacobin*, el *Nation* y el *Guardian*.

En el verano de 2017, decidí que los medios de comunicación no habían abordado adecuadamente la historia de Puerto Rico, retratando en cambio su crisis económica como una que afectaba principalmente a inversionistas estadounidenses en el mercado de bonos municipales, y no al pueblo que vivía en la isla. La cobertura de la legislación del Congreso conocida como PROMESA también fue caracterizada inadecuadamente como algo que "salvaría" a Puerto Rico de una crisis de bancarrota en lugar de lo que era verdaderamente: una herramienta para reunir deuda que limitaría severamente la autonomía de Puerto Rico y la integridad de su democracia.

Solo un par de meses después de terminar la propuesta para este libro, el Huracán María golpeó Puerto Rico con toda su terrible fuerza. La tormenta y su secuela revelaron todas las crisis débilmente escondidas en Puerto Rico y, mediante la respuesta inaceptable del presidente Trump, la cruel indiferencia que el gobierno estadounidense es capaz de mostrar hacia la isla debido a su poder colonial. La tragedia enorme y casi indescriptible de la tormenta también creó al instante un mercado mucho más grande para este libro, uno que espero que pueda conducir a una reevaluación positiva de la situación de Puerto Rico y lanzar un diálogo para ayudar a construir una visión para su futuro.

No tendría usted un ejemplar de *La isla de la fantasía* en sus manos sin el increíble apoyo y la firme creencia en mi visión de mi editora, Katy O'Donnell, y de mi agente, Edward Maxwell. Gracias a Remy Cawley por sus ediciones precisas y afiladas. También me alegra reconocer a todo el equipo de Bold Type Books/Hachette Group que ha mostrado tanta energía y fe para ayudar a hacer de este libro todo un éxito: Brooke Parsons, Jocelyn Pedro y Miguel Cervantes.

Estoy muy agradecido con Joseph Rodríguez, quien amablemente aportó varias fotografías en blanco y negro ejecutadas brillantemente para los inicios de los capítulos de este libro, y con quien he colaborado proporcionando textos para dos asombrosos reportajes fotográficos publicados en el *New York Times*.

Me gustaría enviar un saludo de solidaridad a Shey Rivera Ríos, cuya instalación artística de 2017, *La isla de la fantasía*, inspiró el título de este libro.

Yo no sería puertorriqueño ni "nuyorican" si no fuera por mis padres y mi familia extendida. Mi papá, Zoilo Morales, falleció en 2013 y le sobreviven mi mamá, María, y mi hermana, Marisa. Mis padres provienen de familias muy grandes: algunas ramas nunca se fueron de la isla, otras han regresado, y otras están dispersas por todo Estados Unidos, desde Nueva York hasta Florida, Texas, Colorado, y más allá. Los saludo a todos colectivamente desde aquí.

La isla de la fantasía no habría sido posible sin todos los inmortales gigantes culturales y políticos que constituyen nuestra identidad colectiva como puertorriqueños. Quiero reconocer a mis musas fundamentales desde la década de los años setenta, como los Young Lords, los Nuyorican Poets, y los gigantes de bugalú, salsa y jazz latino: Maelo Rivera, Rafael Tufiño, Eddie Palmieri, Lorenzo Homar, Adal Maldonado, Eddie Figueroa. Y elogiar a heroínas como Antonia Pantoja, Evelina López Antonetty, Iris Morales, Rita Moreno, Miriam Colón, Lolita Lebrón, Luisa Capetillo, Julia de Burgos, Sylvia Rivera. También tengo una deuda con prisioneros políticos puertorriqueños, y con respecto a los oficiales electos, comprometidos o no, les agradezco su representación.

A todos los editores y guardianes que alimentaron mi trabajo y hallaron apta para su publicación mi perspectiva sobre Puerto Rico, los puertorriqueños y los "nuyoricans": Roane Carey, Neil De Mause, Karen Durbin, Annette Fuentes, Richard Goldstein, Shawn Gude, Andrew Hsiao, Lisa Kennedy, Julia Lobbia, Katrina vanden Heuvel, Sandra Lilley, Jarrett Murphy, Nuria Net-Costas, Colette Perold, Evette Porter, Constance Rosenblum, Dominic Rushe, Matthew Rothschild, Simon Vozick-Levinson y Vanessa Williams.

A colegas en el campo académico que acogieron mi enseñanza, mis escritos y conferencias en departamentos de estudios puertorriqueños y latinos en varias universidades de la zona de Nueva York: Jillian Báez, Luis Barrios, Cristina Beltrán, Eduardo Bonilla-Silva, Yarimar Bonilla, Arnaldo Cruz-Malavé, Arlene Dávila, Arcadio Díaz Quiñones, Ana Dopico, Juan Flores, Alyshia Gálvez, Gabriel Haslip-Viera, Miriam Jiménez-Román, José Luis Morín, Frances Negrón Muntaner, Marisol Negrón, Tomás Uruyoán Noel, Suzanne Oboler, María Pérez y González, Vanessa Pérez Rosario, Marlene Ramírez Cancio, Ian Seda-Irizarry y Andrés Torres.

Gracias a las personas brillantes y apasionadas que me ayudaron a reconectar con lo puertorriqueño en la isla: Judith Berkan, Ismael Cancel, Luis Fernando "Peri" Coss, Gabriel Coss, Ivelisse Jiménez, Héctor "Tito" Matos, Carla Minet, Ileana Pérez Joglar, Neetlje von Marissing, Juan Llonsi Martínez, Prima y Franky, Argeo Quiñones, Mariana Reyes, Laura Rivera, Giovanni Roberto, Alexandra Rosa, Mayra Santos Febre, Oscar Serrano, Ana Teresa Toro y Teófilo Torres.

Sería imposible hacer mi mejor trabajo sin el apoyo, la persuasión, la provocación y la amistad de personas como Vanessa Arce, Greyzia Batista, Lara Bello, Ulla Berg, Rubén

Blades, Saulo Colón, Esperanza Cortés, Carina del Valle Schorske, Rebio Díaz, David Galarza, Matthew y Malinda Galindo, Camila Gelpí, Andrea Gordillo, Libertad Guerra, Víctor Hernández Cruz, Adriana Hurtado, Maite Junco, Esperanza León, Phillip y Lila Levin, Bill Lipton, Monxo López, Felipe Luciano, Miguel Luciano, Jorge Matos, Mickey Meléndez, Efraín Molina, Mario Murillo, Michael Pribich, William Ramírez, Yasmín Ramírez, Rubén Reyes, Draco Rosa, Juan Sánchez, Ray Santisteban, Macdara Vallely y Bryan Vargas.

Como acto memorial, me gustaría ofrecer un reconocimiento especial a uno de los gigantes de la política y el análisis político puertorriqueño y "nuyorican" que falleció en mayo de 2017: Ángelo Falcón.

También estoy profundamente agradecido a Lidia Hernández Tapia por su interminable ingenio, perspectiva, apoyo y paciencia.

NOTAS

INTRODUCCIÓN

1. United States Census Bureau, QuickFacts, Puerto Rico, www.census.gov/quickfacts/pr.

2. Danny Vinik, "How Trump Favored Texas over Puerto Rico", *Politico*, 27 de marzo de 2018.

3. Juan R. Torruella, "The Insular Cases: The Establishment of a Regime of Political Apartheid", *Revista Jurídica Universidad de Puerto Rico* 77, no. 1 (2008).

4. La canción de Rafael Hernández de 1929 "Lamento Borincano" contaba la historia de un agricultor de subsistencia cuyas fortunas colapsaron como resultado de la Gran Depresión en Estados Unidos.

5. Peter James Hudson, *Bankers and Empire: How Wall Street Colonized the Caribbean* (Chicago: University of Chicago Press, 2017); Cedric Robinson, *Black Marxism: The Making of the Black Radical Tradition* (Chapel Hill: University of North Carolina Press 1983, 2000).

CAPÍTULO 1. UNA HISTORIA BREVE DEL COLONIALISMO ESTADOUNIDENSE EN PUERTO RICO

1. Neal Thompson, "Ship's Sinking Remains Mystery: After 100 Years, Naval Scholars Disagree on Maine", *Baltimore Sun*, 12 de octubre de 2018.

2. Matthew Karp, *This Vast Southern Empire* (Cambridge, MA: Harvard University Press, 2016).

3. Edgardo Meléndez, "Citizenship and the Alien Exclusion in the Insular Cases: Puerto Ricans in the Periphery of American Empire". *Centro Journal* 25, no. 1 (Primavera 2013): pp. 106–145.

4. Ibid.

5. *Congressional Record*, 1914, pp. 6718–6720.

6. Harry Franqui-Rivera, "National Mythologies: U.S. Citizenship for the People of Puerto Rico and Military Service",

Memorias: Revista Digital de Historia y Arqueología Desde el Caribe, no. 21 (Septiembre/Diciembre 2013): pp. 5–21.

7. Harry Franqui-Rivera, "So a New Day Has Dawned for Porto Rico's Jíbaro: Military Service, Manhood and Self-Government During World War I". *Latino Studies* 13, no. 2 (Enero 2015): pp. 185–206.

8. Anthony M. Stevens-Arroyo, "The Catholic Worldview in the Political Philosophy of Pedro Albizu Campos", *U.S. Catholic Historian* 20, no. 4 (Otoño 2002): pp. 53–73; Marisa Rosado, *Pedro Albizu Campos: Las Llamas de Aurora, Un Acercamiento a su Biografía* (San Juan: Editores Corripio, 1991).

9. Margaret Power, "Nationalism in a Colonized Nation: The Nationalist Party and Puerto Rico", *Memorias: Revista Digital de Historia y Arqueología Desde el Caribe Colombiano* 10, no. 20 (Agosto 2013), y "Discurso por el Dr. Pedro Albizu Campos", *Nacionalismo Enarbola la Bandera de la Raza en Lares*, Partido Nacional de Puerto Rico, 1971.

10. Guzmán Manolo, *Gay Hegemony/Latino Homosexualities* (London: Routledge, 2005); Federico Ribes Tovar, *Albizu-Campos: El Revolucionario* (New York: Ultra Books, 1971).

11. Power, "Nationalism in a Colonized Nation"; Ovidio Dávila, "Los Bonos del Partido Nacionalista Para la Reconstitución de la República de Puerto Rico (1930)", *Revista de Institutio Cultura Puertorriqueña* 6, no. 11 (2005).

12. Pedro Cabán, "Puerto Rico, Colonialism In", *Latin American, Caribbean, and U.S. Latino Studies Faculty Scholarship* 19 (2005).

13. Dianne Lourdes Dick, "U.S. Tax Imperialism in Puerto Rico", *American University Law Review* 65, no. 1 (2015).

14. Iris Ofelia López, *Matters of Choice: Puerto Rican Women's Struggle for Reproductive Freedom* (New Brunswick, NJ: Rutgers University Press, 2008).

15. Laura Briggs, "The Politics of Sterilization", en *Reproducing Empire: Race, Sex, Science, and U.S. Imperialism in Puerto Rico* (Berkeley: University of California Press, 2002).

16. César Ayala y Rafael Bernabe, *Puerto Rico and the American Century: A History Since 1898* (Chapel Hill: University of North Carolina Press, 2007).

CAPÍTULO 2. PELIGRO CLARO Y PRESENTE: PRELUDIO A LA CRISIS

1. James L. Dietz, *Economic History of Puerto Rico: Institutional Change and Capitalist Development* (Princeton, NJ: Princeton University Press, 1986).

2. Kimberley Phillips-Fein, *Fear City: New York's Fiscal Crisis and the Rise of Austerity Politics* (New York: Henry Holt, 2017).

3. Sam Roberts, "Infamous 'Drop Dead' Was Never Said by Ford", *New York Times*, 28 de diciembre de 2006.

4. N. R. Kleinfield, "Hanging On in the 'Muni' Market", *New York Times*, 29 de noviembre de 1987.

5. Dietz, *Economic History of Puerto Rico*.

6. César Ayala y Rafael Bernabe, *Puerto Rico and the American Century: A History Since 1898* (Chapel Hill: University of North Carolina Press, 2007).

7. Stephen J. Lubben. "Puerto Rico and the Bankruptcy Clause", *American Bankruptcy Law Journal* 88, no. 4 (Otoño 2014): pp. 553–578.

8. Paula Chakravartty y Denise Ferreira da Silva, "Accumulation, Dispossession and Debt: The Racial Logic of Global Capitalism—An Introduction", *American Quarterly* 64, no. 3 (Septiembre 2012): pp. 361–386.

9. Vijay Prashad, *The Darker Nations: A People's History of the Third World* (London: New Press, 2008).

CAPÍTULO 3. EL DIABLO EN DERIVADOS: PRÉSTAMOS PARA SATISFACER LAS NECESIDADES BÁSICAS

1. David Harvey, *A Brief History of Neoliberalism* (Oxford: Oxford University Press, 2005).

2. James L. Dietz, *Puerto Rico: Negotiating Development and Change* (Boulder, CO: Lynne Rienner Publishers, 2003).

3. Maurizio Lazzarato, "The Making of the Indebted Man— An Essay on the Neoliberal Condition", trans. Joshua David Jordan, Semiotext(e) Intervention Series, 2011.

4. Petra Rivera-Rideau, *Remixing Reggaetón* (Durham, NC: Duke University Press, 2015).

5. David Kaplan, "End of Tax Break Could Endanger Puerto Rico's Economy", *Bond Buyer*, 9 de agosto de 1996.

6. Gillian Tett, *Fool's Gold: How the Bold Dream of a Small Tribe at J.P. Morgan Was Corrupted by Wall Street Greed and Unleashed a Catastrophe* (New York: Free Press, 2009).

7. Robert Kuttner, "The Alarming Parallels Between 1927 and 2007", *American Prospect*, 12 de febrero de 2012.

8. James Heintz y Radhika Balakrishnan, "Debt, Power, and Crisis: Social Stratification and the Inequitable Governance of Financial Markets", *American Quarterly* 64, no. 3 (Septiembre 2012): pp. 387–410.

9. David R. Martin, "Back Story on Puerto Rico's Debt Crisis", *The Hill*, 4 de septiembre de 2015.

10. Michael Casey, "Governor Sila Maria Calderon's Success in Puerto Rico Rides on Tax Credits", *Wall Street Journal*, 26 de diciembre de 2000.

11. Gobernador Aníbal Acevedo Vilá, entrevista con el autor, San Juan, julio de 2018.

12. "Informe Final Sobre la Investigación de los Sucesos Ocurridos en el Municipio de Hormigueros el 23 de septiembre de 2005 Donde Resultó Muerto el Ciudadano Filiberto Ojeda Ríos", San Juan, 31 de marzo de 2011, revisión 22 de septiembre de 2011.

13. Leonardo Aldridge, "Governor Has Suspicions About Irregularities in the Death of Ojeda-Rios", Associated Press, 25 de septiembre de 2005.

14. "A Review of the September 2005 Shooting Incident Involving the Federal Bureau of Investigation and Filiberto Ojeda Ríos", Office of the Inspector General, agosto de 2006.

15. Adam Cohen, "The Strange Case of an Imprisoned Alabama Governor" *New York Times*, 10 de septiembre de

2007. Véase también Scott Horton, en varios posts en el blog de *Harper* en 2006.

16. "An Investigation into the Removal of Nine U.S. Attorneys General in 2006," U.S. Department of Justice, septiembre de 2008.

17. Carrie Johnson, "Karl Rove Had a Bigger Role in 2006 Removal of U.S. Attorneys", *Seattle Times*, 31 de julio de 2009.

18. Senador Eduardo Bhatia, entrevista telefónica con el autor, 6 de septiembre de 2011.

19. Kirk Semple, "U.S. Issues Indictment of Governor of Puerto Rico", *New York Times*, 28 de marzo de 2008.

20. Testimonio de la abogada Linda Backiel, hablando en nombre de su cliente, Michelle Padrón Gaulthier, 2 de mayo de 2011, Río Piedras, Puerto Rico, citado en "Island of Impunity: Puerto Rico's Outlaw Police Force", American Civil Liberties Union, junio de 2012.

21. Ed Morales, "Puerto Rico's Policing Crisis", *The Nation*, 26 de diciembre de 2011.

22. Rachel Hiskes, entrevista con el autor, San Juan, julio de 2011.

23. Carmen Yulín Cruz, entrevista con el autor, julio de 2011.

24. Entrevista, WLII-DT Univisión, Puerto Rico, 1 de julio de 2010.

25. "Luis Fortuño Justifica las Acciones de la Policía Ayer en el Capitolio", *Primera Hora*, 1 de julio de 2010.

26. William Ramírez, entrevista con el autor, ACLU Puerto Rico office, San Juan, julio de 2011.

27. Adriana Mulero, entrevista con el autor, New Brunswick, NJ, 1 de octubre de 2011.

28. "Ley 7 Fue Adversa Para la Economía", *Primera Hora*, 19 de abril de 2011.

29. Lauren Sieben, "Students Resume Protests Against Fees at U. of Puerto Rico", *Chronicle of Higher Education*, 8 de febrero de 2011.

30. "PPD: Fortuño Enriquece a su Pana con El Gasoducto", *Noticel*, 29 de julio de 2012.

31. "A Casa Blanca Polémica por el Gasoducto", *Periódico La Perla*, 5 de octubre de 2011.

32. Ely Acevedo Denis, "Bufete Agradecido le da Trabajo a Fortuño en Washington, D.C.", *Noticel*, 24 de enero de 2013.

CAPÍTULO 4. EMISIÓN DE BONOS, CORRUPCIÓN Y TRAICIÓN: CÓMO DOS GOBIERNOS LE FALLARON A PUERTO RICO

1. "Pirates of the Caribbean: How Santander's Revolving Door with Puerto Rico's Development Bank Exacerbated a Fiscal Catastrophe for the Puerto Rican People", Hedge Clippers, en colaboración con Committee for Better Banks, 15 de diciembre de 2015.

2. "Puerto Rico's Payday Loans", Refund America Project, 30 de junio de 2016.

3. "Scooping and Tossing Puerto Rico's Future", Refund America Project, 31 de agosto de 2016.

4. Mary Childs y Michelle Kaske, "Puerto Rico Distress Spells Wall Street Opportunity: Muni Credit", *Bloomberg*, 12 de noviembre de 2013.

5. HedgeClippers, "The Antonio Weiss Files: Vultures, Bribes and Conflicts of Interest in Puerto Rico", Hedge Papers 21, 24 de septiembre de 2015; "Hedge Funds Are Muscling into Munis", *Wall Street Journal*, 11 de noviembre de 2013; y "Puerto Rico Distress Spells Wall Street Opportunity: Muni Credit", *Bloomberg News*, 12 de noviembre de 2013.

6. Michael Corkery y Matt Wirtz "Hedge Funds Are Muscling into Muni", *Wall Street Journal*, 11 de noviembre de 2013.

7. Ben White, "Warren Wins on Weiss Nomination", *Politico*, 12 de enero de 2015.

8. "Banks Pitch Possible Puerto Rico Bond Offers", *Financial Times*, 22 de enero de 2014

9. Michael Corkery and Mary Williams Walsh, "Puerto Rico Gets a Break with Rates on Its Bonds", *New York Times*, 10 de marzo de 2014.

10. Mike Cherney y Matt Wirtz, "Puerto Rico Hires Millstein Affiliate to Study Debt", *Wall Street Journal*, 5 de marzo de 2014.

11. "Puerto Rico Finance Arm Hires Restructuring Lawyers: Government Development Bank for Puerto Rico Hires Cleary Gottlieb Steen & Hamilton", *Wall Street Journal*, 7 de abril de 2014.

12. Luis Valentín Ortiz, "Puerto Rico's Fiscal Control Board: Parallel Government Full of Lawyers and Consultants", Puerto Rico Center for Investigative Journalism, 1 de agosto de 2018.

13. Bond Offering, Commonwealth of Puerto Rico, General Obligation Bonds of 2014, 11 de marzo de 2014.

14. "Wall Street and the Financial Crisis: Anatomy of a Financial Collapse", Majority and Minority Staff Report, Permanent Subcommittee of Investigations, US Senate, 13 de abril de 2011.

15. Juan Aponte, entrevista con el autor, San Juan, agosto de 2014.

16. Federal Reserve Bank of New York, "An Update on the Competitiveness of Puerto Rico's Economy", 31 de julio de 2014.

17. 2015 Puerto Rico Investment Summit press release, *Business Wire*, 12 de febrero de 2015.

18. Nathaniel Parish Flannery, "Will Puerto Rico Find a Way to Survive Its Debt Crisis?", *Forbes*, 1 de junio de 2017.

19. Don Reisenger, "The Average American Household Has $8,284 in Credit Card Debt", *Fortune*, 10 de diciembre de 2018.

20. Anne O. Krueger, Ranjit Tea, y Andrew Wolfe, "Puerto Rico: A Way Forward", comisionado por el Gobierno de Puerto Rico, 29 de junio de 2015.

21. Ed Morales, "How Hedge and Vulture Funds Have Exploited Puerto Rico's Debt Crisis", *The Nation*, 21 de julio de 2015.

22. "Pirates of the Caribbean".

23. Joel Cintrón Arbasetti, "The Trajectory of Hedge Funds Found in Puerto Rico", Center for Investigative Journalism, Puerto Rico, 15 de julio de 2015.

24. "Gundlach Sees Puerto Rico Like Mortgages in 2008 Crisis", *Bloomberg News*, 4 de mayo de 2015.

25. Un recaudador es un tipo de superrecaudador de fondos que reúne contribuciones en bloques de cientos de miles de dólares, teniendo una influencia importante en una campaña y dominando la posibilidad de un mayor acceso una vez que el candidato es elegido.

26. Michael D. Shear y Gardiner Harris, "With High-Profile Help, Obama Plots Life after Presidency", *New York Times*, 16 de agosto de 2015.

27. Mike Spector, "Avenue Capital's Investor in Chief: He's Prescient, He's Well-Connected. Just Don't Call Marc Lasry a 'Vulture'", *Wall Street Journal*, 27 de marzo de 2010.

28. Jackie Calmes, "Clinton Supports Obama at New York Fundraisers", *New York Times*, 4 de junio de 2012.

29. Matthew Goldstein y Steve Eder, "For Clintons, a Hedge Fund in the Family", *New York Times*, 22 de marzo de 2015.

30. Matt Wirtz y Aaron Kuriloff, "Mutual Funds Are Front and Center in Puerto Rico Talks", *Wall Street Journal*, 19 de julio de 2015.

31. "Avenue's Lasry Sees No Puerto Rico Debt Payments for 2–3 Years", Reuters, 15 de noviembre de 2017.

32. Danny Vinik, "Obama's Radical Proposal for Puerto Rico's Debt", *Politico*, 23 de octubre de 2015.

33. Eric Lipton y Michael Corkery, "Puerto Rico's Prosperous D.C. Power Couple", *New York Times*, 12 de abril de 2016.

34. "Addressing Puerto Rico's Economic and Fiscal Crisis and Creating a Path to Recovery: Roadmap for Congressional Action", U.S. Department of the Treasury, 3 de noviembre de 2015.

35. Natasha Lycia Ora Bannan, "Puerto Rico's Odious Debt: The Economic Crisis of Colonialism", *CUNY Law Review* 19, no. 2 (2017).

36. Ed Morales, "Puerto Rico's Soaring Cost of Living, from Giant Electric Bills to $5 Cornflakes", *The Guardian*, 12 de julio de 2015.

37. "Antonio Weiss, Lazard Freres and the Puerto Rico Crisis", Hedge Clippers, 24 de septiembre de 2015.

38. Plenary Panel Center for Puerto Rican Studies Puerto Rico Summit, Silberman School of Social Work Auditorium, Nueva York, 22 de abril de 2016.

39. Entrevista a Acevedo Vilá.

40. *Limtiaco, Attorney General of Guam v. Camacho, Governor of Guam*, Corte Suprema, 8 de enero de 2007–27 de marzo de 2007.

41. Heather Long, "'Hamilton' Creator Urges Congress to Help Puerto Rico", *CNN Business*, 15 de marzo de 2016.

42. Bob Menendez, "National Sea Grant College Program Amendments Act of 2015", floor speech, Congressional Record, vol. 162, no. 105 (Washington, DC: Government Publishing Office, 29 de junio de 2016).

CAPÍTULO 5. PROMESA = POBREZA

1. Rolando Emmanuelli Jiménez y Yasmín Colón, *PROMESA: Puerto Rico Oversight Management and Economic Stability Act* (Editorial del Derecho y Del Revés, 2016).

2. Deborah Isadora Kobes, "Out of Control? Local Democracy Failure and Fiscal Control Boards", PhD Thesis, M.I.T., Cambridge, MA, septiembre de 2009.

3. Ibid.

4. Sonali Kohli, "Modern-Day Segregation in Public Schools" *Atlantic*, 18 de noviembre de 2014.

5. Kobes, "Out of Control?".

6. "The Silent Expansion of Fiscal Control Boards", Center for Investigative Journalism, Puerto Rico, 1 de junio de 2017.

7. Eric Scorsone, "Municipal Emergency Laws: Background and Guide to State-Based Approaches", Working Paper, Mercatus Center, George Mason University, julio de 2014.

8. Maurice Carroll, "Badillo Assails Became Leaflets," *New York Times*, 30 de agosto de 1973.

9. "Starr's 'Shrinkage' Plan for City Slums Is Denounced", *New York Times*, 11 de febrero de 1976.

10. Mauritzio Lazarrato, "The Making of the Indebted Man: An Essay on the Neoliberal Condition", traducido por Joshua David Jordan, *Semio-text(e)* Intervention Series (2011).

11. John Eligon, "A Question of Environmental Racism in Flint", *New York Times*, 21 de enero de 2016.

12. Robert Parry, "How Ukraine's Finance Chief Got Rich", *Consortium News*, 15 de noviembre de 2015.

13. Bernat Tort, entrevista telefónica con el autor, abril de 2017.

14. Jeff Nussbaum, "The Night New York Saved Itself from Bankruptcy", *New Yorker*, 16 de octubre de 2015.

15. Ed Morales, "Students Are Now Leading the Resistance to Austerity in Puerto Rico", *The Nation*, 27 de abril de 2017.

16. Ed Morales, "Puerto Rico's Political and Economic Crisis Deepens", *The Nation*, 24 de mayo de 2017.

17. Ibid.

18. "Bhatia demanda al gobernador para que entregue el presupuesto", *NotiCel*, 4 de mayo de 2017.

19. Luis J. Valentín Ortiz y Joel Cintrón Arbasetti, "Emails Expose Federal Government Influence Over Puerto Rico's Fiscal Board", Puerto Rico Center for Investigative Journalism, 28 de noviembre de 2018.

CAPÍTULO 6. ¿ACTUALIZACIÓN DEL ESTATUS?

1. Manuel Maldonado Denis, *Puerto Rico: A Socio-Historic Interpretation* (New York: Random House, 1972).

2. Ivonne Acosta-Lespier, "The Smith Act Goes to San Juan: *La Mordaza* 1948–1957", de *Puerto Rico under Colonial Rule: Political Persecution and the Quest for Human Rights*, ed. Ramón Bosque-Pérez y José Javier Colón Morera (Albany: State University of New York Press, 2006).

3. Ramón Bosque Pérez y José Javier Colón Morera, *Las carpetas: Persecución política y derechos civiles en Puerto Rico Centro para la Investigación y Promoción de los Derechos Civiles* (San Juan, 1997).

4. William Steif, "Puerto Rico's Watergate", *Progressive*, octubre de 1992.

5. Barceló publicó originalmente un panfleto titulado "La estadidad para los pobres", que fue traducido al inglés y publicado en 1978.

6. Eli Rosenberg, "A Brief History of Rep. Don Young's Incendiary Remarks (All Right, It's a Long History)", *Washington Post*, 28 de febrero de 2018.

7. Chris Mooney, "Treasure Island". *American Prospect*, 19 de diciembre de 2001.

8. La condena de DeLay fue revocada en 2014.

9. Scott Powers, "Stephanie Murphy Gets Former Puerto Rico Official Kenneth McClintock's Backing", *Florida Politics*, 1 de noviembre de 2016.

10. Chris Mooney, "Status Anxiety in San Juan: Left-Wing Advocates of Puerto Rican Statehood Come under Fire from All Sides", *Lingua Franca* 11, no. 3 (Abril de 2001).

11. Sheryl Gay Stolberg, "Latinos Gain Political Muscle, and Fundraisers Show How", *New York Times*, 7 de marzo de 2013.

12. Avi Zenilman y Ben Smith, "The Obama Campaign's Unsung Hero", *Politico*, 12 de mayo de 2008.

13. Aníbal Acevedo Vilá, entrevista con el autor, agosto de 2018.

14. Tim Vandenack, "U.S. Rep Bishop Gets $110,000 in Donations, $20,200 of It from Puerto Rico", *Standard-Examiner*, 18 de abril de 2017.

CAPÍTULO 7. EL HURACÁN MARÍA DESTRUYE LA FANTASÍA DEL ESTADO LIBRE ASOCIADO

1. Charley E. Wilson, Phillip M. Singer, Melissa S. Creary, y Scott L. Greer, "Quantifying Inequities in US Federal Response to Hurricane Disaster in Texas and Florida

Compared with Puerto Rico", *BMJ Global Health*, enero de 2019.

2. Ed Morales, "In Puerto Rico, Disconnection and Grace Under Pressure", *The Nation*, 13 de octubre de 2017.

3. "Mortality in Puerto Rico After Hurricane Maria", *New England Journal of Medicine*, 12 de julio de 2018.

4. Frances Robles, Kenan Davis, Sheri Fink, y Sarah Almuktahar, "Official Toll in Puerto Rico: 64. Actual Deaths May Be 1,052", *New York Times*, 9 de diciembre de 2017.

5. Danny Vinik, "How Trump Favored Texas Over Puerto Rico", *Politico*, 27 de marzo de 2018.

6. Un reporte en the Associated Press, "Urgently Needed Tarps Delayed by Failed $30m FEMA Contract", 28 de noviembre de 2017, describía cómo una empresa llamada Bronze Star LLC, que no tenía experiencia en distribución de lonas, no entregó ninguna de las quinientas mil lonas para las cuales fue contratada.

7. Lizette Alvarez y Abby Goudnough, "Puerto Ricans Brace for Crisis in Health Care", *New York Times*, 2 de agosto de 2015.

8. "Puerto Rico Health Care Infrastructure Assessment". The Urban Institute, enero de 2017.

9. Jessica M. Mulligan, *Unmanageable Care: An Ethnography of Health Care Privatization in Puerto Rico* (New York: New York University Press, 2014).

10. Ibid.

11. Valeria Pelet, "Puerto Rico's Invisible Health Crisis", *Atlantic*, 3 de septiembre de 2016.

12. John D. Sutter, "'The Maria Generation': Young People Are Dying and Suffering on an Island with a Highly Uncertain Future", CNN, 17 de septiembre de 2018.

13. Joh D. Sutter y Sergio Hernández, "Exodus from Puerto Rico: A Visual Guide", CNN, 21 de febrero de 2018; Edwin Meléndez y Jennifer Hinojosa, "Estimates of Post-Hurricane Maria Exodus from Puerto Rico", investigación sucinta, octubre de 2017.

CAPÍTULO 8. EL FACTOR TRUMP: BUITRES, CABILDEROS Y CAPITALISMO DEL DESASTRE

1. Naomi Klein, *The Shock Doctrine: The Rise of Disaster Capitalism* (London: Random House of Canada, 2007).

2. Donna Borak, Martin Salvidge, y Greg Wallace, "How Whitefish Landed Puerto Rico's $300 Million Power Contract", CNN Business, 29 de octubre de 2017.

3. Christopher Helman, "Is That $300 Million Puerto Rico Power Contract 'Whitefishgate' or Just a Red Herring?" *Forbes*, 3 de noviembre de 2017; Ken Klipperstein, "300M Puerto Rico Recovery Contract Awarded to Tiny Utility Company Linked to Major Trump Donor", *Daily Beast*, 24 de octubre de 2017.

4. Steven Musfon, Jack Gillum, Aaron C. Davis, y Arelis R. Hernández, "Small Montana Firm Lands Puerto Rico's Biggest Contract to Get the Power Back On", *Washington Post*, 23 de octubre de 2017.

5. Yanira Hernández Cabiya, "Puerto Rico Government Signs Third Multimillion-Dollar Contract to Reestablish Electric Grid", *Caribbean Business*, 20 de octubre de 2017.

6. Ramos, quien fue despedido porque se había convertido en una "distracción", afirmó seis meses después en una entrevista de radio que Rosselló supo sobre el proceso Whitefish en cada paso del camino, porque estaban en comunicación diaria constante. Frances Robles, "CEO of Puerto Rico Power Authority Resigns", *New York Times*, 17 de noviembre de 2017; "Ricardo Ramos: El gobernador sabía lo que estábamos haciendo", *Primera Hora*, 2 de mayo de 2018.

7. Andrew G. Biggs, Arthur J. Gonzalez, Ana J. Matosantos, y David Skeel, "Privatize Puerto Rico's Power: It Would Reduce the Cost of Living and Spur Economic Growth", *Wall Street Journal*, 29 de junio de 2017.

8. Cathy Kunkel y Tom Sanzillo, "Privatization Bill Will Not Solve Puerto Rico's Electricity Crisis", Institute for Energy Economics and Financial Analysis, Abril de 2018.

9. "Republican Senators Quietly Pushed Privatization of Puerto Rico's Power Utility", *Centro de Periodismo Investigativo*, 1 de diciembre de 2018.

10. Yarimar Bonilla, "For Investors, Puerto Rico Is a Fantasy Blank Slate", *Nation*, 28 de febrero de 2018.

11. "Reail Choice Will Not Bring Down Puerto Rico's High Electricity Rates", Institute for Energy Economics and Financial Analysis, 23 de agosto de 2018.

12. Omar Alfonso, "Something Happened in Arroyo Barril", Centro de Periodismo Investigativo de Puerto Rico, 2 de marzo de 2016.

13. "Electricity Prices to Rise If the AES Fades Out", *El Nuevo Día*, 15 de julio de 2017.

14. "Arturo Massol denuncia detención ilegal de la policía", *El Nuevo Día*, 29 de julio de 2018.

15. Mark Bittman, "Is Natural Gas Clean?" *New York Times*, 24 de septiembre de 2013.

16. Julian Dibbell, "The Decline and Fall of an Ultra Rich Online Gaming Empire", *Wired*, 24 de noviembre de 2008.

17. Neil Strauss, "Brock Pierce: The Hippie King of Cryptocurrency", *Rolling Stone*, 26 de julio de 2018.

18. Grabación de comentarios de Brock Pierce en el evento "Restart", San Juan, marzo de 2018.

19. Steven Mufson, "Bitcoin's Popularity Has a Downside: It's an Energy Glutton That Could Hurt Earth's Climate, Study Finds", *Washington Post*, 20 de enero de 2019.

20. Jesse Baron, "How Puerto Rico Became the Newest Tax Haven for the Super-Rich", *GQ*, 6 de diciembre de 2018.

21. Andrea Gabor, "The Myth of the New Orleans School Makeover", *New York Times*, 22 de agosto de 2015.

22. "Keleher discute con maestros durante taller de capacitación", *NotiCel*, 9 de marzo de 2018.

23. Tom Jackman y Spencer S. Hsu, "Blackwater Security Guard Convicted in 2007 Iraqi Civilian Massacre at Third U.S. Trial", *Washington Post*, 19 de diciembre de 2018.

24. Rachel M. Cohen, "Betsy DeVos Is Helping Puerto Rico Re-Imagine Its School System. That Has People Deeply Worried", *The Intercept*, 22 de febrero de 2018.

25. Ricardo Rosselló, Tweet, 16 de febrero de 2018, 5:36 PM, traducción del autor.

26. "Ties of Puerto Rico Governor's Brother to Ex-Education Chief's Firm Questioned", *Caribbean Business*, 5 de abril de 2019.

27. Abner Dennis y Kevin O'Connor, "The COFINA Agreement, Parts 1&2", *LittleSis*, 12–20 de noviembre de 2018.

28. Plan fiscal para Puerto Rico, 20 de agosto de 2018, Revision.

29. Kate Aronoff, "Vulture Funds Stand to Make Millions in the Wake of Hurricane María", *The Intercept*, 20 de septiembre de 2018.

30. Lin-Manuel Miranda, "Give Puerto Rico Its Chance to Thrive", *New York Times*, 28 de marzo de 2016.

CAPÍTULO 9. EL ARTE DE LA RESISTENCIA

1. Laura M. Quitero, "Desahucian la 'Catedral de la Música'", *NotiCel*, 20 de noviembre de 2015.

2. "Santurce Es Ley: Las Calles de San Juan se pintan de Arte Urbano", *Primera Hora*, 14 de diciembre de 2018.

3. Juan Flores, *The Diaspora Strikes Back: Caribeño Tales of Learning and Turning* (New York: Routledge, 2008).

4. Sofía Gallisá Muriente, entrevista telefónica con el autor, febrero de 2019.

5. Ivelisse Jiménez, entrevista por correo electrónico con el autor, febrero de 2019.

6. Israel Lugo, entrevista telefónica con el autor, mayo de 2017.

7. Yarimar Bonilla, "El conejo de todos los males", *El Nuevo Día*, 24 de octubre de 2018, en inglés: "Bad Bunny, Good Scapegoat: How 'El Conejo Malo' Is Stirring a 'Moral Panic' in Post-Hurricane Puerto Rico", *Billboard*, 13 de noviembre de 2018.

8. Molly Crabapple, "Trial by Fire: How Nina Droz Franco Became a Face of Puerto Rican Resistance", *The Baffler*, junio de 2018.

9. Jorge Díaz Ortiz, entrevista telefónica con el autor, septiembre de 2017.

10. Ver "Puerto Rico's DIY Disaster Relief", *NYR Daily*, 17 de noviembre de 2017; "Puerto Rico Sketchbook: There Are Dead in the Fields", *Paris Review*, 18 de diciembre de 2017.

11. Sopan Deb, "Following Outcry, Hudson Yards Tweaks Policy Over Use of Vessel Pictures", *New York Times*, 19 de marzo de 2019.

12. Mireya Navarro, "Why Puerto Rico Is No. 1 on Our Places to Go List: Recovering from Hurricane María, in 2019 the Island Represents So Many Fragile Spots Around the Globe", *New York Times*, 9 de enero de 2019.

13. Aaron Ruper, "Why the White House Is Attacking Democrats for Travelling to Puerto Rico, Explained: With Some Help from Fox News", *Vox*, 17 de enero de 2019.

14. Lyra Monteiro, "Race-Conscious Casting and the Erasure of the Black Past in Lin-Manuel Miranda's *Hamilton*", *Pubic Historian* 38, no 1 (febrero de 2016): pp. 89–98.

15. Michael Paulson, "Lin Manuel-Miranda's Passion for Puerto Rico", *New York Times*, 26 de diciembre de 2018; Marc Gunther, "The Good, the Bad and the Ugly: Sustainability at Nespresso", *The Guardian*, 27 de mayo de 2015.

16. Angelo Falcón, "The Hispanic Federation-Luis Miranda Connection: Undermining the Agenda of a Latino Community Institution", National Institute for Latino Policy, 10 de julio de 2014.

17. Rafah Acevedo, "No hacer fila para *Hamilton*: ¿Es una PROMESA?". *Claridad*, 20 de noviembre de 2018.

18. "La HEEND advierte que la presentación de 'Hamilton' en la UPR podría afectarse", *El Nuevo Día*, 29 de noviembre de 2018.

19. David Smith, "*Hamilton* in Puerto Rico: A Joyful Homecoming . . . but Complicated", *The Guardian*, 11 de enero de 2019.

20. Michael Schulman "What *Hamilton* in San Juan Means to Puerto Rico", *New Yorker*, 17 de enero de 2019.

21. Gerald Horne, *The Counter-Revolution of 1776: Slave Resistance and the Origins of the United States of America* (New York: New York University Press, 2014).

22. Paul Street, "Miranda, Obama, and Hamilton: An Orwellian Ménage a Trois for the Neoliberal Age", *Counterpunch*, 14 de junio de 2016.

23. "PROMESA Two Years Out: Are We Closer to a Solution?", Panel en el Colegio de Abogados de Nueva York, 12 de febrero de 2019.

CAPÍTULO 10. FIN DE LA FANTASÍA

1. Andrew Scurria, "Hedge Funds Bask in Puerto Rico Bond Deal", *Wall Street Journal*, 20 de febrero de 2019.

2. Omaya Sosa Pascual y Luis J. Valentín Ortiz, "The Fantasy of the Fiscal Plan for Puerto Rico", *Centro de Periodismo Investigativo*, 20, de febrero de 2018.

3. Pablo Gluzmann, Martín Guzmán, y Joseph E. Stiglitz, "An Analysis of Puerto Rico's Debt Relief Needs to Restore Debt Sustainability", encargado por Espacios Abiertos, enero de 2018.

4. "Written Testimony by Martín Guzmán, Non-Resident Senior Fellow for Fiscal Policy, Espacios Abiertos", dado al Comité de Recursos Naturales de la Cámara de Representantes de Estados Unidos, 2 de mayo de 2019.

5. José Delgado, "Trump insiste en alegar falsamente que Puerto Rico ha recibido $91 mil millones", *El Nuevo Día*, 6 de mayo de 2019.

6. Rocío Zambrana, "Colonial Debts", en *Una proposición modesta: Puerto Rico a prueba*, ed. Sara Nadal Melisó (Barcelona: Allora & Calzadilla, 2018).

7. Milan Schreuer y Niki Kitsantonis, "Greece Prepares to Stagger Back from Debt Crisis, the End of Bailouts in Sight", *New York Times*, 21 de junio de 2018.

8. Ibid.

9. Manuel Natal Albelo, entrevista telefónica con el autor, marzo de 2019.

10. Damaris Suárez, "Congressman Who Delivered the PROMESA Bill Holds Fundraiser in Puerto Rico", *NotiCel*, 18 de febrero de 2017.

11. Ariadna Godreau Aubert, entrevista telefónica con el autor, febrero de 2019.

12. Ibid.

13. Hemispheric Institute, febrero de 2019.

14. Simon Rottenberg, "The Problem of Over-Population of Puerto Rico", *Caribbean Quarterly* 2 (1952).

15. Rolando Emmanuelli, entrevista por correo electrónico con el autor, febrero de 2019.

EPÍLOGO

1. Nishant Kishore, Domingo Marqués, Ayesha Mahmud, et al., "Mortality in Puerto Rico After Hurricane María," *New England Journal of Medicine* 379, no. 2 (July 12, 2018), https://www.nejm.org/doi/full/10.1056/NEJMsa1803972.

2. "Puerto Rico's Political Meltdown," *Wall Street Journal*, July 25, 2019, https://www.wsj.com/articles/puerto-ricos-political-meltdown-11564010349.

ACERCA DEL AUTOR

Lidia Hernández Tapia

Ed Morales es un periodista que ha investigado la política electoral de Ciudad de Nueva York, la brutalidad policiaca, las pandillas callejeras, activistas de base, y la escena latina de las artes y la música. Su trabajo ha aparecido en *Rolling Stone*, *New York Times*, *Miami Herald*, *San Francisco Examiner*, *Los Angeles Times*, *Guardian*, *Jacobin*, y *Nation*. Morales también ha aparecido en cadenas nacionales y programas de TV como: CNN, *Hispanics Today*, *Urban Latino*, HBO Latino, CNN Español, *Visiones* de la WNBC-TV, *Tiempo* de la WABC, BBC televisión y radio, y *Fox Morning News* en Washington, DC. Ha dado conferencias en Bowdoin College, la Vanderbilt University, la University of Nuevo Mexico, West Chester College en Pennsylvania, la Columbia University, Hunter College, Wooster College de Ohio, la New York University y la University of Connecticut. Ed Morales es actualmente profesor adjunto del Centro para el Estudio de la Etnicidad y la Raza de la Columbia University y aparece ocasionalmente como invitado en la WBAI-FM. Vive en Ciudad de Nueva York.